Manfred Kappeler
Plädoyer für das umherschweifende Leben

Für Doris
als Textvorlage
zur Dramati-
sierung im
sozialpädagogischen
Theater
von Manfred K.
Berlin, Nov. '95

Manfred Kappeler

Plädoyer für das umherschweifende Leben

Sozialpädagogische Essays zu Jugend, Drogen und Gewalt

IKO – Verlag für Interkulturelle Kommunikation

Die Deutsche Bibliothek – CIP–Einheitsaufnahme

Kappeler, Manfred:
Plädoyer für das umherschweifende Leben : sozialpädagogische Essays zu Jugend, Drogen und Gewalt / Manfred Kappeler. - Frankfurt (Main) : IKO – Verl. für Interkulturelle Kommunikation, 1995
ISBN 3-88939-117-6

© IKO – Verlag für Interkulturelle Kommunikation
  Postfach 900421
  D - 60444 Frankfurt

Umschlaggestaltung: Volker Loschek, 61352 Bad Homburg
Herstellung: F.M.-Druck, 61184 Karben

Plädoyer für das umherschweifende Leben

Sozialpädagogische Essays zu Jugend, Drogen und Gewalt

Seite

1. Aufwachsen in der Reichshauptstadt - zwischen Sedanstag und "Zusammenbruch"   1
2. Plädoyer für das umherschweifende Leben   42
3. Jugendkultur und Jugendszenen   61
4. Offene Jugendarbeit - ein notwendiger Raum für Jugendliche   68
5. Argumente für eine ökologische und soziale Drogenpolitik   83
6. Odysseus bei den Lotophagen   105
7. Jugend und Gewalt - ein altes und immer neues Thema   117
8. Gewaltsam in die Einheit? - Erscheinungsformen und Motive von Gewalt. Herausforderungen für Jugendliche und Jugendarbeit   138
9. Ein Fall von Politikerberatung: Lebenslagen von Jugendlichen - notwendiger Ausgangspunkt für eine parteiliche Jugendpolitik   152
10. Veränderungen - Jugendliche und Jugendarbeit in West-Berlin 1971-1991   162
11. Gefährdung und Prävention   176
12. Jugendarbeit in der Jugendhilfeplanung - Erfordernisse einer wirksamen Partnerschaft zwischen öffentlichen und freien Trägern   183
13. Die Auswirkungen der Berliner Verwaltungsstrukturreform auf das Verhältnis von öffentlichen und freien Trägern in der sozialen Arbeit   197
14. Wenn die Schildbürger "Reformen" machen. Vom Chaos der Verwaltungsstrukturreform im Stadtstaat Berlin - zugleich Hauptstadt der Bundesrepublik Deutschland   214
15. Jugendverbände im Ost-West-Konflikt: Die Beziehungen zwischen Jugendverbänden in den Westzonen und der FDJ in der Gründungsphase des Bundesjugendringes   222
16. Wie war das bei Euch? ... So wars bei uns!   250
17. Die Würde des Menschen ist unantastbar! Wer sich berauscht   271
18. Jugendarbeit in einer Gesellschaft mit jugendfeindlichen Tendenzen   281

1. Aufwachsen in der Reichshauptstadt - zwischen Sedanstag und "Zusammenbruch" -

> Die Siegessäule:
> "Sie stand auf dem weiten Platz wie das rote Datum auf dem Abreißkalender. Mit dem letzten Sedantag hätte man sie abreißen sollen. Als ich klein war, konnte man aber ein Jahr ohne Sedantag sich nicht vorstellen. Nach Sedan blieben nur Paraden übrig".[1]

Preußen eroberte sich seine Stellung in Deutschland, in Europa, mit seinen Armeen. Berlin, die Residenz der preußischen Könige, war die Hauptstadt eines Militärstaates, lange bevor es am 1.1.1871 Hauptstadt des "Deutschen Reiches" wurde. Dieses "Reich" wurde gegründet auf einer geographischen und politischen Basis, die durch drei Kriege unter der Führung Preußens erst hergestellt werden mußte: **1864** gegen Dänemark um Schleswig-Holstein, **1866** gegen Österreich, Hannover, Hessen und die Süddeutschen Staaten, **1870/71** gegen Frankreich. Drei gewonnene Kriege waren nötig, damit Berlin Reichshauptstadt werden konnte. Am 5.6.1945 wurde Berlin - nach zwei verlorenen "Welt"-Kriegen - zur Vier-Sektoren-Stadt, aus der sich die Geteilte Stadt entwickelt hat. 74 Jahre Reichshauptstadt - nicht länger als ein volles Menschenleben. Und seitdem? Schwer zu sagen - eine Stadt jedenfalls, in der es sich leben läßt und in der seit einiger Zeit ganze Scharen von Forschern und Wissenschaftlern den Spuren der Vergangenheit nachgehen.

Mein Beitrag reiht sich hier ein, allerdings mit einem Thema, das in der Jubelstimmung der 750-Jahr-Feier keinen Platz findet: Berlin als militärische Stadt, in deren militaristischer Atmosphäre viele Generationen auf Krieg und Kriege vorbereitet wurden, schon vor jeglicher "Erziehung", allein durch die Präsentation des "Militärischen" im Alltag. Die "Berliner Luft" wurde seit 1871 zunehmend durch die Stiefel marschierender Kolonnen, durch Kommandorufe, durch das Klirren von Waffen aller Art und die Blechmusik der Militärkapellen in Schwingungen versetzt. Kinder und Jugendliche atmeten diese Luft ein; es gab kaum einen Raum in dieser Stadt, der nicht militaristisch geprägt war. Und es gab in der Zeit zwischen der ersten Sedanfeier und dem "Zusammenbruch" 1918/19 von keiner relevanten gesellschaftlichen Kraft ein wirksames antimilitaristisches Programm. Ich sprach von den gewonnenen und den verlorenen Kriegen und vergaß, daß es zwischen diesen auch noch die in anderen Erdteilen von deutschen Soldaten geführten Kriege gegen farbige Völker gab: **1900** gegen chinesische Freiheitskämpfer in China (sog. "Boxeraufstand"), **1904-1908** gegen die Herero und Nama (Schimpfwort: "Hottentotten") in Afrika, der mit einem Völkermord beendet wurde.

Der nationale Kristallisationspunkt all dieser Kriege, ihrer Vorbereitung, ihrer Durchführung, ihrer "Siege" und "Niederlagen" war Berlin - eine militärische Stadt. Seit *Friedrich dem II.* war Berlin die größte Garnisonsstadt aller deutschen Staaten und seit es "Reichshauptstadt" wurde, avancierte es zur größten Garnisonsstadt der Welt, was die absoluten Zahlen und Fakten belegen. Das betrifft im einzelnen die Konzentration von Truppen innerhalb der Stadtgrenzen und in unmittelbarer Nachbarschaft, militärische Einrichtungen aller Art, die Militärbürokratie, aber auch die Rüstungsindustrie und das direkt mit der Herstellung militärischer Gebrauchsgegenstände beschäftigte Gewerbe (Uniformschneiderei und Fabrikation, Sattlerei, Schuhmacherei etc.). Das Militär und das Militärische bestimmten in starkem Maße nicht nur das öffentliche sondern auch das private Leben der Berliner.

Was überall in der Welt als "Preußischer Militarismus" bekannt war, verdichtete sich in Berlin zu einem Lebensstil, den ich in Anlehnung an *Fontane* als *militaristische Alltagskultur* bezeichnen will - wenn es erlaubt ist, das Wort "Kultur" in dieser Verbindung zu verwenden.

Meine These ist, daß Militarismus dort entsteht, wo sich das Militärische als bestimmendes Element in das Alltagsleben breiter Schichten des Volkes schiebt und sich im Fühlen, Denken und Handeln der Menschen reproduziert.

Diese These möchte ich mit der Behauptung zuspitzen, daß dieser Zustand in Berlin bis 1945 ausgeprägter war als in anderen deutschen Städten und in anderen Städten Europas. Der preußische Militärstaat konnte seiner Hauptstadt, die schließlich Hauptstadt eines von Preußen dominierten Deutschen

Reichs wurde, seinen militaristischen Stempel in besonderer Weise aufdrükken.

Ich will versuchen, meine These anhand der Darstellung und Analyse historischer Quellen und Materialien zu demonstrieren und zu belegen. Dabei sind mir - im Unterschied zum mündlichen Vortrag im Rahmen einer Ausstellung - bei der schriftlichen Ausarbeitung methodische Schranken auferlegt. Die Präsentation von militaristischen Gebrauchsgegenständen des Alltags (Spielzeug, Kleidung, Hausrat etc.) Musik, Malerei, Architektur, Photographie, Militaristischer Verkehrsformen überhaupt, ist hier auf das Beschreiben reduziert. Damit sind der sinnlichen Wahrnehmung des Militarismus enge Grenzen gesetzt.

Vor ein anderes Problem stellen uns die autobiographischen Berichte, aus denen wir die Wirkung einer militaristischen Alltagskultur auf Kinder, Jugendliche und Erwachsene erschließen wollen. Dabei geht es m.E. nicht um den Versuch einer simplen Unterscheidung des autobiographisch Mitgeteilten in "Dichtung" und "Wahrheit" sondern um das Erfassen des "Realitätsgehaltes" der Mitteilungen, im Sinne einer authentischen Widerspiegelung des "Zeitgeistes" der Epoche, die nicht auf einzelnen, so und nicht anders stattgefundenen "Erlebnissen" des Berichterstatters beruhen muß. Die Interpretation des Berichterstatters, der Standpunkt von dem aus er die historischen Ereignisse mit-erlebt und beurteilt, ist selbst Teil der historischen Wirklichkeit. Es kommt für uns "nur" darauf an, diesen Standpunkt zu erkennen und mit anderen, entgegengesetzten Standpunkten resp. Auffassungen zu den selben oder ähnlichen Ereignissen in Beziehung zu setzen. So entsteht auf dem historischen "Stadtplan" ein Koordinatensystem, das eine hinreichende Grundlage für Interpretationen und Beurteilungen geschichtlicher Ereignisse und Verhältnisse abgeben kann, vorausgesetzt, wir sind uns des eigenen Standpunktes, von dem aus wir unsere historischen Betrachtungen und Untersuchungen anstellen, einigermaßen bewußt. Diese Probleme historischer Forschung, *die sich unweigerlich ergeben, wenn es über die deskriptive Rekonstruktion historischer "Bilder"* (Schulbeispiel: *Gustav Freytag*: Bilder aus der Deutschen Vergangenheit) *hinaus um das Erfassen der inneren Dynamik historischer Ereignisse geht*, können hier nicht weiter entwickelt werden. Ich wollte sie aber andeuten. Es handelt sich um Schwierigkeiten und Risiken historischer Untersuchungen, die m.E. verstärkt dort auftreten, wo es sich um den "subjektiven Faktor" in der Geschichte handelt, bzw. um den Versuch, das Erleben von Menschen zu verstehen, die in einer zurückliegenden Zeit unter anderen ökonomischen, soziokulturellen und politischen Bedingungen gelebt haben. Soweit die Vorbereitung der heranwachsenden Generationen auf den Krieg in organisierter Form als intentionale Erziehung in gesellschaftlichen Institutionen wie Kindergarten, Schule, Kirche, Fortbildungsschule, Erziehungsanstalt, Waisenhaus, Zuchthaus, Straftanstalten und Kasernen durchgeführt wurde, ist sie in Ansätzen und fortgeschrittenen Untersuchungen erforscht. Dies gilt auch für einige Aspekte des Militarismus als Alltagskultur, z.B. für Kinder- und Jugendbücher und Spielzeug.

Dieser Stand der Forschung und Aufarbeitung provozierte mich, die außerinstitutionellen Aspekte einer militaristischen Alltagskultur am Beispiel Berlin in den Mittelpunkt zu stellen und ihre Wirkung als *funktionale* Erziehung zu untersuchen, die den Akteuren und Objekten weitgehend verborgen blieb. Aus diesem Vorgehen resultiert die spezifische "Quellenlage". Meistens handelt es sich um Mitteilungen, die in einem anderen Gesamtentwurf gemacht wurden und in den Texten aufgespürt werden mußten, oder um Kleinigkeiten, leicht zu übersehende Gegenstände: was ist schon ein Lesezeichen mit militaristischer Symbolik gegen eine Kadettenanstalt oder eine preußische Volksschule? Die historischen Zeichen der militaristischen Alltagskultur sind im Einzelnen - man muß sich nur erinnern - weitgehend bekannt: Fast jeder/jede kann sie in der eigenen Familiengeschichte aufspüren; sie gehören noch fast zum Vertrauten, zur Aura, die die Eltern, Großeltern, Verwandte und Bekannte umgibt: Fotos, gerahmte Sprüche, Liederbücher, Feldpostbriefe, Kinderbücher und immer wieder Erzählungen in denen das Militärische eine große Rolle spielt, gleichviel, ob sie vom Krieg oder vom Frieden handeln. Diese Zustände - Krieg und Frieden - waren (und sind) so aufeinander bezogen wie Arbeit und Freizeit; der eine Zustand wird definiert durch den anderen und umgekehrt. Abgesehen von einigen Kuriositäten sind die Details also bekannt - ganz abgesehen davon, daß viele Gegenstände militaristischer Alltagskultur heute auf Trödelmärkten und in An- und Verkauf- bzw. Antiquitätengeschäften ausgestellt und angeboten werden. Mir kommt es hier darauf an, die scheinbar zufälligen Einzelheiten miteinander zu verbinden, bzw. zu zeigen, daß sie als Attribute einer militaristischen Alltagskultur verbunden waren, welches "Wesen" sich hinter der

Patina und dem Staub verbirgt. Ich frage, wie das auf die "Gemüter" der Kinder und Jugendlichen beiderlei Geschlechts gewirkt haben mag und vermute, daß es für sie kaum eine Chance gab, sich dieser Wirkung zu entziehen, denn dazu hätte es einer bewußten Gegensteuerung der Erwachsenen bedurft, die - wie schon angedeutet - in der Regel unterblieb. Daß die militaristische Alltagskultur auf die Kinder und Jugendlichen beiderlei Geschlechts gewirkt hat, kann ohne Zögern behauptet werden; aber *wie* unterschiedlich sie auf Jungen und Mädchen gewirkt hat, ist schon schwieriger herauszufinden, zumal die Knaben, Buben, Jungs als zukünftige Krieger und Helden bevorzugte Adressaten des Militarismus waren. Die Erzeugung des "militärischen Geistes" der künftigen Männer ging mit starkem Getöse und allerlei Blendwerk vonstatten, hinter dem die etwas stillere und farblosere Zurichtung der Mädchen, Mädel, Maiden, Jungfrauen zu Krieger-Schwestern, -Bräuten, -Frauen, -Müttern, zu Kameradinnen (!) tendenziell verschwand, obwohl sie mit nicht weniger Aufwand und Zähigkeit betrieben wurde. Die Jungen wurden auf das Helden-Sterben an der Front und die Mädchen auf das Durchhalten an der Heimatfront (mit allem was dazu gehörte, vom Soldatenpuff bis zum Granatendrehen) vorbereitet. Klar, daß das Heldentum des Frontkämpfers die öffentliche Gloriole des Krieges bestimmte und erst in der Beziehung zu ihm das "stille Heldentum unserer Frauen und Mütter" präsentiert wurde. Die historischen Quellen über die mädchenspezifischen Aspekte militaristischer Alltagskultur fließen also spärlicher, müssen mehr gesucht und ausgegraben werden. Unter der Oberfläche sind sie jedoch reichlich vorhanden.

Ich werde in meiner Darstellung militaristischer Alltagskultur vom "Großen" zum "Kleinen" gehen, d.h. ich werde mit der Architektur, mit der gewaltigen Präsentation des Militärischen im Stadtbild, im großen Lebensraum der Kinder und Jugendlichen beginnen und im engeren Lebensraum der Kinder, in der Wohnung, bei ihren Spielen auf dem Hof und auf der Straße aufhören.

Die Präsentation des Militärischen im Stadtbild

Das Berliner Adreßbuch von 1895 hat als Beilage einen Stadtplan, den ich mit der Lupe von Planquadrat zu Planquadrat nach militärischen Einrichtungen absuchte, die auf ihm verzeichnet sind. Die Bilanz übertraf meine Verrmutungen:
25 militärische Gebäudekomplexe und Einzelbauten: Kasernen, div. Kriegsakademien, Militärgefängnis, Militärbahnhof, Militärkrankenhäuser und Invalidenhaus, militärische Schwimmanstalten, Militärfriedhof, Garnisonskirchen. Dazu kommen 17 Schießplätze, Exerzierhäuser und -Plätze, sowie die Schloßkomplexe in Berlin Mitte und Charlottenburg, die Orte täglicher militärischer Spektakel waren.
Die Schieß-, Manöver- und Exerzierplätze umzogen in riesigen Arealen die Stadt. Der bekannteste Aufmarsch- und Übungsplatz war das "Tempelhofer Feld". Fast alle großen Kasernenkomplexe lagen in den Arbeitervierteln Kreuzberg, Neukölln und in Moabit. In diesen Kasernen waren durchweg "bewegliche Truppen" stationiert, d.h. Infanterie und Kavallerie. Von Wilhelm II. sind einige "Vereidigungsreden" dokumentiert, in denen er die Eingezogenen verpflichtet, bei Arbeiterunruhen und Streiks, ihrem auf den obersten Kriegsherrn und Kaiser geleisteten Eid zu gehorchen.

"Ihr habt Mir Treue geschworen, das - Kinder Meiner Garde - heißt, ihr seid jetzt Meine Soldaten, ihr habt euch Mir mit Leib und Seele ergeben; es gibt für euch nur einen Feind, und der ist Mein Feind. Bei den jetzigen socialistischen Umtrieben kann es vorkommen, daß Ich euch befehle, eure eigenen Verwandten, Brüder, ja Eltern niederzuschießen - was ja Gott verhüten möge -, aber auch dann müßt ihr Meine Befehle ohne Murren befolgen."[2]

Dieser Kaiser erklärte am 3.2.1895 - im Erscheinungsjahr meines Stadtplans -:

"Die Geschichte keiner Stadt der Welt läßt den Einfluß der Fürsten auf die Entwicklung und Förderung einer Stadt in so interessanter Weise erkennen wie die Berlins".[3]

Diese Selbsteinschätzung wird von dem Berliner Historiker *Eberhard Faden* bestätigt:

"In ihrem äußeren Bild wie im Verfassungsleben ihrer Bürgerschaft, ist die Residenz geradezu eine Selbstdarstellung dieses Staates und seines Herrscherhauses geworden".[4]

Ergänzt wird die Architektur militärischer Bauwerke durch die überall im Stadtbild aufragenden Denkmäler zu Ehren "großer" Schlachten und ihrer "Heerführer". Im Brockhaus (Konversationslexikon) von 1894 heißt es dazu:

"In B. überwiegen die Sieges- und Kriegerdenkmäler. Für die in den Freiheitskämpfen gefallenen Krieger ist 1822 auf dem 66 m hohen Kreuzberg (im S. der Stadt) ein Denkmal aus Gußeisen nach Entwürfen von Schinkel errichtet worden. (...) Auf dem Belle-Allianceplatz steht die Friedenssäule, eine Granitsäule (18,8 m) nach Cantians Entwurf mit einer ehernen Viktoria von Rauch (...), im Invalidenpark das 1854 zum Andenken an die 1848/49 gefallenen Krieger errichtete Nationalkriegerdenkmal (eine Ehrung der absolutistischen Armeen, die in der `48er Revolution den "Aufstand" der bürgerlichen Demokraten und des "Vierten Standes" niederschlugen, M.K.), (...) ebendort ein Denkmal, für die mit der Korvette Amazonas Untergegangenen. Auf dem Königsplatz das Siegesdenkmal (61 m), nach dem Entwurf von Strack, zur Erinnerung an die drei Siegreichen Kriege von 1864, 1866 und 1870/71."[5]

Es folgt eine detaillierte Beschreibung der Kriegsdarstellungen und "Trophäen" - Kanonenrohre - an der Siegessäule, und die genaue Beschreibung aller Standbilder von preußischen Kurfürsten, Königen, Heerführern, Kriegsministern etc..
Zwischen dieser in Stein gehauenen und in Metall gegossenen militärischen Ästhetik bewegte sich das lebendige Militär und demonstrierte mit allerhand Paraden, Aufmärschen, Übungen etc. die Machtentfaltung des Militärstaates. Wie sehr das zusammenspielte und im "Zuschauer" zum "Erlebnis" verschmolz, vermittelt uns der 48er Demokrat, Publizist und Spaziergänger *Julius Rodenberg*, der sich diesen Eindrücken in den 70er und 80er Jahren genießerisch hingibt:

"Nun kreuz` ich die Charlottenburger Chaussee (...). Gerade vor mir steht die Siegessäule - von allen Siegesdenkmalen Berlins, wenn nicht das künstlerisch untadelhafteste, so doch dasjenige, welches am meisten uns gehört - uns, den Lebenden, *unsere* Säule, (Hervorhebung im Text, M.K.) `la collone`, die Säule von Berlin, wie die des Vendòmplatzes, die Säule von Paris.

Jetzt, wo der Purpur des Abends über sie strömt, glüht die Schlachtenjungfrau dort oben vom Scheitel bis zur Zehe; der Helm lodert, die Standarte blitzt, das eiserne Kreuz strahlt und ihr Lorbeerkranz glüht wie von hineingeflochtenen Feuerlilien, während die flammenden Flügel sich weitspannen, als bedürfe es nur des leisesten Anstoßes, und der Fuß hebt sich von der Kugel und sie wird aufs Neue fliegen - gegen Westen, gegen Osten ... wer weiß es? Und wer durch die Siegesallee geht, dem flimmert es vor den Augen von Gold und Farben, von Erz und Marmor, bis er - fast geblendet - beim Näherkommen über dem funkelnden Unterbau von poliertem Granit und im dreifachen Gürtel vergoldeter Kanonen die Trophäen dreier Feldzüge unterscheidet. Dreimal haben diese Kanonen gedonnert und in sechs Jahren der Welt im Allgemeinen und diesem Königsplatz insbesondere ein anderes Aussehen gegeben - bunte Siegesmosaiken, wo früher nichts oder ärger als das Nichts, wo Sand und Wüstenei war, metallene Reliefs eine ganze Walhalla von Heldengestalten, im preußischen Waffenrocke Leben von unserem Leben, Blut von unserem Blut".[6]

Aus dem Demokraten von 1848 hatte der allgemeine Siegestaumel einen Chauvinisten gemacht, der nach weiteren Eroberungen lechzte. Im Sommer 1883 unternimmt *Julius Rodenberg* ausgedehnte Spaziergänge durch Kreuzberg. Im Mittelpunkt seines Berichtes steht wiederum die militärische Machtentfaltung in der Öffentlichkeit. Auf dem Belle-Alliance-Platz stehend sinniert er:

"Als ich zum letzten Male auf diesem Platze war, es mag im Jahre 1872 oder 1873 gewesen sein, da stand noch das alte baufällige Hallesche Thor, da war hier die ärmliche Holzbrücke, der öde vernachlässigte Platz mit der Säule ganz vergraben in dem unendlichen Sande. Heute dagegen ist hier Marmor und Granit, prangt die steinerne Brücke mit kunstreichen Figuren, aus der Wüste ward ein Park und aus dem üppigen Grün schauen Marmorbilder - nicht jene des Goetheschen Gedichts, die uns fragen: `was hat man dir, du armes Kind gethan` - nein, - Bilder des Krieges, Bilder der Tapferkeit, Bilder des Ruhms und des Todes fürs Vaterland; die ganze Schöpfung gipfelnd in der Säule mit der Victoria - der ersten und heiligsten von Berlins Victorien, denn sie befreite uns vom Joche der Fremdherrschaft! Das alte `Rondeel`, dem der Tag von Belle Alliance den neuen Namen gab, trägt jetzt auch ganz und vollständig die Signatur des neuen Berlins - gen Norden die drei majestätischen Straßenadern der Friedrichstadt ausstrahlend, gen Süden der Blick auf den Kreuzberg. Der Fremde, der nach Berlin kommt, wird vor

Allem den Eindruck des Kriegerischen, des Soldatischen erhalten. (...) von der Säule des Belle-Alliance-Platzes bis zu der des Königsplatzes, welch ein weiter Weg! Aber wir haben ihn doch gemacht; und er ist eine einzige lange Siegesstraße. *Der militärische Lorbeer erleuchtet und verdunkelt hier Alles; das Geschlecht, welches zwischen diesen Zeichen aufwächst, muß ein kriegerisches werden, ein Volk von Soldaten. Aber die Trophäen sind auch ringsum aufgesteckt. Was wir geworden, das sind wir durch Krieg geworden".*[7] (Hervorhebung - M.K.)

Geblendet von der militärischen Kraft und Pracht berauscht Rodenberg sich an der rasanten Entwicklung Berlins zur Welt- und Hauptstadt.
"...und die letzten Quellen und Ursachen von alle Dem?" fragt er, nur um sich und den Lesern antworten zu können: "Der Krieg! - das heißt die Geltendmachung einer jungen kräftigen Volksindividualität, das Sprengen von Fesseln, welche sein natürliches Wachsthum zurückgehalten, das Ringen um die höchsten nationalen und idealen Güter, der Krieg von 64, von 66, von 70 - immer gewaltiger in seinen Dimensionen, immer wuchtiger in seinen Erfolgen - Krieg predigt hier alles; aber jenen Krieg, dessen höchster und letzter Preis der Frieden, das Glück und die Freiheit des Vaterlandes ist."[8]

Da haben wir alles beisammen - die ganze Mentalität, um deren Erzeugung durch eine militaristische Alltagskultur es hier geht: Die Ideologie vom Krieg als dem "Vater aller Dinge", die biologistische Vorstellung vom "natürlichen Wachstum des Volkes" und vom Krieg als dem Gärtner, der den Prozeß des Wachsens fördert und lenkt und das behindernde Unkraut beseitigt. Auch der Rassismus meldet sich schon zu Wort in der Metapher von der "jungen, kräftigen Volksindividualität" (die junge unverbrauchte Rasse besiegt die dekadenten alten Völker), und die gängige, überaus beliebige Rationalisierung aller Chauvinisten, daß es bei all den mörderischen Kämpfen nur immer um die "Erringung" des Friedens, des Glücks und der Freiheit des Vaterlandes gehe, wobei "Vaterland" für das ganze Volk stehen soll, in dem die Klassenteilung der Gesellschaft aufgehoben und endgültig überwunden erscheint.

Rodenberg versäumt nicht, uns ein Bild von der Präsenz des lebendigen Militär zu überliefern:
"Auch bei dem Namen des Tempelhofer Feldes, wenn man ihn in Berlin nennt, denkt wohl Jeder zuerst an die Frühjahrsübungen und die große

Parade, wenn die ganze Garnison der Hauptstadt in Bewegung ist, wenn die Morgensonne lustig in den Helmen der Kürassiere blitzt und der Wind mit den Fähnlein der Ulanen spielt, wenn Batterie nach Batterie durch die Straßen rasselt, und mit klingendem Spiel Fußvolk und Reiterei nach dem Tempelhofer Felde rückt. Hier ist es, auf der weiten Ebene, wo man dann den Pomp und die Pracht des Krieges sehen kann, die schimmernden Fronten, die berühmten Regimenter, deren jedes eine gewonnene Schlacht bedeutet, die Garden, die den Tag von Gravelotte entschieden und das Dorf Le Bourget erstürmten, die langen unabsehbaren Linien, die mit mathematischer Genauigkeit sich zusammenziehen und entwickeln, theilen und wieder schließen - bis der furchtbare, aber imposante Apparat fertig dasteht, des letzten Winkes harrend. Nun erscheint der Kaiser, umgeben von seinem Stab und gefolgt von allen Prinzen und Prinzessinnen unseres Hofes - und nun geht es durch die Reihen; alle Musiken spielen, alle Fahnen senken sich, alle Waffen klirren unter dem Griff der Mannschaften: das preußische Heer salutiert seinem obersten Kriegsherrn. Und nun wird es still; aber nur für einen Augenblick. Dann beginnt der Galopp der Schwadronen und der Marschritt der Colonnen, das Exerciren im Feuer, das Knacken und Knattern der Gewehre, das Rollen der Salven, der Trommelschlag, der Ruf der Signalhörner, das Commando der Offiziere - man glaubt die wirkliche Schlacht zu hören. Aber wenngleich nur ihr Scheinbild, hat es doch etwas Hinreißendes in sich. Zuschauer in dichten, dunklen Scharen bedecken zu beiden Seiten die Hügel, drängen sich Kopf an Kopf bis an die Barrièren... . So sieht es hier im Frühling aus."[9]

Dieser Autor faßt nicht nur exemplarisch zusammen, was Hunderttausende in Berlin sahen und erlebten, er ist selbst ein Beispiel dafür, wie eine militaristische Kultur allmählich Denken und Fühlen bestimmt, wenn sie nur lange genug auf die Menchen einwirken kann. *Julius Rodenberg* war der Sohn kleiner jüdischer Kaufleute und hieß zunächst *Julius Levy*. In seiner Jugend verkehrte er mit *Varnhagen van Ense, Gottfried Keller, Arnold Ruge* und dem berühmten demokratischen Verleger *Franz Duncker*. Bevor er sich endgültig in Berlin niederließ, unternahm er ausgedehnte Reisen in Europa, besuchte Paris, Rom, trennte sich vom Glauben seiner Vorfahren, weigerte sich aus aufgeklärter atheistischer Überzeugung Christ zu werden und nahm dafür Nachteile für seine Karriere in Kauf. Von alle dem ist schon in der Mitte seines Lebens kaum noch etwas zu spüren. Im Gegenteil: als Publizist und Herausgeber von Zeitschriften, versorgt er das Kleinbürgertum mit chauvinistischen Großmachtphantasien, die in dem Buch "Bilder aus dem

Berliner Leben", aus dem ich hier zitiert habe, eine große Verbreitung "im Volke" fanden. So arbeitete er selbst mit an einer Entwicklung, der schon die jüdischen Enkel seiner Generation zum Opfer fielen. Die Nazis bemühten sich das Andenken der Berliner an den beliebten preußisch-nationalen Spaziergängen zu tilgen, weil er ein Angehöriger der von ihnen verfolgten Rasse war. Die Rodenbergstraße wurde umbenannt, seine Schriften nicht mehr verlegt, Dissertationen, die sich mit seinem literarischen und publizistischen Werk auseinandersetzten verboten bzw. umgeschrieben. "Das hätte er sich nicht träumen lassen, der ungetaufte, in seiner preußisch-deutschen Umwelt patriotisch aufgegangene, von seiner Obrigkeit geschätzte und geehrte Jude"[10] schreibt ein anderer Berliner Spaziergänger, *Heinz Knobloch*, der heute die geteilte Stadt durchstreift und die Spuren des Militarismus zeigt, damit sie nicht wieder aus unserem Gedächtnis verschwinden. *Julius Rodenberg* starb im Juli 1914, wenige Tage bevor die Saat des Militarismus mit dem "Opfertod" von Abertausenden Kriegsfreiwilligen, überwiegend Jugendlichen, einen neuen Triumph feierte und der Krieg "nach Osten und Westen" begann, von dem der Autor 30 Jahre zuvor beim Anblick der Viktoria auf der Siegessäule geträumt hatte.

Wie sehr das Bewußtsein der meisten Zeitgenossen der Epoche von 1864-1914 von den militärischen Erfolgen bestimmt war, geht aus einer kaum zu überblickenden Fülle von Zeugnissen hervor. Nur wenige konnten sich der Militarisierung des Bewußtseins entziehen. Die Faszination, die vom Kaiser als oberstem Kriegsherrn ausging, beruhte auf den Siegen der preußischen Armeen.

Heinrich Mann beschreibt im "Untertan", wie das Auftauchen des Kaisers während der Hungerunruhen in Berliner Arbeitervierteln das streikende Proletariat zur "Ordnung" bringt, d.h. in "Reih` und Glied" marschieren läßt. Eben noch Auflauf, klirrende Fensterscheiben, die Arbeiter beherrschen die Straße und plötzlich:

"Die Polizei drängelt. Und die Mitte der Straße sieht man frei liegen, gesäubert, wie für einen Triumphzug. Da sagt jemand: `Das ist doch Wilhelm!` Und Diederich war wieder draußen, niemand wußte, wie es kam, daß man auf einmal marschieren konnte, in gedrängter Masse, auf der ganzen Breite der Straße und zu beiden Seiten bis an die Flanken des Pferdes, worauf der Kaiser saß: er selbst. Man sah ihn an und ging mit. Knäuel von Schreienden wurden aufgelöst und mitgerissen. Alle sahen ihn an. (...) Sie sahen: Sie hatten ihn heruntergeholt aus dem Schloß. Sie hatten: `Brot! Arbeit!` geschrieen, bis er gekommen war. Nichts hatte sich geändert, als daß er da war - und schon marschierten sie, als gehe es auf das Tempelhofer Feld."[11]

Von "kämpfenden Arbeiterbataillonen" sprachen die linken Parteien vor und nach 1914, aber immer wenn es darauf ankam, folgten diese Bataillone bis an die Zähne bewaffnet ihrem jeweiligen "obersten Kriegsherren", dem sie als Rekruten ihren Eid geschworen hatten. Auf diesen Gehorsam waren sie lange und gründlich vorbereitet, wirklich von "Kindes Beinen an". Widerstandslos ließen sie sich in die Kasernen und auf die Schlachtfelder rufen, wenn es ihnen befohlen wurde. Viele mit Begeisterung, manche mit einem flauen Gefühl im Magen, aber fast alle ließen sich "einziehen" und gaben ihr individuelles Leben am Kasernentor ab. *Georg Hermann*, ein jüdischer Berliner Schriftsteller, den die Nazis nach `33 ermordeten, erzählt in seinem Kleine-Leute-Roman "Kubinke", wie Emil Kubinke den Tag der "Einberufung" erlebt:

"Je näher aber Emil Kubinke dem Kasernenviertel kam, desto mehr Leute überholten ihn, die in beschleunigtem Schrittmaß dem gleichen Ort zustrebten. Und ehe Kubinke sich versah, stieß er auch schon auf den ersten Vorposten des Militarismus. Einen Augenblick blieb Emil Kubinke dann vor dem Schaukasten eines Photographen stehen, und er hatte schon ganz ein militärisches Gepräge. Da gab es Reservistenbilder mit roten Backen und roten Aufschlägen, Photographien von Leutnants und Hauptleuten gab es in zwangloser Wichtigkeit, und dann sah man die Unteroffiziere der achten Kompanie, die eine Biertonne mit § 11 umlagerten. Alle Chargen aber trugen große weiße Handschuhe - mächtig wie Seehundflossen.(...)
Als Emil Kubinke sich jedoch umwandte, da erblickte er auch schon drüben, links auf dem Feld, Mannschaften, die in kleinen Trupps übten; und eine Reihe stand auf einem Bein und schlenkerte mit dem anderen Bein hin und her, daß sie gingen wie Lämmerschwänzchen; und eine andere Reihe wieder nickte und wackelte mit dem Kopf, wie eine Versammlung chinesischer Pagoden, während eine dritte Reihe immer auf der Stelle hüpfte und vergebens versuchte, die Anziehungskraft der Erde zu überwinden. Noch andere aber streckten nach Zählen, hockend wie die Frösche, immer `eins, zwei`, `eins, zwei`, alte Knüppel von Gewehren vorwärts; und ein Offizier, Hoch zu Pferde, umkreiste alle diese langen bunten Striche wie ein Schäferhund eine Schafherde. (...)

Ach, Emil Kubinke wurde doch recht unheimlich zumute, als er das sah; und dazu immer noch die Trommler, die ihre Wirbel übten, und die Hornisten, die bei jedem Ton kieksten und quieksten wie ein Schwein unter dem Messer. Ach Gott, Emil Kubinke fiel das Herz in die Hosen, und am liebsten wäre er gar nicht weitergegangen."[12]

Aber er ging, wie alle anderen auch!

"Der Kaiser ruft seine Soldaten" - so hieß ein beliebtes Spiel meiner Kindheit; auch Emil Kubinke wird es als Kind gespielt haben, es hatte eine lange Tradition.

Kinder werden von allem Militärischen angezogen. Ihre Fascination besteht aus einer Mischung von Lust und Angst, mit der sie auf die Präsentation der Gewalt antworten. In der Stadt Berlin hatten die Kinder schon lange vor 1870/71 - dem offiziellen Ausgangsdatum dieser Überlegungen - reichlich Gelegenheit, solche Gefühle zu entwickeln. Was der "Soldatenkönig" - ein Fetischist des Militärischen - mit dem Aufbau seiner Garde begonnen hatte, setzte Friedrich II mit Schwung fort. Er verbrauchte 2/3 des Staatshaushaltes für seine Armeen. Bis er auf die Idee kam, einen Teil dieses Geldes für acht große Kasernenkomplexe auszugeben - in denen dann die Soldaten samt ihren Familien wohnen mußten - wurde das Militär einfach per Dekret in den Häusern der Einwohner, gegen geringe Bezahlung "einquartiert". Auf jedes Haus kamen damals rechnerisch 3-4 Soldaten. Unter diesem König wurden die Soldatenfamilien zuletzt zur größten Mieterschicht Berlins (der Ausdruck "Mietskasernen" hat hier eine seiner Wurzeln). Für die Ruhe in den preußischen Städten sorgte Friedrich II vorbildlich. Er selbst schreibt: "Das ganze Heer, sowohl Infanterie als Kavallerie, wurde den Städten in Quartier gelegt, um dort Disziplin einzuführen und zu erhalten".[13]

Von 1763-1786 vermehrte *Friedrich II* die militärische Besatzung Berlins von 19.000 auf 36.000 Mann (1/3 der Einwohnerzahl). Seine Acht Kasernen baute er in nur vier Jahren von 1763-1767. In einer dieser Kasernen wurde *Karl Friedrich Klöden*, der später geadelte Gründer der 1. preußischen Gewerbeschule geboren. In seinen "Erinnerungen" schreibt er:

"Gar bald lernte meine Mutter mit Schaudern kennen, in welch eine Hölle sie geraten war, (...) und wer die Zusammensetzung des damaligen Heeres kennt, wird sich ein Bild von der Existenz (Hervorhebung im Text, M.K.) in einer Regimentskaserne machen können. (...) Am unangenehmsten aber war folgende Einrichtung: Jeder verheiratete Unteroffizier erhielt zur Wohnung in der Kaserne eine Stube und eine Kammer. In die letztere wurden ihm zwei der schlimmsten Ausländer (angeworbene Söldlinge, M.K.), denen man am wenigsten trauen durfte, unter Namen von `Schlafbuschen` gelegt, die er überwachen mußte. (...) Ertönte des abends die Lärmkanone, was im hohen Sommer, wenn das Getreide Ähren hatte, jeden Abend mehrmals geschah, so war dies ein Zeichen, daß ein Soldat desertiert sei. Dann mußte jeder Unteroffizier seine Mannschaft genau revidieren; in der Umgegend der Stadt aber mußten die Bauern sich mit Hunden auf den Weg machen, Felder und Wälder durchstreifen, um den Flüchtigen einzufangen. (...) War es ein Wunder, wenn sich das unschuldige Herz meiner Mutter vorkam, als wäre es in ein Zuchthaus geraten, schlimmer als irgendeines der jetzigen Zuchthäuser, wenn es sich empörte bei den unmenschlichen Strafen, die in Form von Spießruten, Stockprügeln, Fuchteln, Krummschließen nicht selten Menschen bis zum Rande des Grabes führten?"[14]

Klöden redet von seiner Mutter, aber nicht davon, was er selbst, in dieser Gewalt-Atmosphäre des Kasernenlebens aufwachsend, in seiner Kindheit in Berlin erlebt hat. Angaben darüber macht *Karl Gutzkow*, der wie Klöden inmitten der Berliner Kasernenwelt aufwuchs, allerdings in einer etwas vornehmeren, denn sein Vater war Pferdebursche bei einem preußischen Prinzen:
"Aber wichtig waren dem Knaben die schmetternden Trompeten, die Signale und Ablösungen von einer der Mittelstraße gegenüber gelegenen Wache, das Wiehern und Kettenrasseln von hundert Pferden, die durch Trommelschlag und Pistolenschüsse an kriegerischen Lärm gewöhnt wurden."[15]

Der Lebensraum dieses Kindes war durch und durch militärisch geprägt:

"Schräg gegenüber wohnte Hufeland, der berühmte Professor und Leibarzt des Königs, ein Mann in rundem Quäkerhut, dem Knaben so erinnerlich, *wie einer seiner liebsten Bleisoldaten* (Unterstreichen v. Verf.). Zur Seite die Lehranstalt der jungen Militärärzte. Dann folgten Kasernen (berlinisch `Kassarmen`), Exerzierplätze, große Magazine, alles verworren, regellos durcheinander..."[16]

Und dann das "Kasernenleben", von dem *Gutzkow* sagt, daß es "dem Knaben das erste selbständig sich regende `Anderssein`" außerhalb der Pferdeställe, wo er sich sonst am liebsten aufhielt, war:

"Hier eintreten zu dürfen (in eine Kaserne, M.K.) konnte mit Stolz erfüllen. Eindruck machte hier alles. Die langen dunklen Gänge mit den nummerierten Türen, in der Küche unten die Soldaten, Rüben schälend; der Pommer, der Polack, der Schlesier, der Westfale durcheinander - denn die Garde rekrutierte sich überall. (...) In den nicht allzugroßen Zimmern befand sich immer ein Unteroffizier mit acht bis zehn Gemeinen, deren Betten am Tage übereinander aufgetürmt bis an die Decke reichten. An den Wänden entlang hatte jeder Gemeine ein Plätzchen für Uniform, Gewehr (damals trug die Artillerie noch Gewehre) Riemzeug, Schuhwerk. (...) Unten im Hofe, meist abgeprotzt, standen die Kanonen. Stundenlanges Bewundern des `Man so Tuns` im Richten, Auswischen, Laden, Zünden. Bewundern der Donnerwetter, die dabei mit Stentorstimme von den Unteroffizieren geschnarrt wurden.(...)"

Gutzkow betont, daß ihn der poetische Schein des Soldatenlebens fascinierte, daß dem Knaben der militärische Alltag hinter diesem Schein verborgen blieb:

"Der Wachdienst, die Ablösung, das geheimnisvolle Mitteilen einer Parole (...) das weiß- und schwarz gestreifte Schilderhaus mit dem Nachtmantel, der darin aufbewahrt wurde, das ewige Forschen und Umblicken des Postens nach militärischen Honoratoren, die durch Gardestehen oder Präsentieren geehrt werden mußten, all das war Gegenstand still andächtiger Forschung."[17]
An anderer Stelle berichtet *Gutzkow*, wie er bei einem Besuch des Bruders, der in Spandau stationiert war, auf die Festung abfährt:
"Zu fragen und zu träumen, zu gaffen und zu hören gab es hier die Fülle. Nicht nur die großartigen Tatsachen vom `Glacis`, von den `Laufgräben`, `Palisaden`, `Schanzkörben`, den Überschwemmungsschleusen, Kasematten, Mörsern, Bomben...".[18]

Wer von den männlichen Lesern erinnert sich nicht an die begeisterten Kriegsspiele mit den Ritterburgen und all ihrem Zubehör?
Romantisch-unschuldige Spiele, gewiß, aber Bausteine in einem umfassenden System ebenfalls.
Außerdem: Immer war die reale oder überlieferte Kriegserfahrung der Hintergrund all dieser kindlichen Begeisterung fürs Militärische, der zwar durch diese Romantisierung zugedeckt wurde, aber niemals ganz verschwand, wofür schon die Erzählungen der Eltern sorgten, und diese hatten Kontinui-

tät über Jahrhunderte, bis heute. Die Kette der mündlich überlieferten Kriegserfahrungen von Generation zu Generaiton riß von 1813 bis 1987 nie ab.
In seiner Autobiographie "Aus dem Leben eines Landarbeiters" erinnert sich *Arthur Rehbein* an die Kriegserzählungen der Erwachsenen, denen er als Kind mit Hingabe "lauschte":

"Das Hauptgespräch drehte sich in der Regel um Kriegsgeschichten. Es waren auch in der Tat fast alles Männer da, die auf diesem Gebiet selbst etwas erlebt hatten und aus eigener Erfahrung reden konnten. Ein Maurer und ein Schuster hatten den siebziger Feldzug mitgemacht, der eine als Infanterist, der andere bei den schwarzen Husaren. Letzterer bewahrte seine schwarze Husarenmütze mit dem Totenkopf noch immer wie ein Heiligtum auf. Ein Gärtner war achtzehnhundertsechsundsechzig mitgewesen. Er erzählte mit Vorliebe von der Attacke der dritten Dragoner (...) die er mitgeritten hatte und bei der er verwundet worden war.(...)
Die Senioren der `Zunft` aber waren zwei Invaliden aus den Freiheitskriegen, ein paar alte Veteranen, die von einem `Gnadensold` lebten. Sie besaßen noch ihre Mäntel aus der Franzosenzeit, in denen sie unter Yorck und Blücher gekämpft hatten, und die ihnen oft in kalter Biwaksnacht als Schlafdecke hatten dienen müssen. Ich betrachte die beiden verwitterten Gestalten stets mit einer Art ehrfürchtigen Scheu(...)."[19]

Rehbein erinnert sich auch, wie diese Erzählungen auf sein Kindergemüt wirkten:

"Wie malte ich mir in kindlicher Phantasie den ersten Napoleon, Blücher, Schill, Nettelbeck, die französischen Garden, die preußische Landwehr, die russischen Kosaken aus. Kugelregen, Schlachtgetümmel, Reiterattacken schwebten mir vor - ein begeistertes gegenseitiges Morden, `mit Gott für König und Vaterland`. So ungefähr wurde es uns ja auch in der Schule gelehrt.
Alles was preußisch war, erschien mir groß, erhaben, ideal. (...) Wirklich, dabei mußte doch jedes Kind patriotisch werden."[20]

Nach solcher Vorbereitung ist der junge *Rehbein* auf seine "Dienstzeit" gut eingestimmt. Er freut sich auf das "Soldatenleben". Dieses Leben würde entsprechend der neuen Reichsverfassung vom 16.4.1871 drei Jahre dauern. In Art. 59, der zum Abschnitt "Reichskriegswesen" gehört, wird verordnet:

"Jeder wehrfähige Deutsche gehört sieben Jahre lang, in der Regel vom vollendeten 20. bis zum beginnenden 28. Lebensjahre, dem stehenden Heere - und zwar die ersten drei Jahre bei den Fahnen, die letzten vier Jahre in der Reserve und die folgenden fünf Jahre der Landwehr - an."[21]

Das bedeutete Zugriff des Militärs auf zwölf Jahre des Lebens nach der "aktiven Dienstzeit" immer wieder Reservistenübungen, Landwehrübungen, Drill, militärisches Denken etc.

Wie *Arthur Rehbein* gingen seit 1871 jedes Jahr zigtausende Arbeiter "frohgemut" "zu den Fahnen", unter ihnen viele in der Sozialdemokratischen Partei "organisierte", sich selbst antimilitaristisch verstehende Genossen.

"Es ist auffallend", schreibt Jürgen Kuczynski, "wie viele Lebensschilderungen von Sozialdemokraten, die so lebendig die Blödheiten und Grausamkeiten, die sie in ihrer Dienstzeit erleben mußten, beschreiben, damit beginnen, wie begeistert oder zumindest fröhlich sie zum Militär einrückten."[22]

Ich zitiere noch einmal, stellvertretend für viele, *Arthur Rehbein*:

"Nun, ich hatte es nicht ungern gehört, daß ich Soldat werden mußte - wenigstens hatte ich das Komißleben dann doch durchgemacht und `konnte mitreden`, wenn sich andere darüber unterhielten. Dümmer würde ich sicher nicht dadurch werden, wenn ich drei Jahre im bunten Rock abriß. Auch war es eine Abwechslung in dem ewigen Einerlei der Arbeit, die ich nun schon jahrelang verrichtete.(...)
Ich dachte an all die Erzählungen, die ich in meiner Jugend über das Soldatenleben mit angehört hatte; versetzte mich in die Zeit zurück, wo ich zu Hause während der Herbstmanöver den einquartierten Soldaten nachgelaufen war und meine helle Freude an der schmetternden Militärmusik gehabt hatte."[23]

Als Zeitzeugen zitiere ich den Berliner Historiker *Adolf Streckfuß*, der sich wie *Rodenberg* von einem 48er Demokraten zum Chauvinisten wandelte. Es ist derselbe Autor, der kritisch und beherzt über die Reaktion in Preußen nach 1848 und chauvinistisch-begeistert über die preußischen Kriege und die Truppenaufmärsche in Berlin schreibt.
Die Polizei, klagte *Streckfuß*, sei in "diesen traurigen Jahren"(nach 1848) in Berlin fast allmächtig gewesen. Sie unterstand nicht der auf der gewählten Bürgerschaft beruhenden Selbstverwaltung der Stadt, sondern direkt dem

König, bzw. der preußischen Staatsverwaltung und bildete zusammen mit der Militärbürokratie eine unmittelbare Eingriffsebene des Staates in das Leben der Berliner. Die Polizei war ein wichtiger Bestandteil der militaristischen Alltagskultur der Hauptstadt. Sie war straff militärisch organisiert, rekrutierte sich aus altgedienten und bewährten Offizieren und Unteroffizieren der preußischen Armee und hatte einen durch und durch militärischen Charakter. Das Auftreten dieser Polizei wurde von Fontane immer wieder beklagt und selbst Bismarck empfand es als "unnötig schroff". In Berlin gab es ein Sprichwort: Von den 1848 zugesagten Freiheiten war die Freiheit geblieben, in den Straßen zu rauchen. Dem Polizeipräsident unterstanden die Sicherheits- und Kriminalbehörde, die politische Polizei, Zensur, Sittenpolizei, Verkehrspolizei, Paß- und Fremdenwesen, Einwohnermeldeamt.[24]

Damit waren zentrale Bereiche der Verwaltung, der Gemeindeselbstverwaltung entzogen.[25] Diese Entwicklung, die *Streckfuß* kritisiert, reichte bis 1918, wenn auch mal das Polizeiliche und mal das Direkt-Militärische im Stadtleben überwiegt. *Fontane* schreibt 1887:

"Wir sind aus dem Elend, der Armut und Polizeiwirtschaft heraus - alles gut, aber neben unserer neuen Größe läuft eine Kleinheit, eine Enge und Unfreiheit her, die die verachtete Stillstands- und Polizeiperiode (...) nicht gekannt hat. Besonders die militärische Welt überschlägt sich..."[26]

Noch im Sommer 1863 kritisierte Streckfuß radikal den Regierungsstil Bismarcks, vor allem während des sog. Verfassungskonfliktes, in dem es um die rechtswidrige Erweiterung des preußischen Militärhaushaltes ging:
"... die politischen Verfolgungen begannen aufs neue, die fortschrittlichen Abgeordneten welche Beamte waren, wurden gemaßregelt, eine neue Preßverordnung, welche das Forterscheinen politischer Zeitungen fast ganz von dem Belieben der Regierung abhängig machte, wurde oktroyiert (1. Juli 1863), den Wahlen freisinniger Stadträte wurde die Bestätigung versagt; eine neue Reaktionsperiode schien über Preußen hereinzubrechen."[27]

Diese Gefahr wurde "glücklich" abgewendet: Wodurch? Durch den Krieg belehrt uns *Streckfuß*, der alle Zerwürfnisse und politischen Auseinandersetzungen mit einem Schlag beendete, wie später immer wieder in der deut-

schen Geschichte. Als der *König von Dänemark* im November 1863 starb "erhob sich" so *Streckfuß*
"sofort eine mächtige Bewegung für die Losreißung der schleswig-holsteinischen Herzogtümer von Dänemark. Auch in Berlin herrschte die gleiche Begeisterung für Schleswig-Holstein wie im übrigen Deutschland, das Lied `Schleswig-Holstein meerumschlungen` wurde in allen Vereinen, bei jeder festlichen Gelegenheit gesungen".[28]

Die Preußen brachen den Krieg von 1863 vom Zaun und schon "fanden die preußischen Truppen Gelegenheit, sich glänzend auszuzeichnen; durch die Erstürmung der Düppeler Schanzen (18. April 1864) und den Übergang nach Alsen (29. Juni 1864) erwarben sie sich unvergänglichen Ruhm. (...) Das war ein glänzender Erfolg eines kurzen Krieges, ein Erfolg, der durch die Tapferkeit der deutschen Truppen und zwar vorzugsweise der preußischen errungen war. Den Kämpfern für die Befreiung Schleswig-Holsteins zollte das Deutsche Volk seinen Dank; als die siegreichen Truppen am 7. und 17. Dezember 1864 in Berlin einzogen, wurden sie von dem jubelnden Volke empfangen, die Begeisterung für das tapfere siegreiche Heer durchdrang die ganze Bevölkerung; alle Stände und Parteien."[29]

Mit diesem "Einzug der siegreichen Truppen in Berlin" beginnt die neuere Geschichte des Militarismus, aus der sich in der Folgezeit, die militaristische Alltagskultur mausern sollte. Mit einer rasanten Schnelligkeit kam nun zum Vorschein, was lange angelegt war und wofür Streckfuß ein Beispiel ist. Die deutsche Arbeiterbewegung, mit ihrem Zentrum in Berlin, befand sich damals in den Kinderschuhen. Dem 1864 aufbrechenden patriotischen Taumel hatte sie nichts entgegenzusetzen. Sie profitierte vom Aufstieg des Reiches, denn mit ihm wurde auch die deutsche Arbeiterbewegung "mächtig" - wie es schien. Im ersten "revolutionären" Parteiprogramm, dem von Eisenach aus dem Jahre 1869, findet sich lediglich der Satz: "Errichtung der Volkswehr anstelle der stehenden Heere".

Bevor es aber zu diesem Programm kam, zogen die Berliner Arbeiter ein zweites Mal voller Begeisterung "ins Feld", als Preußen am 21. Juni 1866 Österreich den Krieg erlärte. Zwar gab es zunächst einigen Protest gegen diesen "Bruderkrieg", "das Volk aber folgte mit seinem Herzen dem Heere" (*Streckfuß*):
"In solcher Zeit durfte es keine Parteien im Lande geben, alle Patrioten mußten sich vereinen in der Sorge um die kämpfenden Söhne und Brüder.

Ein Berliner Hülfsverein für die Armee im Felde wurde gebildet. (...) Und als nun die Kunde kam von den glänzenden Siegen, welche die preußischen Heere erkämpften, von jenen die Bewunderung der Welt erzwingenden Waffenthaten, von der unübertrefflichen Heeresleitung (...), da machte sich überall im preussischen Lande ein anderer Geist als bisher geltend".[30]

Und nun kennt die Siegesstimmung unseres Demokraten keine Grenzen mehr. Er zitiert als Augenzeuge seinen Kollegen *Ludwig Hahn*:

"Der Einzug geschah am 20. und 21. September durch das Brandenburger Tor, auf welchem die berühmte `Viktoria` steht; der Weg von da durch die Linden bis zum königlichen Schlosse war in eine reich geschmückte Siegesstraße umgewandelt. Zu beiden Seiten derselben waren 208 eroberte Geschütze aufgestellt. (...) Das Erscheinen des ruhmgekrönten Monarchen, der berühmten Feldherren und der herrlichen Truppen wurde von der Bevölkerung mit stürmischer Begeisterung begrüßt. (...) Unter den Klängen der Volkshymne und des Preußenliedes, unter endlosen Hurras, unter einem dichten Regen von Blumen und Kränzen aus allen Häusern und aus der Volksmenge ging dann der großartige Festzug durch die `Siegesstraße` und schloß mit dem Parademarsch vor Sr. Majestät an der Bildsäule des alten Blücher. Am Nachmittag wurden die Truppen teils in öffentlichen Lokalen, teils in den Häusern der Bürger festlich gespeist. Am Abend war die ganze Stadt glänzend wie noch nie erleuchtet".[31]

Und dann, nur vier Jahre später wieder ein Krieg, endlich ein "großer" gegen den "Erbfeind". Die vaterländische Begeisterung steigerte sich zu einem Taumel.

Der Berliner *Streckfuß* berichtet, was sich in jenen Tagen in der Stadt abspielte:

"Die waffenfähigen jungen Leute eilten zu den Fahnen, auch wenn sie noch nicht dienstpflichtig waren (...). Viele ältere Männer, die längst ihrer Dienstpflicht genügt hatten folgten dem Beispiel der Jugend, sie erboten sich zu freiwilligen Dienstleistungen. Hülfsvereine für die Pflege der Verwundeten wurden gebildet, die Frauen und Jungfrauen aller Stände traten diesen bei (zum ersten Mal werden die Mädchen erwähnt, M.K.) und haben während des ganzen Krieges mit Liebe und Aufopferung gewirkt."[32]

"Das Volk von Berlin", berichtet *Streckfuß*, war "von glühender Begeisterung entbrannt für den Volkskrieg."

Die militärische Erziehung feierte ihren bis dahin größten Triumph, der Militarismus hatte es geschafft:

"In kurzer Zeit war ganz Deutschland vereinigt zum Kampf gegen Frankreich. (...) Nur wer jene wunderbare Zeit selbst durchlebt hat, verrmag sich hineinzudenken in den Geist, der damals das deutsche Volk durchdrang, in die Opferfreudigkeit, welche es bei den schwersten Verlusten zeigte. Nur der Gedanke an den Krieg erfüllte in jenen Tagen das Volk. (...) Es gab nur wenige Vaterlandslose, welche nicht ergriffen waren von dem Gefühl der innigen Zusammengehörigkeit, welche das ganze Volk erfüllte. So belebt wie in der Kriegszeit waren die Straßen Berlins, besonders die Linden, selten; noch spät des abends drängte sich dort das Volk, (...) es hoffte in der Nähe des königlichen Palastes die telegraphischen Depeschen vom Kriegsschauplatz zuerst zu hören. Und wenn sie dann kamen und immer wieder neue Siege verkündeten (...) dann verbreiteten sich die Freudennachrichten schnell durch die ganze Stadt, dann wurden sie begeistert gefeiert in kleinen und großen Kreisen."[33]

Die "Vossische Zeitung" "würdigte" am 4. September 1870 unter der Überschrift "Ein Siegestag in Berlin" den Sieg über *Napoleon den III* bei Sedan am Tag zuvor:

"Je mehr wir uns dem Schloß näherten, desto lauter und dichter wogte die frohbewegte Menge diesem Stadtteile zu; Leute die sich ganz fremd waren umarmten sich, in manchem Auge sah man Tränen glänzen, und das will bei unserem norddeutschen, ruhigen Blut viel sagen, zumal, wenn es am frühen Morgen geschieht; aus allen Häusern lehnten frohe Gesichter; die Kaufleute standen vor ihren Läden, die Meister und Gesellen waren von ihrer Arbeit auf die Straßen geeilt (...). Aus den Fenstern und von den Dächern flatterten die Fahnen im frischen Morgenwinde (...) es war so recht ein Morgen, an dem man seines Lebens einmal doppelt und dreifach froh werden konnte! (...) Den Mittelpunkt des Jubels aber bildete der Platz vor dem Standbild Friedrichs des Großen, welcher bald nach 9 Uhr von einer zahllosen Menschenmenge bedeckt war, die wiederholt dem tapferen Heere und seinen Führern (...) Lebehochs ausbrachte, dazwischen "Die Wacht am Rhein" anstimmend. (...) Bald aber stieg die allgemeine Begeisterung noch höher. Ein junger Mann, wie uns mitgeteilt wurde, ein Schumachergeselle Starnicki, kletterte auf den "alten Fritz" und befestigte eine deutsche Fahne an dem Reiterbilde (...) und endloses Hurrageschrei lohnte dem beherzten

Patrioten. (...) Inzwischen war die Menschenmenge Unter den Linden zu einer immensen Ausdehnung angewachsen. Bald nach 11 Uhr erschienen die Arbeiter aus verschiedenen Fabriken, so unter anderen die der Schwarzkopffschen Eigengießerei, der Gesellschaft für Eisenbahnbedarf, die Borsigschen Maschinenbauarbeiter mit ihren Fahnen, schwarz und rußig, wie sie von der Esse, dem Amboß und der Drehbank weggelaufen, in corpore unter dem Gesang der `Wacht am Rhein`.[34]

Der 3. September, der Tag von Sedan, sollte von nun ab bis zum Ende des Deutschen Kaiserreiches Jahr für Jahr mit Pauken und Trompeten als nationaler Feiertag begangen werden. Vor allem in Berlin wurde er mit großem patriotischen Aufwand und unter Beteiligung der Kinder und Jugendlichen aller Schulen und Erziehungsanstalten durchgeführt.[35]
In der Schlacht bei Sedan ließen Tausende ihr Leben und Tausende wurden zu Krüppeln gemacht. Diese "Opfer" kommen in der Siegesstimmung der Berliner nicht vor - sie werden verschwiegen, die Trauernden müssen sich verstecken. Der Sieg von Sedan wurde gefeiert, aber der Krieg ging weiter. Er spielte sich allerdings in weiter Ferne ab. Die Schrecken des Krieges hatten die Deutschen in der "Heimat", im Unterschied zu Franzosen, Belgiern etc. nicht erlebt; in keinem der Kriege, bis sie diese Erfahrung im letzten der "Deutschen Kriege" selbst machen mußten. Sie brauchten also bei ihren diversen Siegesfeiern nicht viel zu verdrängen.
Die offizielle Feier des Sieges über Frankreich erlebte Berlin 9 Monate nach dem Sedanrummel, als am 16. Juni 1871 die "siegreichen Truppen" (zum dritten Mal innerhalb von sieben Jahren!), angeführt vom neuen "Kaiser der Deutschen" (*Wilhelm I*), *von Bismarck, Roon* und *Moltke* - die heute noch nebeneinander und um die Siegessäule herum im Tiergarten stehen und das historische Ambiente der 750-Jahrfeier abgeben - in Berlin einzogen. *Streckfuß*, der immer dabei war wenn es Siege zu feiern galt, hat sich auch dieses Mal als Chronist betätigt. Inzwischen hatte sich die Sprache über diese Ereignisse so formalisiert, daß man genau lesen muß, um zu erkennen, welcher Sieg denn jetzt gemeint ist. Das geht soweit, daß die Berichte verschiedener Autoren kaum noch zu unterscheiden sind:

"Am 16. Juni zogen die siegreichen Truppen unter dem Zulauf der in gehobener Stimmung befindlichen Einwohner Berlins in der Hauptstadt ein. Um 11 Uhr vormittags waren die zum Einmarsch in die Stadt befohlenen Truppen auf dem Tempelhofer Felde aufgestellt. Von dort zogen sie über die

Belle-Alliance-Straße (jetzt Mehringdamm, M.K.) über das Hallesche Thor durch die Königgrätzer Straße (jetzt Stresemannstraße, M.K.) in das Brandenburger Thor hinein, an ihrer Spitze Kaiser Wilhelm mit einem großen Gefolge von Prinzen, Fürsten und Generalen. Unmittelbar vor dem Kaiser ritten der Reichskanzler Fürst Bismarck - am 21. März hatte er den Titel eines Fürsten von Sedan erhalten - der Graf v. Moltke und der Kriegsminister Roon. Dem Kaiser folgten die Feldmarschälle Kronprinz Friedrich Wilhelm und Prinz Friedrich Karl. Als die Spitze des Zuges das Hallesche Thor erreicht hatte, begannen alle Kirchenglocken der Stadt zu läuten. Die von den Truppen durchzogenen Straßen waren in herrlichster Weise zu Triumphstraßen ausgeschmückt, längs welchen gegen 90 Tribühnen den Schaulustigen bequeme Gelegenheit boten, die einziehenden Truppen zu begrüßen. Die Häuser hatten sämtlich reichen Festschmuck angelegt, sie waren mit Guirlanden, Blumen und Fahnen geschmückt. Am Fuße des Kreuzbergs war der Eingang in die Siegesstraße durch zwei vierzig Fuß hohe Säulen bezeichnet, welche Fahnen und Waffentrophäen trugen. Eine Ehrenpforte war vor der Kaserne des Dragonerregiments (jetzt Finanzamt Kreuzberg, M.K.) errichtet. Die Thätigkeit der von der Stadt Berlin (...) gewählten Ausschmückungskommission hatte am Halleschen Thor begonnen. Dort begrüßte ein (...) Kolossalstandbild der Berolina die einziehenden Krieger. Vom Halleschen Thor aus in der Königgrätzstraße waren die Gewerke mit ihren Fahnen und Emblemen aufgestellt. (...) Mitten auf dem Askanischen Platze erhob sich eine mächtige Tribühne, welche für die männliche Jugend der Berliner Lehranstalten bestimmt war. Auf dem Potsdamer Platz waren zwei mächtige, die Festungen Straßburg und Metz versinnbildlichende Frauenstatuen errichtet. Der Schmuck des Brandenburger Thores erinnerte an die Kämpfe und Siege um Paris. (...) Dem Thore zunächst saßen auf einer Tribühne die 60 Ehrenjungfrauen in altdeutscher Tracht, deren Führerin, des Professors Bläser Tochter, dem siegreichen Kaiser mit einer von Scherenberg verfaßten poetischen Ansprache einen Lorbeerkranz überreichte. (...) Hinter den Geländen waren kleine Bänke aufgestellt, für die in den Berliner Lazaretten befindlichen verwundeten Soldaten, hinter diesen standen Vereine und Gewerke, Fabrikarbeiter, die Studenten der Universität und der Bau- und Gewerbeakademie. (...) Die eigentliche Triumphstraße endete auf dem Lustgarten, wo eine Kolossalstatue der Germania, neben sich ihre wiedergewonnenen Kinder Elsaß und Lothringen, auf hohem Sockel errichtet war. Der Durchzug der überall mit begeisterten Jubelrufen der herbeigeströmten Volksscharen empfangenen Truppen durch den Siegesweg, erschöpfte die Feierlichkeiten des Tages noch nicht. (...)"

Nachdem *Wilhelm der I* ein Denkmal für seinen Vater, *Friedrich Wilhelm III*, eingeweiht hatte, zogen die Truppen in ihre Kasernen zurück "auf ihrem ganzen Wege durch die festlich gezierten Straßen immer von neuem jubelnd begrüßt von den begeisterten Bürgern. Abends war die Stadt auf das Glänzendste erleuchtet; alle öffentlichen und privaten Gebäude strahlten in hellstem Lichterglanze. Die Soldaten wurden am folgenden Tage, dem 17. Juni, von den Bürgern festlich bewirtet; die Stadt ließ jedem Soldaten einen Thaler, jedem Unteroffizier zwei Thaler auszahlen. Überall fanden die von den einzelnen Stadtbezirken veranstalteten Festlichkeiten im Freien statt, meist schloß sich daran des abends ein Ball".[36]

Emanuel Geibel, der Hofpoet der Hohenzollern, hatte zu dem Ereignis ein Gedicht gemacht, das Generationen von Schülern in der Folgezeit auswendig lernen mußten:

"Zieh ein zu allen Toren
Du starker deutscher Geist,
Der aus dem Licht geboren
Den Pfad ins Licht uns weist,
Und gründ in unsrer Mitte
Wehrhaft und fromm zugleich
In Freiheit, Zucht und Sitte
Dein tausendjährig Reich!"[37]

Dieser Dichter konnte nicht ahnen, auf welche Weise seine Hoffnung in Erfüllung gehen sollten. Aber auch seine Gedichte und Lieder bereiteten den Weg dorthin.

Militaristische Alltagskultur im engeren Lebensraum von Kindern und Jugendlichen in Berlin zwischen 1871 und 1914

In der Rückschau entpuppen sich die Friedenszeiten allemal als Zeiten zwischen den Kriegen, in denen der nächste Krieg vorbereitet wurde, auch wenn sie so lange dauerten wie der "große" Frieden von 1871-1914.
Dieser Frieden erhielt seinen Schwung, seine ganze Prägung von der Serie der gewonnenen Kriege. Vierzig Jahre "Frieden" reichten nicht aus, die Deutschen zu einem friedlichen Volk zu machen, und der militaristischen

eine breite antimilitaristische Alltagskultur entgegenzusetzen. Im Gegenteil: Im Alltag der Kinder und Jugendlichen der neuen "Reichshauptstadt" gewinnt die Vorbereitung auf den Krieg noch mehr Bedeutung als in der alten Residenz der Könige von Preußen. Seit 1870/71 kennt die Verherrlichung des Krieges keine Grenzen mehr. Das Alltagsleben in der "wilhelminischen" Zeit wird mehr und mehr von militärischen Verhaltensmustern und Werten/Einstellungen durchdrungen. Die aktiven Soldaten wurden in allen Schichten der Bevölkerung zum Leitbild.

Die Vermittlung militaristischer Einstellungen erfolgte schon in der Familie über die dominante Figur des Vaters und wurde auf diesem Wege ein Element primärer Sozialisation. Mehr oder weniger bewußt bedienten sich die Männer/Väter des Abglanzes, der von den Kriegern/Helden/Vaterlandsverteidigern auf sie fiel, ob sie nun selbst "gedient" hatten oder nicht. Viele aber hatten "gedient" und zu Beginn der Periode des "großen" Friedens gab es kaum eine Familie, die nicht selbst einen Helden - entweder einen toten oder einen lebendigen - zur gefälligen Verehrung in ihrer Mitte hatte, bzw. dem Vaterland "geschenkt" hatte. In den alten Fotoalben, die ich in den Trödelkellern in Kreuzberg, Neukölln und Schöneberg gefunden habe, präsentieren sich die Helden jeden wehrfähigen Alters - aber auch die Veteranen - umgeben von "ihrer" Familie (immer etwas herausgehoben, wofür die Fotografen in ihren Ateliers kleine bewegliche Podeste hatten) oder alleine in Uniform oder auf dem Gruppenfoto mit ihren Kameraden. Oft genug stehen sie da im vollen Kriegerschmuck, d.h. mit "kleinem Marschgepäck", Gewehr und Seitengewehr. Rings um die Kasernen hatten die Fotografen ihre Buden aufgestellt und sie hatten gut zu tun. Jeder Rekrut wollte und brauchte das Foto aus seiner "Dienstzeit". Meist wurde es in vielen Abzügen hergestellt und oft von Hand koloriert. Sehr beliebt waren die Postkarten, auf denen der zukünftige Held schon jetzt in Heldenpose sich der Familie schicken konnte. Fast immer wurden Vergrößerungen bestellt, die gerahmt und unter Glas an der Wohnzimmerwand "Zu Hause" einen Ehrenplatz bekamen. Da die Uniform im Entlassungsgepäck des "Reservisten" mitgenommen wurde, konnte sie bei allen festlichen Anlässen "angelegt" werden, z.B. bei Hochzeiten, Jubiläen aller Art etc. So entstanden immer neue "Soldatenbilder" von Männern im Kreise ihrer Angehörigen.

Freilich muß dabei berücksichtigt werden, daß die Uniform oft der einzige Anzug war, in dem sich der Arbeiter vor den Fotoapparat "stellen" konnte, aber er wollte es auch und tat es mit stolzgeschwellter Brust. "Der Soldat trägt des Königs Rock. Er wird dadurch gleichsam ein anderer Mensch ..." las ich bei *Rehbein* und das scheinen diese alten Fotografien zu bestätigen. In "Zivil" sehen d iese Männer vergleichsweise erbärmlich aus.

Daß sich die Einstellung der sozialdemokratischen Männer während des "Kaiserreichs" kaum von der anderer Männer unterschied, wurde schon erwähnt. Entsprechend ungeniert präsentierten auch sie sich ihren Kindern, Frauen, Bräuten, Eltern in Uniform und hingen auch ihre Soldatenbilder in den Wohnstuben, gehörten auch bei ihnen die Geschichten aus der Zeit beim Militär zum beliebten und immer wiederholten Erzählstoff. Die Kinder - Jungen und Mädchen - mußten daraus schließen, daß das Militär nicht nur eine notwendige sondern auch eine schöne begehrenswerte Sache sei und in dieser Meinung wurden sie in jeder erdenklichen Weise durch die sie umgebende militaristische Alltagskultur unterstützt.

Nach dem Krieg gegen Frankreich schoß in der "Reichshauptstadt" eine Klein-Industrie zur Verherrlichung des Krieges - vor allem der preußischen Armee und ihrer Heerführer - aus dem Boden. Ganze Serien von billig kolorierten Porträts der Schlachtenlenker und Fürsten kamen auf den Markt, wurden von Kindern und Jugendlichen gesammelt und getauscht, wie ab der Jahrhundertwende dann die Zigaretten- und Palminbildchen, von denen es umfangreiche Alben über alle Waffengattungen, Uniformen, Kriege und Schlachten geben würde. *Heinrich Zille* war damals Lehrling bei einem Lithographen in der Alten Jakobstraße. Im "Zillebuch" von Hans Ostwald erzählt er, daß nach 1871 eine Hochflut einsetzte "von auf den Stein gezeichneten Kriegsbildern". Tag und Nacht seien "Fürsten, Feldmarschälle, Generäle, Schlachtenbilder" gezeichnet und gedruckt worden, auf denen "die Kriegsgreuel verherrlicht und verewigt" wurden. "Der `Öldruck` war damals erfunden, meist wurden nun die Bilder bunt gedruckt - die `Ölgemälde der Armen`. Die Bilder waren billig, `zierten` die Wohnungen und deckten zugleich die vielen Flecke von den an den Wänden zerquetschten Wanzen zu..."[38] Dazu kamen dann noch billige bunt bemalte Gipsfiguren: Soldaten in voller Ausrüstung und kriegerischer Pose, z.B. halb geduckt, fast im Sprung, das Gewehr mit "aufgepflanztem" Bajonett, mit der linken Faust umklammert, die rechte Hand umspannt den Kolben, den Finger am Abzugshahn, mit "eisernem Gesicht", das Kinn vorstreckt. Solche Figuren konnten sich die heimkehrenden Heldenväter und Heldenbrüder in der Uniform und den Kennzeichen ihrer Waffengattung und Truppeneinheit bestellen. So verwandelte sich manches Vertikow mit Fotografien, Öldruck und Gipsfigur zu einem kleinen Kriegsaltar. Wenn dann noch ein Kästchen mit einem Eisernen Kreuz oder einer anderen "Auszeichnung" dazugestellt werden konnte - welche Wonne und welch ein immerwährender Anschauungsunterricht für die Kinder, die in solchen Wohnungen aufwuchsen. In der Wahrnehmung der Kinder verbanden sich die militaristischen Bilder und Symbole dieser "Wohnkultur" mit denen im Stadtbild und in anderen "Innenräumen" wie Schulen und Kirchen: in jedem Stadtbezirk ein kleines Kriegerdenkmal mit den Tafeln der Namen der "fürs Vaterland" Gefallenen, auch auf den großen Friedhöfen. In den Kirchen die Marmortafeln mit Kreuz und Eichenlaub und den Namen der Gefallenen der Gemeinde und in den Schulen ebensolche Tafeln mit den Namen der Lehrer und Ehemaligen, die den Heldentod gestorben waren.

Was gab es noch in den Wohnungen? Bücher für Erwachsene, Jugendliche und Kinder, meist bunt eingeschlagen und eingebunden mit Federzeichnungen und "Einschalttafeln" (bunt), die in Text und Graphik den Krieg und immer wieder die Helden, das Soldatenleben und -Sterben glorifizierten. Zwischen 1871 und 1945 beherrschten Bücher über Soldatenleben und Krieg in allen Preislagen, vom Heftchen bis zum repräsentativen "Werk" den Markt der Kinder- und Jugendbücher.

In einem dieser Bücher fand ich ein Lesezeichen eingelegt, auf dem steht der Spruch: "Buch und Schwert - Ein Sinnbild unserer Zeit". Es trägt ein Bild: auf marineblauem Grund ein Kranz von hellerem Eichenlaub, darin ein hellgrünes Buch, über das ein goldenes Schwert in der Senkrechten gelegt ist. Lesezeichen ähnlichen Charakters gab es viele in jener Zeit. Ich habe noch eins mit Friedrich II drauf und einem Ausspruch von ihm: "Es wird das Jahr stark und scharf hergehn. Aber man muß die Ohren steif halten und Jeder, der Ehre und Liebe für das Vaterland hat muß alles daran setzen". Auf einem anderen Lesezeichen ist die Siegessäule, darüber das Wappen von Berlin, das Ganze umrankt von einer Guirlande aus Eichenlaub. In meiner Sammlung befindet sich auch ein Selbstgemaltes, auf dem steht: "Hauptsache: Haltung bewahren!" Ja, darauf vor allem kam es an: "Mit strammen Tritt und festem Knie...", wie es in einem Kindergedicht mit dem Titel "Wachtparade" heißt. Es ist in einem Werbezettel der Buchhandlung "Fortschritt" (Buchverlag der "Hilfe") in Berlin-Schöneberg für das Weihnachtsgeschäft von 1912 abgedruckt. Das Gedicht ist eine Leseprobe aus dem Kinder-Bilderbuch "Kleine Menschen in der großen Stadt" - herausgegeben von der Literarischen Vereinigung des Berliner Lehrervereins. Auch eine Illustration aus diesem "schönsten Bilderbuch unter hundert andern!" ist auf dem Zettel abgedruckt: Drei etwa 6-jährige Jungen in Phantasieuniformen, mit Trommel, Trompete und Fahne, vorneweg ein Hündchen, marschieren im Stechschritt und salutierend an dem Schilderhäuschen einer Kaserne vorbei, vor dem ein richtiger Soldat mit einer richtigen Knarre im Arm steht. Das Bild hat eine extra umrandete Fußleiste, in der ein Zug Soldaten im Parademarsch abgebildet ist, mit Militärkapelle und berittenem Offizier. Unter diesem Bild das Gedicht:

"Eins - zwei! eins und zwei!
Die Wachtparade zieht vorbei
mit strammem Tritt und festem Knie,
Und Bello führt die Kompanie.
Eins - zwei! Eins - zwei!
Die Trommel klingt, die Fahne fliegt
Wo ist der Fein, der uns besiegt?
Und gibt es Krieg, dann mutig drauf!
Der Wilhelm hat den Trichter drauf.
Tetere - Tätä!"

Solche Gedichte und Darstellungen waren Massenproduktionen. Kein Buch über jene Zeit, in dem ähnliche Beispiele fehlen. In der Reihe "Der deutsche Spielmann - Eine Auswahl aus dem Schatze deutscher Dichtung für Jugend und Volk" gab es einen Band mit dem Titel "Soldaten - Der deutsche Mann in Wehr und Waffen und wie er zu kämpfen und zu sterben weiß", der noch 1924 in einer dritten Auflage herausgegeben werden konnte, erweitert um Beispiele aus dem 1. Weltkrieg. Das Buch wird mit einem Gedicht eingeleitet, dessen Autor schlicht mit "Der deutsche Spielmann" zeichnet:

"Ich zählte noch keine Dutzend Jahr, da war mein höchstes Ziel,
Das Glück für unsre junge Schar, ein frisch Soldatenspiel.
Den Helm aus schlichtem Packpapier und hölzern Roß und Schwert -
Doch tief im Herzen fühlten wir uns aller Helden wert.

Ich weiß, Jung-Deutschland flammt noch heut, wie wir für`s Militär,
und traben an die Reitersleut, dann trabt es nebenher.

Im Tritt, im Trott, im Trippelschritt - Trompeter stimmen an -
Gleich schmetterts die Begleitung mit, ganz so, wie wir getan!

Das wär ein Leben, wie`s Euch paßt, wo alles flirrt und blitzt!!
Doch wer einst selbts den Pallasch faßt und hoch im Sattel sitzt,
Der merkt, es ist nicht nur ein Spiel, es gilt ein ernstes Stück
und birgt des Jammers überviel, das glänzend bunte Glück.

Und doch, was Landespflicht ihn heißt, das tut er, wie er kann.
Es steckt was von Teutonengeist in jedem deutschen Mann;
Es stürmt in jedem Knaben der künftige Soldat -
Und trifft der Spielmann heut den Ton, ist er sein Kamerad."39

Damit ist das Programm dieses Buches - in Wort und Bild - umrissen. Zu solchen Gedichten kamen viele Soldatenlieder in militärisch geschmückten Liederbüchern. Diese Verse waren nicht nur "Gedrucktes", sie wurden auswendig gelernt, aufgesagt und gesungen. Mehr noch, sie dienten in Ermangelung anderen Stoffs sogar dazu, Kindern das Lesen beizubringen. Meine Großmutter lehrte mich aus einem großformatigen Soldatenliederbuch mit farbigen Darstellungen aus den preußischen Kriegen, das sie aus ihrer Jugend aufbewahrt hatte, im Frühjahr 1945 (!) die ersten Worte buchstabieren.

Es handelt sich bei diesen "Dichtungen" um eine leicht eingängige Verdichtung militaristischer Alltagskultur. Alle ihre Aspekte werden angesprochen und geschickt miteinander verbunden: die Faszination der Kinder am Militär, schon durch die romantisierende Darstellung der erwachsenen Soldaten, ihrer Ausrüstung, ihres öffentlichen Auftretens; die Nachahmung in den diversen Soldatenspielen, deren notwendiger Zubehör auf den "Gabentischen" an Geburtstagen und zu Weihnachten lag. Dann, ganz zwanglos, die Wendung in den Ernstfall, der Hinweis, daß es sich nicht nur um Kinderspiel handelt. In dieser Wendung, die manchmal auch als Einleitung kommt, steckt die geheime Indoktrination durch den Dichter als "Volkserzieher".

Die Vermittlung des militärischen Geistes, der Opferbereitschaft für`s Vaterland, über den Vater, über die Ahnenreihe der Väter, die alle Helden waren, wird in vielen Gedichten deutlich angesprochen. Diese lebendigen Väter waren den Kindern zwar am nächsten, aber sie waren nur die letzten in einer Reihe von Übervätern und oft deren getreues Abbild. Mein Großvater z.B.

war ein Kaisertreuer Mann und alle Fotografien bis 1918 zeigen ihn mit dem Bart *Kaiser Wilhelm II*. Später war er Nationalsozialist und in dieser Zeit trägt er die Nasenbürste des "Führers". Er hatte das schon von meinem Urgroßvater abgeguckt, der preußischer Eisenbahner war, den Bart *Kaiser Wilhelms I* trug und immer in Eisenbahneruniform herumlief. Der letzinstanzliche Vater war in jener Zeit für den deutschen Knaben allemal der Kaiser (dahinter gab es noch Gottvater, aber dessen nebelhaftes Bild trug auch die Züge eines Kaisers aus der deutschen Geschichte, *Barbarossas* oder *Karls des Großen*). In dem Ausstellungskatalog "Puppe, Fibel, Schießgewehr" ist eine Kinderbuchillustration abgebildet mit der Unterschrift: "Die Kinder unseres Kaisers beim Weihnachtsspiel". Es zeigt die Prinzen in Kinderuniform (Matrosenanzug und Husarenrock) eine Prinzessin im Matrosenkleidchen, an einem Tisch, der vollgestellt ist mit Kriegsspielzeug: Ritterburg, in Schlachtenordnung aufgestellte Zinnsoldaten, einige liegend, die sind schon erschossen, Reiterfiguren, eine Kanone mit Kugeln und die kleinste Prinzessin, fast noch ein Baby, bearbeitet mit Schlägen eine Kriegstrommel.[40] Solches Spielzeug gab es in unterschiedlicher Qualität und Preislage für die Kinder aller Schichten und für die Eltern, die es gar nicht kaufen konnten, gab es Anleitungen, wie man es aus billigen Materialien selbst herstellen konnte. In einem Werbezettel des Verlages Teubner, Leipzig und Berlin (einer der wichtigsten Verlage für pädagogische Bücher) wird das Buch "Kinderspiel und Spielzeug" von *Clara Zinn* angeboten, mit 41 Abbildungen, zum Preis von einer Mark. In diesem Buch befindet sich eine Anleitung zum Basteln von Spielzeugsoldaten aus Abfallstoffen (Korken, Paketknebeln etc.). Die Autorin behauptet im Werbetext: "...wer von der Kinderlust, der Kinderkraft und dem bescheidenen Material ausgeht dessen sie bedarf, der wird auf seinem Weg zu immer wiederkehrenden Formen gelangen; Kinderreim und Kinderspiel in Nord und Süd, von heut und ehedem, die sind sich gleich geblieben...". Die selbstgebastelten Soldaten sind neben diesem Text abgebildet. Es wird nicht gesehen, daß es sich bei den "immer wiederkehrenden Kinderreimen und Kinderspielen" um gesellschaftlich erzeugte Bedürfnisse handelt und behauptet und geglaubt, die Kinder entwickelten solche Wünsche aus sich heraus, als natürliche Bedürfnisse. Das Bild von des Kaisers Kindern zeigt einen der Wege an: es suggeriert den Kaiser als Vater aller Kinder, als dessen Stellvertreter der eigene Vater erscheint und die Kinder des Kaisers als Geschwister, die die gleichen uniformierten Anzüge und Kleider tragen und mit den gleichen Spielsachen spielen, wie andere Kinder auch, kurz die kaiserliche Familie als Modellfamilie, die in Bilderbüchern, auf Postkarten und manchmal auch in Wirklichkeit bestaunt werden konnte, wenn Mädchen/Junge auf Vaters Schultern einen günstigen Platz während der Frühjahrsparade "Unter den Linden" oder an der "Belle-Alliance-Straße" ergattern konnte. Das Bild der kaiserlichen Familie fungierte in seiner öffentlichkeitswirksamen Ausstattung als militaristisches Identifikationsangebot.

Für die Verbreitung der militaristischen Alltagskultur sorgte eine ausgedehnte Kitsch-Industrie, die diesen ganzen Schund von der Postkarte bis zum Kriegsspielzeug in Massen auf den ideologisch aufbereiteten Markt brachte. In der Ausstellung "Puppe, Fibel, Schießgewehr" - Das Kind im kaiserlichen Deutschland "Militär und Thron" wurden 40 verschiedene Spielzeuge ausgestellt, von der Grenzfestung über den Panzerkreuzer bis zum Brettspiel ("Das neue militärische Spiel Halma" von 1885). Zu diesem Thema waren 34 Kinder- und Jugendbücher ausgestellt, die meisten illustriert. Darunter so ansprechende Titel wie: "Kaiser Friedrich als Prinz, Feldherr und Herrscher. - Ein Vaterländisches Lebensbild der deutschen Jugend und dem deutschen Volke gewidmet" und "Instruktionsbuch des Infanteristen für Kinder zum Soldaten-Spiel". Dazu waren dieverse Bilderbögen, Plakate und Photographien zu sehen.[41] Die meisten dieser Produkte wurden von Kleinindustriellen hergestellt in Betrieben, die in den Industriehöfen der Arbeiterviertel untergebracht waren und in denen vor allem Frauen und Jugendliche als billige Arbeitskräfte arbeiteten, z.B. beim Kolorieren der Postkarten und Öldrucke, dem Bemalen der Blei- und Zinnsoldaten etc. Nicht selten wird es gewesen sein, daß die Mutter und ältere Geschwister in der "Militaria"-Kleinindustrie arbeiteten, während der Vater in einem der großen Rüstungsbetriebe schuftete. Die hatten sich nach dem Sieg 1870/71 stark vermehrt, waren zu einem der wichtigsten Industriezweige der Stadt geworden. Die Hälfte der von Frankreich an das "Reich" gezahlten Kriegskontributionen - fast zweieinhalb Milliarden Mark - wurden in den Ausbau des Heeres, in die Entwicklung und Produktion neuer Waffen und in den Bau von Befestigungsanlagen an den Grenzen gesteckt. In Spandau wurde die staatliche Geschützgießerei und Artilleriewerkstatt erheblich erweitert und dazu in Saatwinkel und im Tegeler Forst ein Test-Schieß-Platz für weittragende Geschütze angelegt. Maschinenbaufabriken zur Herstellung von Rüstungsgütern florierten und die Eisenbahnindustrie nahm - aus militarischen Gründen - einen Aufschwung. Schwarzkopf im Wedding entwickelte eine neue Torpedomine und weitete die Munitionsfabrikation aus. Im selben Stadtviertel entwickelte und produzierte die alte Freundsche Maschinenbau-Anstalt moderne Artillerie und machte eine neue Rohrgießerei auf. In Tegel bauten die Egellschen Werke Schiffsmaschinen für die Kriegsflotte. Kanonenrohre stellte auch die Wildert AG im Wedding her. Zur Waffenschmiede für Handfeuerwaffen mauserte sich die Nähmaschinenfabrik Loewe & Co. in der Hollmannstraße. Auf dem Eisenbahnsektor war Borsig führend, der nach 1871 gewaltig expandierte. Das Militär unterstützte auch den weiteren Ausbau der Telegrafenbauanstalt Siemens & Halske. Siemens bekam den Auftrag für ein Telegraphennetz, das die größten deutschen Garnisonsstädte miteinander verband. Nach dem Regierungsantritt *Wilhelm II* bekam die Rüstungsindustrie noch einmal mächtigen Auftrieb. Erinnert sei hier nur an die erfolgreiche "Flottenpolitik" des *Admiral Tirpitz*. Militaria-Industrie und Rüstungsindustrie wurden ergänzt durch "Militäreffektenfabriken aller Art, zahllose Militärschneiderateliers, Sattler- und Schuhmacherwerkstät-ten".[42] Sie alle, schreibt Annemarie Lange, "arbeiteten für die Einkleidung immer neuer Rekruten, für das Zaumzeug ihrer Pferde, für die Maßuniform der Herren Offiziere".[43]

1884 bewilligte der Reichstag 70 neue Torpedoboote und es gab einen Boom für die feinmechanische-, die optische- und die Elektroindustrie in Berlin. 1887 wurde die Friedensstärke des stehenden Heeres ausgeweitet und für alle benachteiligten Gewerbe und Industrien gab es neue Aufträge. Das Militär im weitesten Sinne, wenn man die militaristische Alltagskultur und ihre Gegenstände und die Baubranche, die den Bau von neuen Kasernen und anderen militärischen Anlagen zu besorgen hatte, dazurechnet, war zu einem gigantischen Arbeitsbeschaffer für das Berliner Proletariat, für Männer, Frauen, Jugendliche ab 14 Jahren, geworden. Das mußte seine Auswirkungen auf den Binnen-Lebensraum der Kinder in den Arbeiterfamilien haben. Die Gespräche der Erwachsenen kreisten oft genug um Kriegserfahrungen. Nun kamen noch die Unterhaltungen über eine militärische "Arbeitswelt" hinzu, in der die Arbeiter und Arbeiterinnen sinnliche Erfahrungen mit allem möglichen Kriegsmaterial machten. Die Produktion war noch nicht automatisiert; gerade erst wurden die Teilproduktionen spezialisiert und in Produktionseinheiten zusammengefaßt. Auf alten Photographien aus der Rüstungsindustrie kann man sehen, wie Frauen und Männer einer Gewehrfabrik Läufe geraderichten und dabei jedes Rohr mit Auge und Hand einzeln prüfen. Die Schlösser von Maschinengewehren wurden Stück für Stück von Hand eingesetzt und die Granaten einzeln "abgewogen" und "ausgelotet". Die mörderischen Geschosse der Kanonen wurden an kleinen Tischen in der Größe einer Schuhmacher-Nähmaschine Stück für Stück zum Streichen und Lackieren in eine Haltevorrichtung gespannt usw. usw. Väter brachten solche "Werkstücke" aus blankpoliertem Metall als "Erinnerung" aus der Fabrik mit und manches Stück Ausschuß landete als Spielzeug bei den Kindern, z. B. Patronenhülsen unterschiedlicher Länge und Dicke, aus denen eine Art Flöte gebastelt wurde, aus der tiefe Pfeiftöne hervorgeholt werden konnten. Zu den Attraktionen der Kinder gehörten die seltenen Besuche an der Hand des Vater in solchen Fabriken, die von den Betriebsleitern hin und wieder erlaubt wurden. Die Belegschaften der großen Rüstungsindustrien wurden sorgsam ausgewählt, politisch beobachtet und mit allen möglichen "Vergünstigungen" an die Betriebe materiell und emotional gebunden. Sie waren in der Regel "kaisertreu" und marschierten, wie wir schon hörten, in geschlossen Formationen und mit eigenen Fahnen, wenn es galt, die "siegreich heimkehrenden Truppen" zu begrüßen, die ja mit den von ihnen hergestellten Waffen den Krieg gewonnen hatten. Die Facharbeiter der Rüstungsindustrie brauchten in keinen Krieg zu ziehen, denn sie kämpften "an der Heimatfront". Das änderte sich z.T. erst in den "Weltkriegen" als die Männer an der Front allmählich knapp wurden und soweit es eben ging durch die Frauen in der Rüstungsindustrie ersetzt wurden.

Wenn die Kinder nicht in der Schule waren, nicht durch Botengänge und alle möglichen Kleinarbeiten "zuverdienen" mußten, nicht in der Wohnung über den Hausaufgaben saßen, spielten sie auf den Straßen und Plätzen und Hinterhöfen, waren sie "unten", denn in den engen Zimmern der Wohnungen war für Bewegungsspiele und Gruppenspiele kein Platz. Fast in allen autobiographischen Mitteilungen werden die traditionellen oder selbsterfundenen Kriegsspiele erwähnt, die in keinem Repertoir fehlten. Zu solchen Spielen "im Freien" gab es aber auch gedruckte Anleitungen, z.B. in dem "Allgemeinen Familien-Spielbuch", das 1882 in Berlin verlegt wurde. Im Inhaltsverzeichnis finden sich: König ich bin in deinem Land - Der Sturmsprung - Kriegsdingen - Kaiser schick an - Ritter- und Bürgerspiel - Kriegsspiel - Kriegsspiel mit Stäbchen.[44]
In den selbsterfundenen Spielen handelte es sich - mal abgesehen von den nachgeahmten und in den zitierten Gedichten beschriebenen Exerzierspielen

- oft um Szenen aus dem Krieg, die sich die Kinder aus den Unterhaltungen der Erwachsenen, aber auch aus eigener Anschauung - z.B. waren Verwundeten- und Krüppelspiele sehr beliebt - holten. Diese Spiele tauchten natürlich verstärkt in Kriegszeiten auf. In dem Lebensbericht meiner Mutter lese ich: "Wir spielten auch Lazarett, wie wir es im Krieg gesehen hatten. Die Verwundeten wurden auf Leitern getragen und wir trugen Rot-Kreuz-Binden und von Tüchern Hauben auf dem Kopf".[45]

Georg Fink beschreibt ein improvisierte Theaterspiel von Kindern im Wedding während des 1. Weltkriegs. Die Szene spielt auf einem Hinterhof, auf dem ein Jugendlicher die Kinder der Mietskaserne um sich versammelt hat. Er spielt verschiedene Typen von Männern und Frauen, die er in seinem Alltag kennengelernt hat und die auch sein Publikum schon gut kennt:
"Erst kam ein Offizier, wie er im Krieg gekommen war, schneidig, Weltbesitzer, gotterhaben. Da taucht ein Rekrut auf und er grüßt ungenügend. Schon spielte ich ein Duett, ich war Leutnant, ich war Müller III. Ich war ein Junge, der dasteht und zuschaut, den Finger im Mund. (...) Alle verstanden mich. Sie fürchteten sich, sie lachten auf, sie schrien Huh! (...) Jetzt war ich ein Kriegsblinder, nicht einmal ein Hund. Jetzt war ich ein Beinloser, ein Schütteler (...). Ich spielte die Straßendirne, wie sie Männer lockt und ich spielte den Zuhälter, der um die Ecke späht. Ich war der Schutzmann und der Schaukastendieb."[46]

Marie-Luise Könneker zitiert in ihrer Dokumentation "Mädchenjahre" die Erinnerung einer Frau, die im Krieg 1870/71 Kind war:
"Nachmittags spielten wir dann meist bei Kaufmanns Soldaten. Aber mit dem Alfred Baumann hatten wir fast jedesmal unsere liebe Not. Er mußte zum Mitspielen gezwungen werden; namentlich zum Kriegsspiel und gerade bei diesem Spiel ergötzten wir uns am meisten. Pülle und Willy besaßen wirkliche Ulanenmützen. (...) Wir fertigten uns aus Papier welche an, aber ich mußte Feind sein, weil ich ein Mädchen war, zur Strafe (...) und ich fügte mich drein, freiwillig ein französicher General zu werden, denn die Freunde behaupteten, sie könnten dann besser richtig schimpfen, da ich unter meinen Röckchen, eine weite rote Flanellhose trage. `Franzos mit der roten Hos`. Nun war ich gereizt genug, den Angriff zu wagen.
Die drei Ulanen machten viele Feinde zu Gefangenen. Ich wurde in die Küche gesperrt und mußte so tun, als ob ich ein ganzes Regiment gefangener Franzosen wäre, die sich aus dem Turm zu befreien versuchten und die Deutschen verhöhnten. Alfred Baumann war am hitzigsten, der Sieg hatte ihn überwältigt, er war Feldmarschall geworden, damit er die Lust nicht

verliere; er war furchtbar zu schauen; mein Herz sprang wie die Feinde, die von der Anhöhe des Gartens auf ihren Rossen ins Tal sprengten".[47]

Die Straßen und Plätze, auf denen Berliner Kinder Militär und Krieg spielten, waren sehr oft nach Heerführern, Monarchen, Fürsten und berühmten Schlachtenorten benannt, die in diesem Text auch schon aufgetaucht sind: Königgrätzerstraße, Belle-Alliance-Platz, Moltke-, Bismarck-, Roonstraße. Es müssen Hunderte sein und sie heißen teilweise noch heute so.
Wer hat sie damals gezählt und wo waren die Straßen, deren Namen an Menschen und Ereignissen erinnerten, die sich gegen den Krieg und gegen den Militarismus richteten?
Zudem bedeuteten diese Straßennamen eine Verdrängung der nicht-militärischen Geschichte und der Lokalgechichte der Stadtteile bzw. Kieze. Die Straßenschilder orientierten auf das "Vaterland" und seine kriegerischen Repräsentanten, auf die Kriegsgeschichte. Es wäre sicher möglich gewesen, am Schloßplatz als dem Sitz des "oberen Kriegsherrn" beginnend, mit dem Fahrrad eine militärische Stadtrundfahrt zu machen, ohne eine Straße oder einen Platz mit "ziviler" Benennung längere Strecken benutzen zu müssen.

Zu den Höhepunkten im Kinderleben gehörten die Besuche öffentlicher "Vergnügungen" mit Eltern, Großeltern oder anderen Erwachsenen. Da man sich solche Ausflüge nur selten leisten konnte, blieben sie als herausgehobene Ereignisse um so deutlicher im Bewußtsein haften.
Orte festlicher Freizeit waren die Berliner Kaffeegärten, Gartenwirtschaften im Grünen, die damals die ersten Schaukeln, Wippen und Rundläufe für die Kinder der Gäste aufstellten. Dann der Rummel mit seinen Sensationen und vor allem die fest etablierten großen Cirkusse, bzw. "Spezialitätentheater", von denen es in Berlin um 1900 ein halbes Dutzend gab. Schließlich, seit Gründung der Stern-Dampf-Schiffahrtsgesellschaft im Jahre 1888 der Sommerausflug auf den "Berliner Gewässern".
In diesen Vergnügungsstätten "für das Volk" hatte sich ebenfalls das Militärische breit gemacht. In den Ausflugslokalen und auf den Dampfern war die Musike die Hauptattraktion, denn im Alltag kam Musik praktisch nicht vor, gab es doch kein Radio und kein Grammophon. Die Wirte mußten die Musik billig einkaufen und boten den Dutzenden von Militärkapellen die in und um Berlin stationiert waren einen lohnenden Nebenverdienst. Musike war also gleichbedeutend mit Militärmusik. Schmetternde Militärkapellen, in

Uniform natürlich, deren Repertoir hauptsächlich aus "schneidigen" Märschen und einigen Schunkelwalzern bestand, beherrschten die Szene. Den "gedienten" Männern/Vätern waren das eh altvertraute Klänge, bei denen es ihnen in den Beinen zuckte und die geschönten Erinnerungen an die eigene "Militärzeit" hervorriefen. So boten diese Ausflüge wieder eine gute Gelegenheit für die Männer, sich vor ihren Familien, Freunden und Bräuten im militärischen Ambiente der Marschmusik zu spreizen und zu sonnen. Paradebeispiel war das große Vergnügungszentrum "Tivoli" auf den Kreuzberg: "Die Besucher wurden angelockt durch Zeitungsinserate und Werbung an Litfaßsäulen, die `guten Mittagstisch` und `reichhaltige Abendkarte` versprachen, nicht zuletzt aber sonntags mit großangekündigten Konzerten, zumeist von Militärkapellen aus den nahegelegenen Kasernen. Einen nicht geringen Anteil des Publikums bildeten folglich auch Soldaten, insgesamt aber fand sich ein buntes Gemisch sämtlicher Volksschichten."[48]

Die Groß-Brauerei Schultheiß veranstaltete auf dem Tivoli spezielle Bierfeste und warb dafür in eigenem Anzeigenblatt. Im Schultheiß-Anzeiger Nr. 4, Jahrgang 1893 lautet eine Anzeige:
"Zum Schultheiss auf Tivoli - Große Concerte Sonntags ++++ Mittwochs - ausgeführt von der gesamten Kapelle des **Königing-Elisabeth Garde-Regiments**, des **Königl. Sächsischen Schützen-Regiments No. 108** und von anderen berühmten Militärkapellen des In- und Auslandes"[49], die Namen der Kapellen im Fettdruck hervorgehoben.

"Wie das Mauerwerk einer Festung ragten die starken Wände der Brauerei Tivoli aus der Ebene. Von dort klangen heute am Sonntagnachmittag die Töne der Kapelle, und in den Konzertgarten zog alles, was den Groschen Eintrittsgeld bezahlen konnte und sich nun bei Bier und Gänsebraten oder Jauerschen Würsten mit Meerettich von der Mühsal einer langen Arbeitswoche erholen wollte. `Büblein wirst du ein Rekrut, merk dieses Sprüchlein gut... `tönte es schmetternd".[50]

Das Konkurrenzunternehmen zum Tivoli und zu Schultheiß war der "Garten" der Bockbrauerei am Tempelhofer Berg (in der Fidicinstraße). Schon das Eröffnungskonzert im Jahr 1850 wurde von der Kapelle der Garde-Kürassiere bestritten und so sollte es 60 Jahre lang bleiben. In einer Anzeige der Morgenpost 1907 steht die Aufforderung: "Auf zum Ur-Bock - **Täglich**: Gr. Militär-Konzert. Donnerstag, Sonnabend, Sonntag Doppel-

Konzert. **Täglich**: Gr. Bock-Jubel".[51] Daß bei diesen Vergnügungen die Kinder nicht fehlten, bezeugt Hans Fechner im "Spreehanns": "In Scharen zog die Berliner Bevölkerung mit Kind und Kegel raus zum `Urbock`".[52] Die "traditionsreichen" Regimenter begnügten sich nicht damit, ihre Kapellen für das Volksvergnügen herzuleihen, sie übernahmen bei entsprechenden Anlässen auch selbst die Initiative mit dem "Volke" in Berührung zu kommen. So z.B. am Geburtstag "Seiner Majestät des Kaisers und Königs". In "Köhlers Festsälen" in der Teltower Straße am Halleschen Tor veranstaltete das Königin-Augusta-Garde-Grenadierregiment solche Geburtstagsfeiern unter Beteiligung von "Zivilbevölkerung".[53]

Die "großen" Militärkapellen, deren Dirigenten mit königlichen Titeln ausgestattet waren, spielten in den bedeutenden"Etablissements", die kleineren, von denen es Dutzende gab - nicht nur vom Militär sondern auch von der Polizei und der Feuerwehr, die alle die gleiche Musik machten - spielten an weniger berühmten Orten, auf den Dampfern und in den Gartenlokalen. Es war ein einträglicher Job, nach "Dienstschluß" als "Militärmusiker" den Leuten aufzuspielen. Für die Masse der in Berlin aufwachsenden Kinder wurde auf diese Weise Musik fast nur als Militärmusik erfahrbar und die assoziiert im Kern immer die marschierenden Soldatenkolonnen. Sie verband auch die Freizeit, das Feiern mit dem Ernstfall: Die selbe Musik wurde gespielt beim "Ausmarsch" der Regimenter in den Krieg und beim "Einmarsch der siegreichen Truppen", wenn der Krieg zu Ende war. Es war auch die Musik der großen vaterländischen Feiertage, der imponierenden Paraden und Manöver, es war *die* öffentliche Musik überhaupt. Mozart, Beethoven, Haydn kamen in ihr nur vor, soweit sie Märsche komponiert hatten. Ihr übriges Werk war dem Kunstgenuß der Privilegierten vorbehalten, der in besonderen Häusern und abgeschlossen vom "Volke" stattfand. Die "einfachen Leute" konnten weder die Garderobe noch die Eintrittsgelder bezahlen, die den Zugang zu den Stätten höheren Kunstgenusses erst ermöglichten. Außer der Orgelmusik und den Posaunenchören in den Kirchen und der in den "Volksschulen" auf Heimat- und patriotische Lieder beschränkten "Musikpflege" war die Militärmusik die einzige Musiktradition, die Berliner Kinder aus den unteren Schichten kennen lernten, es sei denn, man zählt noch die Straßenmusike der Leierkastenmänner und anderer Bettler hinzu.

Die Militärmusik erfüllte - eingebettet im Vergnügen und Unterhaltung - eine politische Funktion: Jeder kannte die Melodien und Texte, konnte mitsingen und mitmarschieren. Sie stellte eine emotionale Verbindung her, die dazu beitrug, sich kritik- und widerspruchslos einzuordnen.

Kurt Tucholsky, der seine Kindheit im Kasernenmilieu Moabits lebte, erinnert sich in seinem Gedicht "Unser Militär!":

"Einstmals, als ich ein kleiner Junge
und mit dem Ranzen zur Schule ging,
schrie ich mächtig aus voller Lunge,
hört ich von fern das Tschingederingdsching.
Lief wohl mitten über den Damm,
stand vor dem Herrn Hauptmann stramm,
vor den Leutnants, den schlanken und steifen.....
Und wenn dann die Trommeln und die Pfeifen
übergingen zum Preußenmarsch,
fiel ich vor Freude fast auf den Boden
die Augen glänzten - zum Himmel stieg
Militärmusik ! Militärmusik !"[54]

Im Zirkus begegneten die Kinder nicht nur den nach dem Muster der Militärmusik gebildeten Musikkapellen, sondern einem in großen Teilen militaristisch-chauvinistischen Programm, in dem die Heldentaten der preußisch/deutschen Soldaten im In- und Ausland dargestellt wurden: Bei manchen Nummern gab es einen rassistischen Einschlag, vor allem, wenn es sich um Episoden aus "unseren Kolonien" handelte, etwa mit dem Titel: "Unsere blauen Jungs in Tsing-Tau". Wer in diesen Tagen den historischen Jahrmarkt auf der Straße des 17. Juni (im Rahmen der 750-Jahr-Feier) besucht, kann davon einen plastischen Eindruck erhalten. Im Pavillon über den Zirkus in Berlin sind die bunten Werbeplakate ausgestellt, die damals an den Litfaßsäulen und Anschlagtafeln hingen. Der Circus Renz brachte eine Show der "Deutschen Turner", die auf dem Plakat in militärischen Formationen, Uniformen und begleitet von Militärmusik dargestellt werden. Der Circus Schumann warb für eine Revue mit Darstellungen aus dem sog. Boxer-Aufstand: Überschrift "China" - darunter martialische Bilder vom Kampf mit den chinesischen Freiheitskämpfern. Der selbe Circus warb auch für eine Vorstellung mit dem Titel "Die unseren in Kiautschau". Der Circus

Busch plakatierte u.a. "Friedericus" - "Die Nibelungen" - "Armin" - "Mich hat ein Leutnant geküßt" - "Papa Wrangel", alle Plakate mit farbigen militaristischen Darstellungen. Übrigens wurden die Gäste des "Historischen Jahrmarkts" am Eingang von einer "Bon-Bon-Kanone", mit der zu bestimmten Zeiten Bon-Bon-Ladungen in die Menge geschossen wurden (Nachbildung einer preußischen Feldkanone) begrüßt. Nicht weit davon stand im Riesenformat ein Plakat von der alten Schultheißbrauerei: Ein großes Bierfaß, eingerahmt von einem Arbeiter mit Hammer und einem preußischen Grenadier mit Marschgepäck und Gewehr, im Hintergrund das Tivoli und das Kriegerdenkmal auf dem Kreuzberg. Die militärische Alltagskultur der Reichshauptstadt bestimmt nicht mehr den Alltag von Kindern und Jugendlichen im geteilten Nach-Kriegs-Berlin der 750-Jahr-Feier. Männliche West-Berliner Jugendliche müssen nicht zum "Bund" und in der Bundesrepublik verweigern alljährlich zigtausende "wehrpflichtige" junge Männer den Kriegsdienst. Noch nie zuvor hat es in Deutschland unter Jugendlichen solch ein entmilitaristische Bewegung gegeben. Auf der anderen Seite nimmt die Zahl der militärisch identifizierten Jugendlichen mit rechtsradikalem Fühlen, Denken und Handeln zu, die begierig nach den Bruchstücken militaristischer Alltagskultur greifen und modernes militaristisches Spielzeug gibt es in Läden in Massen. Das Militärische der Vergangenheit als universales Ambiente und als witzig gemeinte Verzierung der 750-Jahr-Feier verharmlost und verdeckt einen prägenden Aspekt der Stadtgeschichte.

Anmerkungen

1 Benjamin, W., Die Siegessäule, in: Gesammelte Schriften IV/1, Frankfurt/M. 1982, S. 240
2. Wilhelm II, zitiert aus: Preussen - Versuch einer Bilanz, Bd. 3, Hamburg 1981, S. 329 (Ausstellungskatalog)
3 Wilhelm II, zitiert nach Hegemann, W., Das steinerne Berlin - Geschichte der größten Mietskasernenstadt der Welt, Berlin 1963, S. 14
4 Faden, E., zitiert nach Hegemann, W., ebenda
5. Brockhaus-Koncersationslexikon von 1894, Stichwort: Berlin
6 Rodenberg, J. Bilder aus dem Berliner Leben, Berlin 1885, S. 72
7 Rodenberg, J., a.a.O., S. 134 ff.
8 ebenda

9 ebenda
10 Knobloch, H., Nachwort zur Rodenberg-Neuausgabe, S. 366
11 Mann, H. Der Untertan, zitiert nach: Berlin - Stimmen einer Stadt, Hrsg. Ruth Greuner, Berlin/DDR 1971, S. 46f.
12 Hermann, G., Kubinke, zitiert nach Greuner, R., a.a.O., S. 64 f.
13 Friedrich II, nach Hegemann, W., a.a.O., S. 42
14 Klöden, v., K.F., nach Hegemann, W., a.a.O., S. 114 f.
15 Gutzkow, K., Berliner Erinnerungen und Erlebnisse, Berlin/DDR, 1960, S. 35 f.
16 ebenda
17 Gutzkow, K., a.a.O., S. 85 ff.
18 ebenda
19 Rehbein, A., Aus dem Leben eines Landarbeiters, zitiert nach Kuczynski, J., Geschichte des Alltags des deutschen Volkes, Bd. 4, Köln 1982, S. 320 f.
20 ebenda
21 Vgl.: Die Gründung des Deutschen Reiches 1870/71 in Augenzeugenberichten, Hrsg. Deuerlein, E., München 1977, Anhang
22 Kuczynski, J., a.a.O., S. 323
23 ebenda
24 Streckfuß, A., 500 Jahre Berliner Geschichte, Berlin 1900, S. 725f.
25 Vgl. dazu auch: Berlin und die Provinz Brandenburg, Hrsg. Herzfeld, H., Berlin 1968 S. 252 ff.
26 Fontane, Th., zitiert nach Herrzfeld, H., a.a.O., S. 74
27 Streckfuß, A., a.a.O., S. 736 ff.
28 ebenda
29 ebenda
30 ebenda
31 ebenda
32 ebenda
33 ebenda
34 Streckfuß, A., a.a.O., S. 753ff.
35 Vgl. dazu Weber, R., in: Lehrer helfen siegen, Berlin 1987
36 Streckfuß, A., a.a.O., S. 756 f.
37 Geibel, E., zitiert nach: Deuerlein, H., a.a.O., S. 343
38 Zille, H., zitiert nach Ostwald, H., Das Zillebuch, Berlin 1929, S. 358
39 Vgl. dazu: Der deutsche Spielmann
40 Vgl. dazu: Bendele, U., Krieg, Kopf und Körper, Frankfurt/M. 1984, /Lehrer helfen siegen, Hrsg. Arbeitsgruppe "Lehrer und Krieg", Berlin 1987/ Ausstellungskatalog: Puppe, Fibel, Schießgewehr, Hrsg. Akademie der Künste, Berlin 1976
41 Puppe, Fibel, Schießgewehr, a.a.O.,
42 Lange, A., Berlin zur Zeit Bebels und Bismarcks, Berlin/DDR 1976, S. 480 ff.
43 ebenda
44 Puppe, Fibel, Schießgewehr, a.a.O., S. 44
45 Pasternack, I., Memoiren, Taunusstein 1981, unveröff. Manuskript
46 Fink, G., Mich hungert!, Berlin 1930, S. 181 f.
47 Zitiert aus: Könneker, M.-L., Mädchenjahre, Neuwied 1978, S. 297 f.

48 Vgl. Uebel, L., Viel Vergnügen - Die Geschichte der Vergnügungsstätten rund um den Kreuzberg und die Hasenheide, Berlin 1985, S. 24
49 Uebel, L., a.a.O., S. 30 ff.
50 Graeser, E., Die Koblanks, zitiert nach Uebel, L., a.a.O., S. 30
51 Uebel, L., a.a.O., S. 37
52 Fechner, H. Spreehanns, zitiert nach Uebel, L., a.a.O., S. 38
53 Uebel, L., a.a.O., S. 57
54 Tucholsky, K., Unser Militär, Hrsg. Richard von Soldenhoff, Frankfurt/M. 1982, S. 7

2. Plädoyer für das Umherschweifende Leben*

Die Art meines Redens heute ist dem Titel angepaßt: umherschweifend. Es wird eher eine Erzählung sein als ein wissenschaftlicher Vor-trag. Es wird assoziativ sein, phantasierend, wenig analytisch, mit anderen Worten: ich werde versuchen, dem Umherschweifenden Leben hinter-her-zu-denken. Das entspricht meiner Situation, denn ich befinde mich kaum noch an den Orten des Lebens, über das ich hier nach-denken will. Kurz: ich nehme mir die Freiheit unwissenschaftlich zu sein und belächle die stelzbeinige und bedeutungsschwere "T E R R I T O R I A L I T Ä T", die als neues Paradigma in Jugendforschung und -arbeit daherkommt - für eine Atempause nur.
Meine Gedanken und Phantasien schicke ich auf eine unkonventionelle und meinetwegen sozialromantische Suche nach dem Umherschweifenden, das meistens gerade dort ist, wo ich nicht (mehr) bin, auch nicht mehr sein will und - sein muß. Ich folge meinen Phantasien in Sprüngen und Widersprüchen, die analytisch aufzulösen ich erst gar nicht versuche. Ich schere mich nicht um den bedeutsamen Unterschied von Wirklichkeit und Wahrheit, wie es sich für ein Nachbarschaftsheim gehört, in dem - so hoffe ich - keine Eintrittskarten verlangt werden.
Ich habe mir vorgenommen heute nur drei Zitate zu bringen und die gleich am Anfang als Motti und Wegweiser, denn ganz ohne Linie - soweit geht meine ausgeprägte Liebe zum Anarchistischen nicht.

- "Die Räume werden abgeschafft und Räumlichkeiten angeboten." Das habe ich irgendwo gehört oder gelesen, der Satz hat sich mir eingeprägt, die "Fundstelle" habe ich vergessen.
- "Denkste, ick bin een Loch in der Natur?"
(Titel einer Ton-Dia-Serie, die 1974 mit Jugendlichen aus Neukölln und Kreuzberg über ihre Alltagserfahrungen gemacht wurde).
-

---

* Vortrag im Nachbarschaftsheim Urbanstraße, Berlin-Kreuzberg, im Oktober 1989 vor der Öffnung der Mauer, im Rahmen einer Weiterbildungsveranstaltung für ErzieherInnen mit dem Schwerpunkt "Die Zehn-Vierzehnjährigen".

"Obwohl uns der Weltraum immer näher rückt und weniger Zeit als früher für Arbeit aufgewendet werden muß, wurde der Raum für Jugendliche enger und die Zeit zum Leben knapp."
(aus: Lebenszeichen der Jugend, von H. Lessing u.a., Weinheim und München 1986, S. 11)

Es ist schon eine Binsenweisheit, daß die ökonomischen Gesetzmäßigkeiten den Charakter der Arbeit und die Höhe des Einkommens bestimmen. Weniger beachtet wird, daß sie zu räumlichen Trennungen der sozialen Schichten und zur "Entmischung der Lebensbereiche" führen, womit die Separierung von Arbeit, Wohnen, Verkehr, Handel, Erholung etc. gemeint ist. Für alle, die am fließenden Verkehr durch diese Räume nicht beteiligt sind (Kinder, Alte, Behinderte, Jugendliche ohne Arbeit und Ausbildung etc.) müssen besondere Räumlichkeiten eingerichtet werden, **Einrichtungen** eben, die vom Buddelkasten im Märkischen Viertel über den sogenannten Abenteuerspiel-platz an der Mauer in Rudow bis hin zu den Karl-Bonhoeffer-Nervenkliniken und zum Knast reichen. Diese durch den Staat und andere gesellschaftliche Organisationen eingerichteten Räume für die nicht am "fließenden Verkehr" teilnehmenden Mitglieder des Gemeinwesens, nennen wir soziale Institutionen, in denen das Gemeinwesen seine "Fürsorgepflicht" an den vorgeblich Immobilen erfüllt durch Be-Treuung, Be-Ratung, Be-Handlung, Be-Schützung, Be-Aufsichtigung. Zu diesen Zwecken leistet sich die Gesellschaft ein riesiges Heer von Spezialisten, die ausgebildet, beschäftigt und bezahlt werden müssen. An der Ausbildung dieser Spezialisten bin ich selbst beteiligt.

Unbestreitbar ist es ein Ziel unserer Sozialpolitik, die Menschen in den ihnen zugewiesenen Räumen **seßhaft** zu machen, womit sich die Sozialpolitik als unverzichtbarer Teil der Ordnungspolitik aller modernen Staatswesen entpuppt. Der Streit geht nicht um diese grundlegende Tatsache, sondern um den Charakter der Räume, d.h. ob sie den Bedürfnissen der Menschen, die in ihnen teilweise oder ganz ihre Lebenszeit verbringen sollen bzw. müssen, mehr oder weniger angemessen sind. Dies war schon immer der Ansatzpunkt für Reformpolitik im sozialen Bereich, also die Gegend, in der wir uns auskennen und mit Vorliebe wirksam werden.

In den modernen Staaten ist die Sozialpolitik der Seßhaftmachung derjenigen, die am fließenden Verkehr der Arbeitskräfte, der Waren- und Geldströme nicht mehr teilnehmen - immobil sind - ein Komplement jener Politik, die auf Mobilität abzielt und auf Wachstum, deren subjektive Träger die Mobilen, am fließenden Verkehr Beteiligten sind. Um im Bild zu bleiben: die Gesellschaft muß Räume schaffen für die Immobilen, in die sie mit Liebe, List und Gewalt gezogen, geschoben, gebracht werden müssen, damit sie nicht auf den Highways den fließenden Verkehr behindern und alles durcheinander bringen. Aber täuschen wir uns nicht: die Sphäre der Mobilität ist nicht die der Freiheit, als die sie hingestellt wird, der grenzenlosen Bewegung in immer neue Räume. Die Bahnen sind vorgeschrieben, lassen nur bestimmte Bewegungen zu, haben verordnete Ziele, und der Versuch, die harten Leitplanken zu durchbrechen, kann tödlich enden.

So erweisen sich zuletzt die Regionen der Mobilität auch als verräumlichte Zonen, durchlässig zwar unter bestimmten Bedingungen, aber doch auch Menschen zugewiesen und ihre Bewegungen lenkend. Diese Bewegungen sind wie leichte Wellen an der Oberfläche eines Vulkansees, dessen starre Wassermassen in scheinbar unergründliche Tiefen reichen. Vielleicht ist es gerade die Erfahrung dieses Prinzips der Erstarrung, das **alle** Lebensbereiche bestimmt, die viele Menschen, die "aus dem Verkehr gezogen" werden, wie vom Blitz getroffen zusammenbrechen läßt in der plötzlichen Erkenntnis: ich werde nicht mehr gebraucht. Leider stellt diese Erkenntnis den Charakter des Gebrauchtwerdens in dieser Gesellschaft meistens nicht in Frage.

Es ist schon deutlich geworden, daß sich geographische und soziale Räume nur künstlich voneinander trennen lassen. Es handelt sich um einander bedingende Aspekte des umfassenden **Lebensraumes**, in dem für das Individuum alle räumlichen, zeitlichen und sozialen Dimensionen verwoben und zusammengefaßt sind.

Vielleicht ist es die hier skizzierte Entwicklung, die in ihr angelegte konflikthafte Zuspitzung, die das Thema "Territorialität" etwa seit 1980 zu einem hervorragenden Thema der Jugendforschung und im weiteren Sinne der Sozialpädagogik hat werden lassen. Es geht um ländliche Räume, städtische Räume, kommunalen Nahraum, Kiezarbeit und -politik - um nur einige Stichworte zu nennen - und gehört nicht auch die Renaissance von Heimat und Vaterland in diese Reihe? Zunächst muß nun festgestellt werden, daß es sich um einen Komplex von Beziehungen handelt, der schon immer ein großes Konfliktpotential in sich barg, weil sich hier letztlich die Machtfragen der auf Herrschaft und Unterdrückung aufgebauten Gesellschaften entscheiden. **Nur wenn es gelingt, den Menschen die im Herrschaftsinteresse funktionalisierten Räume zuzuweisen, d.h. ihre Bewegungen zu lenken, kann sich Herrschaft etablieren und halten.** An dieser Konfliktlinie spielt sich eine in der Geschichte ununterbrochene, meistens zähe, manchmal dramatische und spektakuläre Auseinandersetzung ab. Jeden Tag sind die Nachrichten voll davon. Die Bewegungen in den sogenannten Vielvölkerstaaten Sowjetunion, Rumänien und Jugoslawien gehören ebenso dazu wie der "Kampf" um das "Kubat-Dreieck" in Berlin, die gegenwärtige Eroberung der Straße durch große Teile der Bevölkerung in der DDR und das Aufbegehren indianischer Völker gegen die Reservatspolitik weißer Regierungen auf dem nordamerikanischen Kontinent, auch der Kampf der Schwarzen gegen die ghettoisierende Apartheitspolitik der weißen Rassisten in Südafrika. Es gab und gibt beträchtliche Unterschiede und Abstufungen an dieser Konfliktlinie. Hier ist ein historischer Exkurs angebracht.

In Europa kennzeichnet die Durchsetzung einer zentralistisch gelenkten Ordnungspolitik mit dem Ziel der Verräumlichung und Verrechtlichung des anarchischen Lebens nomadisierender Menschen die Geburtsstunde des modernen Staates. Friedrich II. von Hohenstaufen, der Schwabe, der in Wirklichkeit ein Sizilianer war, "das Staunen der Welt", wie ihn Zeitgenossen und Nachfahren nannten, gilt als der Schöpfer des auf zentralistischer Regierungsgewalt und effektiver Verwaltung einschließlich staatlicher Geheimpolizei basierenden modernen Staates.
Er gründete die Wiederaufrichtung seines von Mutter und Vater geerbten Königreiches Sizilien, das von Neapel bis an den südlichsten Punkt Siziliens reichte, auf drei Maßnahmen:

1. Das Einfangen der aus ihrer Sklaverei während des Sizilianischen Interregnums entflohenen Landarbeiter und ihre gewaltmäßige und juristisch legitimierte Festbindung an den feudalen Grundbesitz, der ohne diese Arbeitskräfte, die als juristisch-sachliches Zubehör zur "Scholle" be-

trachtet wurden, den Besitzern keinen Gewinn eingebracht hätte. Diese Landarbeiter hatten die weiten Räume Apuliens und Siziliens, die in dem halben Jahrhundert "verödeten", das zwischen dem Ende der Normannischen Herrschaft und der Errichtung des bewunderten Staates Friedrichs II. lag, sich **nicht** als **Grundbesitz** angeeignet, auf dem freie Bauern hätten entstehen können. Sie kümmerten sich vielmehr überhaupt nicht um Besitztitel, sondern züchteten sich Schaf-, Ziegen- und Rinderherden, sogar Kamelherden heran, mit denen sie, den wechselnden Jahreszeiten folgend, das Land in den Ebenen durchzogen. Die Alternative zum absolut gebundenen Leben als Leibeigene auf dem Territorium des Herren war die fast grenzenlose Bewegungsfähigkeit in den großen Räumen, nur eingeschränkt durch natürliche Bedingungen. Die wenigen Städte und Dörfer umgingen sie ohne Mühe und so legten sie ihre Driften durch das Land, die der Italienwanderer Ferdinand Gregorovius noch um 1870 im Landschaftsbild Apuliens erkennen konnte.

Friedrich II. nun ließ das "verödete" Land vermessen, schuf riesige Krongüter, setzte Grenzen, legte den ersten, das ganze Land erfassenden Katasterplan an, versperrte den Hirten die Wege, und wer sich nicht freiwillig an die "Scholle" binden ließ, wer auf seiner freien Bewegung im ländlichen Raum bestand, wurde mit Schwert und Eisen seßhaft gemacht oder mußte in schwer zugänglichen Territorien, meistens in den Bergen, ein illegales und kriminalisiertes Leben führen.
Ich will es gleich sagen: Die Lebens- und Regierungszeit des Kaisers und Königs war zu kurz, die Räume waren zu groß, als daß ihm dieses Werk ganz hätte gelingen können. Teile dieser Nomadenkultur hielten sich in Süditalien bis zum Risorgimento und fielen erst dem um 1860 als konstitutionelle Monarchie gegründeten Königreich Italien zum Opfer. Der erste Krieg, den dieser zentralistische Staat nach der Niederwerfung der weltlichen Macht des Papstes führte, war ein jahrelanger Kampf gegen die Hirten-Briganten des Südens, in dessen Verlauf mehr als hunderttausend Soldaten aus den norditalienischen Provinzen zur Bekämpfung der "Banden" nach Calabrien, Apulien und Sizilien geschickt wurden. Es war ein überaus blutiger Krieg. Die Reste der Hirtenkultur des 12. und 13. Jahrhunderts konnten über die Jahrhunderte immer wieder ihr zentrales Element, die freie Nutzung bestimmter Teile

des Landes, die schneisenartig das Land durchzogen, durchsetzen. Es handelte sich um Allmende, Gemeindeeigentum also, für dessen ungehinderte Nutzung sie in Anerkennung der jeweiligen Gemeinde-Territorialrechte eine Gebühr an den Fiskus entrichteten. Eines der ersten Gesetze des neuen Italiens schaffte diese angestammten Freiheitsrechte der Hirten ab. Alles Land wurde nun in Grundeigentum umgewandelt. Formal sollte es von allen, de facto konnte es nur von den vorhandenen Grundbesitzern erworben werden. Die freien Hirten wurden verurteilt zur Existenz abhängiger Landarbeiter.
Gegenüber dem freizügigen Leben der Hirten-Nomaden war das ein elendes Dasein, das nun aber verräumlicht, agrar-politisch und juristisch in eine moderne "fortschrittliche" Form gebracht worden war. Noch heute ist die Republik Italien mit den Folgen dieser nie revidierten Politik geschlagen. Das Elend des Mezzogiornos und die Bandenherrschaft von Mafia und Camorra haben hier eine Wurzel.

2. Friedrich II. mußte einen jahrelangen regelrechten Krieg gegen die in den Bergen Siziliens - noch aus den Zeiten der von den Normannen gebrochenen Sarazenenherrschaft - in freien Republiken lebenden Sarazenen führen, die aus den unzugänglichen Bergen heraus ständig die Herrschaft Friedrichs in den Ebenen bedrohten. Seine "Lösung" der Sarazenen-Frage bestand schließlich darin, daß er das zuletzt militärisch besiegte freiheitsliebende Volk in einer ungeheuren Umsiedlungsaktion von der Insel ins nördliche Apulien "umsetzte". Tausende starben auf diesem Elendszug. Die Überlebenden wurden in der verfallenen Stadt Lucera und in ihrer Umgebung angesiedelt. Dort gründeten sie die territorial streng kontrollierte und hart umstellte, im inneren aber freie und mit Religionsfreiheit ausgestattete berühmte Sarazenenrepublik.

3. Friedrich II. unterwarf mit Feuer und Schwert in vielen kleinen Feldzügen die unbotmäßigen Barone, die als kleine Territorial-Fürsten auf "ihrem Boden" selbstherrlich regierten, unter die Zentralgewalt, d.h. er machte sie lehenspflichtig und damit abhängig. Das Land war scheinbar befriedet, d.h. verräumlicht und verrechtlicht. Die Grundlagen für den "Fortschritt" waren gelegt.

Dieser Kaiser und König, der mit einer geradezu fanatischen Verbissenheit versuchte, jede freie Bewegung in seinem Machtbereich in von seinem Willen gelenkte Bewegung und in Seßhaftigkeit umzuwandeln, war - paradoxer Weise - selbst von einer ungeheuren Mobilität. Nicht nur König Siziliens, sondern über 30 Jahre römischer Kaiser, durchzog er mit einem mobilen Hofstaat unablässig Europa, verbrachte sein Leben im Sattel, im provisorischen Feldlager, in den über das "Reich" verstreuten Kaiserpfalzen, den Blick und das Machtgelüst immer auf damals kaum zu ermessende Räume gerichtet, das Abend- und das Morgenland, fast die ganze damals bekannte Welt umfassend; er war auch König von Jerusalem.

Das politische Testament dieses Land- und Seefahrers ist in der Ordnungspolitik der modernen Staaten, deren Essentials Verräumlichung und Verrechtlichung sind, in Erfüllung gegangen; daher die Aktualität dieses schwäbischen Süditalieners in der historischen Forschung der letzten zehn Jahre.

Immer wenn es um die Gründung großer Nationalstaaten geht, wird Friedrich II. von Hohenstaufen als Kronzeuge bemüht. So z.B. in der großen Biographie des Historikers Friedrich Raumer in der Mitte des 19. Jahrhunderts, die während der Nazi-Herrschaft in Deutschland wieder neu und in großer Auflage herausgebracht wurde. Die Herrschenden in den fast 800 Jahren seit Friedrich II. haben die von ihm entwickelten Prinzipien perfektioniert.

Als begabteste Schüler in der Politik der "gelenkten Bewegung" erwiesen sich die Nazis in Deutschland. Die Enteignung der Räume in dem Jugendliche sich bewegen, war nie so weit entwickelt wie unter ihrer Herrschaft. Die Zwangsmitgliedschaft in der HJ, im BDM, im Arbeitsdienst, schließlich in der Wehrmacht (sogar meine eigenen Erinnerungen an den Kindergarten jener Zeit lassen sich in diese Linie einordnen) sollten erreichen und erreichten in weiten Teilen, daß es keine selbstbestimmten und spontanen Bewegungen der Jugend mehr gab. Die gelenkte Bewegung in der marschierenden Kolonne, die Massenschaubilder bei allen möglichen Anlässen, waren die ästhetischen Ausdrucksformen dieser Machtpolitik. Die Faschisten eroberten buchstäblich die Straßen und Plätze und "säuberten" sie von der spontanen Bewegung; sie eroberten in den Gelände- und Kriegsspielen von HJ und BDM - durchaus in der Tradition militärischer Jugenderziehung, wie sie bis tief in die Jugendbewegungen hinein zu erkennen ist - auch das sogenannte **Gelände**. Jede ungelenkte freie Bewegung als selbständige Raumaneignung war widerstandsverdächtig und oft genug tatsächlich Ausdruck von Widerstand: Edelweißpiraten - Swing- und Jazzgruppen ("Negermusik") - Sinti und Roma. Das Umherschweifende Leben war für die Nazis ein Attribut des "Untermenschen", des "Rassisch Degenerierten", was sich seither wieder milderte zur "Randgruppe", zur "sozialen Minderheit", zur Gruppe der "Therapieresistenten", zur "Risikogruppe" etc., etc. Die gegenwärtige Behauptung der Jugendforschung, die räumliche Enteignung habe eine bisher nicht dagewesene Zuspitzung erfahren, ist auf diesem Hintergrund zumindest problematisch. Die Analysen der Jugendforscher setzen interessanterweise auch meistens 1945 an, nachdem die das Leben durchorganisierende Naziherrschaft in dem gleichzeitig mitorganisierten Chaos untergegangen war. In den zerstörten Räumen der Nachkriegs-Zeit regte sich das verängstigte Leben und überlebte durch die spontane Aneignung, nur notdürftig kontrolliert durch die Besatzungsmächte. Von dieser sogenannten Stunde Null aus gesehen, bezieht die Analyse ihre Stringenz und ihre Evidenz - aber es fehlt die Vorgeschichte. Die würde immerhin klar machen, daß "damals" auch in dieser Hinsicht eine historische Chance verpaßt wurde.

Die Essentials der Ordnungspolitik feiern immer wieder Triumphe. Wenn das Umherschweifende Leben auf der Suche nach noch nicht in festen Besitz genommenen Orten oder von den Besitzenden scheinbar aufgegebenen oder nicht genutzten Orten irgendwo Halt macht und deutlich sichtbar ein wenig verweilen will, sind sofort die bestellten Wächter auf dem Plan, fordern zum unverzüglichen Weitergehen auf und ziehen, wenn ihrem Gebot nicht gefolgt wird, ihre schärfste Waffe, die sich offensichtlich nicht zu legitimieren braucht, hinter der fast schon geschlossen das sogenannte öffentliche Bewußtsein steht: die stark gerüstete Behauptung, daß der Rechtsstaat keine "rechtsfreien Räume" zulassen könne. Diese Behauptung nötigt, wie sich gezeigt hat, in keinem der vielen Konflikte an dieser Grenzlinie eine sachliche Überprüfung und Begründung, sie legitimiert sich scheinbar aus sich heraus.

Die Ordnungspolitik des modernen Staates ist durch die selbständigen Bewegungen des Umherschweifenden Lebens im Kern getroffen und provoziert. Der Ruf "wir werden keinen rechtsfreien Raum in unserer Stadt dulden", bekommt in der Zuspitzung der unvermeidlichen Auseinandersetzung einen fast religiös-fanatischen Charakter. Wenn wir die Geschichte "unserer Stadt" in den letzten Jahren betrachten, so ist es immer wieder dieser Konflikt, der die Politik und das öffentliche Bewußtsein und die Gemüter vieler Einzelner bewegt und auch an den Hochschulen Wellen geschlagen hat.

"Besetzen" - einen Raum besetzen, ist eine hochpolitische Angelegenheit. Seit der Besetzung des leerstehenden Schwesternhauses des ehemaligen Bethanien-Krankenhauses am Mariannenplatz in Kreuzberg (Georg von Rauch-Haus) durch eine große Zahl von Jugendlichen im Dezember 1971 (die sofort einen der härtesten Konflikte zwischen unterstützenden SozialpädagogInnen, HochschullehrerInnen, Jugendforscher-Innen und der Sozialadministration provozierte), ist es an dieser Linie, die keine Gerade ist, immer wieder heftig zugegangen: Georg von Rauch-Haus/Thomas Weißbecker-Haus/Schöneberger Jungarbeiter- und Schülerzentrum/Sonnenhaus in Zehlendorf, viele kleinere ähnliche Konflikte, schließlich die Hausbesetzerbewegung und zuletzt das Lenné- bzw. Kubat-Dreieck, das Einsteinufer usw.

Das Umherschweifende Leben wird hier durchgängig von Jugendlichen und jungen Erwachsenen repräsentiert, die an irgendeinem Punkt - oft ist im Nachhinein kaum auszumachen, an welchem - aus ihrer Vereinzelung heraustreten, sich zusammentun, eine Kraft entwickeln und einen Raum zur selbständigen ungehinderten Benutzung verlangen, der, man höre und staune, zu diesem Zeitpunkt regelmäßig schon längere Zeit "brach" lag, ja geradezu verwildert sein konnte. **In keinem Falle haben die Besetzer andere Menschen von ihrem Lebensort vertrieben.** Sie verletzten nicht die gelebten Rechte in von Menschen im Alltag genützten Räumen, sondern das tote, zum abstrakten Besitztitel erstarrte Recht von Besitzern.

In allen diesen Besetzungsaktionen bildete das Umherschweifende Leben, noch nicht seßhafter Teile der Jugend mit durchaus unterschiedlicher sozialer Herkunft die treibende Kraft. Rauch-Haus und Thomas Weißbecker-Haus wurden überwiegend von sogenannten Trebegängern besetzt, d.h. von Jugendlichen, die meist illegal und kriminalisiert im städtischen Untergrund lebten. Den Besetzungen waren jahrelange Auseinandersetzungen um den Lebensraum marginalisierter Jugendlicher in der Stadt vorausgegangen. Im Zehlendorfer Sonnenhaus waren es überwiegend Kinder aus dem Bildungsbürgertum; in der Hausbesetzer-Szene war es bunt gemischt.

Zwischenbilanz:

1. Bei uns wird Umherschweifendes Leben seit Jahren in seiner öffentlich sichtbaren und provozierenden Gestalt von jungen Menschen repräsentiert, deren gelenkte Integration in die verräumlichte und verrechtlichte Gesellschaft aus ganz unterschiedlichen Gründen nicht "gelungen" ist. Das war nicht immer und ist nicht überall so. Das geschichtliche Beispiel Siziliens läßt sich ergänzen durch die oft spontanen, selten von langer Hand vorbereiteten Landnahmen pauperisierter agrarischer Bevölkerung in allen Regionen der Dritten Welt.

2. Das Umherschweifende Leben sucht sich Räume, die frei scheinen, es juristisch aber nicht sind. Es attackiert keine anderen Lebensrechte, sondern wird von Räumen angezogen, die durch ihr öffentliches Ungenutztsein unkonventionelle Aneignungsformen geradezu herausfordern. Vielleicht symbolisieren solche Orte als die "letzten Wildnisse" inmitten der verrechtlichten, funktionalisierten und fremdbestimmten Räume in unseren Städten - und, wie die Landjugend-Forscher meinen, zunehmend auch auf dem Lande - als einzige noch die Verheißung selbstbestimmter Bewegung.

3. Es handelt sich hierbei um Ereignisse, die einen hohen Aufforderungscharakter für solche Jugendarbeiter, Jugendforscher etc. haben, die sich parteilich auf die Seite von mehr oder weniger marginalisierten Jugendlichen stellen, die jedenfalls immer dort anzutreffen sind, wo sie glauben, marginalisierten oder von Ausgrenzungen bedrohten Jugendlichen eine Unterstützung geben zu können. Ob diese Jugendlichen das auch immer so sehen und wollen, ist eine andere wichtige Frage, die in

der Jugendforschung und in der Sozialpädagogik ihren Stellenwert hat, hier aber nicht ausgeführt werden soll.

Diese Punkte möchte ich etwas vertiefen, um die Vielschichtigkeit der Phänomene, die unter dem Stichwort "Territorialität" verkürzend zusammengefaßt werden und die - ich schicke das voraus - m. E. in der Jugendforschung vereinfachend vernachlässig werden, wenigstens anzudeuten.

Die Zahl der Kinder und Jugendlichen und jungen Erwachsenen, denen die tradierten Wege in die verrechtlichte und verräumlichte Gesellschaft und ein entsprechendes Erwachsenenleben versperrt sind, steigt. Das hat bei den einen verstärkte Anpassungsbemühungen zur Folge, bei anderen eine allmähliche Abkoppelung von den diese tradierten Wege stützenden Werten und Normen und eine wachsende Sensibilität für die Brüche und Widersprüche im ideologischen Überbau. Hier entsteht das, was Jugendforscher die Polarisierung und Differenzierung der heutigen Jugend im Erscheinungsbild stark divergierender "Jugendszenen" nennen.

Diese Differenzierungen finden sich als Widersprüche, die als "Orientierungslosigkeit" interpretiert werden, auch bei einzelnen Jugendlichen, die schnell durch die Szenen wechseln und ihre Umgebung durch schnelle Veränderungen in Outfit und Haltungen verblüffen. Diese Sich-innerlich-Abkoppelnden und die Suchenden sind subjektiv die Mobilen ihrer Generation, objektiv erscheinen sie jedoch als die Immobilen, die sich dem gelenkten Verkehr durch die genormten Räume nicht anpassen können oder wollen und deswegen unter Zuhilfenahme von Spezialisten in Auffangbecken geleitet werden sollen, wo sie auf einem sehr niedrigen Level der Lebensmöglichkeiten ruhig gestellt werden sollen.

Die Krise der Jugendarbeit und der Jugendsozialarbeit besteht m.E. nun gerade darin, daß solche Jugendlichen sich nicht in den hier bereitgestellten und verwalteten Räumen festhalten lassen und bestrebt sind, diese sozialpädagogischen Orte in eine Art Refugium mit Tankstelle umzuwandeln, von wo aus sie ihre in gewissem Sinne selbstbestimmten Bewegungen antreten und wohin sie zurückkommen, wenn ihnen der "Boden zu heiß wird" unter den Füßen, oder um sich mit dem Notdürftigsten zu versorgen, wenn es anders nicht zu machen ist. Dabei interessieren sie die Beweggründe der SozialpädagogInnen/SozialarbeiterInnen, die dort arbeiten, in der Regel wenig, wenn man sich nur im Bedarfsfalle auf sie verlassen kann. Das ist, nebenbei bemerkt, die für viele PraktikerInnen vielleicht einschneidenste Veränderung: der nicht mehr herzustellende Konsens auf einer Ebene gemeinsamer Betroffenheit, der die Chance zu gemeinsamen politischen Handeln enthielt. Wenn man so will: das Desinteresse der Jugendlichen an den Zielen und Absichten der PädagogInnen macht diese zu etwas, was sie - verständlicherweise - partout nicht sein wollen: zu klassischen Armenhelfern, die Wärmehallen und Suppenküchen verwalten, die das aber gut machen sollen, ohne diese Dienstleistung an weiterreichende Forderungen zu knüpfen. Ich halte das für eine notwendige Entwicklung - im Sinne von unausweichbar - und die PraktikerInnen sind gut dran, die es schaffen, aus der Not eine Tugend zu machen und, allenthalben mit guten Gründen, niedrigschwellige Angebote fordern, praktizieren und durchsetzen und damit - ohne es vielleicht so klar zu wollen - anfangen, Lebensräume für das Umherschweifende Leben zu eröffnen an Punkten, wo es um's Überleben geht.

In diesem Sinne sind die Räume in der Jugendarbeit und Sozialarbeit, die man/frau aufsuchen kann, ohne die diversen Eintrittskarten vorzeigen zu müssen: wie Arbeitswille, Drogenfreiheit, Bildungsbereitschaft, fester Wohnsitz, ein normiertes Sexualleben (kurz die ganze Palette der hehren Ziele unseres Berufsfeldes), Stützpunkte des Umherschweifenden Lebens, die selbst zu wichtigen Räumen werden und sich verbinden können mit den Räumen, in denen sich das unkontrollierte Leben verweilend, nicht auf Dauer, so gerne niederläßt. Hier handelt es sich jedenfalls um Entwicklungen, die wir nicht initiiert haben, die wir eher erleiden als fühlen, in denen und zu denen wir neue Haltungen erwerben und Bewußtsein verändern müssen, wenn uns aus prinzipiellen, gesellschaftsphilosophischen Erwägungen heraus, das Umherschweifende Leben wichtig ist. Hier gilt es, weiter zu diskutieren.

Die Orte, an denen sich das Umherschweifende Leben vorübergehend aufhält, von denen aus es oft genug provokant ins Bewußtsein der sogenannten Öffentlichkeit tritt, sind es wert, genauer betrachtet zu werden.
Es kommen alle Räume/Orte in Frage, die irgendwie als **Niemandsland** empfunden werden können; niemandes Land, weil von niemandem durch gelebte Präsenz in Besitz genommen. Es ist kein Zufall, daß die Bezeich-

nung Niemands-Land von altersher hauptsächlich jenes Land meint, das den Sicherheitsabstand zwischen zwei hochgradig verräumlichten und verrechtlichten politischen Gemeinwesen bildet, die sich als vermeintlich souveräne Staaten mißtrauisch und in der Regel gerüstet gegenüberstehen. Solche Staaten finden sich vorzugsweise an der Scheidelinie divergierender Gesellschaftssysteme und werden "Frontstaaten" genannt, die sich gegenseitig die "Einmischung in ihre innere Angelegenheiten" verbieten, sich aber, da sie in entscheidenden Aspekten ähnliche ordnungspolitische Vorstellungen haben, durchaus - und glücklicherweise -an vielen Punkten verständigen können. Da nun die Frontstaaten auf beiden Seiten für das gesamte jeweilige System die Fahne hochhalten müssen, nehmen sie ihre ordnungspolitischen Prinzipien besonders ernst und das gilt - hüben wie drüben - uneingeschränkt für den Standpunkt, daß es innerhalb des Systems keinen rechtsfreien und d.h. überhaupt keinen spontan aneignungsfähigen Raum geben darf. Es scheint paradox, ist aber durchaus folgerichtig, daß gerade diese Zuspitzung jenen Raum produziert, der absolut nicht gewünscht wird: das Niemandsland als "Sicherheitsabstand".
Wenn sich auf ihm unkontrolliertes, Umherschweifendes Leben rührt, sind beide Seiten - in gewissen Grenzen - handlungsunfähig, weil eine spontane Begegnung der Gerüsteten in dieser sensiblen "Sicherheits-Zone" schreckliche Folgen haben könnte. So bleibt es bei Noten und Protesten, bei gegenseitigen Aufforderungen, auch in diesem Streifen die geheiligte Ordnung wieder herzustellen, und eigentlich ist man sich auf beiden Seiten einig, daß es sich eben um einen Sicherheits-Abstand, durchaus aber nicht um einen rechtsfreien Raum für das Umherschweifende Leben handelt, eines Lebens, das es von rechts wegen eigentlich ja gar nicht geben dürfte, weil es sich aber so lebendig gebärdet, leider nicht als nichtexistent einfach geleugnet werden kann.

Es gibt viele solche Orte auf der Welt; überall dort, wo Lebensräume durch politische Grenzen willkürlich auseinander gerissen werden: auf der Insel Zypern ebenso wie im Dschungelgebiet zwischen Nicaragua und Honduras, vor allem aber auch in Deutschland und ganz besonders in Berlin. Eine Mauer- und Grenzrundfahrt im Westen der Stadt offenbart ein überwältigendes Panorama aller möglichen Erscheinungsformen des Umherschweifenden Lebens. Alle seine Wünsche und Forderungen sind an "unserer" Mauer unübersehbar und in allen Farben abzulesen, und was tut sich alles auf dem langen Streifen zwischen Mauer und Kanal. Da wohnen zwischen Schleusen und alten Fischereianlagen Menschen in Buden, Verschlägen und auf alten Schiffen, an die kein Herankommen ist, geschützt auf der einen Seite durch die Mauer, auf der anderen Seite vom Wasser. Es gibt Gewässer dort - unerreichbar von den Ordnungshütern beider Seiten - wo die türkischen und deutschen Kinder, die sich keinen Angelschein leisten können, in aller Ruhe fischen können. An einem Punkt der Mauer in Neukölln gab es jahrelang eine kleine Farm mit Ziegen, Schafen, Hunden, Enten, sogar Ponys, deren Besitzer zur Freude aller Kinder der Umgebung lange mit ihren Tieren ein selbstbestimmter Leben führen konnten, als noch niemand an das sozialpädagogische Konstrukt "Kinderbauernhof" dachte. Und wer kann die Lebensformen überblicken, die sich zwischen Kielufer, Industriehafen und Mauer in allen Ecken und Winkeln ansiedeln, verschwinden und immer wieder erneuern? Viele geheime Wege der Jugendlichen aus der Gropiusstadt (dieser auf dem Reißbrett geplanten Mammutsiedlung, in der jede Bewegung jugendlicher Gruppen öffentlich ist, es sei denn, sie verschwinden in einem der kirchlichen "Jugendkeller" buchstäblich unter der Erde) führten in diese Gegend, die man weder als Stadtviertel noch als Landschaft zutreffend bezeichnen könnte. Wer kennt schon die Schleichpfade Gropiusstädter Kinder entlang der Mauer in Richtung Rudow/Schönefeld? Gebüsch, sogar ein "Wäldchen", Sandhaufen, alte Gleisanlagen - eine Wildnis im Grenzgebiet - die einzigen nicht verplanten Quadratmeter dieser Trabantenstadt. Daß die Besetzer des Georg von Rauch-Hauses sich in den ersten Monaten heftiger Auseinandersetzung mit den Ordnungskräften, mit organisierten Zuhälterbanden und rechtsradikalen Jugendlichen erfolgreich verteidigen konnten, hatte nicht nur etwas mit der Unentschlossenheit einer verunsicherten sozialdemokratischen Jugendverwaltung und der Unterstützung engagierter Erwachsener zu tun, sondern auch mit der Tatsache, daß das Grundstück, auf dem das besetzte Haus stand, von der Berliner Mauer begrenzt wurde und von hinten schlicht und einfach nicht einnehmbar war.

Die Reihe der Beispiele ließe sich rings um West-Berlin fortführen. Und so wie hier ist es entlang der deutsch-deutschen Grenze überall. Die Atomkraftgegner im Landkreis Lüchow-Dannenberg wählen mit Vorliebe Stellen auf dem Weide- und Buschland zwischen dem östlichen Elbeufer und dem Drahtzaun für ihre Protestaktionen. Sie können sich auf diese Weise die Aufmerksamkeit der Medien sichern und haben immer einen zeitlichen Spielraum, bis sich die Wächter auf beiden Seiten geeignigt haben, wie man die Protestierenden gegen Atomkraftwerke in Ost und West diesmal vertreiben kann. Der riesige Grenzstreifen in Wendland - fast 200 km in der Gesamtausdehnung - ist ein Musterbeispiel für einen unkontrollierbaren Raum, ein Niemands-Land, den sich das Umherschweifende Leben aneignet. Nicht nur Menschen repräsentieren dieses Leben, sondern auch Tiere und Pflanzen breiten sich dort aus, die sonst in Mitteleuropa ausgestorben sind. Die Kraniche, Störche, Reiher, Kormorane, Rohrweihen, Rotbauchunken, Auenwälder, Orchideen entlang des Elbeufers von Lauenburg bis Schnackenburg, verdanken ihre Existenz einzig und alleine dieser willkürlichen politischen Grenze, die wir Deutschen uns durch Krieg und Faschismus eingehandelt haben. Das ist kein Plädoyer für das machtpolitisch hergestellte und behauptete Niemandsland, sondern nur ein Beweis für eine grundlegende Tatsache, die die Frage des Zusammenhangs von geographischem Raum, sozialem Raum, Lebensraum, des Raumes für Pflanzen und jegliche Kreatur erst auf die Tagesordnung, auch für den Wissenschaftler, setzt: daß es kaum noch Räume in unserer Gesellschaft gibt, die nicht verriegelt, verrechtlicht, vernutzt sind, in denen Lebewesen - und hier vor allem junge Menschen - die Erfahrung selbständiger, selbstbestimmter Bewegungen machen können; es sei denn in den diversen Niemandsländern. Dazu gehören nun nicht nur die Grenzstreifen zwischen politischen Systemen, sondern auch andere, dem ökonomischen Interesse nur schwer zugänglichen Streifen Landes. Sie alle liegen interessanterweise im Windschatten von Verkehrsadern, oft genug dazwischen eingeklemmt. Zwischen S-Bahndämmen und Spreeufer z.B. blüht auf winzigen Parzellen eine ausgedehnte Laubenpieper-Kultur mit allen Schattierungen. Idyllen wechseln ab mit Wohnverschlägen und Winkelwerkstätten aller möglichen Gewerbe, und der Radfahrer, der sich hier durchwindet, bewegt sich in einer von der übrigen Stadt sehr abgeschlossenen merkwürdigen Welt. Überhaupt, das Leben in den Schrebergärten: halb nomadisierend im Wechsel der Jahreszeiten, mit ganz eigenen Kommunikationsformen, letzte Zuflucht in Zeiten des umfassenden politischen Terrors, immer wieder Basis des Widerstandes gegen die Gewaltherrschaft, aber auch naturhaftes Leben mit miefig-nationalisitschen Sumpfblüten.

Flußufer, Bahndämme, Gelände zwischen den Autobahnen, verfallene Industrieanlagen, verlassene Fabrikgebäude (z.b. Ruhrgebiet), Grenzstreifen sind Orte, an die sich das Umherschweifende Leben zieht, an denen es sich eine Weile festhält, aus denen es wieder hervorkommt, die es immer wieder auch in spektakulären Aktionen sich aneignet und in der Regel verliert - es sei denn, es akzeptiert die in den Legalisierungsstrategien angelegten Mechanismen von Kontrolle und Seßhaftigkeit.

Auf Besitz im bürgerlichen Sinne als Privat-Besitz mit juristischen Titeln ist das Umherschweifende Leben selten aus. Es wird ihm aber immer unterstellt, etwas auf Kosten anderer besitzen zu wollen. Der uralte Kampfruf der pauperisierten Landbevölkerung in aller Welt lautet: Tierra y Libertad - Erde und Freiheit! - und eines ist hier die Bedingung des anderen - aber nicht in den Kategorien des Eigentums gedacht und gefordert, sondern als Raum, in dem das Leben sich in selbstbestimmten Bewegungen der Menschen manifestieren kann. Das zeigt sich oft daran, daß legalisierte Landbesetzungen, die auf die Umwandlung in Privatbesitz und kontrollierende Bindung an die Scholle abzielen, aufgegeben werden. Der Ruf `Erde und Freiheit` richtet sich auf die Befreiung des Landes von denen, die es in Besitz genommen haben, und meint nicht lediglich den Austausch der Besitzenden.

Was hat das alles mit den 10-14jährigen zu tun?
Kein Ort nirgends, könnte man mit Christa Wolfs Buchtitel antworten, es sei denn, sie eignen sich öffentliche Räume an und funktionalisieren sie nach ihren Bedürfnissen um, solange bis die Ordnungsfanatiker sie vertreiben. Ich habe wenig Ahnung von der Alltagswirklichkeit dieser Grenzgänger zwischen Kindheit und Jugend, nichts geforscht und wenig dazu gelesen. Aber ich habe immerhin ein paar Eindrücke, meine kleine subjektive Empirie: da sind, mich sehr beeindruckend, die Skate-Board-Jungen, nur selten ein Mädchen unter ihnen. Gerade die besonders kompliziert verbauten öffentlichen Plätze werden für sie zur Aufgabe. Halsbrecherisch und souverän erobern sie sich diese Räume mit ihrem skurrilen Fortbewegungsmittel. Eine riesige Metallplastik in Form einer auf dem Rücken liegenden Mondsichel in der Gegend von Urania und Lützowplatz wird zur Start- und Landebahn. Drumherum unablässig der dichteste Großstadtverkehr. Sie scheinen entrückt und ganz auf sich, auf ihre

Kunst, auf ihre Spielgenossen konzentriert. Welche Spielart Offener Kinderarbeit kann mit diesem Ort konkurrieren? Ich denke an Lothar, den ich als 14jährigen in der Therapie hatte, wohin ihn die Eltern schickten, damit er unter anderem `seßhaft` würde. Sein kleinbürgerliches Elternhaus (Ein-Familien-Haus) in Lichterfelde hatte einen Garten. Den haßte er wie die Schule, weil es ein Nutzgarten war, beherrscht von Mutter und Großeltern, in dem jede Bewegung durch die Pfade zwischen den Beeten vorgegeben war und in dem der Aufenthalt Gartenarbeit war mit zweckdienlichen Geräten. Er floh mit Gleichaltrigen in die Wildnis der gerade aufgegebenen S-Bahnanlagen, die in der Nähe vorbeigingen. Ich denke an André, den ich als 10jährigen in der Therapie hatte und der nicht zu halten war im kindertherapeutisch-zweckdienlich eingerichteten Übungsraum des Instituts für Psychotherapie. Ihn zog es auf den riesigen Dachboden der alten Villa aus der Gründerzeit, den er erforschte wie die "5 Freunde" von Enyd Blyton die "Insel der Abenteuer", und er fand dort erstaunliche Sachen.

Ich denke an meine Kinder und ihre Freunde und Freundinnen aus Zehlendorf, die meistens aus großbürgerlichen Wohnhäusern mit schönen Gärten stammen, die sich in Düppel auf einem riesigen Gelände mit einigen aufgelassenen Baracken aus Wehrmachts- und Gefängniszeiten niederließen und dort jahrelang ein sehr freies Leben führten, immer wieder bedroht durch eine gutgemeinte und als Unterstützung gedachte Pädagogisierung durch die SozialpädagogInnen der "Mobilen Teams" im Rahmen von Drogenprävention.

Ich denke an eine Clique von schnüffelnden Kindern, die sich ihre Träume in versteckten Erdlöchern einer Neuköllner Parkanlage besorgten. Als sie dort von nomadisierenden SozialpädagogInnen (genannt street-worker) aufgestö-bert, in einem bereitstehenden VW-Bus gelockt und in eine speziell für sie gedachte Einrichtung gefahren wurden, wo man ihnen Vieles bot - ließen sie das über sich ergehen und wurden nicht mehr gesehen, auch nicht in ihren verratenen Verstecken. Die Neuköllner Altstadt hatte sie buchstäblich verschluckt. Glücklicherweise führte diese Erfahrung zu einer Veränderung der Konzeption bei den SozialpädagogInnen. Ich erinnere mich an meine Kindheit in zerbombten Städten und zu Schlachtfeldern gemachten Landschaften. Wie hat es mich und andere aus der angstvollen Enge des Luftschutzkellers in die noch rauchenden Ruinen gezogen. Eben noch verschlossene Häuser und jetzt geöffnete Räume für die beutegierigen Kinder- welch eine Lust zu plündern, was die Erwachsenen in der ersten Panik hatten liegen lassen. Wir mußten uns beeilen, denn die kamen bald zurück, zu retten, was noch zu gebrauchen war. Die Spitze des Glücks war ein zerbombtes Amtsgebäude, wo es in Ecken noch brannte: da gab es Papier, Locher, Hefter, Scheren, Kleber und Stifte, Telefone, Karteikästen, Kartenständer, Stempel und Stempelkissen - alles konnten wir gebrauchen. Ich hortete Material für eine komplette Kinderpost. Ich war frei in den Pausen zwischen den Luftangriffen, in denen sich kein Erwachsener um uns kümmern konnte, weil alle Aufmerksamkeit auf die Organisation des Überlebens gerichtet war.

Szenenwechsel: Ein Wald bei Neuhaus im Solling unmittelbar nach Kriegsende. Schützengräben, Erdlöcher, zerschossene malträtierte Natur und überall Kriegsgerät, großes und kleines, vom Panzer bis zur Karabinerpatrone, und eine Horde Halbwüchsiger, die das alles souverän und lustvoll in Besitz nahmen, den Raum und die Gegenstände; mit schrecklichen Folgen für einzelne: Verstümmelung und Tod, die keine abschreckende Wirkung auf mich und andere Mädchen und Jungen hatten. Dieses Schlacht-Feld von gestern war unser Revier von heute, und die Erwachsenen waren machtlos gegen den Sog, der von diesem Gelände auf uns Kinder ausging. Sie waren auch sonst ratlos und machtlos geworden, gaben schnell auf und hatten anderes zu tun. Die Aufräumungsarbeiten kamen nur langsam in Gang. Es war uns ein leichtes, auszuweichen in dieser unendlichen Landschaft, und noch 1949, als ich diese Gegend verließ, um in eine aufgeräumte Trümmerstadt umgezogen zu werden (Ruhrgebiet/Gelsenkirchen) gab es nichtentdeckte Schlupfwinkel, vollgesteckt mit furchtbar realem Kriegsspielzeug. Das sind grausig-schöne Erinnerungen, von denen noch heute eine Faszination ausgeht, wenn ich mich ihnen überlasse. Einige Jahre waren sie tabuisiert, weil die politische Moral nicht zugeben durfte, daß Krieg und Zerstörung, vor allem für Kinder, außer Angst und Schrecken extrem lustbetonte Erfahrungen produzieren, die lange nachwirken, und gerade das ist ein ungelöstes Problem, die Faszination an der Gewalt, wenn sie in Verbindung mit Freiheit, mit Bewegungs-Freiheit in einem romantischen abenteuerlichen Wildwuchs entsteht. Wie oede ist dagegen der "langweilige Frieden", in dem aus der Sicht halbverwilderter Kinder alles wieder in Ordnung gebracht wird

durch bienenfleißige Erwachsene, was so schön unordentlich geworden war. "Was ist das für ein langweiliger Frieden, von dem man nichts zu erzählen weiß", sagt der alte erblindete Mann in dem Film "Der Himmel über Berlin", der an der Hand eines Engels nach dem Bombentrichter auf dem Potsdamer Platz sucht, in dem er 1945 die letzten Kämpfe in Berlin überlebt hatte.
10 Jahre später, in den 50ern, waren es diese ehemaligen Kriegs-Kinder, die als sogenannte Halbstarke, als Jugendliche den gewaltsam am eigenen Leib erfahrenen Prozeß der Zivilisation, als den man den "Wiederaufbau" im Westen auch beschreiben kann, gewaltsam durchbrachen.

Ich drücke mich hier vor den gelehrten Konsequenzen, die aus dem allen sicherlich in einer cleanen Sprache gezogen werden können und biete diese Bilder, Ideen und Eindrücke uns allen zum Nach-Denken und zum Gespräch an. Eine Vermutung will ich noch äußern: Vielleicht kommt es weniger auf das Besetzen von Räumen im Sinne von Besitzen an und kaum auf das freundliche Angebot pädagogisch hergerichteter Räumlichkeiten, sondern auf die Bewegungs-Freiheit in Räumen, die weit oder eng sein können, überschaubar oder scheinbar unendlich, in denen die Erfahrungen von Nähe und Weite möglich sind, je nach dem, was die kindliche Seele, der kindliche Körper gerade braucht: und das kann Aufbruch ins Unendliche sein **und** Heimkehr/Rückkehr in die Höhle.

3. Jugendkultur und Jugendszenen*

Der Begriff "Jugendkultur" entstand um die Jahrhundertwende im Zusammenhang der bürgerlichen Jugendbewegung. Gustav Wyneken veröffentlichte noch vor dem 1. Weltkrieg ein immer noch wichtiges Buch mit dem Titel "Schule und Jugendkultur". Erwachsene - zumeist Pädagogen - die mit den Ideen und Formen der Jugendbewegung sympathisierten und diese Bewegung öffenltich unterstützten, sahen in den Lebensformen und Lebensstilen der Jugendbewegung die schöpferische Entwicklung einer neuen Identität der jungen (nachwachsenden) Generation, mit einem in die Zukunft weisenden politischen und kulturellen Veränderungspotential. Die Jugendbewegung wurde verstanden als eine "...von der Jugend selbst ausgehende soziale und kulturelle Bewegung".
Der Begriff hatte eine emanzipatorische Bedeutung: der Versuch der Jugendbewegung, sich innerhalb der Gesellschaft einen eigenen und ausreichenden geistigen Lebensraum zu schaffen sollte die Gesellschaft selbst verändern.
Diese Auffassung setzt voraus, das Jugend-Alter nicht nur als ein Durchgangsstadium bzw. als eine Etappe im Prozeß der Reife zu betrachten, sondern ihm eine Bedeutung sui generes zuzuerkennen. Die Jugendbewegung als eine sozial-kulturelle Bewegung kämpfte für das Ideal eines neuen Menschen in einer neuen sozialen Gemeinschaft. Ihr Auftrag war die Gesellschaft von morgen.
Man sprach in diesem Sinne von der "Sendung der jungen Generation". Von dieser "Sendung der jungen Generation" ging eine stil-bildende, eine kulturelle Kraft aus. "Ein neuer Stil entsteht, wenn mit einer neuen Generation ein neues Lebensgefühl aufkommt und stark genug ist, seinen adäquaten Ausdruck zu finden. Stilwandel trifft alle Flächen des Lebens." (Broder Christiansen: Das Gesicht unserer Zeit, Berlin 1930)

Nicht jede Generation in der Geschichte der Jugend, entwickelte diese Kraft, aber hin und wieder verändert eine Generation das Gesicht der Ge-

---

*Vortrag im Rahmen einer Fortbildungsveranstaltung für JugendarbeiterInnen in der "Sozialpädagogischen Fortbildungsstätte Rupenhorn" (Berlin), Juli 1990

sellschaft, zumindest an der Oberfläche. Jugend als das Prinzip der Veränderung - diese Sichtweise hält sich über alle Enttäuschungen hinweg mit großer Hartnäckigkeit. 1986 heißt es im Vorwort von "Schock und Schöpfung": "Jugend in ihren Lebens- und Denkweisen, in ihrer Suche nach Sinn, Zukunft, und nach neuen Artikulationsformen, in ihrer ambivalenten Sehnsucht nach Anpassung und Umsturz, nach Konsum und Askese, nach Geborgenheit und Offenheit...". Wyneken schrieb 1919 Jugendkultur sei "eine neue Lebensgestaltung, ein neuer Lebensstil der Jugend." Jugendkultur stehe in einem lebendigen Zusammenhang mit der Kultur ihrer Zeit. Sie schaffe "die Möglichkeit natürlicher, der Jugend angemessener Lebensführung und Geselligkeit". Sie sei eine **Tätigkeit** der Jugend von existentieller Bedeutung.

Von Wyneken bis "Schock und Schöpfung" ein emphatisches Bild von der Bedeutung der jungen Generation.

Nüchterner, realistischer drücken sich 1979 britische Jugendforscher aus: Sie reden von Jugendkulturen als **Ausdrucksformen** der sozialen und materiellen Lebenserfahrungen von Jugendlichen. In ihrer die Erwachsenen und Ordnungsmächte provozierenden Art seien sie Ausdruck von **Widerstand** gegenüber einer Gesellschaft, die ihnen die Bedingungen für die Entwicklung eigener Identität weitgehend verweigert. Diese Auffassung von Jugendkultur als Widerstand auch als **Gegenkultur** war unter JugendarbeiterInnen der 70er Jahre in der Bundesrepublik weit verbreitet. In den 80er Jahren kommt es zu einer starken Differenzierung des Begriffs. Almuth Bezzel und Klaus-Jürgen Bruder schreiben in "Jugend - Psychologie einer Kultur" (München 1984) der Begriff sei vieldeutig und fasse vieles verschiedenes zusammen, wie z.B. die Angebote der Jugendindustrie als Massenkultur einerseits und selbstinitiierte Aktivitäten in **Subkulturen** und **Gegenkulturen** andererseits.

Unter Jugendkultur könne man auch alle Alltags- und Freizeitaktivitäten und Äußerungen von Jugendlichen zusammenfassen, mit denen sie sich von Erwachsenen abzugrenzen versuchen, wie Kleidung, Haartracht, Mediengebrauch, Musik, Teffpunkte usw.. Diese Differenzierung erlaubt vielleicht einen genaueren Blick, sie ist aber auch Ausdruck einer tiefgreifenden Verunsicherung von JugendforscherInnen und JugendarbeiterInnen.

Ein qualitativer Jugendkultur-Begriff, der nicht nur die empirisch nachweisbaren Äußerungsformen zählt und beschreibt, kann auf das Merkmal der schöpferischen Eigeninitiative von Jugendlichen, die eigene Kultur hervorbringt, nicht verzichten. Aber wo fängt die Kultur der Jugend an und wo hört sie auf? Welche kulturellen Ausdrucksformen von Jugendlichen sind im Zeitalter einer gigantischen Bedürfnismanipulation durch die Agenturen der Konsumgüterindustrie und durch die Steuerungsmechanismen des allumfassenden Marktes noch originell bzw. original? Jugendliche als Konsumenten sind ein wichtiger Faktor kapitalistischer Ökonomie geworden. Einer Ökonomie, die alle Aspekte bzw. Ausdrucksformen von Jugendkultur in Waren verwandelt und als genormte Massenproduktion auf die Märkte bringt. Was von Jugendlichen noch kreativ an Lebensstil geschaffen wird, wird so schnell vermarktet und damit auf seine Attribute reduziert, daß kaum noch eine Differenz wahrzunehmen ist. Gleichzeitig wird es über den Markt mit ungeheurer Schnelligkeit als "Mode" verbreitet. Auf diese Weise wird Jugendkultur instrumentalisiert und Jugend um ihre selbst geschaffene spezifische Differenz zu den Erwachsenen betrogen.

An die Stelle von schöpferischer, die Gesellschaft bewegender und manchmal auch verändernder Jugendkultur, tritt "Jugendlichkeit" als Generationen übergreifendes Design, in dem alle Altersgruppen zu einem gesellschaftlich verordneten Habitus eingeschmolzen werden. Bunte Jugendlichkeit im out-fit wird zum Konsumgebot. Wenn Jugendliche sich heute mit Klamotten ihrer Eltern und Großeltern aus deren früher Erwachsenenzeit ausstaffieren hat das u.a. auch den Grund, nur noch auf diese Weise sich vom Turnschuh- und Jeans-Opa unterscheiden zu können.

Jugendkultur hatte von Anfang an eine identitätsstiftende Funktion für Jugendliche. Die in der Regel kleine Gruppe von Aktiven, die sie schöpferisch hervorbrachte, machte ein Angebot an "ihre Generation", das von vielen, die in ihrem Lebensgefühl davon angesprochen wurden aufgenommen und angeeignet werden konnte. Die Jugendbewegung der 20er Jahre erfaßte ca. 2,5% der Jugendlichen jener Zeit in ihren Vereinen, Gruppen und Bünden. Aber das "Bündische" wurde zum prägenden Stil einer Kultur in der sich Millionen wiedererkannten und zwar quer durch alle Schichten der Gesellschaft.

Jugendkultur war immer ein expressiver Vorgang, in dem es um Selbstdarstellung und Selbstfindung von Heranwachsenden ging, um ihre spezifische, unverwechselbare Form.

Mit der konsumistischen Hypertrophie von Jugendlichkeit als prägendem Stilelement einer ganzen auf Fitneß und Dynamik setzenden Gesellschaft, ist diese wichtige Funktion von Jugendkultur ernsthaft in Frage gestellt. Ein Ergebnis dieser Entwicklung sind m.E. die schnell aufblühenden und schnell welkenden "Szenen" von Jugendlichen einerseits und andererseits der schnelle Gang von Jugendlichen durch diese Szenen mit der Folge, rasch sich ändernden Out-Fits. Dadurch ändert sich der Charakter und die Funktion von peer-groups. Die Anerkennung läuft über die **Erkennungszeichen**, wird aber auch auf sie reduziert. Die bunte Vielfalt ist nur scheinbar bewegtes Leben - sie erstarrt zum Symbol, hinter dem die Einsamkeit der im gemeinsamen Konsum Vereinzelten verborgen bleibt und doch ist gerade der schnelle Wechsel durch Szene und Lebensstil **der** Ausdruck der Suche nach dem Eigenen, Unverwechselbaren, der Versuch, der massenkulturellen Vermarktung durch die Jugendindustrie einen kleinen Vorsprung abzulaufen, um die Differenz zu bewahren. Darin liegt ein Zwang zur Exotik, der die Lust an ihr zu ersticken droht und oft genug in Streß ausartet.

Ein Beispiel:
In der Teestube einer Jugendeinrichtung gibt es eine Schmink- bzw. Stylecke mit Utensilien. Ein Jugendlicher sitzt auf einem Stuhl, er wird gestylt. Nach seinen Angaben wird eine kunstvolle Frisur von anderen Mädchen und Jungen auf seinem Kopf gebaut, aber es muß schnell gehen, es geschieht ohne Muße, denn er ist verabredet in einer bestimmten Szene und gespannt, wie die Jugendlichen dort auf sein out-fit reagieren werden, ob er "ankommt". Er zischt ab - und ist bald wieder zurück, müde, zusammengefallen, ratlos. Er hatte nicht mitbekommen, daß in der Clique "über Nacht" eine andere neue Frisur in Form und Farbe verbindlich wurde. Er kam nicht an, er war noch von gestern. Ratlos standen die anderen um ihn herum, fragten ihn aus und begannen von neuem ihn den aktuellen Normen gemäß herzurichten.
Unter solchem Zwang zur Anpassung und Außenforderung wird die Stilisierung des eigenen Körpers zu einem herausragenden Lebensinhalt, dem

die knappen Ressourcen geopfert werden und bei dem die reine Freude nicht aufkommen kann. So bekommt die Beweglichkeit der durch die Szene reisenden Jugendlichen etwas Zwanghaftes und die scheinbare Möglichkeit zur Vielfalt, die als Toleranz der Lebensstile Freiheit suggeriert, erweist sich zuletzt als Konsequenz der Enteignung von Jugendlichen, die nicht mehr als reale, lebendige Altersgruppe mit eigenen Bedürfnissen und Wünschen und Ansprüchen gefragt sind - im Gegenteil, als solche eher stören - sondern als lebende Schaufensterpuppen für "Jugendlichkeit".

"Bewegungslos in Zeit und Raum" heißt die Überschrift eines Kapitels in Hellmut Lessing`s letztem Buch "Lebenszeichen der Jugend". Diese Lebenszeichen lassen sich unter den Bedingungen der kulturellen Enteignung zunehmend nur noch in Formen radikaler Verweigerung aussenden gegenüber einer Gesellschaft, die ihnen die Mittel und den Raum für schöpferische Selbstdarstellung verweigert. Der exzessive Konsum verbotener Drogen ist eine dieser Verweigerungen, die von der Gesellschaft als "Selbst-Zerstörung" interpretiert wird, vor der man die Jugendlichen mit fürsorglichem Zwang bzw. strenger Barmherzigkeit glaubt retten zu müssen.

Aber mein Blick ist befangen, mein Wissen um das wirkliche Leben von Jugendlichen, um ihre inneren Beweggründe ist dürftig, mich trennen 35 Jahre von ihren Erfahrungen, ich lebe in einer anderen Welt, habe nur mit einem spezifischen Ausschnitt "der Jugend" Kontakt, mit denen von der Oberschule in die Universität kommenden StudentInnen, deren Lebensmittelpunkte sich meistens außerhalb befinden und mit den Freunden und Freundinnen meines jüngsten Sohnes, der jetzt 13 Jahre alt ist und gerade den Ausgangspunkt der jungen Generation der nächsten 10 Jahre markiert, genau jenes Teils von ihr, der unter diesen bestimmten Lebensbedingungen heranwächst.

Meinem Blick, und den Bildern die er konstruiert ist zu mißtrauen, denn es handelt sich nicht um die Abbildung der Wirklichkeit von Jugendlichen, sondern, und das ist ganz sicher, um Interpretationen des lebendigen Lebens, das immer schon gelebt ist, wenn ich mich ihm nach-denkend zuwende.

Die Verantwortung des Jugendforschers ist die für die von ihm in die Welt gesetzten "Bilder" über die jeweilige Jugend von heute, mit denen er sich an der politischen Verständigung der von Erwachsenen bestimmten Gesellschaft über das funktionale Jugendbild beteiligt, oder - und das ist seine Chance - diese Verständigung kritisch hinterfragt. Diese Bilder entfalten eine brisante Wirksamkeit für die Politik, die Ökonomie und nicht zuletzt für die Pädagogik und die Jugendarbeit. Mehr noch: sie werden u.U. zu einer Nötigung gegenüber Jugendlichen, in dem sie als künstliche Konstrukte über Medien und Erziehung zu einem Identifikationsangebot für die nach Identität suchenden Heranwachsenden werden. Es gibt eine ganze Palette solcher auch mit Hilfe der Jugendforschung hergestellten "Jugendbilder" als nötigende "Angebote", die sich außerdem materiell in Jugendpolitik umsetzen.

Diesen sanften und heimlichen Nötigungen zum Zwecke der konformistischen Funktionalisierung können Jugendliche eigentlich nur mit einem radikalen Autonomieanspruch begegnen, mit dem sie sich aber unbeliebt machen, zu Hause, in der Schule, in Arbeit und Ausbildung, auch unter Gleichaltrigen, die in ihrem Anpassungsbedürfnis gestört werden. Jugendforschung kann also wenig "Authentisches" über Jugendliche zum Vorschein bringen. Sofern sie es dennoch behauptet, sollte ihr mit Mißtrauen begegnet werden. Es bleibt nur die Möglichkeit, sich der unserem Blick verborgenen Wirklichkeit behutsam anzunähern, im Bewußtsein der nicht aufzuhebenden Differenz. Das Interesse dieser Annäherung aber muß und kann geklärt werden und notfalls zurückgewiesen werden. In dieser Annäherungs-Bewegung muß der Forscher als Subjekt sichtbar werden. *Sein Erkenntnisinteresse ist der Motor dieser Bewegung und nicht ein Bedürfnis von Jugendlichen erforscht zu werden.* Dieses Erkenntnisinteresse hat neben dem offiziellen Forschungsauftrag einen subjektiven motivationalen Kern, der sich meistens hinter den "objektivierenden" Methoden der empirischen Sozialforschung gut verstecken läßt. "Behutsam" soll heißen: viel und lange und genau hinzusehen und hinzuhören, in dem Versuch, zu verstehen, was an den Lebensäußerungen von Jugendlichen schöpferischer Ausdruck und was manipulierte Anpassung ist. Bei dieser schwierigen Bewertung kann ich nicht einfach meine Maßstäbe anlegen, sondern muß nach dem diesen Lebensäußerungen inhärenten Maß suchen. Das geht nur, und das möchte ich unterstreichen, in einem auf Verständigung abzielenden Diskurs, dessen Ergebnisse prinzipiell offen sind. Wird dieser Diskurs von den Jugendlichen verweigert, wozu sie meistens gute Gründe haben, so ist die Forschung am Ende bzw. hat sie am Ende zu sein.

Aus alledem ergibt sich, daß die JugendarbeiterInnen mit größerem Recht als die Wissenschaftler Jugendforschung betreiben könnten, weil sie sich in einem ernsten Alltagszusammenhang mit Jugendlichen befinden, weil sie von diesen kontrollierbar sind auf der Basis von Erfahrungen, weil es vielleicht zu einer Verständigung über Sinn und Zweck einer solchen Forschung kommen kann. Aber auch die spezifische Nähe in der Praxis der Jugendarbeit ist nicht unproblematisch, birgt viele Risiken, die ihrerseits erforscht werden müßten. An dieser Stelle sehe ich eine sinnvolle Kooperationsmöglichkeit von Theorie und Praxis.

4. "Offene Jugendarbeit" - ein notwendiger Raum für Jugendliche*

Auf das "Offene" kommt es mir hier an. Es ist das wesentliche Kriterium dieser Jugendarbeit, das sie von anderen Formen der Jugendarbeit unterscheidet.
Wenn man die KollegInnen aus den Jugendhäusern und Jugendfreizeitheimen fragt, wie sie das "Offene" ihrer Arbeit bestimmen wollen, stellt sich heraus, daß die meisten ganz große Schwierigkeiten haben, genauer zu beschreiben, was damit eigentlich gemeint ist, außer, daß die Tür des Hauses offen ist und angeblich jeder kommen kann.

Zunächst ein paar Gedanken zur Geschichte dieser Jugendarbeit.
In den 50er Jahren wurden die Häuser der "offenen Tür" eingerichtet. Das war eine Erfindung der Verbände und der staatlichen Jugendpflege, um mit der ersten Jugendrevolte der Nachkriegszeit fertig zu werden, mit den sog. Halbstarken-Krawallen. "Runter von der Straße" hieß die Parole und "Rein in die Jugendhäuser". Da die traditionellen Jugendverbände zu dem Zeitpunkt ziemlich abgewirtschaftet waren und kaum noch Jugendliche anzogen, wurden die Häuser der "offenen Tür" hauptsächlich für die sog. Unorganisierten gebaut. Das es mit der Offenheit nicht weit her war, daß es sich eher um einen pädagogischen Trick handelte, zeigen diverse "Differenzierungen", die es in diesem Konzept gab: es gab die "halb offene Tür", die "viertel offene Tür" und schließlich kam eine kaum zu überblickende Vielfalt von Mischformen dabei heraus, die alle irgendwie das "Offene" im Titel führten. Damals ist also die "Offenheit" in die Jugendarbeit eingeführt worden.
Daß sie nicht als ein wirkliches Angebot an Jugendliche zu verstehen war, etwa in dem Sinne, ihnen einen Raum zur freien Verfügung zu geben, wurde ziemlich schnell deutlich. Es war der Versuch, die rebellierenden Jugendlichen von der Straße runterzuholen und in diesen Räumen verschwinden zu lassen. Es war eine Form von Jugendarbeit, die ganz eindeutig von den

---

* Vortrag im Rahmen einer jugendpolitischen Veranstaltungsreihe des Jugendamts der Stadt Kassel im Frühjahr 1990

Trägern, von den Geldgebern, von der öffentlichen Jugendpolitik die Aufgabe zugewiesen bekommen hatte, für Ruhe und Ordnung zu sorgen. Jeder kann sich denken, daß das nie so funktioniert hat, wie die Strategen der Jugendpolitik es sich wünschten. Es gab viele Konflikte, viele Probleme mit diesem "Offenen" und immer wieder wurden die Häuser der "Offenen Tür" - auch damals schon - wenn es zu Auseinandersetzungen kam, geschlossen.

In den 70er Jahren entstand das, was wir heute noch Offene Jugendarbeit nennen. Es war ein Versuch, eine politische, eine antikapitalistische Jugendarbeit in Jugendfreizeitheimen zu machen. Für die jüngeren JugendarbeiterInnen hört sich das heute merkwürdig an. Es bestand der Anspruch, mit Jugendlichen, die aufgrund ihrer gesellschaftlich bestimmten Lebensbedingungen anderen Formen der Jugendarbeit nichts abgewinnen konnten - und von diesen auch nicht erreicht wurden - eine, ihren Bedingungen und Bedürfnissen entsprechende, Jugendarbeit zu machen. Die Leute, die das Konzept entwickelten, (ich gehörte zu ihnen), verstanden sich als sozialistische PädagogInnen. Sie hatten an sich und an die Jugendlichen einen starken Anspruch. Sie wollten auf jeden Fall vermeiden, so funktionalisiert oder benutzt zu werden, wie es ihre VorläuferInnen in den Häusern der "Offenen Tür" mit sich haben machen lassen.

Das heißt, die von Gesellschaft und Staat definierten Funktionen von Sozialarbeit und Jugendarbeit sollten unterlaufen werden, wenn es ginge, umgedreht werden. Man wollte sich nicht benutzten lassen im Sinne der Befriedung von möglichen Konfliktpotentialen. Das war sehr anstrengend, zum Teil spektakulär, und es gab viele Niederlagen - es gab auch Erfolge. Jedenfalls gab es, und das war sehr wichtig, in vielen Jugendeinrichtungen in dieser Zeit zwischen den Jugendlichen und den erwachsenen Frauen und Männern die dort arbeiteten eine Verbindung. Es gab von unterschiedlichen Seiten eine gewisse Gemeinsamkeit in den Zielen dieser Arbeit, nämlich an den Lebensbedingungen zu arbeiten, die Zerstörung von Lebensperspektiven, die aus diesen Bedingungen resultierten, zu verhindern. Es war damals in weiten Teilen der Jugendarbeit möglich, bei den Jugendlichen an ein Wissen davon anzuknüpfen, daß sie selbst sich aktivieren müssen, wenn sich an ihren Lebensbedingungen etwas ändern soll.

Begleitend dazu, viele werden sich daran erinnern, gab es vor allen Dingen auf dem Land und in Kleinstädten, aber auch in Großstädten eine

Jugendzentrumsbewegung mit dem Anspruch von Selbstverwaltung und Selbstorganisation. Jugendliche, oft unterstützt von Erwachsenen, besorgten sich Räume, in denen sie gemäß ihren Ansprüchen und Bedürfnissen ihren Alltag leben wollten, mindestens in der sogenannten Freizeit.

Die offene Jugendarbeit und die Jugendzentrumsbewegung müssen in dieser Phase zusammen gesehen werden, wenn man das sie tragende politische Ethos begreifen will. Beide Seiten haben sich sehr beeinflußt, mit Ideen, in der Theorie, in der Praxis.
Wichtig war, daß in der Offenen Jugendarbeit die Auffassung vertreten wurde: wir kümmern uns parteilich um die Kinder aus den Arbeiterfamilien. Eine Jugendarbeit für Jugendliche aus anderen Schichten der Gesellschaft wollten wir nicht machen, weil es für diese ein großes Angebot von Möglichkeiten im bürgerlichen Jugendbildungsbetrieb gab. Wir versuchten, so viele Ressourcen wie möglich (öffentliche Gelder, Räume, Personal) für solche Jugendliche zu gewinnen, die an dem üblichen Bildungsbetrieb nicht teilnehmen konnten und die auch davon ausgeschlossen wurden .Von den JugendarbeiterInnen wurde eine politische Position gefordert und ein parteiliches Eintreten für unterprivilegierte Jugendliche.

In den 80er Jahren geriet dieses Konzept der Offenen Jugendarbeit in Streit und Krise. Wenn ich das richtig sehe, ist die heutige Veranstaltung auch ein Ausdruck davon. "Für wen ist die Offene Jugendarbeit denn wirklich offen?" wurde gefragt. Es bestand der Eindruck, daß das, was sich als politische Arbeit definiert hatte, zu einer Arbeit mit "Randständigen", mit marginalisierten Jugendlichen reduziert wurde, oder, härter noch, zu einer Art Gefährdetenarbeit "verkommen" ist. Auch rückten mit der Zeit die Bedürfnisse von JugendarbeiterInnen auf der einen Seite und die der Jugendlichen auf der anderen Seite immer mehr auseinander. Es ließen sich in der Offenen Jugendarbeit immer weniger Gemeinsamkeiten, gemeinsame Ansatzpunkte zwischen PädagogInnen und Jugendlichen finden. Die Lebensbedingungen der Jugendlichen und die Arbeitsbedingungen der JugendarbeiterInnen wurden nicht mehr aufeinander bezogen und politisch reflektiert.

Andererseits gab es wichtige Entdeckungen. Zum Beispiel wurde der Alltag entdeckt, was immer da auch ist. Gemeint war damit, daß es nicht mehr um die großen Entwürfe, nicht mehr um die politische Veränderung der gesell-

schaftlichen Strukturen geht, sondern um den sozialen Nahraum, um den Kiez, um die Verortung in der Nachbarschaft. Es kann nicht bestritten werden, daß hier eine tatsächliche Schwäche der Offenen Jugendarbeit kritisiert wurde.
Nun war es aber so, daß meines Erachtens die Entdeckung des Alltags und des sozialen Nahraums nur selten zu einer Politisierung des Alltags und des sozialen Nahraums führte, sondern eher zum Rückzug von den gesellschaftlichen Konfliktlinien. Es entwickelte sich eine "Projektideologie". Statt einer übergreifenden politischen Gemeinsamkeit bestimmte jetzt zunehmend Konkurrenz der Projekte untereinander die Szene; jedes Projekt versuchte für sich das Beste herauszuholen. Leute, die früher ganz weit über ihren Tellerrand hinausgeguckt haben, besannen sich jetzt auf den Ort, wo sie standen, nahmen dabei aber leider ihren Blick von den übergreifenden politischen Zusammenhängen zurück. Man richtete sich ein, es wurden Kuschelecken gesucht und gefunden. Viele und vielgestaltige Kuschelecken. Statt jugendpolitischer Gemeinsamkeit war nun Abgrenzung und Ausgrenzung angesagt. Wer bei der "Besinnung" auf das Lokale nicht mitmachte oder nicht mitmachen wollte, der war auch nicht mehr so willkommen. In Kuschelecken wird Frieden gesucht und wer da stört, der wird auf eine sanfte Weise ausgegrenzt.
Der Charakter der Jugendarbeit wurde jetzt zunehmend - ich sage es mit Absicht so pointiert - von den subjektiven Bedürfnissen der Mitarbeiterinnen und Mitarbeiter bestimmt. So weit meine Einzelsicht - meine subjektive Sucht -auf die Entwicklung.

Nun zu meinem Hauptpunkt heute abend, dem "Offenen" in der Jugendarbeit.
Es gibt Jugendverbandsarbeit, es gibt Clubarbeit, es gibt aufgabenzentrierte Projekte mit Jugendlichen, es gibt Parteijugend und es gibt Offene Jugendarbeit. Diese ist zunehmend unbestimmt geworden. Es war schon immer schwierig, das "Offen" an der Offenen Jugendarbeit zu konkretisieren. Im Zuge der Entwicklung, die ich beschrieben habe, wurde selbst das, was da an Konkretisierung schon erreicht war, in einem schleichenden Prozeß immer ungenauer. Damit bedroht sich die Offene Jugendarbeit selbst, denn das "Offene" hat eine konzeptionsstiftende Bedeutung und wenn die verloren ist, gibt es keine Offene Jugendarbeit mehr.

Das ist ungefähr so - um einen aktuellen Vergleich zu gebrauchen - wie nach dem Sturz des alten Regimes in der DDR: wenn es nicht gelingt, eine sozialistische DDR als Alternative zur BRD zu entwickeln, dann gibt es nichts mehr, worin die Berechtigung der Besonderheit eines solchen Staatswesens bestehen würde. Keine eigene Geschichte, keine eigene Nation, es gibt nur dieses Sozialistische, und wenn das nicht entwickelt wird, dann fällt das ganze System - mit Recht - in sich zusammen.

Für die 90er Jahre kann die Offene Jugendarbeit nur eine Perspektive entwickeln, wenn es den JugendarbeiterInnen gelingt, das "Offene" in ihrer Arbeit zu qualifizieren und die Träger der Jugendarbeit von der Notwendigkeit dieses Offenseins, von dem ich noch genauer reden will, zu überzeugen bzw. diese Offenheit gegen sie durchzusetzen und zu behaupten.
Das erste, wenn wir von Offenheit in der Jugendarbeit reden ist: es dürfen keine Eintrittskarten verlangt werden. Was sind Eintrittskarten?
Eintrittskarten sind bestimmte Fähigkeiten die Jugendlichen, Jungen und Mädchen, abverlangt werden, wenn sie ein Jugendhaus besuchen wollen. Das können bestimmte sprachliche Fähigkeiten sein, auch musische Fähigkeiten, die Fähigkeit und Bereitschaft an bestimmten kulturellen Angeboten teilzunehmen. Eintrittskarten sind auch "Drogenfreiheit" und "Gewaltfreiheit" - es kann auch der Aids-Test sein und der Verzicht auf sexuelles Handeln. Auch extremistisches Fühlen, Denken und Handeln muß draußen bleiben.
Es gibt also ganz viele Eintrittskarten, die man Jugendlichen abverlangen kann, bevor sie ein Jugendhaus betreten dürfen. An der Tür zum "offenen" Jugendfreizeitheim müssen Jugendliche bestimmte Züge und Seiten ihrer Persönlichkeit verstecken, obwohl sie sich - wie alle PädagogInnen wissen - in einem rasanten Entwicklungsprozeß befinden, in dem nichts so wichtig ist, wie experimentieren, sich und andere ausprobieren, Grenzen testen und auch zu überschreiten. Der Charakter der Tür zum Jugendhaus ist also außerordentlich wichtig.
Ich will natürlich nicht bestreiten, daß es mit einer Tür ohne Eintrittskarten auch zu Selektionen kommt. Vielleicht leben im Einzugsbereich eines Jugendhauses eine ganze Reihe von Jugendlichen, die, weil bestimmte Eintrittskarten im Jugendhaus **nicht** von ihnen verlangt werden, hier nicht herkommen dürfen oder wollen. Diese finden vielleicht einen anderen Ort, wo

sie mit ihren Bedürfnissen und Fähigkeiten angenommen und aufgenommen werden und sich entwickeln können.

Offenheit bedeutet, daß jemand die Erfahrung macht: **ich muß mich nicht ausweisen, muß nicht beweisen, daß mir bestimmte Sachen möglich sind, oder daß ich bestimmte Handlungen unterlasse. Ich muß nichts versprechen, bevor ich ins Jugendhaus gehe.**

Die eigentlichen Probleme mit der Offenheit fangen aber erst an, wenn die Jugendlichen durch die offene Tür gekommen sind. Sie müssen nämlich nicht nur eine offene Tür, sondern auch **offene Räume** vorfinden. Was heißt das ? Hier in diesem Jugendhaus beeindruckt einen die Weite und die Offenheit, wenn man zur Tür reinkommt. Überall gibt es Hallen, im Erdgeschoß wie oben im Parterre, ziemlich große Räume. Wie offen diese Räume aber wirklich für Jugendliche sind, könnte ich nur erfahren, wenn ich sie sehen würde, wenn Jugendliche sich in ihnen bewegen. Mit "offenen Räumen" meine ich, daß es keine **pädagogisierten Räume** sein dürfen, daß nicht die Kultur und die Bedürfnisse der JugendarbeiterInnen diese Jugendräume gestalten. Stil und Atmosphäre im Inneren eines Jugendfreizeitheims dürfen nicht von PädagogInnen bestimmt werden. Dies bedeutet viel. Es bedeutet ungeheuer viel an Selbsteinschätzung und Selbstbegrenzung, an Sich-Klar-Werden über die eigenen Ansprüche, an Zurücknahme von Selbstverständlichkeiten, die wir aus unserem Leben gewohnt sind. Kurz, die Räume müssen so sein, daß sie von Jugendlichen angeeignet werden können.

Wer in den letzten drei oder vier Jahren die Fachliteratur verfolgt hat, z.B. die monatlich wiederkehrende Deutsche Jugend oder das jüngste Buch von Böhnisch und Münchmeyer, oder vielleicht das letzte Buch von Hellmut Lessing u.a. "Lebenszeichen der Jugend" gelesen hat, dem wird aufgefallen sein, daß dem Thema "Raumaneignung und Raumerleben von Jugendlichen" eine große Bedeutung zugemessen wird. (Leider Gottes wird das alles unter einem unmöglichen Fachbegriff abgehandelt, nämlich "Territorialität").
Hinter der Betonung des Raumerlebens und der Aneignung von Räumen steht die Auffassung, daß die Orte der Jugendarbeit eine Alternative zu den verriegelten und verregelten Räumen der übrigen Lebensbereiche von Jugendlichen darstellen sollen. Man kann sich darüber streiten, ob sie eine

solche Alternative in radikaler Form sein können, auf jeden Fall ist hier ein wichtiger Anspruch formuliert, der das "Offene" qualifiziert.

In der Geschichte der Offenen Jugendarbeit ging es allerdings schon immer um die Aneignung von Räumen: wenn um Selbstverwaltung und Selbstorganisation gekämpft wurde, um Öffnungszeiten, um Schlüsselgewalt, um Einrichtung und Ausräumung, um Renovierungsfragen, um "Räumungsbefehle und -maßnahmen". Auch in der Jugendzentrumsbewegung ging es immer entlang dieser Konfliktlinie. junge Menschen brauchten Raum und suchten Räume, in denen sie sich selbstbestimmt bewegen konnten. Das Thema ist jetzt sozusagen "wissenschaftlich entdeckt" worden und ich glaube, in einem direktem Zusammenhang mit der Krise der Jugendarbeit. Diese macht es wichtig, eine Selbstverständlichkeit zu betonen: daß das Raumerleben eine zentrale Funktion im Prozeß des Heranwachsens hat, in dem, was üblicherweise "Identitätsfindung" genannt wird.
Damit wären zwei wichtige Voraussetzungen der Qualifizierung des "Offenen" genannt: die Tür ohne Eintrittskarten und Räume, die nicht pädagogisiert sind, die aneignungsfähig sind.

Aber was nützt eine Tür ohne Eintrittskarten, was nützen offene Räume, wenn die Jugendlichen in ihnen abwehrende "zue" PädagogInnen treffen? Die Offene Jugendarbeit kann nur von offenen Mitarbeiterinnen und Mitarbeitern gemacht werden. Das ist zwar selbstverständlich, aber nicht so einfach wie es sich anhört. Das erfordert von den PädagogInnen in der Offenen Jugendarbeit besondere Qualifikationen, die leider nicht als Methode zu erlernen sind.
Es ist eines der größten Probleme in der Ausbildung von SozialpädagogInnen, die Bedeutung dieser Offenheit als einer notwendigen Voraussetzung, einer Haltung oder einer "sozialpädagogischen Charaktereigenschaft" deutlich zu machen und während des Studiums entwickeln zu können. Es ist leichter, Methoden zu erlernen, z.B. wie man die neuen Medien in der Jugendarbeit einsetzt oder wie man Formen von darstellenden Künsten in die Jugendarbeit einbringt. Die Offenheit aber, die nötig ist **bei offenen Türen und in offenen Räumen den Jugendlichen zu begegnen und ihnen ohne Abwehr standhalten zu können**, erfordert viel Erfahrung und viel Reflexion und gegenseitige Unterstützung im Team. Niemand kann das allein lernen. Es geht nur in einem Team mit Kritik und Gegenkritik, mit Unter-

stützung und Ermutigung. Das schaffen nur JugendarbeiterInnen, die ein Interesse an den Lebensformen der Jugendlichen haben, an ihrem Stil, an ihrem Bewußtsein, an ihrem Handeln und die dies alles begreifen als Ausdrucksformen des Suchens von Jugendlichen nach dem eigenen Weg. Und dazu gehören eben auch und vor allem solche Äußerungen jugendlichen Lebens, die uns spontan erstemal "auf den Wecker gehen", die man nicht toll finden kann, die nicht übereinstimmen mit unserer Spontanität, die von unserem Lebensstil und unseren Erfahrungen geprägt ist. Zwischen den Jugendlichen und uns gibt es keine spontane Übereinstimmung: wir kommen aus verschiedenen Welten und die dürfen nicht negiert werden. Sich im pädagogischen Alltag immer klar zu machen, daß auf der Ebene der spontanen Begegnung zwischen Jugendlichen und Erwachsenen im Jugendhaus unterschiedliche Erfahrungen aufeinander treffen, die nicht einfach durch einen gutgemeinten Willensakt beiseite geschoben werden können, auch wenn es oft so scheint, erfordert eine Anstrengung des Bewußtseins. Die Fähigkeit dazu ist eine wichtige Qualifikation für JugendarbeiterInnen in der Offenen Jugendarbeit. Wir müssen in der Aktion verstehen können, daß die Handlungen von Jugendlichen, die uns spontan nerven und auf den Wecker gehen, zunächst einmal Ausdrucksformen der Suche nach einem Lebensstil sind. Das aktuellste Beispiel für die Probleme die wir damit haben, ist "der Umgang mit rechtsradikalen Tendenzen" unter Jugendlichen. Oder, anders ausgedrückt, mit Jugendlichen, die rechtsradikale Gefühle und Gedanken haben und diese auch zum Ausdruck bringen.

Zur hier geforderten Offenheit gehört die Bereitschaft zur Abgabe von Funktionen und Macht. Und diese Bereitschaft ist nicht so einfach in praktisches Handeln umzusetzen. An jedem einzelnen wichtigen Punkt gibt es da Schwierigkeiten mit den Trägern der Jugendarbeit und mit der Organisation des Jugendhauses. Ich habe vorhin schon solche Punkte genannt: **Öffnungszeiten, Schlüsselgewalt, Mitbestimmung über Finanzen, ein Veto von Seiten der Jugendlichen bei Personalentscheidungen usw.**. Das setzt, wie viele jetzt denken, einen Grad von Selbstorganisation und "Reife" bei Jugendlichen voraus, den man nicht einfach unterstellen kann. Das ist richtig. Es handelt sich um Ziele der Offenen Jugendarbeit die angestrebt werden müssen, die nicht vergessen werden dürfen, an denen mit den Jugendlichen gearbeitet werden muß.

Als Offene Jugendarbeit wird oft der sogenannte offene Bereich in einem Jugendhaus bezeichnet. Ich frage mich immer, was damit eigentlich gemeint ist. Noch niemand konnte mir bisher überzeugend erklären, was und wo dieser Bereich ist. Dagegen habe ich immer wieder und in letzter Zeit öfter gehört, daß es so eine Art Strafe für JugendarbeiterInnen ist, in diesem "offenen Bereich" eingesetzt zu werden. Das führt zu dem logischen Schluß, daß viele KollegInnen meinen, in einem "geschlossenen Bereich" lasse es sich besser arbeiten. Damit ist ja wohl gemeint: Überschaubarkeit, Verläßlichkeit der Beziehungen, kleine Anzahl von Leuten usw. ... Wenn man in dieser Begrifflichkeit weiter denkt, bedeutet das doch offensichtlich, daß der "offene Bereich" Assoziationen hervorruft, wie Chaos, Langeweile, Unstrukturiertheit, Abhängen, Durchhängen, Aggressivität usw. ...

Nach meinen Erfahrungen in der Praxis Offener Jugendarbeit muß Offenheit als leitendes Prinzip nicht zu Chaos führen, nicht Langeweile und auch nicht Unstrukturiertheit per se bedeuten. Der nichtpädagogisierte Raum ist eine Bühne, eine Bühne der Selbstdarstellung für Jugendliche, für Selbstinszenierung unter Gleichaltrigen, für die Entwicklung und Darstellung von Lebensstilen, die so weder in der Wohnung der Eltern noch in der Schule, noch im Betrieb vorhanden ist. Diese Funktion der Selbstdarstellung und Selbstinszenierung unter Gleichaltrigen kann die Offene Jugendarbeit nur erfüllen, wenn sie dem Trend zur elitären Beschränkung auf die kleine überschaubare Gruppe widersteht.

Ich plädiere für eine Umkehrung der Verhältnisse. Also nicht: es gibt einen "offenen Bezirk" in einem ansonsten geschlossenen Rahmen, sondern es gibt Offenheit als Dreh- und Angelpunkt und es ist diese Offenheit, von der alle Aktivitäten und Entwicklungen im Jugendhaus ihren Ausgang nehmen. Der "offene Bereich" ist heute in der Regel ein Alibi für den beliebten Rückzug von JugendarbeiterInnen in die Arbeit mit solchen Jugendlichen, die **ihren** Neigungen entgegenkommen. Der "offene Bereich" entpuppt sich heute als halbherziges Zugeständnis an die "Unverbesserlichen" unter den Jugendlichen und erfährt neben dem "Eigentlichen" in der Gestalt von Kultur- und Bildungsarbeit eine folgenschwere Abwertung. Demgegenüber plädiere ich für die volle Anwesenheit der JugendarbeiterInnen in der Offenen Arbeit als einer Bedingung für die Qualifizierung von Offenheit. Nicht die abgestellte "Anwesenheit", die strafversetzte, die mühsam im Team ausgehandelt ("Wer macht`s denn nun?"), sondern die volle Anwesenheit aus Einsicht und Überzeugung ist erforderlich.

Im nichtpädagogisierten Raum - als Bühne für die Selbstinszenierung von Jugendlichen, als offener Treffpunkt im Kiez, als Beziehungsmarkt - können wir die Ausdrucksformen und Lebensstile von Jugendlichen kennenlernen, ihre Wünsche und ihre Bedürfnisse erfahren, ohne deren Kenntnis wir an den Jugendlichen vorbeiarbeiten. In dem großen Raum zwischen Disco und Tresen spielt sich ein wichtiger Teil des Lebens ab. Die Atmosphäre ist hier authentisch, anregend und - anstrengend. Die Vergewisserung dessen, was dort geschieht, bzw. die Bewußtmachung meiner spontanen sinnlichen Wahrnehmung braucht zum einen **in** der Situation Augenblicke der Ruhe, des tiefen Luftholens, des temporären Rückzugs aus dem Trubel und das geht nicht, wenn ich als Einzelner abgestellt bin für den "offenen Bereich". Ich kann den exzessiven Lebensäußerungen der Jugendlichen auf mich alleine gestellt nicht mit Offenheit begegnen. Zum anderen braucht die Bewußtmachung meiner sinnlichen Wahrnehmung das Gespräch mit KollegInnen und zwar nicht nachher oder eine Woche später auf der Teamsitzung oder in einem halben Jahr auf der Teamtagung (wenn es eine gibt) oder in der Supervision (wenn`s denn eine gibt), nicht erst und nur wenn alles schon vorbei ist; ich brauche dieses Gespräch jetzt, in diesem Augenblick, wo hier die Bude voll ist und ich das Gefühl habe, ich blicke nicht mehr durch. In dem Augenblick, wo ich ängstlich werde, wo ich mich zumache, wo ich anfange, mich zurückzuziehen, wo ich das Gefühl habe, nicht mehr zu verstehen was passiert. Ich brauche **im** Geschehen die Wahrnehmung des/der Anderen, der/die auch in der Situation ist und sein/ihr Feedback. Wo findet das schon statt in der Offenen Jugendarbeit?

Die JugendarbeiterInnen sind verantwortlich für die Offenheit der von ihnen angebotenen Räume. Das bedeutet auch, daß sie die Besetzung des Raumes, und damit seine Schließung durch Cliquen meistens älterer Jungen oder starker Einzelner verhindern müssen. Die Räume im Freizeitheim offen halten heißt, parteilich auf der Seite der Schwächeren zu stehen, um für sie und mit ihnen die Offenheit zu verteidigen. Es geht um Lebensraum nicht nur für die Starken. Die "Schwächeren" im Jugendhaus sind vor allem die Jüngeren und die Mädchen.

In den Diskussionen heute wurde wieder deutlich, wie sehr Mädchen draußen bleiben, und das hängt nicht nur mit der Familienerziehung zusammen und nicht nur mit der speziellen Eingeschlossenheit von ausländischen Mädchen aufgrund ihrer ethnischen und religiösen Bindungen. Das hängt auch davon ab, wer im Jugendhaus den Ton angibt. Daß Offene Jugendarbeit bislang überwiegend Arbeit mit Jungen (nicht etwa bewußte Jungenarbeit!) war und immer noch ist, kann nicht bestritten werden. Die "Schwächeren" sind auch jüngere Jugendliche und alle denkbaren Minderheiten, die nach Ort und Situation verschieden auftauchen. Das können kürzlich angekommene polnische Jugendliche sein, in Berlin demnächst, auch in anderen Städten der Bundesrepublik, Heranwachsende aus der DDR, die sich nicht auskennen, nicht zurechtfinden, das können unterschiedliche Gruppierungen von ausländischen Jugendlichen sein, das können auch Jugendliche sein, die mit sogenannten Auffälligkeiten behaftet sind.

Wir müssen also in das Machtspiel, das sich in der Offenheit entfalten kann, das nicht unterdrückt werden soll, eingreifen können. Und das bedeutet, daß wir dieses Spiel, das bitterer Ernst ist, auch gesehen haben, daß wir es wahrnehmen können, daß uns seine Formen bekannt sind. Die Formen unseres Eingreifens müssen dem Charakter des Konfliktes angemessen sein. Sie können reichen von der mehr indirekten Abschwächung oder Verstärkung des Konflikts (auch das ist möglich!) bis hin zur direkten Intervention, z.B. Abschalten der Disco und sofortige Veröffentlichung von Beobachtungen in diesem Moment. Diese Anwaltsfunktion ist nicht einfach. Sie erfordert unser genaues Hinsehen, den Mut zum Konflikt mit starken Jugendlichen, den Mut, den Formen der Gewalt zu begegnen, die sie produzieren und Entscheidungen in der Situation, von denen ein Einzelner oder Einzelne in der Regel überfordert sind.

Das alles ist nur möglich, wenn wir kontinuierlich in der Offenheit anwesend sind, wenn wir selber verläßliche und wahrnehmbare Größen in der Jugendfreizeitheim-Öffentlichkeit für die Jugendlichen werden. Nur dann, wenn unsere Anwesenheit verläßlich ist und wenn sie häufig genug ist, wenn sie dicht genug ist, kann so etwas wie eine Bekanntschaft entstehen (über die sozialen Schranken hinweg), die manchmal bis zum Vertrauen reichen kann - in beweglichen Grenzen freilich.

Erst auf dieser Basis wird das parteiliche Eingreifen und das Offenhalten möglich. Wenn sie nicht entsteht, scheitern wir an den Konflikten und dann greifen die Ordnungskräfte von außen ein und schließen uns das Haus.

Ebenso wichtig sind die Einblicke und Einsichten in die Wünsche und Bedürfnisse, in die Defizite und Interessen der Jugendlichen die sie untereinander äußern und die in der offenen Situation angesprochen werden können. Die in diesem Raum gewonnenen Einsichten und Informationen ermöglichen erst die Entwicklung von gezielten Angeboten für Einzelne, für Gruppen, manchmal auch für die Gesamtheit, die dann nicht mehr ein primär an den kulturellen Fähigkeiten und Bedürfnissen der Pädagogen und Pädagoginnen orientiertes und sorgfältig vorbereitetes Programm sind, sondern unter Anknüpfung an Fähigkeiten, Defiziten und Bedürfnisse der Jugendlichen mit diesen zusammen entschieden und realisiert werden können.

Das dafür in einem Jugendhaus die materiellen Voraussetzungen da sein müssen, die es gestatten aus der Offenheit zu weitergehenden Projekten zu kommen, liegt auf der Hand. Bei vielen Einrichtungen, die nicht entsprechend ausgestattet sind, gibt es da erhebliche Probleme.

Wenn Offene Jugendarbeit das alles hergeben soll, was hier entworfen wird, dann muß die Offenheit tatsächlich zum Zentrum und zur Achse eines Jugendfreizeitheimes werden. Es kann dann nicht einen offenen Abend in der Woche geben, es müßten schon drei oder vier sein. Es ist klar, daß alle JugendarbeiterInnen des Teams hier ihren Mittelpunkt sehen müssen, auf jeden Fall die Hauptamtlichen. Vielleicht kann manches Spezialangebot über Honorarkräfte organisiert werden. Jede und jeder muß hier regelmäßig und verläßlich arbeiten - **anwesend** sein. Darüber hinaus muß Zeit und Raum vorhanden sein, das zu vertiefen, dem nachzugehen, was in dieser Offenheit zum Vorschein kommt und aufgegriffen werden will.

In dieser Konzeption liegt der Schwerpunkt zwar eindeutig auf der Qualifizierung der Offenheit, die falsche Alternative Offene Jugendarbeit/Gruppenarbeit oder Kulturarbeit wird aber vermieden. Es ist auch deswegen eine falsche Alternative, weil immer dagewesene andere Formen von Jugendarbeit in Verbänden, in Projekten, produkt- oder problemorientiert, in Initiativen von diesem Anspruch nicht entwertet werden. Sie haben ihre eigene Berechtigung und ihren eigenen Raum und es gibt Möglichkeiten der Kooperation.

Soviel zum Rahmen. Und nun sollte es heute auch um mögliche Perspektiven und Inhalte der Offenen Jugendarbeit für die 90er Jahre gehen. Nun - ich bin kein Prophet und sicherlich viel weiter von der Praxis und den Jugendlichen, die heute in Jugendhäuser kommen, entfernt, als die hier anwesenden PraktikerInnen. Dennoch will ich versuchen, zu den Perspektiven und Aufgaben etwas zu sagen.

Offene Jugendarbeit darf sich heute nicht zum Parkplatz machen lassen für diejenigen, die im geregelten Verkehr unserer Gesellschaft nicht die Richtung und das vorgegebene Tempo einhalten .Sie war und ist ein Ort für die Widerspenstigen, für die Verweigerer, für die Aussteiger und auch für die Früh-Resignierten. Es gibt in diesem Raum keine Tabus. Alles muß kommunizierbar sein, es darf hier nicht abgewiegelt werden, nicht beschwichtigt und verdeckt werden. Die JugendarbeiterInnen sollen keine ParkplatzwächterInnen sein und die Offene Jugendarbeit ist keine Wach- und Schließgesellschaft. Es muß dafür gesorgt werden, heute und in den 90er Jahren und wahrscheinlich auch nach dem Jahr 2000, daß die Gesellschaft die Probleme von jungen Menschen in ihr und mit ihr von uns und den Jugendlichen wieder serviert bekommt. Wir dürfen die Probleme nicht bei uns verbergen, wir sollen sie öffentlich machen.

Jugendarbeit stand und steht immer in der Gefahr, mit kulturellen Strategien zu befrieden und zu kompensieren. Zum Beispiel die Entsinnlichung des Alltagslebens und den Hunger nach starken Erfahrungen abzulenken, die Zer-Stückelung und Reglementierung von realem Raum, sozialem Raum (Lebensraum) zu verbergen, die Verweigerung von selbstbestimmten Lebensentwürfen und die Reduzierung von Ansprüchen in der Postmoderne hinzunehmen.

Offene Jugendarbeit hat eine sozialpädagogische Ethik zu realisieren im Engagement gegen Ausgrenzung und Ghettoisierung, und sie darf sich deshalb nicht zum Ghetto machen lassen oder sich selbst dazu machen. Sie muß ein Ort der Unruhe und nicht der Ort eines falschen Friedens sein. In diesem Sinne ist sie politisch und bleibt sie politisch. Das schließt nicht aus, daß Offene Jugendarbeit auch Refugium ist, Schutzraum, Ort des vorübergehenden Rückzugs, der Entspannung, des Atemholens, des Genießens im Hier und Jetzt. Das gehört zusammen und wenn eine Seite fehlt oder unterbelichtet ist, dann geht es schief, auf beiden Seiten, das haben wir oft genug erlebt. Das Engagement wird dann zum Streß und die Entspannung zur Langeweile.

Offene Jugendarbeit darf Jugendliche mit rechtsradikalen Gedanken und Gefühlen nicht bekämpfen. Sie kann nicht im klassischen Sinne antifaschistische Jugendarbeit sein. Wir müssen hinter den wilden Gebärden die Wünsche, die Verhinderungen und Frustrationen herausfinden und die auf der Suche in diese gefährliche Sackgasse Geratenen dort wieder herausholen, bevor der Prozeß erstarrt ist zu einem rechtsradikalen Erwachsenenbewußtsein. Es gibt da keinen anderen Weg als die nicht zu erschütternde Zuwendung, und das gilt für alle, die sich auf ihrer vergeblichen Suche nach einem erfüllten Leben, nach beglückenden, nach sinnlichen Erfahrungen, in radikalen zerstörerischen Lösungen verloren haben.

Offene Jugendarbeit wird zunehmend interkulturell - auch so ein Schlagwort - arbeiten müssen. Wie sollte das anders sein. Natürlich sind die Wurzeln unserer Arbeit auf die weißen Mitteleuropäer und da auch noch wieder auf die weißen mitteleuropäischen männlichen Jugendlichen zurückzuführen und das kann nicht so weitergehen. Unsere Gesellschaft ist heute zwar multinational, das allerdings in einem sehr hierarchischen Sinne, sie ist aber weit davon entfernt eine multikulturelle Gesellschaft zu sein, wenn man darunter versteht, daß sich die in einem gesellschaftlichen Rahmen bewegenden Kulturen auch wirklich begegnen, mischen und sich gegenseitig bereichern. Zur Offenheit der Offenen Jugendarbeit gehört also auch die Herstellung einer kulturellen Offenheit mit dem Ziel, die ethno- und eurozentrischen Borniertungen zu überwinden.

In der Offenen Jugendarbeit kann durch die Parteilichkeit der JugendarbeiterInnen den Mädchen und Jungen eine Erfahrung vermittelt werden gegen die Ellenbogengesellschaft, gegen die Mentalität des Sichdurchsetzen um jeden Preis. Es können und müssen Alternativen zu den dominierenden Umgangsstilen in dieser Gesellschaft entwickelt werden. Das Jugendfreizeitheim mit Offener Jugendarbeit ist für die Jugendlichen ein Ort exemplarischen Lernens mit Ernstcharakter. Es geht hier nicht um Sandkastenspiele oder um abstrakte Bildung, sondern um handfeste Äußerungen des wirklichen Lebens, um die Erfahrung von Realität. Damit kann Offene Jugendarbeit zu einem Gegenpol gegen die sich ausbreitende medienproduzierte Scheinwelt werden. Allerdings muß hier der Gefahr der Verdrängung der Wirklichkeit der Medien begegnet werden, die bei SozialpädagogInnen ziemlich groß ist, und das stellt neue Anforderungen an das Qualifikationsprofil von JugendarbeiterInnen, die in der Ausbildung aufgegriffen werden müssen.

Ich komme zum Schluß. "Der Raum wird eng, die Zeit zum Leben knapp" - dies ist ein Zitat aus dem schon erwähnten Buch von *Hellmut Lessing*, u.a.: "Lebenszeichen der Jugend". Offene Jugendarbeit muß gegen die Einschnürung des Lebens, die sich unter der ästhetischen Oberfläche postmoderner Lockerheit vollzieht, Erfahrungen ermöglichen. Um diese Erfahrungen geht es natürlich überall - aber auch in der Offenen Jugendarbeit.

Ich wollte deutlich machen, daß Offene Jugendarbeit und soziokulturelle Arbeit mit Jugendlichen in einer zerstückelten Praxis Gegensätze sind, in der die Probleme des Heranwachsens segmentiert werden, wie es überall in dieser Gesellschaft geschieht, um sie zu neutralisieren. Es sind aufgebaute, künstliche Gegensätze. Ich schlage vor, sie zu entdogmatisieren und sie als unterschiedliche Ansätze der Jugendarbeit mit jeweils eigener Berechtigung zu betrachten. Gefährlich wird es dann, wenn Einrichtungen der Offenen Jugendarbeit, statt das Offene zu qualifizieren, den Rückzug aus der offenen Arbeit als "sozio-kulturelle Arbeit" rationalisieren und auf diesem Weg dann ganze Einrichtungen umwidmen und den Adressaten entziehen. Wer in der Offenen Jugendarbeit müde geworden ist, wer nicht mehr kann, wer nicht mehr will, wer zu alt geworden ist, wer gerne etwas anderes machen möchte, soll sich darum bemühen und seinen Weg suchen, ohne den Jugendlichen die offenen Häuser, die notwendigen und nach Möglichkeit selbstbestimmten Treffpunkte, zu nehmen.

5. Argumente für eine ökologische und soziale Drogenpolitik*

Die hier vorgetragene Argumentation bedarf der Kritik und des Weiterdenkens, es handelt sich um Überlegungen, eher um Hypothesen als um Thesen, auch wenn sich manches schon sehr bestimmt anhören mag. Diese Überlegungen haben den Hintergrund einer fast 30jährigen Berufspraxis in der Heimerziehung, der Bewährungshilfe, der Offenen Jugendarbeit und Drogenarbeit und nicht zuletzt der Aus- und Fortbildung von SozialarbeiterInnen/SozialpädagogInnen an Fachhochschulen und Universitäten. Undendlich viele Gespräche mit Betroffenen, mit Kolleginnen und Kollegen und vielen anderen Beteiligten sind in meine heutigen Standpunkte eingegangen, so daß es sich gewissermaßen um ein Gemeinschaftswerk handelt an dem viele TeilnehmerInnen dieses Kongresses beteiligt waren. Ich freue mich über die vertrauten Gesichter.

Vor einiger Zeit habe ich eine Selbstevaluation zur Veränderung meiner Auffassungen über den Konsum von illegalen Drogen anhand aller Aufzeichnungen, die ich je zu unserem Thema gemacht habe, durchgeführt. Die Veränderungen reichen weiter und sind umfassender als ich selbst angenommen hatte, aber es hat auch Kreisbewegungen gegeben, in denen ich mich einem Ausgangspunkt den ich verlassen hatte, im Laufe der Zeit wieder annäherte. So war ich beispielsweise am Anfang meiner Auseinandersetzung mit dem Drogenkonsum der Auffassung, daß die KonsumentInnen über Ressourcen und Fähigkeiten der Selbsthilfe, der Selbstorganisation verfügen, die von den Professionellen geachtet und unterstützt werden sollten. In den späten 70er Jahren hatte ich diese Auffassungen zugunsten des "Königswegs": professionelle Drogenberatung und stationäre Langzeittherapie weitgehend aufgegeben, um mich ihnen Anfang der 80er Jahre, vor allem unter dem Eindruck der Auswirkungen des neuen Betäubungsmittelgesetzes (BtMG) und des Hungerstreiks von Jugendlichen im damaligen Drogenknast "Schönstedtstraße" in Berlin-Neukölln, wieder anzunähern. Heute bin ich mehr denn je davon überzeugt, daß wir ohne eine Selbstaktivierung und ohne die politische Artikulation der von der herrschenden Drogenpolitik

---

* Vortrag auf dem 1. Internationalen Drogenkongreß von "akzept", März 1991 in Berlin

unmittelbar betroffenen Drogn-KonsumentInnen auf dem Weg zu einer neuen Drogenpolitik kaum weiterkommen werden. Die starke Beteiligung von ehemaligen und aktiven DrogenbebraucherInnen an der Vorbereitung und Durchführung dieses Kongresses bestärkt mich in dieser Überzeugung und in meinen Hoffnungen.

Die subjektive Motivation für die Veränderung des "Fixer-Bildes" in meinem Kopf ging von der Erfahrung der Zerrissenheit in der praktischen Arbeit mit Jugendlichen aus: mit dem Herzen auf der Seite der Jungen und Mädchen, die auf der Suche nach starken sinnlichen Erfahrungen inmitten einer entsinnlichten Umwelt illegale Drogen nahmen - im sozialpädagogischen Handeln auf der Seite des "Realitätsprinzips", das ich ihnen gegenüber zu vertreten hatte, fürsorglich immer und in der untadeligen Absicht, sie vor dem Verschiebebahnhof Drogenscene-Justiz-Therapie-Rückfall (die Reihenfolge wird im Laufe der Zeit beliebig) zu bewahren.

Nur langsam setzte sich die schwer zu akzeptierende Erkenntnis durch, daß die eingeschlagenen Wege nur für wenige aus der Abhängigkeit führten. Für die meisten führten sie tiefer hinein und was blieb, waren allzuoft Entmündigung und notdürftig als "Hilfe" legitimierte Repression. Eine Sackgasse also.

Die geschichts- und gesellschaftskritische Analyse dieser Erfahrungen brachte die Erkenntnis eines erschreckenden Bedeutungsüberhanges, den diese Gesellschaft und vor allem ihre RepräsentantInnen in den Parteien, Parlamenten, Regierungen, Verbänden und in den Medienzentralen, dem Konsum von verbotenen psychoaktiven Substanzen zumessen, im Unterschied zu den sogenannten kulturell-integrierten Drogen wie Alkohol, Nikotin und Psychopharmaka. Es war mir schließlich nicht länger möglich, diese doppelte Moral der Erwachsenen-Gesellschaft gegenüber Jugendlichen zu vertreten, die jede pädagogische oder therapeutische Beziehung auf eine sehr schiefe Ebene bringt.

Es wurde deutlich, daß die unglaublich harten Reaktionen auf den illegalen Drogenkonsum sich in kaum 15 Jahren von Mitte der 60er bis zum zweiten BtMG 1982 inmitten eines demokratischen Staates zu einem offiziellen System gnadenloser Verfolgung der KonsumentInnen entwickelt und etabliert haben. Inmitten einer Gesellschaft von mittlerweile 80 Millionen Menschen wird mit einem flächendeckenden System von Kontrolle und Verfolgung, an dessen technischer und logistischer Verbesserung pausenlos gearbeitet wird, auf einige zigtausend überwiegend junger Männer und Frauen

reagiert. Kein anderer gesellschaftlicher Konflikt erfährt diese "Behandlung". Die negativen Konsequenzen für Einzelne und für die Gemeinschaft sind enorm: Zerstörung individueller Lebenschancen, Vergiftung des sozialen Klimas - der gerade abgelaufende Wahlkampf der CDU in Berlin hat das gezeigt.
Mit dem heuchlerischen Gestus strenger Barmherzigkeit, alles nur zum Besten der Abhängigen, der Willenlosen, versteht sich, sollen sie daran gehindert werden, diese Drogen "zu erwerben, zu besitzen, weiter zu geben" und zu konsumieren und dabei werden sie in die Arme der Schwarzhändler, der Profitgeier getrieben, die mit Zutun des offiziellen Systems von Verfolgung, Bestrafung und Hilfe die großen Vermögen der neuesten Zeit erwerben, um sie ungestraft im internationalen Waffenhandel gewinnbringend wieder zu investieren. Gibt es eine Erklärung für diesen elenden Zustand? Viele sind versucht worden - wahrscheinlich haben die meisten irgendetwas Richtiges.

Ich greife hier einen Aspekt heraus, der mir besonders wichtig erscheint: meines Erachtens sind die KonsumentInnen illegaler Drogen, ganz unabhängig von ihrer jeweiligen subjektiven Selbsteinschätzung, die lebendigen Symbole der Verweigerung staatstragender Tugenden, die für die Aufrechterhaltung der patriarchalen und kapitalistischen Gesellschaft unverzichtbar **erscheinen**. Auf diese Weise funktionalisiert und im öffentlichen Bewußtsein stigmatisiert, wird an dieser Gruppe zur anschaulichen Warnung der Bürger und Bürgerinnen besonders aber der heranwachsenden Generation - von deren Loyalität mit der vorgefundenen Gesellschaft die Tradierung dieses Systems ja abhängig ist - ein permanentes Exempel statuiert.
Dieser Vorgang wird ergänzt durch eine Dynamik, die von Sozialpsychologen "Sündenbock-Mechanismen" genannt wird - d.h., die unbewußte Projektion eigener Wünsche nach Verweigerung, starken sinnlichen Erlebnisqualitäten, aussteigen aus den Funktionalisierungen und Leistungszwängen - die bei einer Mehrheit der Menschen in dieser Gesellschaft angenommen werden können - auf die gekennzeichnete Gruppe und die Abwehr solcher "Versuchungen" durch Verfolgung und Bestrafung der Stigmatisierten. Dies alles wird bei uns mit einem ungeheuren und kostenträchtigen Aufwand betrieben, woran wir sehen können, wie wichtig das ganze Unternehmen ist.

Es hat sich inzwischen herumgesprochen, daß die herrschende Drogenpolitik, mißt man sie an ihren offiziell propagierten Zielen, umfassend gescheitert ist. Wenn dennoch nach- und aufgerüstet werden soll, wenn am "Krieg gegen die Drogen" festgehalten wird, wenn den neuen Bundesländern - so sie es denn wollten - keine Chance auf eine andere Sichtweise und Praxis gestattet werden soll, so zeigt das an, daß am heimlichen Lehrplan der Drogenpolitik festgehalten wird. Damit mir Stefan Quensel nicht den Vorwurf machen muß, ich hätte Verschwörungstheorien im Kopf und sähe die Drogenpolitiker, allen voran unseren Bundeskanzler mit seinem "nationalen Rauschgiftbekämpfungsplan", als getarnte, aber bewußte Strippenzieher der repressiven Drogenpolitik, muß ich hierr noch nachtragen, daß sich das dominante Drogenbewußtsein als Ideologie, wie Karl Marx sagen würde "hinter dem Rücken der Herrschenden" durchsetzt, oder mit anderen Worten: sie glauben das Meiste von dem was sie uns weismachen wollen selbst - sie sind auf ihre Weise von ihren Taten überzeugt und daran liegt es, daß man mit ihnen in um Aufklärung bemühten Gesprächen kaum einen Schritt weiterkommt. Diese subjektive Übereinstimmung von Denken und Handeln ist die Quelle ihres mit Sendungsbewußtsein und Pathos vertretenen drogenpolitischen Entmündigungsprogramms. Eine Änderung der Drogenpolitik wird von diesen fundamentalistischen Bollwerken sehr erschwert.

Der Dreh- und Angelpunkt des Dramas ist die **Dämonisierung** von Drogen, die sich aus weit zurückliegenden geschichtlichen Wurzeln aufgebaut hat und immer noch gespeist wird. Kern der Dämonisierung ist der Glaube, daß die psychoaktiven Substanzen dieser Drogen, die KonsumentInnen schon nach mehrmaligem Gebrauch in kurzer Zeit ihres Willens berauben, sie entscheidungs- und handlungsunfähig im Sinne von selbstbestimmtem Handeln machen. Das Persönlichkeitszentrum - ob es nun Seele, Geist, Selbst, Vernunft oder Ich genannt wird - werde durch den Drogenkonsum zerstört und durch die Sucht nach dem Stoff ersetzt, die fortan die Entscheidungen und Bewegungen einer solchen entpersönlichten Kreatur steuere. Die meisten Suchttheorien des Alltagsbewußtseins lassen sich auf diese Dämonisierung zurückführen. Die Drogenpolitik und in weiten Teilen auch die Praxis der Drogenarbeit (auch der wissenschaftlichen Suchtforschung) die diesem Muster in mannigfachen Differenzierungen folgen, bewirken damit nach meiner Überzeugung einen fortdauernden Akt der inneren Kolonisation.

Soweit meine Zustandsanalyse, die, ich gebe es zu, hier etwas holzschnittartig ausfällt - absichtlich, denn der Holzschneider arbeitet die Konturen scharf heraus und deshalb wird er so gerne der Schwarz-Weiß-Malerei bezichtigt. Wie kann der Mensch bei so einer Analyse, die, wie der Workshop über die Situation in den neuen Bundesländern anscheinend gezeigt hat, durch die "Vereinigung" noch zugespitzt wird, von ökologischen und sozialen Perspektiven einer neuen Drogenpolitik faseln - werdet ihr Euch fragen - und ich gestehe, ich weiß es selbst noch nicht so genau und bin immer wieder versucht, die Perspektiven beiseite zu lassen und mich auf das heute Machbare, die allmähliche und in kleinen Schritten hier und da zu erreichende Schadensbegrenzung zu be-schränken. Was mich gegen diese Selbst-Begrenzung im Denken stachelt, ist die aus Erfahrung gespeiste Überzeugung, daß zukunftsorientiertes Denken Kräfte zur Veränderung der Gegenwart freisetzt.

Freilich befindet sich diese Gesellschaft im Umgang mit Drogen auf einem Kommunikationsniveau, das von mythisch-magischen Vorstellungen und Tabuisierungen geprägt ist. Von einer vorurteilsfreien, verstehenden und wissenschaftlichen Auseinandersetzung sind wir noch ein gutes Stück entfernt. Die ablehnenden Reaktionen der Berliner Senatsverwaltung für Familie und Jugend auf unsere Bitte, diesen Kongreß finanziell zu unterstüzen, zeigen das an. Der Senat findet diese Veranstaltung einseitig, dem notwendigen Dialog abträglich, aber die öffentliche Hand finanziert mit Millionen Jahr für Jahr die Propaganda von Behörden und Verbänden mit der die repressive Drogenpolitik in den Köpfen der BürgerInnen abgesichert werden soll.

Dennoch - dieser Kongreß markiert einen Fortschritt in der Debatte um die Drogenpolitik und -philosophie und -praxis: er zeigt, daß es diese Debatte gibt, daß sie endlich eine breite öffentliche Ebene erreicht hat, von der sie hoffentlich nicht ein weiteres Mal, wie 1982 nach den Auseinandersetzungen um das Betäubungsmittelgesetz, wieder verdrängt werden kann. Vor zehn Jahren wurde die Kritik an der staatlichen Drogenpolitik von ein paar Dutzend Frauen und Männern getragen, die nicht bereit waren, sich und ihre Praxis gegen die KonsumentInnen illegaler Drogen funktionalisieren zu lassen. Heute hat die Kritik an der weltweiten prohibitiven Drogenpolitik eine breite und organisierte Basis im In- und Ausland. Die "Internationale Liga der Antiprohibition" (ILA), die Gründung von "akzept", der neue

Schwung von Selbsthilfe und Selbstversorgung wie er in der "Drogenselbsthilfe von Junkies, Exjusern und Substituierten" (JES) seinen Ausdruck findet, die Politik der deutschen Aids-Hilfe, die Bemühungen der Jusos und vor allem die vielen Initiativen zur praktischen Veränderung der Drogenarbeit geben der Kritik eine politische Kraft, die es erlaubt, zum ersten Mal von einer wirksamen drogenpolitischen Opposition in Deutschland zu sprechen. Das alles sind Zeichen eines neuen Denkens, das mit den alten Schablonen bricht und darauf abzielt, das Individuum endlich auch an den Konfliktlinien des gesellschaftlichen Lebens in seine Rechte auf Selbstbestimmung einzusetzen, den schwarzen Markt der menschenverachtenden Profiteure abzuschaffen. Erst auf dieser Ausgangsbasis läßt sich die allmähliche Entwicklung eines kulturellen Umgang mit psychoaktiven Substanzen, mit Drogen, überhaupt denken, eines Umgangs, der dazu führen könnte, daß Drogen für Menschen, die das wollen, ein freundliches Angebot der Natur an Individuen sind, die sich selbst als Teil dieser Natur wieder zu begreifen gelernt haben.

Auf dem Hintergrund einer Fülle von Anzeichen für eine neue Philosophie im Umgang mit Drogen und der wachsenden Bereitschaft von Betroffenen, Professionellen und anderen BürgerInnen für eine Liberalisierung der gesetzlichen Grundlagen der Drogenarbeit politisch einzutreten, fühle ich mich ermutigt, heute über die Kritik an den bestehenden Verhältnissen hinauszugehen und damit komme ich zum eigentlichen Thema dieses Vortrages.

Ich spreche damit zwei bedeutende Dimensionen menschlichen Lebens an. Die ökologische, in der es um das Verhältnis des Menschen zur äußeren Natur, zu den natürlichen Bedingungen unserer Existenz geht und die soziale, in der es um die Beziehungen der Menschen untereinander geht und um die Chancen des Individuums auf kommunikative Teilhabe und Selbstverwirklichung.

Die ökologische Dimension unseres Lebens ist in den vergangenen zwei Jahrzehnten wie nie zuvor in das Bewußtsein gerückt. Sie ist inzwischen zu einem politischen Fokus geworden, an dem keine Partei, keine Organisation mehr vorbeikommt. Selbst die Gewerkschaften und Unternehmerverbände haben das, wenn auch widerstrebend und zögernd, begriffen. Der Kern des ökologischen Bewußtseins ist die Erkenntnis, daß **die** Gesellschaften, die

Träger des technischen Fortschritts waren und sind, durch eine sorglose, ausschließlich auf Profit und Vorherrschaft gerichtete Ausbeutung sogenannter natürlicher Ressourcen, die Erde an den Rand des Zusammenbruchs des ökologischen Systems gebracht haben, das auf globalem Ausgleich klimatischer Verhältnisse und der ausreichenden Produktion und Verteilung von nicht-gesundheitsschädlichen Lebensmitteln beruht. Einige Gesellschaften haben die umfassenden Stoffwechselprozesse, auf denen das ökologische Gleichgewicht basiert, lebensbedrohlich angegriffen, und nun ist es zu einer Überlebensfrage geworden, ob es der Menschheit gelingt, diesen fatalen Prozeß nicht nur zu stoppen, sondern das Verhältnis von Mensch und äußerer Natur neu zu bestimmen, ihm neue Qualitäten zu geben, die eine lebenswerte Perspektive auf die Zukunft eröffnen.

Auf dieses Wissen, auf die Unausweichlichkeit für die technologisch führenden Gesellschaften, aus ihm die notwendigen Konsequenzen zu ziehen, gründet u.a. meine Hoffnung, für die Chancen einer von uns betriebenen menschenfreundlichen Drogenpolitik, auf eine Drogenpolitik von unten.

Der Gebrauch von Drogen aller Art, zu allen bisher bekannten Zwecken und in allen je entwickelten Formen ist eingebettet in die ökologische Dimension, ist Teil der Auseinandersetzung des Menschen mit der äußeren und inneren Natur und bestimmt dieses sensible Verhältnis erheblich mit. Eine Veränderung der heute dominanten Drogenpolitik und des vorherrschenden Bewußtseins von der Bedeutung des Drogenkonsums kann nicht isoliert vom sich entwickelnden Umweltbewußtsein erreicht werden. Wir müssen bewußt machen, daß die Drogenpolitik in diesem Zusammenhang steht und daß sie den alten zerstörerischen Funktionen entzogen werden muß.

Die äußere Natur, die Naturkräfte, stehen dem Menschen, der als biologisches Wesen selbst ein Teil der Natur ist, in der bisherigen Geschichte freundlich gebend und die Gesundheit und das Leben bedrohend in einem gegenüber. Dies gilt grundsätzlich auch für die Drogen.
Nun ist diese widersprüchliche Naturerfahrung des Menschen aber nicht für alle Zeiten gleich durch ein "natürliches" Verhältnis von Mensch/Natur gesetzt. Ob uns Natur bedroht oder das Leben bereichert und fördert, hängt vielmehr von unseren Handlungen ab, vom Charakter unserer Beziehungen zur äußeren Natur. Es ist kein gegebenes, passives Verhältnis, sondern ein

aktiv handelndes, in dem permanent Entscheidungen getroffen werden müssen. Unser gegenwärtiges Elend im Umgang mit Drogen ist das Ergebnis einer langen Kette von Entscheidungen und Handlungen, deren Anfänge tief in der europäischen Geistesgeschichte zu suchen sind, in deren Zentrum die Entwicklung des Naturverständnisses mit all seinen praktischen Folgen steht. Um einen Blick in die Zukunft zu gewinnen, halte ich es für notwendig, einen Ausflug in diese Vergangenheit zu unternehmen. Ich lade Sie ein, mir auf dieser Reise zu folgen und nicht unter dem Praxisdruck der Gegenwart abzuschalten. So ein Kongreß soll ja Sichtweisen in alle Zeitdimensionen eröffnen, in denen es immer um den Zusammenhang von Vergangenheit, Gegenwart und Zukunft geht.

Die Drogen, gegen deren Konsum sich die dominante Politik richtet, Heroin und Kokain, sind Derivate aus natürlichen, organischen Produkten. Es sind Wirkstoffe, die im Stoffwechselprozeß von Pflanzen entstehen. Schon früh waren die Menschen von den Wirkungen dieser Pflanzen auf das psychische Befinden und das Bewußtsein fasziniert. Seit Jahrtausenden gehören die Drogenpflanzen zum festen Bestandteil menschlicher Kultur. Unsere Hauptdrogen Alkohol, Heroin, Kokain sind Musterbeispiele dafür - allerdings nicht in ihrer heutigen Gestalt als hoch konzentrierte und schon in kleinen Dosen wirkende, sondern als leichte alkoholische Getränke, als Mohnsaft/Opium, als Kokapaste. In ihrer heutigen Gestalt als Heroin und Kokain, als kristallisierte reine Wirkstoffe in Pulverform, in der sie als verbotene Waren auf dem illegalen Markt gehandelt werden, gibt es sie erst seit kurzer Zeit, jedenfalls im geschichtlichen Vergleich mit den Jahrtausenden, in denen Menschen diese Wirkstoffe eingebettet in die Naturform der Pflanzen zu sich nahmen.
Bei den aus dem Mohn und der Koka isolierten reinen Wirkstoffen, den Alkaloiden Kokain und dem zum Heroin verarbeiteten Morphin, handelt es sich um **neue Drogen westlichen Zuschnitts**, die mit den Drogenpflanzen nichts mehr zu tun haben, außer daß diese die Rohstoffbasis für ihre Gewinnung geblieben sind. Die Behauptung von DrogenpolitikerInnen, es handele sich bei Heroin und Kokain um kulturfremde Drogen, die in unserem gesellschaftlichen System sozial nicht integrierbar seien, ist nicht nur sachfremd, sondern meines Erachtens eine ideologische Schutzbehauptung.

Von der Entdeckung der psychoaktiven Eigenschaften der Kokastaude zum Kokain, des Saftes der unreifen Mohnkapsel zum Heroin, des Peyotekaktus zum Meskalin, vergingen Jahrtausende, in denen Menschen unablässig beobachtend, forschend, eingreifend, umgestaltend, arbeitend auf die äußere Natur einwirkten. Wilde Pflanzen wurden zu Nutzpflanzen, wilde Tiere zu Haustieren, die Naturkräfte zu von Menschen gelenkten und verwerteten Energien usw., usw..
Der kritische Punkt in diesem Aneignungsprozeß wurde immer dann erreicht, wenn die in der Naturform gebundenen Wirkungen durch das Eingreifen von Menschen "befreit" und durch **Konzentration** in ungemessene Dimensionen potenziert wurden.

Von der Regulierung der Flüsse und der Errichtung der ersten Stauseen zur Gewinnung der Wasserkraft bis zur Entdeckung der Kernspaltung und der Entwicklung der Gentechnologie handelt es sich immer um dasselbe Muster: die Naturform wird zerstört, um an die in ihr verborgenen, aber auch geborgenen, Kräfte bzw. Wirkungsprinzipien heranzukommen, mit der Absicht, diese für von Menschen gesetzte Zwecke zu potenzieren. Dabei wird das den natürlichen Gegenständen inhärente Maß schnell mißachtet, eine äußerste Grenze des ökologischen Gleichgewichts wird angegriffen und überschritten. Von Menschen herbeigeführte Katastrophen sind die Folge. Goethe hat dieses Drama in seiner Ballade vom Zauberlehrling in die poetische Form gebracht: "Herr, die Not ist groß, die ich rief die Geister, die werd` ich nun nicht los!"
Die Drogen Heroin und Kokain und die in der Weiterführung der Drogentechnologie hergestellten Designer-Drogen wie Crack, Speed, Glass und wie sie alle heißen mögen, sind exakt das Ergebnis dieser "Befreiung" der Wirkstoffe aus der Naturform, ihrer Potenzierung und schließlich ihrer synthetischen Nachbildung. Der Herstellung dieser Drogen liegt die selbe Philosophie zugrunde, wie der Kernspaltung und der durch sie möglich gewordenen Gewinnung der Atomkraft.
Freilich handelt es sich bei unseren Drogen um andere Kräfte, um andere Wirkungen und um andere Dimensionen der Bedrohung und das sind entscheidende Unterschiede. Wenn ich dennoch diesen Vergleich hier ziehe, dann, um dem Denken auf die Spur zu kommen, das hinter diesem Muster im Umgang von Menschen mit der äußeren Natur verborgen ist und das Handeln bestimmt.

Dieses Denken, schon in Richtungen der antiken Philosophie (Platon) angelegt, bestimmte immer mehr die Beziehungen des abendländischen Menschen zu sich selbst und zur äußeren Natur. Es war das Denken von Männern, die hauptsächlich die europäische Geistesgeschichte geschrieben haben. Der Übergang vom Mittelalter zur Neuzeit wird in erster Linie durch die allmähliche Dominanz dieses auf Herrschaft über die Natur zielenden Denkens und die Verdrängung kosmogonischer Auffassungen markiert. Die Erfindung von Navigationsinstrumenten, des Schießpulvers, des Buchdrucks, die Konstruktionen seetüchtiger Schiffe und die Entdeckung der sogenannten Neuen Welt, die als Meilensteine des Fortschritts in unseren Geschichtsbüchern gefeiert werden, sind nicht das Eigentliche, sondern das Denken, daß diese Erfindungen und Entdeckungen möglich machte und vor allem ihre spezifische auf Expansion, Eroberung, Ausbeutung und Unterwerfung gerichtete Verwendung. Bekanntlich wurde das explosive Pulver lange vor Berthold Schwarz in China erfunden, aber es wurde nicht zum Schießen und Töten verwendet, sondern für Feuerwerke zur Belustigung der Menschen. Als Schießpulver konnte es nur von einem europäischen Mann entdeckt werden und von europäischen Männern wurde auf dieser Entdeckung fußend die moderne Waffentechnik entwickelt, die den Conquistadoren überall in der Welt ihre Schreckensherrschaft ermöglichte. Das Beispiel zeigt - und das ist mir wichtig - daß die Erfindungen des menschlichen Geistes in **einem** zum Nutzen und zum Schaden des Menschen verwendet werden können. Aber es gibt auch eine Grenze des Machbaren, die nicht ohne gravierende Folgen für das Leben überschritten werden kann.

Im kommenden Jahr wird Europa den 500. Jahrestag der großen Fahrt des Kolumbus begehen, mit der die Zerstörung der sozial und kulturell integrierten Praxis des Drogenkonsums der kolonisierten Völker begann und die sich mit dem Kolonialismus über die Erde ausbreitete. Während die spanischen, portugiesischen, deutschen Soldaten und Mönche in Mittel- und Südamerika gegen die an die Naturform gebundenen und sich auf ihre heilige Unverletzbarkeit gründenden Drogenkulte der unterworfenen Völker vorgingen, bemühten sich in Mitteleuropa berühmte Alchimisten und Ärzte der *Quinta Essenzia* von Pflanzen auf die Spur zu kommen, deren besondere Wirkungen auf den menschlichen Organismus als Heilmittel, als Psychedelika, durch Zufallsfunde und Beobachtungen lange bekannt waren. Diese Männer waren besessen von der Idee, durch chemische und magische Verfahren aus jeglicher Materie das wirksame Prinzip herauszuziehen und es den diversen menschlichen Bedürfnissen dienstbar zu machen; sei es zu altruistischen Zwecken, wie bei *Paracelsus*, oder aus egoistischem Profitstreben wie bei *Hyronimus Braunschweig*, einem Wundarzt aus Straßburg, der das Destillationsverfahren entwickelt hat. Diese beiden Männer waren führend in der neu-alchimistischen Bewegung des späten 15. und frühen 16. Jahrhunderts. Das alchimistische Denken und Handeln war eine Vorform des rationalen naturwissenschaftlichen Denkens, ein typisches Produkt jener langen und von vielen Auflösungen betroffenen Übergangsphase vom Mittelalter zur Neuzeit. Es bedarf eines bestimmten zergliedernden, analysierenden Denkens, um die Frage nach dem Prinzip der Wirkung, nach den eigentlichen Wirkstoffen einer Pflanze oder eines Minerals, nach der *Quintessenz*, überhaupt stellen zu können. Am Beispiel des Paracelsus, dessen Denken um diese Fragen kreiste, möchte ich das illustrieren.

Er stand in der Tradition des *Nikolaus von Kues* (Cusanus), der schon hundert Jahre vorher mit seiner pantheistischen Gottesvorstellung inmitten der katholischen Kirche die alte Frömmigkeit aus den Angeln hob. Das Credo dieser Philosophie lautete: Erkennen/Erkennt-nis. Den Dingen auf den Grund zu gehen, wurde zur wichtigsten Tätigkeit, zur eigentlichen menschlichen Tätigkeit. Der Mann als Forscher und Erkennender steht am Anfang der Neuzeit - symbolisiert in der Gestalt des Doktor Faustus - und seine Begierde wird die große bleibende Begierde der Zeit (W.E. Peukert) bis auf unsere Tage. Cusanus schrieb 1452, das rätselhafte Antlitz Gottes werde in den vielen Bildern die Menschen sich davon machen nur verhüllt gesehen (Naturform). Der leidenschaftliche Erkenner müsse diese Bilder aber hinter sich lassen, um zu dem Antlitz Gottes selbst zu gelangen. Damit stellte sich das neue Denken die Aufgabe der totalen Erkenntnis. Nur an diesem letzten Punkt sei die Wahrheit zu finden, bis zu ihm müsse der erkennende Mensch sich wagen, um die reine Substanz zu finden, die in ihrer irdischen Verkleidung - ihrer Naturform - nur als Verhüllte vorhanden sei. Wichtig ist, daß sie vorhanden ist (die reine Substanz) und was vorhanden ist, muß sich der forschende Geist des Mannes erschließen, er muß es in seinen Prinzipien und Wirkungen zum Vorschein bringen, in seiner Struktur darstellen, es auf den Begriff bringen. Im Gottesbegriff des Cusanus ist Gott die schaffende Potenz, die sich selbst produziert und reproduziert, als Prinzip der Schöpfung allgegenwärtig, als Substrat der Dinge, die die aktive Potenz hervorbringt und andere Dinge gibt es nicht. In diesem Denken wird Gott zum Inbegriff

von Wirkung überhaupt, er ist das "treibende und ursachende" (Peukert) Prinzip des Kosmos.
Der Mensch ist nichts anderes als die Verkörperung dieser Kraft auf der Erde, durch sie geschaffen und sie reproduzierend. Der Unterschied zu Gott ist nur: im Menschen, im Einzelnen wie in der Gattung, ist und bleibt diese Kraft sterblich, sie hat ein Ende, als Gott aber ist sie unsterblich und unendlich. Der Mensch, schreibt Cusanus, ist ein vermenschlichter Gott und die Welt ein sinnlich faßbarer Gott. Erstaunlich, daß dieser Mann in hohem Alter als Kardinal und nicht auf dem Scheiterhaufen der Inquisition starb. Aber als kluger Kirchenmann hat er von sich aus immer wieder die Kompromisse angeboten, die später dem Galilei abgezwungen werden mußten. Mit dem Gottesbegriff des Nikolaus von Kues wurde das neuzeitliche Menschenbild der Europäer lange vor der Säkularisierung durch die Aufklärung in theologischer Gestalt hervorgebracht, weil dieser Gott als das absolute Prinzip des erkennenden und schaffenden Geistes verstanden wurde und der Mensch als seine irdische Verkörperung. "Wenn unsere Geisteskraft bereits das ganze Reich der körperlichen und meßbaren Natur umspannt" schreibt Cusanus, "um wieviel größer ist noch Gottes Geist". Daraus folgt: je mehr Erkenntnis der Mensch gewinnt, desto vollkommener, gottesähnlicher wird er. Das ist das faustische Prinzip, ein seit Jahrhunderten wirksames Leitbild des aufgeklärten europäischen Mannes.

Paracelsus (1493 - 1541), in diesem Denken bereits aufwachsend, macht sich so ausgerüstet auf die Suche nach der Quinta Essenzia, den reinen Wirkstoffen in den Mineralien und Pflanzen, um sie als Arznei für die Krankenbehandlung zu gewinnen. Ihm war das Erkennen des in den Naturformen verborgenen Wirkungsprinzips höchste Lust, die er, auf der Hut vor der Inquisition, in dem frommen Satz ausdrückt: "Je mehr Erkenntnisse der Werke Gottes, je mehr Seligkeit". Sein Denken und Handeln konzentrierte sich darauf, der Natur ihre Geheimnisse abzugewinnen, um sie den Bedürfnissen der schaffenden Menschen dienstbar zu machen. Paracelsus suchte Medizin, die das Leben verlängern könnte und vermutete diese Stoffe in Pflanzen und Steinen. Sie aus diesen herauszuziehen, war die Aufgabe der Alchemie.
Alchemie ist nach Paracelsus die **Scheidekunst**. Ihr Anfang ist scheiden und zerlegen, sie scheidet das Reine vom Unreinen, sie trennt das Wirksame von dem Nicht-Wirksamen und anscheinend Überflüssigen. Sie vollendet, was

die Natur dem Menschen "auf dem Acker und dem Weinberg" bietet. Er schreibt: "Alchemie, diese Kunst lehret finden, was in einem jedem Corpus liegt und was im selbigen ist (...). Wenn ihr Alchemie nicht wißt, so wißt ihr auch nicht die Materie der Natur. Alchemie ist Scheidekunst. Ohne die Scheidung ist nichts kräftig, denn die Scheidung zeigt das, das in dem Ding ist". Mit der Alchemie wurde aus egoistischen Motiven auch zu Paracelsus Zeiten viel Unheil angerichtet und deswegen mahnt er seine Schüler, die Ethik nicht zu vergessen: "Ich weise Euch zu nichts anderem in die Alchemie als alleine zur Bereitung der Arznei, zu bereiten die Arkana (das eigentliche, das verborgen Wirkende, M.K.) zu scheiden das Reine vom Unreinen auf daß Du eine lautere reine Arznei habest, eine vollkommene, eine gewisse, die in ihrer Kraft und Macht am höchsten ist".

Der Alchimist ist Meister über die Natur, denn "die Natur ist so subtil und scharf in ihren Dingen, daß sie ohne große Kunst nicht gebraucht werden kann, denn sie gibt nichts an den Tag das vollendet sei, sondern der Mensch muß es vollenden. Diese Vollendung heißt Alchimia". Damit eliminiert Paracelsus als führender Arzt seiner Zeit die in Jahrhunderten von Frauen und jüdischen Ärzten tradierte Volksmedizin, die auf der Erhaltung der Naturformen basierte.

Die besessene Suche nach den wirkenden Kräften in der Materie, sei sie tot oder lebend, findet ihre Rechtfertigung in einer Theologie und Philosophie, nach der es sich bei all diesem Forschen, Analysieren, Zergliedern um die leidenschaftliche Suche des Menschen nach Gott handelt, in dem alles Geschiedene zuletzt wieder Einheit werde, in dem alle Widersprüche aufgehoben seien. "Der Wille Gottes ist das Arkanum, das in den natürlichen Dingen ist. Das Arkanum, vom Menschen gefunden, ist die Quintessenz, ja der Mensch selbst ist die Quinta Essenzia der gesamten Schöpfung. Er ist gemacht aus den edelsten Kräften der Elemente der von den vier Elementen zusammen in ein Stück - den Menschen." Deshalb die "Quinta Essenzia", die 5. Essenz.

In den in der Naturform verborgenen Wirkstoffen sucht der Mensch also sich selbst und damit Gott, dessen Verkörperung er ist. Als Zusammenfassung und Veredelung aller Elemente ist der Mensch nach diesem Denken über die ganze äußere Natur als ihr Herr gesetzt. Nur er hat das Prinzip des Suchens in sich, das ihn zur Erkenntnis treibt, zu diesem Zweck alleine, so Paracelsus, habe Gott den Menschen geschaffen: "Einer der in natürliche

Dinge kommt, mag schwerlich davon lassen, denn je länger, je mehr er nachdenkt und sucht in den selbigen, je härter wird er gezwungen, ihnen nachzugründen und zu folgen...".

In der europäischen Geistesgeschichte erfolgt der Umschlag zur Neuzeit mit der Einsetzung des Menschen als Zentrum des Universums. Zwar wird in der kopernikanischen Wende die Erde aus ihrer Mittelpunktstellung gelöst, aber an ihre Stelle tritt der forschende erkennende Mann, der als Inbegriff des Menschentums gesehen wird: "Das Zentrum ist der Mensch und der ist der Punkt des Himmels und der Erden". Damit ist der Mensch herausgehoben aus der Naturform der gesamten Schöpfung, er ist die Quintessenz aller lebenden und toten Materie.

Von dieser Mittelpunktstellung ist es nur ein Schritt zu einer Hierarchie im Aufbau der Natur, an deren Spitze, sie beherrschend, der Mensch steht. Indem Paracelsus diesen Schritt denkend und handelnd vollzieht, löst er die Reste eines geschwisterlichen Verhältnisses mit der äußeren Natur auf und vollendet das biblische Gebot "machet Euch die Erde untertan!" "Und vom Menschen sollen wir wissen, daß er keines Element ist, sondern er ist frei. Also daß er nicht der Erden, des Wassers, nicht des Himmels, nicht der Luft allein ist, sondern aus ihnen allen lebt er und wandelt in ihnen allen und alle Dinge sind von seinem Leben geschaffen, und er ist der, dem sie gehorsam sein müssen". Und weiter:

"Am ersten vor allen Dingen ist Not, daß Ihr verstanden die Macht und die Gewalt der Menschen (...). So wisset erstig, daß die Erden gegeben den Menschen, darinnen Herr zu sein. Das ist, all die Gewächse, so sie vermag, und alles so in ihr ist, dasselbige den Menschen in seiner Gewalt staht. Also, daß er mag dieselben Pflanzen bauen und daraus ziehen, was ihm gefallet zu seiner Notdurft und Wollust, und daß er es dahin bringt, dazu hat er vollkommene Weisheit, Kraft, Stärke und Macht".

Aus dieser Haltung heraus beschäftigt sich Paracelsus hauptsächlich mit Pflanzen, deren besondere Wirkung auf den Menschen überliefert war. "Nicht das Kraut Melisse ist die Melisse" sagt Paracelsus, "sondern sein Geist", der "Melissengeist", dessen Form ein flüchtiger Auszug ist, der mit der Naturform der Melisse nicht viel gemein hat. Naturform wird hier zum Widerstand, ist das Verhüllende, das der erkennende Mensch mit Hilfe seines zerlegenden, zergliedernden, analytischen Denkens auflösen muß, um den Nutzen für sich herauszuziehen, denn nur wegen diesen Nutzens ist das Ding geschaffen. "...der Nutzen, der aus einem Ding geht, derselbe Nutzen ist die Fülle des Dings". Paracelsus hat dabei eine Einsicht, die späteren Chemikern im Umgang mit Drogenpflanzen verloren gegangen ist: die Eingriffe des Menschen in die Naturform bringen eine **neue Form**, die synthetische Form hervor und damit ist nicht nur die Substanz, die Quintessenz, aus der Naturform befreit, sondern es entsteht durch die Herauslösung aus dem Micro-Kosmos der Pflanze eine Wirkung ganz eigener und ganz neuer Qualität, die nicht nur in der Potenzierung der längst durch Beobachtung bekannten Wirkung der Heil- und Drogenpflanzen liegt, sondern im Menschen ein anderes Wirkungsspektrum entwickelt als der Stoff in seiner Naturform. Der "reine" Stoff bewirkt ganz neue unerhörte Reaktionen. Mit denen umzugehen erfordert langes Lernen und große Sorgfalt und günstige äußere Bedingungen. Erst an dieser Stelle des Umgangs mit den Substanzen wird die Dosierung zu einem wirklichen Problem und zu einer Kunst. Aus der sanften Wirkung der Droge ist eine harte geworden und bei falscher Dosierung wird aus dem Arkanum, dem Geist Gottes in den Dingen, ein das Leben angreifendes und im Extremfall zerstörendes Gift. Paracelsus mußte sich zu seinen Lebzeiten den Vorwurf gefallen lassen, die Medizin in eine Kunst der Giftmischerei verwandelt zu haben:

"Es ist ein Geschrei entstanden unter den Unverständigen, den Eingebildeten und erdichteten Ärzten, die sagen, daß meine Rezepte, die ich schreib, ein Gift und Extraktionen seien aller Bosheit und Giftigkeit der Natur. Auf solch Vorgeben und Ausschreien wäre meine erste Frage, ob sie wüßten, was Gift oder Nitgift sei? Oder ob im Gift kein Mysterium der Natura liege? Aber im selbigen Punkt sind sie unverständig und unwissend in den natürlichen Kräften. Denn was ist, was Gott erschaffen hat, daß nit mit einer großen Gabe begnadet sei, dem Menschen zum Guten? Warum soll denn Gift verworfen und verachtet werden, da doch nicht das Gift, sondern die Natur gesucht wird?" Er verteidigt sich mit dem berühmt gewordenen Satz, der in keinem Lehrbuch der Pharmakologie und Toxologie fehlt: "Wenn ihr jedes Gift recht auslegen wollt, was ist da, was nit Gift ist? Alle Dinge sind Gift und nichts ist ohne Gift: allein die Dosis macht, daß ein Ding kein Gift ist."

Paracelsus ahnt, was passieren wird, wenn die Quinta Essenzia dem irdischen Macht- und Gewinnstreben in die Hände fallen wird und nimmt in

seinem Schrecken die Zuflucht zur Barmherzigkeit Gottes: "So gütig ist aber Gott, daß er uns nicht verläßt. Wenn wir seiner Barmherzigkeit nachgründen, so finden wir solch große Tugend in der Arznei, daß ihre Tugend alle Gifte überwindet. Kein Ding ist so schwarz, es hat ein Weißes in ihm; nichts ist so weiß, es habe eine Schwärze in ihm." Er hat sich, wie wir Nachgeborenen wissen, gründlich getäuscht.
Die aus dem Glauben gezogene Ethik wird von ihm als eine Bedingung für die naturerforschenden Männer beschworen: "..., denn aus solchen Männern gehen feurige Strahlen, das ist: wie das Feuer sind sie mit ihren Werken. Dem Feuer widersteht nichts, es verzehrt alle Dinge, also widersteht nichts solchen Männern." Paracelsus fordert, daß diese Männer ihr Wissen verwenden sollen "zum Segen der Menschen, in Liebe und Vergebung. Den Weg der Wahrheit sollen sie gehen, als gute Hirten" und er vermutet, daß nur Männer mit starkem Glauben der Versuchung des Mißbrauchs des ärztlichen Wissens widerstehen können. Er hatte starke Ahnungen.

Paracelsus ist es nicht gelungen, mit seinen alchimistischen Verfahren die wirkliche Quinta Essenzia in den Pflanzen zu finden, obwohl er den Weg dahin in theoretischer Hinsicht voll entwickelt hatte. Es fehlte noch zu viel Technologie und Chemie, als daß er auch nur einen einzigen Wirkstoff hätte aus einer Pflanze isolieren können. Generationen nach ihm aber haben seine Frage immer wieder neu gestellt, **die** Frage des Chemikers im Umgang mit Drogenpflanzen, die Albert Hofmann, der Erfinder des LSD, in unserer Sprache formulierte: "Welche Bestandteile von Pflanzen sind für die Wirkungen auf die Psyche und das Bewußtsein verantwortlich?"
Die Beantwortung dieser Frage gelang zum ersten Mal im Jahre 1805 dem deutschen Apotheker *Friedrich Wilhelm Adam Sertürner* aus Hameln, mit der Isolierung des Alkaloids Morphium aus dem Saft der unreifen Mohnkapsel. Damit wurde überhaupt zum ersten Mal in der Beziehung des Menschen zu Pflanzen ein Wirkstoff in reiner Form dargestellt. In weiteren Forschungen gelang es Sertürner bis zum Jahre 1817 die Struktur des Alkaloids zu analysieren, von der seine Wirkung abhängig ist. In einer Würdigung Sertürners zur Jahrhundertfeier seiner Entdeckung wird diese als "ungeheurer Fortschritt" gepriesen: "Diese Isolierung gab den Anstoß zur Entdeckung der Alkaloide überhaupt und ist daher die wichtigste Entdeckung auf dem Gebiet der Arzneilehre und Giftlehre!"

Schon 1827 begann ein anderer deutscher Apotheker und Chemiker, der Darmstädter *Heinrich Samuel Merck*, mit der fabrikmäßigen Herstellung von Morphium, das er im großen Maßstab als Universalmedizin in den Handel brachte. Auf Sertürner, der bei seinen Selbstversuchen mit dem Stoff die in seinem möglichen Mißbrauch liegenden Gefahren erkannte und davor warnte, hörte niemand. Der frühe Kapitalismus war gerade dabei, das Verhältnis der Menschen zu einem "reinen Geldverhältnis" (Marx) zu entwikkeln, in dem ethische Gesichtspunkte nur hinderlich waren.

Die Isolierung von Wirkstoffen aus Drogenpflanzen und ihre Potenzierung durch weitere Bearbeitung machte nun rasche Fortschritte. 1858 entwickelte der Chemiker *Heinrich Dreser* aus einer Verbindung von Diazetylmorphin mit Essigsäure das Heroin, das fortan von der Firma *Bayer* fabrikmäßig produziert wurde. 1860 gelang dem Chemiker *Albert Niemann* in Göttingen die Isolierung des Alkaloids Kokain aus der Kokapflanze. Damit waren unsere heute illegalen Hauptdrogen auf dem Markt. Ihre Vermarktung im großen Stil wurde aber erst möglich durch die Erfindung der Injektionsspritze durch den Franzosen *Charles Pravaz* (1791-1853). Mit diesem Gerät wagte der englische Arzt *Alexander Wood* (1853) die erste subkutane Injektion der Medizingeschichte und zwar mit Morphium. So wurden innerhalb weniger Jahrzehnte die wirksamsten psychoaktiven Substanzen, die heute den illegalen Drogenkonsum bestimmen und die Geräte zu ihrer Verwendung als Drogen mitten in Europa erfunden.
In den folgenden Jahrzehnten wurden diese Stoffe, als Arzneimittel getarnt zum Renner für weiße Kolonisatoren in den Kolonialländern, vor allem in Australien, wo die Chemie-Giganten Merck und Bayer Morphium und Heroin zu Alltagsdrogen machten. Es wäre interessant zu untersuchen, wie die Gesellschaften dort ohne unser heutiges entwickeltes System von Drogenarbeit und Justiz damit fertig wurden, was heute mit allen Anstrengungen partout nicht gelingen will.

Seither gibt es im Konsum unserer illegalen Hauptdrogen zwei Stränge, die sich allmählich durch zunehmendes Eingreifen des Staates in diese "intime Angelegenheit des Menschen" (Werner Herrmann) herauskristallisierten:
a) den privilegierten Drogenkonsum der Reichen und
b) den verfolgten und diskriminierten Konsum der Durchschnittsverdiener und der Armen.

Der privilegierte Drogenkonsum zeigt, daß es selbst unter den Bedingungen der Illegalität möglich ist, einen genießenden, Gesundheit und soziale Integration nicht gefährdenden kultivierten Umgang mit harten Drogen zu praktizieren. Man muß nur genügend legales Geld haben, um sich von den zerstörerischen Wirkungen des Schwarzen Marktes freihalten zu können. Und schon werden aus dämonisierten Stoffen Genußmittel, die im Schutze der Selbstorganisation der High-Society ohne Kriminalisierungsrisiko und ohne Diskriminierung friedlich zur Verschönerung des Lebens genommen werden können. Das Modell für die Zukunft eines sozial integrierten Drogenkonsums ist also schon vorhanden - es war schon immer vorhanden.

Die Bedingung für diesen Zwei-Klassen-Drogenkonsum ist die Illegalität des Stoffes. Sie schafft die Handels- und Preismonopole der internationalen Händlerorganisationen, bestimmt die Qualität der Drogen und setzt zuletzt die Bedingungen des Konsums, ja beeinflußt sogar das Bedürfnis nach dem Stoff auf der Abnehmerseite. Das ist alles bekannt. Bisher wenig beachtet wurde die Tatsache, daß der illegale Handel auch die Form, die Gestalt der illegalen Waren fixiert: es muß das leicht zu transportierende und zu tarnende kristalline Pulver sein. Kann man sich diesen Drogenhandel mit Kokapaste, mit Rauchopium mit den Hanferzeugnissen oder gar mit der Naturform der Drogenpflanze, als Rohstoffe zur Eigenverarbeitung, vorstellen? Das kristalline Pulver aber fixiert die Art des Drogenkonsums auf die schwierige und risikoreiche Verwendung der konzentrierten und potenzierten Wirkstoffe - daneben bleibt kaum eine Chance für andere Drogenerfahrungen. Die kleinen Ansätze die es dafür gab, sind mit der Illegalisierung des Eigenanbaus im Betäubungsmittel-gesetz von 1982 , die als Mittel der Zerschlagung einer in den anfängen sichtbar werdenden Drogenkultur durchaus erfolgreich war, längst verschwunden. Der illegale Drogenhandel schafft aber nicht nur im europäischen und US-amerikanischen Inland die permanenten Vergiftungen, sondern er bewirkt ungeheure ökologische, ökonomische und soziale Probleme in den ärmsten Ländern der Dritten Welt durch die Erzwingung riesiger Monokulturen, die die bäuerlichen Produzenten der Rohstoffbasis von Kokain und Heroin in die Abhängigkeit der Syndikate treibt und die Ökologie dieser Länder zerstört. Mit dem Krieg der ersten, der westlichen Welt, um deren ureigenste Drogen es dabei geht, gegen die Landbevölkerung in Kolumbien, Bolivien, Nepal etc. wird dieser Wahnsinn auf die Spitze getrieben mit unabsehbaren Folgen für den sozialen und politischen Frieden in der Völkergemeinschaft. Das wird hart auf uns zurückschlagen.

Diese Zusammenhänge müssen auf der VerbraucherInnenseite ins Bewußtsein kommen, aber unter den Bedingungen der Szene hat der Junkie kaum eine Chance aus den intellektuellen Einsichten, Handlungen werden zu lassen; das ist ja beim Konsum legaler Waren schon schwer genug. Meine Tochter Christine reagierte auf mein Vortragsthema so: "Aha, - ökologisch - meinst Du damit: lieber das Mohnbeet im eignen Garten als die Monokultur in der Dritten Welt?" Ihre Frage trifft den Kern des Problems. Es lohn sich, darüber weiter nachzudenken - aber wer hat schon einen eigenen Garten in Städten wie Frankfurt oder Berlin? Um den Mohn wachsen zu lassen, der eine gute Opiumqualität hergibt braucht es bestimmte Böden, ein Klima in dem er gedeihen kann und eine gärtnerische Kunst, in der sich die Erfahrungen von Generationen verdichten.

Eine Alternative sehe ich da eher im erfolgreichen Modell der "Teekampagne", die es geschafft hat, die beliebte Nüchternheitsdroge in ausgezeichneter Öko-Qualität unter Ausschaltung des inländischen Handels, mit einem traumhaften Preis für die Teebauern im Himalaja-Gebiet, den ausbeuterischen Teekonzernen eine ernsthafte Konkurrenz zu machen, so daß diese - zum Glück erfolglos - mit Prozessen "wegen unlauteren Wettbewerbs" reagiert haben. So etwas geht also, aber nur unter den Bedingungen von Legalität, mit legalen, unabhängigen Produzenten, mit legalen Anbietern, mit legalen KonsumentInnen. Warum nicht auch mit Hanf-, Mohn- und Kokaprodukten? Für viele war der Kokawein Marianis in den 20er Jahren phasenweise oder auf Dauer eine Alternative zum Kokain, zum reinen Wirkstoff. Insgesamt aber gilt, daß die Insel der LotosesserInnen auf der die Männer des Odysseus ihr folgenschweres Drogenerlebnis hatten (genauer nachzulesen in meiner Studie "Drogen und Kolonialismus") kein Modell für unsere Zukunft in der hochindustrialisierten marktwirtschaftlichen Gesellschaft sein kann. Das Rad der Geschichte läßt sich nicht zurückdrehen, auch wenn es schön ist, davon zu träumen. Aber eine **Re-Privatisierung** des Drogenkonsums würde den modernen LotosesserInnen Experimentierräume eröffnen, die viele Aneignungsformen zulassen würden, auch solche, die unsere Phantasie jetzt noch gar nicht denken kann.

An dieser Stelle komme ich zu den sozialen Perspektiven einer neuen Drogenpolitik.
Soziale Integration der DrogenkonsumentInnen und Entwicklung eines kultivierten Umgangs mit Drogen in der Alltags- und Feiertagskultur sind die Ziele. Dabei würde es sich um eine echte Wiederaneignung kultureller und sozialintegrativer Funktionen des Drogenkonsums handeln, von denen die Geschichte eine Fülle von Beispielen liefert. Diese Wiederaneignung würde sich unter historisch radikal veränderten und zu verändernden Bedingungen in anderen Formen, auf anderem Niveau vollziehen - z.b. ohne Priestermonopol und schamanistische Zeremonienmeister, sich selbst definierende Individuen und selbstregulierte Gruppen würden Regeln entwickeln, aus Experiment und Erfahrung. Der Situation entsprechende Drogenerfahrungen mit ihren Höhen und Tiefen würden als existentielle Erfahrungen privat und öffentlich kommunizierbar, weil sie nicht mehr im Untergrund, fixiert auf den Szene-Jargon (einer Geheimsprache in der Illegalität) in der abgedichteten und kulturell verödeten kriminellen Subkultur stattfinden müßten. Der ganze Bereich der Rausch- und Liebesbedürfnisse würde über eine angstfreie Kommunizierbarkeit zurückgeholt in die soziale Gemeinschaft und zugänglich für alle. Es handelt sich hier um einen Kernpunkt jedes Entwurfes einer humanen und demokratischen Gesellschaft, die an dem Ziel arbeitet, die Herrschaft des Menschen über den Menschen abzubauen. Mit der uneingeschränkten Kommunizierbarkeit von Drogenerfah-rungen bin ich zum Schluß bei einem Fokus allen Denkens und Handelns im Zusammenhang mit Drogen angekommen.
Die Mehrzahl der jungen Frauen und Männer, der Jugendlichen, die mit dem Konsum illegaler Drogen beginnen, wird bewegt von einem Bündel aus Motiven und Bedürfnissen, die allesamt etwas zu tun haben mit dem starken Hunger nach sinnlicher Erfahrung, der **das** entscheidende Merkmal von Pubertät und Adoleszenz ist, auch wenn seine Ausdrucksformen durch die vorangegangene Kindheit schon geprägt sind. Gerade deswegen ist es von entscheidender Bedeutung für das weitere Leben, welche sozialen Erfahrungen mit diesem Hunger und den ihm zugehörigen Erlebnisformen gemacht werden. Hier geht es um die Entfaltung von Rausch- und Liebesbedürfnissen des Menschen als einem sinnlichen Wesen und genau diese Bedürfnisse und Erlebnisse sind gesellschaftlich tabuisiert und normiert wie nichts sonst. Immer noch ist die angeblich entwickelte Toleranz, bezogen auf Jugendliche wesentlich eine repressive Toleranz, deren Hauptstrategie Zurückweisung

der Bedürfnisse und Erlebnisse im Bereich von Sexualität und Drogenkonsum durch die Verweigerung der Kommunikation zwischen den Generationen und unter Gleichaltrigen ist. Eine unmögliche, extrem belastende Situation für alle denkbaren pädagogischen, therapeutischen und jenseits professionellen Handelns auch für alle denkbaren zwischenmenschlichen Beziehungen. Dieser Punkt alleine reichte mir schon aus, zur Begründung für eine neue Drogenpolitik. Es wäre ein gutes Thema für einen Extravortrag.

Ich fasse zusammen, indem ich aus einem Beitrag zitiere, den ich für ein noch nicht veröffentlichtes Buch der Jusos zum Thema "Neue Drogenpolitik" kürzlich geschrieben habe:

"Das die angedeuteten Wege kein einfaches Zurück zu den Lotophagen sein könne ist selbstverständlich. Niemand kann aus der Geschichte aussteigen und es geht nicht darum einen wie auch immer gearteten `Urzustand` zu simulieren. Andererseits: für die eingeschlagenen Wege sind wir in unserer Zeit mitverantwortlich und selbstverantwortlich und es liegt an uns, die Weichen neu zu stellen. Es hat keinen Zweck, die Logik des `nationalen Rauschgiftbekämpfungsplanes` in der das `Drogenproblem` einerseits aus dem Gesamtzusammenhang der Gesellschaft isoliert werden soll und andererseits ungeheuer aufgebläht wird, damit umso besser darauf eingeschlagen werden kann, weiterzufahren. Alle Versuche in dieser Richtung haben sich durch die Praxis widerlegt. Auch wenn es zunächst vielen einen Schauder über den Rücken jagt: für eine wirksame Kursänderung ist die Aufhebung der prohibitiven Drogenpolitik eine Voraussetzung.
Das wird zunächst dazu führen, daß die bisher verbotenen Stoffe auf dem legalen Markt zu legalen Waren werden und unter den Bedingungen dieses Marktes von den KonsumentInnen erworben werden müssen. Dies ist aber ein Markt, der immerhin von Gesetzen geregelt wird, die den VerbraucherInnen einen gewissen Schutz bieten, auf dem die offene Gewalt keine Chance hat, auf dem `bürgerliche Verkehrsformen` herrschen. Es wird dann eine Aufgabe der Erziehung und Beratung sein, über den Charakter und die Bedeutung dieser spezifischen Waren aufzuklären, zu informieren, d.h. auch über die Möglichkeiten ihrer Verwendung. Über einen Umgang mit Drogen in dem diese Substanzen als Genußmittel erfahren werden können, ließe sich die Gefahr, daß sie zu Suchtmitteln werden, zumindest reduzieren. Zum ersten Mal in der Geschichte des `Normalverbrau-chers` könnte mit Recht von `Drogenerziehung` und `Drogenberatung` gesprochen werden.

Niemand kann von einem solchen Schritt die Beseitigung des Mißbrauchs psychoaktiver Substanzen durch Einzelne und Gruppen erwarten. Das in dieser Gesellschaft produzierte Suchtpotential heftet sich an viele unterschiedliche Waren und es wird unter diesen Bedingungen immer eine mehr oder weniger große Gruppe von Menschen geben, die, aus welchen Gründen auch immer, zu einem individuell verantwortungsvollen Umgang mit diesen oder jenen Waren nicht in der Lage sind, und durch ihre zwanghaften Konsumimpulse bei der individuellen Organisation ihres Lebens Schwierigkeiten bekommen werden. Für diese muß es ein differenziertes Angebot von Hilfe und Beratung geben, das unter Verzicht auf jede Art des Zwangs, alleine mit der Stärkung der Entscheidungsfähigkeit und Förderung des verborgenen Potentials, des Lebenswillens der Betroffenen, arbeitet. Auf diesem Weg würde es im Laufe von vielen Jahren zu einer allmählichen Integration des Drogenkonsums in die Gesellschaft und d.h. vor allem in das Bewußtsein der Bevölkerung, kommen und damit wäre die Basis für einen genußvollen, lebensbejahenden, psychisch unbelasteten Umgang mit psychoaktiven Substanzen gelegt."

Unter solchen Voraussetzungen könnte langfristig eine ökologische Drogenpolitik, Drogenphilosophie und Drogenarbeit entwickelt werden, mit der Aussicht, die harten synthetischen und schnell zerstörerisch wirkenden Stoffe, die ein Produkt der gegenwärtig herrschenden Drogenpolitik sind, bedeutungslos werden zu lassen.

Literatur

Kappeler, M.: Drogen und Kolonialismus - Zur Ideologiegeschichte des Drogenkonsums, Frankfurt/Main 1991
Kobert, R.: Lehrbuch der Intoxikationen, 2 Bände, Stuttgart 1906
Ludwig, R.; Neumeyer, J. Die narkotisierte Gesellschaft? - Neue Wege in der Drogenpolitik, Marburg 1991
Paracelsus: Die Geheimnisse - Ein Lesebuch aus seinen Schriften, W.E. Peukert (Hrsg.), Leipzig, 1941
Peukert, W.E.: Die große Wende. Darmstadt 1956
Schreier, L.: Der gefangene Glanz. Aus den Werken des Theophrastus Paracelsus, Freiburg 1940
Schultes, E.R.; Hoffmann, A.: Pflanzen der Götter, Bern 1980

6. Odysseus bei den Lotophagen*

- Paradigma für Drogenpolitik und Drogenarbeit -

Odysseus, der als König von Ithaka am Krieg der Griechen gegen Troja teilnahm, ist als der Erfinder entscheidender Kriegslisten in die Geschichte eingegangen. Aber auch als der große "Dulder", als der "Leidgeprüfte", als der "Unerschütterliche" ist er bekannt, als einer, der in extremen Versuchungs-situationen an seinen Vorsätzen festhielt, sich nicht vom männlichen Weg des rationalen zielgerichteten Handelns bringen ließ. Mit diesen Charakter-eigenschaften bewährte er sich auf seiner durch die Götter verhängten 10-jährigen "Irrfahrt" im Anschluß an die barbarische Vernichtung der Stadt Troja.

Der Mythos von Odysseus bezieht seine bis heute lebendige Wirkung aus den klar herausgearbeiteten männlichen Charaktereigenschaften und Handlungen seines Helden und den diesen komplementären Frauenbildern (Penelope, Arete, Nausikaa), die den Bildern der großen Zauberinnen Kirke, Calypso, den Sirenen, gegenübergestellt werden, in denen die noch nicht endgültig vom männlichen Geist beherrschte Natur dem sich festigenden Patriarchat vergeblichen Widerstand leistete. Von dieser Auseinandersetzung zwischen der im archaisch-weiblichen symbolisierten Natur und dem Versuch des frühen patriarchalen Mannes, sich und seine historisch gerade erst aufgerichtete Herrschaft gegen diese zu behaupten, lebt die ganze Odyssee in allen ihren so verschiedenen Teilen.

Eine Funktion des Mythos ist die Milderung des Schreckens der Vergangenheit, eine andere die Befestigung eines Weges in die Zukunft. So gesehen entsteht der Mythos in Zeiten des Umbruchs, des Übergangs. Er bezeichnet die Wendemarken auf den Wegen des Menschengeschlechts in diese oder jene Richtung. Immer ist der Mythos eine Form der Verarbeitung geschichtlicher Erfahrungen, also von wirksamer Vergangenheit. Im Prozeß der Verarbeitung selbst ist er zugleich Gegenwart und in den aus ihr entstehenden

---

* Mit freundlicher Genehmigung des Schüren-Press-Verlages, Marburg

Bildern und Symbolen ist er Zukunft, sofern diese helfen eine gewünschte Perspektive der Entwicklung im Fühlen und Denken durchzusetzen und abzusichern.

Wir haben uns daran gewöhnt, in einer linearen Geschichtsauffassung, die Entwicklung der Menschheit als einen Prozeß der allmählichen Vervollkomm-nung zu bewerten und gehen dabei wie selbstverständlich von der europäischen (abendländischen) Kultur- und Geistesgeschichte aus, zu deren ersten schriftlichen Zeugnissen die homerischen Epen gehören. Dieser Sichtweise auf die Menschheitsgeschichte entspricht die Interpretation von "Ilias" und "Odyssee" als Ursprungsmythen des europäischen Denkens, das sich zum Weltgeist stilisieren konnte, weil sich die Europäer mit Hilfe dieses Denkens nicht nur die Natur sondern auch alle anderen, auf anderem Denken beruhenden Kulturen unterwerfen konnten.

Für die zu solcher Herrschaft erforderlichen Eigenschaften und Fähigkeiten steht Odysseus, der im Kampf mit der inneren und äußeren Natur zuletzt siegreiche Heimkehrer. Seine Geschichte, vor ca. 2700 Jahren in die uns bekannte literarische Form gebracht, entstand als Mythos in einer heftigen Umbruchszeit. Odysseus ist eine Gestalt des sog. Heroen-Zeitalters, das sich in der mykenischen Kultur um 1300 bis 1100 vor unserer Zeitrechnung manifestierte und mit dem Niedergang der Artriden-Herrschaft zu Ende ging. Die Heroen waren männliche Abkömmlinge der Vereinigung von Unsterblichen (Göttern und Göttinnen) mit Sterblichen (Männern und Frauen des Menschengeschlechts) selbst aber sterblich und damit schon weitgehend irdisch. Sie waren gemäß ihrer Herkunft zur Herrschaft auf Erden berufen und durchweg Gründer und Angehörige von Dynastien. Sie waren die irdischen Repräsentanten des Olymp, der von Zeus beherrschten patriarchalen Götterwelt in die alle vor dem wirksamen großen Göttinnen (Muttergöttinnen und Königinnen zugleich) integriert und patriarchalisch funktionalisiert wurden. Dieser Olymp war die kulturell notwendige Schöpfung und glaubensmäßige Absicherung jener als "Heroen-Zeitalter" verherrlichten aristokratischen Kriegerkultur, die sich im Zuge des Eindringens patriarchaler Stämme aus dem Norden in den ägäischen Raum in der zweiten Hälfte des zweiten vorchristlichen Jahrtausends entwickelte.
Die Geschichte des Patriarchats dieser Eroberer verliert sich bis heute im Dunkel. Jedenfalls konnten diese Stämme ihre Herrschaft in den militärisch

unterworfenen Gebieten nur durch eine Assimilation mit der vorgefundenen Kultur der Unterworfenen sichern und entwickeln und diese war nach allen Zeugnissen der alten Mythologie und der Archäologie eine weitgehend von Frauen entwickelte und bestimmte.

Odysseus ist eine Gestalt dieser Epoche aber im Unterschied zu vielen seiner Mitkämpfer vor Troja (Achileeus, Idomeneus etc.) schon ganz irdischer Gestalt, denn Vater und Mutter waren Sterbliche. Das ist von großer Bedeutung: er war kein Halb-Gott, sondern ein Mann wie Du und Ich und sein "historisches Verdienst" war es, gegenüber den matriarchalen Göttinnen auf seiner sterblichen Männlichkeit zu bestehen. Der Lohn für diese Standhaftigkeit war seine Unsterblichkeit in der männlichen Genealogie und im Mythos. Der Sinn seiner "Heimkehr", des grausamen Gemetzels unter Freiern und Mägden, mit dem er seine Herrschaft zurückeroberte und seinen Besitz von allem Anarchischen säuberte, war die Wiedererrichtung und "endgültige" Durchsetzung der Patrilinearität, d.h. der männlichen Erbfolge in einem eindeutig patriarchal bestimmten Herrschaftssystem. Das Epos findet sein logisches Finale im gemeinsamen siegreichen Kampf von Laertes (Vater von Odysseus) Odysseus und Telemachos (Sohn von Odysseus). Unter dem Patronat von Athene, der Kopfgeburt des Zeus (vielleicht das eindrucksvollste Beispiel der patriarchalen Umfunktionierung einer mächtigen alten Göttin) wird im Palast des Odysseus und darüber hinaus im Königreich Ithaka die männliche Ordnung mit einem Schwur und einem Friedensbündnis besiegelt, nach dem alle Frauen und Männer, die während der Abwesenheit des Herrschers sich gegen diese Ordnung "versündigten" mit dem Leben bezahlen mußten.

Die "Irrfahrten des Odysseus" - als phantastische Abenteuergeschichten der bekannteste Teil des Epos - sagen uns und den Lesern und Leserinnen seit 2700 Jahren, daß Odysseus sich diesen "Sieg" mühsam erringen mußte. Sie bestehen aus einer Folge sich steigernder Bedrohungen durch ungebändigte Natur (Sturm, Ocean, Nahrungsmangel) und mächtige Natur symbolisierende archaische Figuren (Zyklopen, Giganten, Zauberinnen) auf der Außenseite und dem heftigen Begehren nach Lust oder Befriedigung im Augenblick, dem Drängen der Rausch- und Liebesbedürfnissen der eigenen Natur auf der Innenseite, die sich in ihrer Kombination von Bedürfnis und Versuchung als eine dialektische Einheit erweisen. So gelesen erweisen sich die

"Irrfahrten" als eine auf das Ziel bezogene notwendige umfassende Bewährungsprobe. Von all den Männern, die mit Odysseus unter seinem Oberbefehl von Troja aufbrachen - es waren hunderte, eine ganze Streitmacht auf 12 großen Schiffen - bestand er alleine diese Probe. Die anderen gingen zugrunde, weil sie statt seinen auf männlicher Rationalität und Herrschaftserfahrung beruhenden Befehlen den eigenen Bedürfnissen folgten, oder, wenn es darauf ankam, von ihrem Befehlshaber kaltblütig geopfert wurden.

Die als gefährliche Reise durch die Abgründe der inneren und äußeren Natur, und damit als existentielle Bewährungsprobe konzipierten Irrfahrten durften nur einen Überlebenden haben, der als Heros des Patriarchats, als Urbild des Rationalen, zur Herrschaft berufenen europäischen Mannes zum Mythos werden konnte. Odysseus auf der Schwelle abendländischer Kultur band die Gefahren und Mächte der vorpatriarchalen Zeit, auch die Reminiszenzen dieser Herkunft im eigenen Inneren und eröffnete die Perspektive auf die Herrschaft des Mannes, wie sie sich durch den Wechsel der politischen Herrschaftsnormen hindurch seither entwickelt und gehalten hat.

Was hat das alles mit dem Thema dieses Buches zu tun? Nun - zu den mächtigen Verlockungen und Bedrohungen der äußeren Natur und den Bedürfnissen der inneren Natur gehörte das Angebot und der Gebrauch von psychoaktiven Substanzen, von Drogen, die in den "Irrfahrten" als Alkohol oder als unbekannte exotische Naturdrogen eine herausragende Bedeutung haben. Neben dem Versprechen immerwährender sexueller Lust und in Verbindung damit, etwa bei der Zauberin Kirke, sowie der Stillung des Hungers (die frevelhafte Sättigung an den fetten Rindern des Sonnengottes) stehen die Drogen im Zentrum der Versuchungssituationen.

Zu den ersten "Abenteuern" auf der Reise gehört eine eigenartige Begegnung mit einem unbekannten Volk. Nachdem die Griechen von einem heftigen Sturm neun Tage lang in südliche Richtung getrieben wurden, landeten sie schließlich auf einer Insel vor der afrikanischen Küste (so jedenfalls lokalisierte Herodot das exotische Eiland) um Wasser und Proviant für die Weiterreise zu rauben (sie raubten, mordeten und vergewaltigten nach eigenem Zeugnis wohin sie auch kamen, sofern sie sich militärisch überlegen glaubten). Odysseus schickte Kundschafter aus, die - nicht zurückkamen. In Sorge machte er sich schwer bewaffnet auf die Suche und fand die Männer, ihre Rüstungen und Waffen beiseite gelegt, friedlich in einem Kreis mit freundlichen "Eingeborenen", die ihnen eine Pflanze, den Lotos, zu Essen gaben. Ein phantastisches Bild für den Städtezerstörer und Seeräuber, das er mit eigenen Worten später bei vielen Gelegenheiten beschrieb:

"...und sie erreichten bald der Lotophagen Versammlung. Aber die Lotophagen beleidigten nicht im geringsten unsere Freunde, sie gaben den Fremdlingen Lotos zu kosten. Wer nun die Honigsüße der Lotosfrüchte gekostet, dieser dachte nicht mehr an Kundschaft und an Heimkehr, sondern sie wollten stets in der Lotophagen Gesellschaft bleiben und Lotos pflücken, und ihrer Heimat entsagen. Aber ich zog mit Gewalt die Weinenden wieder ans Ufer, warf sie unter die Bänke der Schiffe und band sie mit Seilen. Darauf befahl ich, und trieb die übrigen lieben Gefährten, eilend von dannen zu fliehen, sich in die Schiffe zu retten, daß man nicht vom Lotos gereizt, der Heimat vergesse." (aus der Übersetzung von Johann Heinrich Voß)

Im Gesamt der Odyssee ercheint dieses "Abenteuer" wie eine Episode und kaum bleibt sie in der Erinnerung heutiger LeserInnen. Zu Unrecht, denn um ein Haar wäre hier die ganze Geschichte zuende gewesen. Es hätte keinen Mythos von Odysseus gegeben, wenn - ja, wenn er dem Beispiel seiner Kundschafter gefolgt, seine Waffen abgelegt und sich in der friedlichen Kommune mit Hilfe des Lotos einen schönen Tag gemacht hätte, aus dem der Rest des Lebens geworden wäre. Aber wir wissen, er widerstand der Versuchung und "rettete" nicht nur sich für die historisch bedeutsame Heimkehr, sondern darüber hinaus seine Kundschafter und Ruderknechte für ein schreckliches Ende in naher Zukunft.

Ich versuche, mich in die Männer des Odysseus zu versetzen, die scheinbar urplötzlich aus der Rolle fallen und den Gehorsam verweigern. Vor mehr als 10 Jahren waren sie auf Befehl ihres Königs in einen Krieg gezogen, gegen eine Stadt die sie nie gesehen und ein Volk, das ihnen fremd war, für Machtinteressen des Großkönigs Agamemnon, mit dem sie nichts verband und unter einem fadenscheinigen und auch für damalige Verhältnisse lächerlichen Vorwand. Eigentlich waren sie Bauern und keine seefahrenden Krieger. Eigentlich ernährte sie ihre karge Landwirtschaft mehr schlecht als recht und mehr recht als schlecht den Fürstenhof ihres Königs Odysseus. Vielleicht erschien diese Kriegsfahrt manchem von ihnen anfangs als willkommene Abwechslung im täglichen Einerlei abhängiger Kleinbauern, denn schneller Sieg, reiche Beute, triumphale Heimkehr hatten die Großen, die es ja wissen mußten, ihnen zugesichert. Aber dann zog der Krieg sich in die Länge - wie immer. Viele mußten ins Gras beißen oder fielen dem Hunger und der Pest zum Opfer, wurden verkrüppelt. Eine Verbindung nach Hause, "Feldpost" und "Heimaturlaub" wie bei ihren späten Nachfahren in den Kriegen des 20. Jahrhunderts gab es für sie nicht. Die meisten waren noch jung als sie auszogen, sie "reiften" im Lagerleben und auf dem Schlacht-Feld und die Herkunft aus einer bäuerlichen Familie, von Mutter, Vater, Geschwistern, von einer Freundin oder Frau und vielleicht eigenen Kindern verblaßte in der Erinnerung. Frauen kannten sie nur noch als Sklavinnen und Kriegsbeute, die ihnen zu Willen sein mußten, Kinder und Jugendliche als Ware für den nächsten Sklavenmarkt, oder als Lustobjekte. Als der schon verlorene Krieg durch die List ihres Anführers doch noch gewonnen wurde, ging die Beute an die Herren, sie mußten wieder auf die Ruderbänke, die Siegreichen heimzubringen, nicht ohne hier eine Insel und da eine Stadt zu überfallen und weiter zu rauben, zu brennen, zu vergewaltigen und zu morden.

In der Begegnung mit den Lotophagen muß den Männern diese sinnlose Existenz schlagartig klar geworden sein. Zum errsten Male begegneten den Bewaffneten und Gerüsteten Menchen ohne Waffen, die glaubten, sich nicht verteidigen zu müssen. Mit einer buchstäblich entwaffnenden Offenheit und Freundlichkeit wurden die Krieger eingeladen sich niederzulassen und durch das gemeinsame Essen der heiligen Pflanze, von der diese freundlichen Menschen ihren Namen hatten, in eine Gemeinschaft ohne Hierarchie, ohne Unterdrückung und Herrschaft aufgenommen.

Die Gesellschaft der Lotophagen symbolisiert das radikal andere Leben. Es ist die Überzeugungskraft der mit den eigenen Sinnen wahrgenommene Alternative zur patriarchalen Kriegergesellschaft, die die Männer entwaffnete, ihre Panzerung aufbrach und ihre fragwürdige "Heimat", deren Bild doch nur noch von ihrem Anführer hoch gehalten wurde, in der Bedeutungslosigkeit verschwinden ließ. "Und sie entsagten der Heimat" heißt, daß sie auf dieser Insel, bei diesen ganz anderen Menschen bleiben wollten, für immer. Was war dagegen ihr Knechtsdasein, auf den Schiffen und die abhängige Arbeit im Königreich des Odysseus? Dieser mochte ja mit einigem Recht von "Heimat" reden, aber sie? Sie hatten sich entschieden. Für Odysseus war nach der ersten Überraschung der Grund für die unerhörte Befehlsverweigerung sofort klar: es war der Lotos, die Droge, die ihnen den Verstand nahm und die Erinnerung auslöschte an Herkunft und Pflichten, die ihnen den Willen raubte, sie willen-los und handlungs-unfähig machte, daß sie sich selbst-vergessen mit diesen Wilden gemein machten und ihre Schwerter, statt sie zu gebrauchen wie es üblich war, ablegten. So schnell und sicher wie die Beurteilung der Lage, war sein Entschluß zu handeln. Bevor ihn die Lust ankommen konnte inne zu halten und sich - auch nur für einen Augenblick - niederzulassen, einzulassen auf das Fremde und unerhört Andere, ging er zum Angriff über, vertrauend auf die Wirkung der selbstsicheren Herrschaftsgebärde und den tief in der Seele der Untergebenen sitzenden Gehorsam. Es war ihm klar: diesen Selbst-Vergessenen mußte er mit aller Autorität das "richtige" Handeln vorschreiben, ihnen ihre Bewegungen auf dem Weg zur einzig möglichen und einzig zu duldenden Lebensform diktieren, den aus eigener Einsicht zu gehen sie durch den Einfluß der Droge augenscheinlich nicht mehr in der Lage waren. Aber so einfach wie er sich das dachte war es nicht: die verbalen Aufforderungen und Erinnerungen, die Appelle an ihren Gehorsam wirkten schon nicht mehr. Die Alternative stand den Männern deutlich vor Augen, sie hatten sich gegen ihn entschieden, gegen die Heimat, gegen die Existenz von Männern in einer auf Herrschaft gegründeten patriarchalen Gesellschaft. Es ging tatsächlich um nichts weniger als um diese Entscheidung.

Odysseus realisierte das sofort, nicht in seinem Bewußtsein, als Ergebnis einer Analyse, sondern in seinem Machtinstinkt. Er wußte, wenn ich mich auch hier nur auf Diskussionen einlasse, bin ich verloren - und griff zum Schwert. Er machte von seinem "Recht" des Herrschers und militärischen Befehlshabers Gebrauch und trieb die Selbst-Entwaffneten und Weinenden vor sich her auf die Schiffe, wo er sie mit Stricken an die Ruderbänke fesselte, damit sie nicht umkehren, nicht weiter vom Lotos essen, nicht rückfällig werden konnten - "und sie fuhren von dannen mit traurigem Herzen" - wissend, daß sie ihre Chance verpaßt haben, in dem sie der fürsorglichen Gewalt des Despoten keinen wirksamen Widerstand entgegengesetzt hatten; Opfer und Täter zugleich.

Als mir diese Geschichte begegnete, unverhofft auf einer ägäischen Insel im Schatten von Troja, fiel es mir wie Schuppen von den Augen. Da war es, das Paradigma unserer Drogenpolitik und Drogenarbeit, unserer Drogenphilosophie. Vor Jahrtausenden schon wurde es etabliert von einer zur Macht gekommenen Kriegerkaste. Bis an die Anfänge der abendländischen Kultur, bis an die frühesten Manifestationen männlichen Denkens reichen seine Wurzeln. Es entwickelte sich mit dem Aufstieg des Patriarchats zur globalen Herrschaft und hat seine Zähigkeit und ungebrochene Wirksamkeit als eine Funktion des Systems.

In dieses Paradigma war ich verstrickt als Handelnder und Denkender seit fast zehn Jahren Jugendarbeit, Drogenarbeit - Sysiphosarbeit, im Herzen auf der Seite der Männer des Odysseus, und der Lotophagen, im Handeln eher auf der Seite des Odysseus, zerrissen zwischen dem "Realitätsprinzip", das ich den Jugendlichen gegenüber zu vertreten hatte und der wachsenden Einsicht, daß die eingeschlagenen Wege der Entmündigung und Repression - fürsorglich immer und in untadliger Absicht - nur tiefer in die Sackgasse führen würden. Die unglaublich harte Reaktion des Odysseus, der als feudaler Herrscher über das Leben der Männer gebot, hatte sich inmitten eines demokratischen Staates gemausert zu einem offiziellen System gnadenloser Verfolgung der modernen Lotosesser, diesen lebendigen Symbolen der Verweigerung patriarchaler Staatstugenden. Mit dem Gestus strenger Barmherzigkeit, alles nur zum Besten der Abhängigen, der Willenlosen, versteht sich, sollen sie daran gehindert werden, den Lotos in jedweder Gestalt "zu erwerben, zu besitzen, zu konsumieren" (so bestimmt es das Betäubungsmittelgesetz von 1982) und werden dabei in die Arme der Schwarzhändler, der Profitgeier getrieben, die mit Zutun des offiziellen Systems von Verfolgung, von Bestrafung, und "Hilfe" die großen Vermögen der neuesten Zeit erwerben, um sie ungestraft im internationalen Waffenhandel gewinnbringend wieder zu investieren.

Die Insel der Lotophagen gibt es in der durchorganisierten Ökonomie spätkapitalistischer Gesellschaften nicht mehr und daß sie sich auftun könnte in den zusammenfallenden Strukturen sozialistischer Gesellschaften, das wissen die Strategen in Bonn und Washington und anderen Zentralen der Macht schon zu verhindern. Nicht nur in Mitteleuropa und in den USA, auch in den entlegensten Winkeln der Welt propagieren die Machtzentralen den "Krieg gegen die Drogen". Ungehinderter Genuß des Lotos nur für die Privilegierten, auf ihren sorgfältig bewachten Eilanden, geschützt vor den neugierigen

Augen gewöhnlicher Sterblicher, für diese dagegen nur der Schwarzmarkt und bei mangelnder Besserungsbereit-schaft Verelendung und Tod.

Odysseus wird sich seine Erfahrung auf der Lotosinsel gemerkt haben und nach seiner glücklichen schrecklichen Heimkehr die notwendigen Vorkehrungen getroffen haben zur Erhaltung der Arbeits-, Wehr- und Gebärtüchtigkeit seiner männlichen und weiblichen Untertanen - denn darum ging es damals und darum geht es heute noch immer.

Wie sonst soll man sich diesen erschreckenden Bedeutungsüberhang erklären, den unsere Gesellschaft und vor allem ihre entscheidenden Repräsentanten in den Parteien, Parlamenten, Regierungen, Verbänden in den Medienzentralen, dem Konsum von psychoaktiven Substanzen zumessen, sofern es sich nicht um sogenannte "kulturell integrierte" Drogen wie Alkohol, Nikotin und Psychopharmaka handelt? Mit beispielloser Härte wird hier auf den Drogenkonsum einiger zigtausend überwiegend junger Männer und Frauen reagiert, inmitten einer Gesellschaft von 80 Millionen. Das ist wirklich ohne Beispiel: kein anderer gesellschaftlicher Konflikt erfährt diese "Behandlung". Für Odysseus, den frühen Heros der auf Arbeit, Verzicht, Unterdrückung der Frau und militärische Eroberungen aufgebauten Männergesellschaft war die von den Lotophagen ausgehende Bedrohung seiner "Ordnung" so stark, daß seine überstürzte Abreise, ohne Proviant zu fassen, den Charakter einer Flucht hatte. Die Lotophagen mochten staunen über diesen Eisenmann, seine bellende Befehlsstimme und seine panische Angst. Sie mochten Mitleid haben mit den Gästen in ihrer offenkundigen Hilflosigkeit und ihrem Ausgeliefertsein an den Gewalttätigen, aber als die Schiffe mit diesen verrückten Männern hinter der Linie des Horizontes verschwunden waren, konnten sie den Lebensstil weiterführen, der ihren Vorstellungen entsprachen.

Erst 2000 Jahre später kamen wieder die Eisenmänner mit ihren Schiffen. Aber diesmal nicht als die vom Sturm Verschlagenen, als Umherirrende, Ausgesetzte auf dem unendlichen Meer, sondern als zielstrebige und hemmungslose Eroberer, ausgerüstet mit schrecklichen Waffen. Besessene, von der Gier nach Gold und Land und Arbeitssklaven über die Meere getrieben, traten sie alles unter ihre Füße, was nicht vor Entsetzen "freiwillig" den Nacken beugte, der eigenen Geschichte, Kultur, Sprache abschwor. Es waren die Enkel des Odysseus, dessen Ideen, Charaktereigenschaften, Fähigkeiten dieses Geschlecht von Eroberern hervorgebracht hatten, das sich anschickte, die Welt zu erobern. Wo sie auch hinkamen, galt ihr besonderer Argwohn, ihre grenzenlose Zerstörungswut dem tradierten Drogengebrauch der Kolonisierten und das nicht ohne Grund: sie hatten begriffen, daß es sich dabei um Refugien kultureller Identität und um eine Bastion des Widerstandes handelte. Odysseus, der Irrfahrer, war der erste noch unfreiwillige Sendbote auf den "glückseligen Inseln am Rande der Welt". Es dauerte noch lange bis zur großen Expansion des weißen Mannes, die zu einer Explosion von globalen Ausmaßen führte. In wenigen Jahrzehnten zerstörten unsere Vorfahren was dort in Jahrtausenden gewachsen war und hinterließen als Erbschaft ihr feindliches Verhältnis zur äußeren und zur inneren Natur.

Wir sind die Urenkel des Odysseus und die Enkel der Kolonisatoren und noch immer ist im Gange, was der Heros in Bewegung gebracht hatte. Die Gewalt gegen seine Männer, die er aus der Gemeinschaft mit den Lotophagen riß, war ein barbarischer Akt der inneren Kolonisation. Die Betroffenen, denen der eigene Wille, die Entscheidung zu einem anderen Leben (Lebensstil würden wir heute sagen) umstandslos abgesprochen wurde, bezahlten es schon bald mit ihrem Leben. Auf der Bahn des Odysseus gingen sie jämmerlich zugrunde.

Noch immer folgt unsere Drogenpolitik, und auf ihren Bahnen auch die Drogenarbeit, diesem Muster: sie ist ein fortdauernder Akt der inneren Kolonisation. Beendet werden kann er nur durch ein neues Denken, das mit den alten patriarchalen Schablonen des Odysseus bricht, das Individuum endlich auch an den Konfliktlinien des gesellschaftlichen Lebens in seine Rechte auf Selbstbestimmung des Lebensstils einsetzt, die Verfolgung in Gesetz und Praxis beendet, die Inseln der Lotophagen zuläßt und den schwarzen Markt der menschenverachtenden Profiteure abschafft. Erst auf dieser Ausgangsbasis ließe sich ein Umgang mit psychoaktiven Stoffen allmählich entwickeln, der irgendwann eine Kultur werden könnte, in der Drogen, für Menschen die es wollen, nicht mehr Dämonen sind, sondern ein freundliches Angebot der Natur an Lebewesen, die sich selbst als Teil dieser Natur wieder zu begreifen gelernt haben.

Daß dieser Weg kein einfaches Zurück zu den Lotophagen sein kann, ist selbstverständlich. Niemand kann aus der Geschichte aussteigen. Uns geht es nicht darum einen wie auch immer gearteten "Ur-Zustand" zu simulieren. Andererseits: für die eingeschlagenen Wege sind wir in unserer Zeit mitverantwortlich und selbstverantwortlich und es liegt an uns, die Weichen neu zu stellen. Es hat keinen Zweck, die Logik des "nationalen Rausch-giftbekämpfungsplanes" in der das "Drogenproblem" einerseits aus dem Gesamtzusammenhang der Gesellschaft isoliert werden soll und andererseits ungeheur aufgebläht wird, weiter zu fahren. Alle Versuche in dieser Richtung haben sich durch die Praxis widerlegt. Auch wenn es zunächst einen Schauder über den Rücken jagt: für eine wirksame Kursänderung ist die Aufhebung der prohibitiven Drogenpolitik eine Voraussetzung. Das wird zunächst dazu führen, daß die bisher verbotenen Stoffe auf dem legalen Markt zu legalen Waren werden und unter den Bedingungen dieses Marktes von den KonsumentInnen erworben werden müssen. Dies ist aber ein Markt, der immerhin von Gesetzen geregelt wird, die den VerbraucherInnen einen gewissen Schutz bieten, auf denen die offene Gewalt keine Chance hat, auf dem "bürgerliche Verkehrsformen" herrschen. Es wird dann eine Aufgabe der Erziehung und der Beratung sein, über den Charakter und die Bedeutung dieser spezifischen Waren aufzuklären, zu informieren, d.h. auch über die Möglichkeiten ihrer Verwendung. Über einen Umgang mit Drogen in dem diese Substanzen als Genußmittel erfahren werden können, ließe sich die Gefahr, daß sie zu Suchtmitteln werden, zumindest reduzieren. Zum ersten Mal in der Geschichte des "Normalverbrauchers" könnte mit Recht von "Drogenerziehung" und "Drogenberatung" gesprochen werden. Niemand kann von einem solchen Schritt die Beseitigung des Mißbrauchs psychoaktiver Substanzen durch Einzelne und Gruppen erwarten. Das in dieser Gesellschaft produzierte Suchtpotential heftet sich an viele unterschiedliche Waren und es wird unter diesen Bedingungen immer eine mehr oder weniger große Gruppe von Menschen geben, die, aus welchen Gründen auch immer, zu einem individuell verantwortungsvollen Umgang mit diesen oder jenen Waren nicht in der Lage sind, und durch ihre zwanghaften Konsumimpulse bei der individuellen Organisation ihres Lebens Schwierigkeiten bekommen werden. Für diese muß es ein differenziertes Angebot von Hilfe und Beratung geben, das unter Verzicht auf jede Art des Zwangs, allein mit der Stärkung der Entscheidungsfähigkeit und der Förderung des verborgenen Potentials, des Lebenswillens der Betroffenen arbeitet. Auf diesem Weg würde es im Laufe von vielen Jahren zu einer allmählichen Integration des Drogenkonsums in die Gesellschaft, und das heißt vor allem in das Bewußtsein der

Bevölkerung, kommen und damit wäre die Basis für einen genußvollen lebensbejahenden Umgang mit psychoaktiven Substanzen gelegt. Unter solchen Voraussetzungen könnte langfristig eine ökologische Drogenpolitik, Drogenphilosophie und Drogenarbeit entwickelt werden, mit der Aussicht, die harten synthetischen und schnell zerstörerisch wirkenden Stoffe, die ein Produkt der gegenwärtig herrschenden Drogenpolitik sind, bedeutungslos werden zu lassen.

Literatur

Odysseus - Der erste Drogenarbeiter, in: Sozial Extra, April/Mai 1990
Soma getrunken - unsterblich geworden, Drogenkonsum: Ein Aspekt der
 Auseinandersetzung des Menschen mit der Natur, in: Sozial Extra,
 April/Mai 1990
Drogen und Kolonialismus - Zur Ideologiegeschichte des Drogenkonsums,
 Frankfurt/Main 1991, ICO - Verlag.

7. Jugend und Gewalt - ein altes und immer neues Thema: 1955 / 1968 / 1979/ 1991/ 2005 ?*

Wir müssen uns vergewissern, welche Bedeutungen wir meinen, wenn wir von Jugend und Gewalt reden. Die öffentliche Debatte über Jugendliche ist zunächst ein Austausch von Vorstellungen, Sichtweisen, Bildern, die sich unter der Hand verdichten zu einem Bild von "der heutigen Jugend", zum Profil einer Generation, das in die Geschichtsbücher eingeht. Wir kennen solche Profile aus der Jugendsoziologie, aus den Erziehungswissenschaften, als Stigma ganzer Generationen.
- Die skeptische Generation
- die sachliche Generation
- die rebellische Generation
- die Konsumgeneration
- die narzistische Generation
- die unpolitische Generation
und jetzt - vielleicht - die gewalttätige Generation?

In den vergangenen Monaten wurde die öffentliche Debatte über Jugendliche bestimmt von Adjektiven wie: gewaltbereit, gewalttätig, extremistisch, drogensüchtig, bandenbildend. Der "Spiegel" (Ausgabe vom November 1990, Nr. 46) faßte das zusammen in seiner Titelgeschichte "Geil auf Gewalt" mit einem entsprechenden Aufmacher. So war es - bis der schreckliche Krieg am Golf eine Jugend öffentlich sichtbar machte, die, nicht blockiert durch weltpolitische, militärstrategische und historische Wenn und Abers, spontan und gegen den Krieg und für das Leben eintrat, in großer Zahl und mit Ausdauer und in einer uns Erwachsene beschämender Unmittelbarkeit und Selbständigkeit. Also haben wir jetzt eine gewaltbereite und eine den Frieden liebende Jugend?
Immer wieder führen Jugendliche die öffentlichen Bilder von "der Jugend" - an deren Zustandekommen Sozialpädagogik/Schulpädagogik und Jugendforschung mitwirken - über Nacht ad absurdum. Im Winter 1987/88

---
* Vortrag auf einem Symposion zum Thema "Jugend und Gewalt" in der Technischen Universität Berlin im März 1991

veröffentliche der "Spiegel" eine Titelgeschichte: "Studenten 1968/Studenten 1988". 1968 Revoluzzer, 1988 der angepaßte Karrieretyp. Nur wenige Tage später begann ein Streik an den Hochschulen, der durch seine Intensität, seine Ausdrucksformen und seine Dauer das Gejammer von uns 68gern über diese "entpolitisierte" und "konsumorientierte" Jugend, aber auch den Triumph konservativer Bildungspolitiker über die "systemidentifizierte" Jugend in Staunen und Ratlosigkeit umschlagen ließ. Dennoch: das Nach-Denken über Jugend und Jugendarbeit darf nicht aufhören. Wir müssen aber wissen, daß es ein Nach-Denken ist und kein Vor-Denken, daß es sich um eine schwierige Annäherung an das wirkliche Leben handelt, das immer schon Vergangenheit ist, wenn wir es in den Blick nehmen. Wir werden es nicht und nie "in den Griff bekommen". Das neue Leben läßt sich nicht fassen von den RepräsentantInnen der alten, vorgefundenen Welt, zu denen jeder erwachsene Mensch auf diese oder jene Weise gehört. Gerade weil wir so wenig Authentisches wissen, haben wir gegenüber Jugendlichen eine große Verantwortung für die Bilder, die wir von ihnen und über sie in die Welt setzen.

Wir müssen eingestehen, daß wir viele Fragen haben und wenig Antworten, daß wir selbst unseren "Erfahrungen" nicht umstandslos glauben dürfen. Nur eins scheint mir sicher: die große Unsicherheit der erwachsenen RepräsentantInnen der Gesellschaft in der Beurteilung der heranwachsenden Generation spiegelt die Offenheit, das Nicht-Festgelegt-Sein, die Widersprüchlichkeit der Jugend wider, die sich nicht (mehr) über diesen oder jenen Leisten schlagen läßt und sich - nach der faschistischen "Gleichschaltung" in Deutschland - hoffentlich nie wieder über einen Leisten schlagen lassen wird.
Aus alldem folgt, daß wir uns gegenüber den lebendigen Jugendlichen vor bequemen Vereinfachungen hüten müssen, mit denen so leicht die Unsicherheit und Unwissenheit der Erwachsenen überdeckt werden kann.

Bezogen auf unser Thema "Jugend und Gewalt" heißt das, einen Weg zwischen Dramatisierung und Beschwichtigung zu finden, der es uns erlaubt, möglichst genau hinzuschauen, hinzuhören, Sichtweisen, Gefühle

und Erfahrungen zu überprüfen, nicht in eine Hektik des Denkens und Handelns zu verfallen.
Ich habe kürzlich mit mir die Erfahrung gemacht, daß es sehr schwer ist, diesen Weg zu finden. Im engeren Freundeskreis kam das Gespräch auf den Kampf zwischen deutschen und türkischen Jugendlichen in der S-Bahn, bei dem ein Jugendlicher erstochen wurde. Eine Kette von Assoziationen wurde ausgelöst, die sich zu einem durch Erfahrung belegten Bild von bedrohlich zunehmender Gewaltbereitschaft bei männlichen Jugendlichen untereinander und gegenüber Schwächeren beiderlei Geschlechts verdichtete, das Besorgnis und Angst auslöste.
Es trieb mich, dieses Bild sofort zurückzuweisen, es in eine Reihe zu stellen mit grob skandalisierenden Berichterstattungen in den Medien. Die Erfahrungen auf den Straßen, in öffentlichen Verkehrsmitteln, mit der Bewaffnung und der Angst von Menschen, die sich als potentielle Opfer von gewalttätigen Jugendlichen sehen, bezeichnete ich als eine zufällige Aneinanderreihung von Einzelerlebnissen, die keine Verallgemeinerung zulassen und je mehr ich auf dieser Linie argumentierte, um schließlich bei dem Hinweis auf die vielen Gewaltdebatten in der bundesdeutschen Nachkriegsgeschichte zu landen, je mehr bemühten sich die anderen mit immer neuen Beispielen das Bild weiter zu verdichten. Ich mußte schließlich einsehen, daß ich mich auf die mitgeteilten Erfahrungen nicht einlassen wollte, aus Furcht vor der Gewalt der vereinfachenden Bilder und dabei selbst vereinfachte, Erfahrungen entwirklichte und ein falsches Gegenbild aufbaute. An diesem Gespräch, dem ich wichtige Anstöße verdanke, waren beteiligt: eine Sozialarbeiterin, eine Psychologin, eine Journalistin, ein Sozialpädagoge/Streetworker, ein Arzt und Psychologe und ich, mit zusammengenommen etwa 120 Jahren Berufserfahrung. Wir alle haben den Anspruch von kritischer Theorie und Praxis. Das Werkstattgespräch heute soll einer Bestandsaufnahme dienen und zu Fragen an unsere sehr unterschiedlichen Erfahrungen mit gewalttätigem Handeln von Jugendlichen, von Einzelnen und Gruppen, führen. Vielleicht entsteht daraus eine Annäherung an die Wirklichkeit zu der ja auch unser eigenes Handeln gehört.

Mein Beitrag hier ist ein geraffter Blick in die Geschichte der öffentlichen Debatte um "Jugend und Gewalt", wie sie sich mir in meiner bisherigen Lebensspanne vom Jugendlichen zum Erwachsenen in fast 40 Jahren dar-

stellt: aus der reflektierten Retrospektive natürlich, aber immer in Verbindung mit eigener Erfahrung.
Ich beginne mit den "Halbstarkenkrawallen" der 50er Jahre. Ich wurde 1954 aus der Volksschule entlassen und begann im Ruhrgebiet eine Lehre als Bäcker, die ich 1957 beendete. In diesen drei Jahren wurde die männliche Jugend in der Bundesrepublik im Bild der Öffentlichkeit zu einer Generation von sogenannten Halbstarken stilisiert, die die mühsam auf den Trümmern des Nazi-Reiches gerade erst errichtete bürgerliche Ordnung mit all ihren "Aufbauleistungen" in Frage stellte. Dies geschah weniger auf der ideologischen Ebene als durch das Handeln einiger zig-tausend vor allem männlicher Jugendlicher.

In Berlin, in München, in Köln, Hamburg, Bremen und vor allem im wirtschaftlich ungeheuer prosperierenden Ruhrgebiet "rotteten" sich Jugendliche zusammen: einige zig manchmal hunderte und sogar zweitausend auf einem Haufen wurden gezählt. Sie initiierten Krawalle, die schon nach kurzer Zeit in der Öffentlichkeit als "Halbstarkenkrawalle" bezeichnet wurden, in denen Aggressionen freigesetzt wurden, die bis zu gewalttätigem Handeln vor allem gegen die Polizei, gegen den Straßenverkehr und gegen gerade aufgebaute repräsentative Gebäude gingen.
Wenn wir der Presse, der Polizei und den JugendforscherInnen jener Zeit folgen wollen, begannen die "Halbstarkenkrawalle" im Frühjahr 1955 in Berlin-Lichterfelde und breiteten sich in der Folgezeit in allen großen Städten der Bundesrepublik aus. Die letzten Krawalle wurden im Frühjahr 1957 registriert. Beteiligt waren vor allem Jungen im Alter zwischen 14 und 25 Jahren. Die stärkste Gruppe stellten die 17jährigen. Unter den bei Krawallen von April bis Oktober des Jahres 1956 in Berlin festgenommenen 445 Jugendlichen waren 17 Mädchen. Im Durchschnitt sollen an den Krawallen 5% Mädchen beteiligt gewesen sein.
Von außen betrachtet verfolgten diese Jugendlichen keine erkennbaren Ziele. Sie hatten keine Organisation im üblichen Sinne, sondern versammelten sich scheinbar spontan über Mundpropaganda. Ich berichte aus meiner Erinnerung:
Morgens in der Berufsschule sprach sich herum, daß "nach Feierabend" in Essen-Mitte was los sein würde. Ich mußte schon vor der Berufsschule in die Backstube - alle anderen Bäckerlehrlinge auch - und nach der Berufsschule noch einmal. Um 16 Uhr war ich mit der Arbeit fertig. Mit dem

Fahrrad fuhr ich eine halbe Stunde von Bottrop bis Essen auf den Bahnhofsplatz. Da war der "Rabbatz" schon im Gange. Ich weiß nicht, ob es 200 oder 500 waren, jedenfalls sehr viele, fast nur Jungen und die hatten in kurzer Zeit die schönen neuen Fassaden (viel Glas) des Hauptbahnhofs und des Hotels "Handelshof" demoliert. Die Polizei konnte nichts verhindern, war offensichtlich auch nicht vorbereitet: Ich erinnere mich eigentlich nur noch an das starke Gefühl, eine Mischung aus Triumph, Angst, Befreiung, das sich über das bloße Dabeisein einstellte. Ich kam gar nicht dazu selber aktiv zu werden, hätte vielleicht auch zu viele Hemmungen gehabt, Pflastersteine in Fensterscheiben zu werfen. So schnell wie sich der Haufen versammelte, zerstreute er sich auch wieder .Einige Stunden später setzte ich in der Backstube den Sauerteig für den nächsten Tag an und bereitete den Backofen vor, als wäre nichts gewesen.
Die meisten an diesem Krawall beteiligten Jugendlichen waren Lehrlinge oder Jungarbeiter im Steinkohlenbergbau, in der Eisen- und Stahlindustrie und hatten eine anstrengende mindestens 48-Stunden-Woche bei 18 Tagen Jahresurlaub zu bestehen. Bei einem ähnlichen Ereignis in Osnabrück waren dagegen fast nur Gymnasiasten beteiligt und in Berlin Lichterfelde-Ost waren es hauptsächlich Jungen aus "wohlhabenden Elternhäusern", die sich schon damals Mopeds und Motorräder leisten konnten.
Im Durchschnitt kamen die beteiligten Jugendlichen aus allen Gesellschaftsschichten (sozio-ökonomische Bevölkerungsgruppen nannte man das damals) und der Anteil entsprach ziemlich genau dem Anteil der jeweiligen Bevölkerungsschicht an der Gesamtbevölkerung. Auch die Familienverhältnisse entsprachen dem "Durchschnitt". Bei genauerem Hinsehen gab es aber wie die Beispiele aus Essen und Osnabrück zeigen, starke lokale und regionale Unterschiede (Gymnasiastenkrawalle, Jungarbeiterkrawalle).

Niemand weiß, wie es zu der Bezeichnung "Halbstarke" kam. *Curt Bondy*, damals Nestor der Sozialpädagogik, stellte in einer von der AGJ in Auftrag gegebenen Studie mit dem Titel "Jugendliche stören die Ordnung - Bericht und Stellungnahme zu den Halbstarkenkrawallen" München 1957 (Bd. 1 der Schriftenreihe der Arbeitsgemeinschaft für Jugendpflege und Jugendfürsorge) fest, daß dieses Wort kurz vor dem Ersten Weltkrieg in der pädagogischen Literatur auftauchte und 1922 nachweislich zuletzt verwendet wurde.

1912 schrieb der Jugendpfarrer *Clemens Schultz* aus Leipzig über die "Halbstarken", es seien junge Männer um das 17. Lebensjahr herum, die durchweg zur "verkommenen Großstadtjugend" gehörten.
Der "Halbstarke" sei der "geschworene Feind der Ordnung (...), er haßt die Regelmäßigkeit und alles Schöne und ganz besonders die Arbeit, zumal die geordnete, regelmäßige Pflichterfüllung. So hat er gar keinen Sinn, gar kein Gefühl für das, was einem anderem Menschen das Leben lebenswert macht: Heim, Familie, Freundschaft, nun gar erst Vorwärtsstreben, Begeisterung; vor allen Dingen ist er völlig apathisch gegen ideale Güter, Kunst, Wissenschaft, Religion. Alles Schöne und Gute ärgert ihn (...), es löst in ihm die Freude am Zerstören aus, und wenn es auch nur jener Vandalismus wäre, der zerstört, um zu zerstören, ohne nur den geringsten Vorteil zu haben." (*Schulz, C.*, Die Halbstarken, 1912)

1918 schrieb der Berliner Jugendpfarer *Günter Dehn*, daß den "Halbstarken" sittlicher Wille und die Unterscheidungskraft zwischen Gut und Böse fehle, daß sie jeder augenblicklichen Beeinflussung fast hemmungslos folgen würden. In seinem Buch "Großstadtjugend" heißt es:
"Dort sitzen sie in Haufen, die schmutzigen Karten oder den verschmierten Würfelbecher in der Hand, oder sie stehen an den Straßenecken oder in den Hausfluren. Die Sportmütze auf dem Kopf, die Zigarette im Mundwinkel, die Hände in den Hosentaschen vergraben, um den Hals hat man ein Tuch zum Revolverknoten verschlungen, der Kragen und Krawatte vertritt. Ist irgendwo etwas los, ein Krawall oder Auflauf, dann sind sie da. In der Tasche haben sie Steine, gelegentlich auch ein Schießwerkzeug, mit den Fingern bringen sie die gellenden, durch Mark und Bein dringenden Pfiffe hervor, vom Hinterhalt her wird so Revolution gemacht, mit Geschrei und Gejohle." (*Dehn, G.*, Großstadtjugend, 1918)

Der Jugendforscher *Hans Schlemmer* schreibt zuletzt 1922, die Halbstarken seien die
"verlorenen, hoffnungslosen, degenerierten Kinder des 4. Standes, die zu keiner Arbeit brauchbar sind und voller Unfähigkeit zu jedem zielbewußtbeharrenden Handeln, ohne jeden Sinn für Eigentum, geschweige für ideale Werte. Das einzige, was sie allenfalls zum Handeln be-

wegt, ist die Eitelkeit." (*Schlemmer, H.*, Die Seele des jungen Menschen, Stuttgart 1922).

Danach hörte man nichts mehr von den "Halbstarken" bis sie 1955 wieder auftauchten. Wie kamen die Jugendlichen der 50er Jahre zu dieser Bezeichnung aus dem ersten Viertel unseres Jahrhunderts? Es waren ihre Handlungen, die von den Erwachsenen als "halbstark" bezeichnet wurden. *Hans von Hentig* schreibt, daß sich der Krawall der Jugendlichen in "Akten der Zerstörung" äußere. Bei den Krawallen herrsche "wildes Kampfgewühl, man sehe verzerrte Mienen und gefletschte Zähne". Eine "exzessive Spannung" springe dem Beobachter entgegen. "Wenn Hunde neben Gummiknüppeln in den Kampf eingreifen, Rauchbomben Luft und Straßenbild verdunkeln, so sind wir schon der Urwald-Atmosphäre nahe."

Hentig zitiert den Kriminalisten *Eduard Kern*, der folgendes Bild von den "Halbstarken" zeichnete:
"Sie belästigen oder beschimpfen Passanten. Sie sperren - mit ihren Horden die ganze Breite der Straße einnehmend - den Verkehr, nicht nur für die Fußgänger, sondern auch den Fahrbahnverkehr. Sie legen Straßensperren an, in dem sie Fahrzeuge querstellen oder Möbel auf die Straße stellen. Sie zerstören öffentliche Anlagen oder das Gestühl in Garten - und anderen Wirtschaften, reißen auf Campingplätzen die Zelte ein, schreien auf Sportplätzen den Schiedsrichter nieder, werfen Knallkörper auf die Straße, fahren mit ihren Motorrädern mit großem Getöse und in rasendem Tempo um die Häuserblocks - nicht zur Erreichung eines Verkehrszieles (wie die Polizei das nennt), sondern um die Anwohner und Passanten zu ärgern. Sie brechen Kraftfahrzeuge auf ..., sie sind also gemeinlästig. Ihre Lust am Randalieren geht vielfach rasch ins Demolieren über ...."

Hentig schreibt, bei den "Krawallen" falle der
"Drang zu rhythmischen Bewegungen auf. Ein Brunnen wird umtanzt, Sprechchöre sind zu hören, rhythmisches Händeklatschen wie bei Stämmen aus dem Urwald. Im Massenrausch erwacht Zerstörungstrieb. Klirrendes Glas wirkt wie ein Peitschenhieb auf die erregten Nerven, Schaufenster werden eingeschlagen. Man möchte es dem anderen zuvortun, mehr Glas zertrümmern, weiter in den Laden dringen, mehr an sich nehmen, was man gar nicht braucht, auch ohne weiteres kaufen könnte. Die Plünderung wird zur Lustbarkeit, zum Nervenkitzel, zur

Sensation, vielleicht zur Stillung eines Urinstinkts, der lange brach gelegen hat und seine Lustakzente noch nicht ganz verloren hat. Zu den betäubenden Effekten der Masse, des Lärms, der Demolierungssucht und des Raubes in Gemeinschaft tritt schließlich noch der rätselhafte Reiz der Flamme. Es brennen Buden, Kleiderbündel, Häuser. Es werden Autos umgeworfen, flammen lichterloh." (*Hentig, H.v.*, Der jugendliche Vandalismus, Köln 1967)

In der Studie von *Bondy u.a.* "Jugendliche stören die Ordnung" werden die "Halbstarken" so beschrieben:
"Die Jugendlichen treten nicht allein auf, sondern in mehr oder weniger geschlossenen Gruppen von unterschiedlicher Stärke, die sich gelegentlich zu einer Masse zusammenschließen, zu der dann auch Einzelgänger stoßen. Im einzelnen wenden sich die Jugendlichen mit Vorliebe gegen Polizeibeamte im Einsatz: sie empfangen sie mit Buh-Rufen und Johlen und verspotten sie. Später bilden sie Sprechchöre und werfen mit Steinen. Schließlich leisten sie auch Widerstand. Dabei greifen sie die Beamten allerdings nicht unmittelbar an, sondern folgen z.B. nicht der Aufforderung weiterzugehen, bleiben stehen oder lassen sich ziehen oder schieben.
Weiterhin belästigen sie vorübergehende Passanten; sie beschimpfen sie oder rufen mehr oder weniger grobe Spottreden hinter ihnen her. Bei Gelegenheit suchen sie auch eine tätliche Auseinandersetzung mit Erwachsenen. Ähnlich benehmen sie sich auch gegen vorübergehende Mädchen oder andere Jugendliche, die sie nicht kennen und die nicht zu ihrer Gruppe gehören. Sie stören etwa bei einer öffentlichen Veranstaltung eine Darbietung mit Zwischenrufen und Pfiffen, später bilden sie wiederum Sprechchöre und johlen und pfeifen. Schließlich steigen sie auf die Stühle und werfen mit Blumentöpfen oder Flaschen. (...) Oder aber sie plündern einen fremden Obstgarten und im Krawall beschädigen sie Kraftwagen, indem sie an der Tür reißen oder auf das Wagendach steigen. Aber sie wenden sich nicht nur gegen andere Bürger, sondern zerstören häufig öffentliche Einrichtungen. So trampeln sie in Anlagen auf den Blumenbeeten herum oder reißen auf Zeltplätzen die Zelte ein. Sie zerstören auf Spielplätzen die Spielgeräte oder beschädigen die Einrichtung. Ihre Zerstörungslust wendet sich verhältnismäßig selten gegen das Eigentum eines bestimmten Bürgers. Gelegentlich aber zerstören sie auch etwa das Gestühl in einer Gastwirtschaft, deren Wirt ihnen den Zutritt verweigert hatte.

Besonders bezeichnend für das Verhalten der Jugendlichen sind Störungen der Ruhe. In Gaststätten sitzen sie zusammen und unterhalten sich auffallend laut. Auf der Straße grölen und randalieren sie und werfen auch gelegentlich Knallkörper oder feuern aus Schreckschußpistolen. Mit Vorliebe behindern sie den öffentlichen Straßenverkehr. Sie legen Sperren auf Bürgersteig und Fahrbahn, so daß der Verkehr vorübergehend lahm gelegt wird, oder sie bewerfen die Straßenbahn mit Steinen und gehen in langer Reihe auf der Fahrbahn und behindern auf diese Weise den Verkehr." (*Bondy*, a.a.O.)

Im selben Zeitraum (1955-1957) traten in den großen Städten "Banden Jugendlicher" auf, die mit und ohne Verbindung zu Krawallen "die öffentliche Sicherheit und Ordnung störten". In Süddeutschland hießen diese Gruppen "Blasen", in Norddeutschland "Cliquen". Sie wurden als die "Avantgarde der Halbstarken" bezeichnet. In München wurden von der Polizei etwa 40 "Blasen" geschätzt, in Berlin ebensoviele. Es gab Gruppen mit 15 Mitgliedern, aber auch welche mit 80 Mitgliedern. Der Direktor des Münchner Jugendamtes, *Kurt Seelmann*, beschreibt 1956 diese Gruppen:

"Der Umgangston ist ausgesprochen rüde. Man liebt starke Worte, bestimmte Redewendungen (die alle immer wieder belustigen) und vermeidet alles, was an bürgerliche Gesellschaft erinnern könnte. Deshalb haben viele der Blasenangehörigen auch eine Art `Halbstarkentracht`. Man benimmt sich betont frei und demonstriert gern nach außen, daß man keinerlei Respekt oder Angst kennt und sich wirklich so benimmt, wie es einem gefällt. Längst nicht alle "Blasen" haben einen festen Boß. Es gibt einige, auf deren Wort hört man, weil sie es - auch ohne äußeres Amt - verstehen, sich Gehör zu verschaffen. Das sind aber längst nicht in allen Blasen die `Oberrowdys`. Jeder hat das Recht Vorschläge zu machen und in vielen Blasen wird dann abgestimmt. Wenn man versammelt ist, sitzt man und steht man herum. Man spricht in kleinen (schnell wechselnden) Gruppen miteinander. Man überlegt, was man machen könne, geht vielleicht ins Kino oder in ein Gasthaus oder unterhält sich auf andere Art. (...) Alles ergibt sich quasi im Augenblick, von selbst, aus der Situation: man steht herum und langweilt sich, ärgert Passanten, wird zurechtgewiesen, darauf wird man frech. Bekommt nun womöglich eine Ohrfeige, dann entwickelt sich rasch eine

Rauferei." (*Seelmann, K.*, Verständigung ist schwer, in: Lebendige Erziehung, Heft 12, 1956 und ders., Das Halbstarken-Problem in München. Unveröffentlichtes Manuskript 1957 zitiert nach *Bondy* a.a.O.).

Für uns ist heute besonders interessant, was für ein Bild von den Jugendlichen, die als "Halbstarke" bezeichnet wurden die SozialpädagogInnen, PsychologInnen etc. hatten. In der Studie von *Bondy* finde ich folgendes Psychogramm des "Halbstarken":

"Die Jugendlichen kennen keine Unterordnung unter die Autorität des Staates oder der Erwachsenen. Das gilt besonders für die Autorität der Polizei, der Eltern und der Lehrer, denn gerade gegen diese Erwachsenen sind sie herausfordernd frech und gerissen, ohne Achtung und trotzig. Dagegen neigen sie dazu, die Autorität der Kameraden und Freunde anzuerkennen.
Phantasie und Leitbilder sind wenig entwickelt. Die Jugendlichen können sich nicht im phantasievollen Spiel beschäftigen, sondern sie langweilen sich oder erstreben nur reizstarke Augenblickserlebnisse. Sie leben dahin, ohne erkennbaren Idealen zu folgen oder diese auch nur zu suchen. (...) Die Ungerechtigkeit dieser Welt wird gewissermaßen zu einem `willkommenen Alibi des eigenen Chaos` und der Jugendliche versucht niemals eine Ungerechtigkeit zu beseitigen und die Welt wieder in Ordnung zu versetzen. (...) Wenngleich die Jugendlichen nicht einzeln auftreten, sondern in Gruppen oder in der Masse, so zeigen sie doch keine Fähigkeit, mit anderen engeren Kontakt aufzunehmen. Im Gegenteil: sie sind kontaktarm oder scheuen sich zumindest, engere Bindungen einzugestehen. Sie können weder flirten noch Freundschaften schließen, sondern es bleibt im Umgang mit Mädchen bei oberflächlichem Wortgeplänkel, oder es kommt ohne weiteres zu geschlechtlicher Beziehung, während es unter Jungen bei `Kumpelverhältnissen` bleibt. Gelegentlich findet sich unstetes Verhalten: die Jugendlichen schwanken zwischen distanzloser Frechheit und scheuer Verschlossenheit oder zwischen mangelnder Hingebung und schamloser Preisgabe.
Mit diesem Merkmal der Kontaktarmut steht ein weiterer Wesenszug in unserem Zusammenhang. Das ist ihre Gefühlsarmut. Die Jugendlichen sind wenigstens nach außen durch nichts zu erschüttern, so kennen sie z.B. kein gefühlsstarkes Nacherleben der Gefühle anderer, sondern bleiben verständnislos, wenn die Gefühle der anderen nicht gerade aus kürzlicher eigener Erfahrung im Gedächtnis sind. Aber selbst eigene

Gefühle lassen die Jugendlichen nicht aufkommen, sondern unterdrükken sie. Wenn die Jugendlichen auch kontaktarm und gefühlsschwach sind, so sind sie dennoch nicht etwas insichgekehrt, sondern im Gegenteil überheblich. Sie finden Gefallen an großen Worten, wie Freiheit und Demokratie, und meinen aber damit zügelloses Benehmen und Auflehnung gegen die Ordnung. Überdies zeigen sie in eigenartigem ich-bezogenem Heldentum und plumpem Stolz betontes Geltungsstreben vor den Kameraden. Dagegen ist ihnen das Urteil der Erwachsenen verhältnismäßig gleichgültig. Nur gelegentlich kommen ihnen anscheinend Zweifel an der Echtheit ihres Auftretens und dann schwanken sie je nach Gelegenheit zwischen Überheblichkeit und Unsicherheit. Die Jugendlichen zeigen - nach Ansicht vieler Autoren - einen Stand der Gewissensbildung, der ihrem Alter eigentlich nicht entspricht, denn sie fühlen sich über die Begriffe Sünde und Schuld erhaben und damit scheinen sie auch ohne Gewissenskonflikte und -angst zu leben. Ihr tägliches Verhalten wird von anderen Impulsen bestimmt. Sie folgen einer Versuchung, die Lustgewinn verspricht, ohne Widerstandskraft und Selbstbeschränkung." (*Bondy*, a.a.O.')

Diese Charakterisierung der "Halbstarken" entsprach dem dominanten Bild von der Jugend, wie es in den 50er Jahren von Leuten, die sich für kompetent hielten, in die Welt gesetzt wurde. *Bondy* faßt dieses Bild "von der seelischen Situation der gesamten Jugend" in einigen Sätzen zusammen. Danach waren die hervorstechenden Merkmale der Jugendgeneration 1955:
"Rücksichtslosigkeit und Mißachtung persönlicher und staatlicher Autorität.
Augenblicksgebundenheit und Mangel an Phantasie.
Einengung und Unbeständigkeit der Erlebnisfähigkeit; undifferenzierte und flache Gefühlserlebnisse.
Fehlen einer selbstverständlichen dauerhaften Verpflichtung gegenüber Werten; mangelhafte Gemüts- und Gewissensbildung.
Unbeständigkeit in der Stellung zu den Mitmenschen und des damit verbundenen Selbstgefühls." (*Bondy*, a.a.O.)

Dieses Urteil über eine ganze Generation von Jugendlichen fällte eine Generation von Erwachsenen, die in Deutschland und Europa die Schrekkensherrschaft der Nazis zugelassen und mitgetragen hatte und seither waren kaum zehn Jahre vergangen.

Die Autoren der Studie "Jugendliche stören die Ordnung" (alles Männer!) versuchten zu ergründen, welche Ursachen es für diesen "Zustand" der Nachkriegs-Jugend geben könne und kamen für die Generation der 1956 25jährigen bis 15jährigen (das sind die Geburtsjahrgänge 1931-1941) zu folgenden nach Geburtsjahrgängen differenzierten Ursachen-Kriterien:

- Weltwirtschaftskrise: Arbeitslosigkeit der Eltern/ häufige Regierungswechsel/ politische Unsicherheit;
- Machtübernahme der Nazis: politische Entrechtung/ Konzentrationslager/ Judenverfolgungen/ Ausrichtung/ doppelte Moral/ Hitlerjugend;
- Krieg: vaterlose Zeit/ Unordnung/ arbeitende Mutter/ Bomben und Nächte im Keller/ Feindsender und nationale Feiern/ Hamstern und Polizei;
- Evakuierung: Verlust der Heimat/ Trennung von Kameraden/ Entwurzelung/ geduldetes Dasein in fremden Häusern/ zu enge Unterkunft;
- Rückkehr in die Stadt: Zerbombte Stadt/ Wohnungsnot/ Ernährungskrise/ Untermieterdasein/ organisieren/ Schwarzmarkt/ Besatzungsarmee/ Dirnenunwesen/ Ruinen als Spielplätze;
- Entnazifizierung: Vater`s Zusammenbruch/ erste Eindrücke von der Politik;
- Währungsreform: Doppelarbeit von Vater und Mutter/ Kriegerwitwen/ Flüchtlingselend/ kriegsversehrte Väter/ Vergnügungsindustrie Lebensstandard.

Die Autoren heben die Bedeutung der jugendlichen Entwicklungskrise in Pubertät und Akzeleration im Zusammenhang mit der Verlängerung der Jugendphase hervor, betonen die Überforderung von Jugendlichen im Berufsalltag, in dem sie einen Status von "Pseudo-Erwachsenen" einnehmen, beklagen die "Zerrüttung der Familie" die hauptsächlich durch das kriegsbedingte Fehlen der Väter verursacht sei, konstatieren den Zusammenbruch des Wertesystems der Erwachsenen (Fehlen von Leitbildern), halten den Einfluß der Vergnügungsindustrie der Presse und des Kinos auf die "Verwilderung der Sitten" der Jugendlichen für bedeutsam und betonen, daß der rasante Wiederaufbau der Bundesrepublik Deutschland den Lebensraum der heranwachsenden Generation in extremer Weise einschränke.

Diese differenzierte Sicht auf die Ursachen der psychischen Verfassung der Nachkriegs-Jugend und die "Halbstarken-Krawalle" steht unvermittelt neben einer im ganzen diskriminierenden Kennzeichnung dieser Jugend. Vor allem wird ihr jede Berechtigung zum politischen Protest abgesprochen. Obwohl sich eine ganze Reihe der Krawalle deutlich politisch artikulieren - z.B. waren immer wieder die gerade eingerichteten Kreiswehrersatzämter im Zusammenhang mit der Einführung der allgemeinen Wehrpflicht für Jugendliche ab 18 Jahren Zielpunkte des Protestes - wird den Jugendlichen unterstellt, die politische Kritik nur als faule Ausrede für das eigene Versagen zu benutzen. Meines Erachtens lag das vor allem daran, daß sich der Protest dieser Generation nicht in den klassischen "organisierten Formen" äußerte, sondern sehr spontan, in den Augen der Erwachsenen sicherlich anarchisch, zum Ausdruck kam.

Das Ergebnis der Studie "Jugendliche stören die Ordnung" kommentierte *Bondy* mit einer persönlichen Einschätzung:
"Mir will scheinen, daß die Zahl der `potentiellen Halbstarken` im Steigen begriffen ist, und daß die Krawalle als eines der Symptome für die Bindungslosigkeit und seelische Unordnung eines großen Teils der heutigen Jugend anzusehen sind. Überlegungen dieser Art geben uns Anlaß zu großer Beunruhigung und verpflichten uns, ständig die Frage zu stellen, welche Maßnahmen die gegenwärtige Situation erfordert." (*Bondy* u.a., a.a.O.)

Er fordert die flächendeckende Einrichtung von Erziehungsberatungsstellen, die Einrichtung von "Häusern der Offenen Tür" in allen dichtbesiedelten Regionen der Bundesrepublik, eine Reform der Schule und der Berufsausbildung etc. Er ist aber skeptisch, ob diese Forderungen von der Jugendpolitik in die Tat umgesetzt werden:
"Besorgniserregend ist vor allem auch, wie verhältnismäßig geringe Mittel für die Betreuung der Jugend aufgebracht werden. Für vieles andere steht Geld zur Verfügung, aber für eine genügende Anzahl von Heimen der Offenen Tür, für Erziehungsberatungsstellen, für kleine Sonderheime, für ausreichende Bezahlung von Erzieherinnen - um nur einige Punkte zu nennen - sind genügende Mittel nicht zu beschaffen."

Bondy zitiert in diesem Zusammenhang das Gutachten des Deutschen Ausschusses für das Erziehungs- und Bildungswesen vom Juli 1956, in dem es heißt:
"Es wäre verhängnisvoll, wenn die schon seit langem erhobenen berechtigten Forderungen auf Erhöhung unzulänglicher staatlicher Mittel für Erziehung und Schule und Beruf, für Jugendpflege, Wissenschaft und andere lebenswichtige Aufgaben zugunsten der Aufwendungen für die Bundeswehr zurückgestellt würden."

Nachdem nun die erwachsenen Pädagogen und Jugendforscher der 50er Jahre mit ihren Sichtweisen und Auffassungen über die "Halbstarken" ausführlich zitiert worden sind (um uns einen Vergleich mit unseren eigenen Sichtweisen und Auffassungen auf unangepaßte Jugendliche heute zu ermöglichen), möchte ich von den wenigen Selbstzeugnissen aus den Reihen der "Halbstarken" hier stellvertretend für ihre Generation drei zu Worte kommen lassen:

"Ich frage euch, Erwachsene,
was wollt ihr eigentlich von uns?
Warum nennt ihr uns die Halbstarken,
ereifert euch, wenn ihr von uns hört,
rümpft die Nase, wenn ihr uns seht?
Warum droht ihr immer gleich mit Polizei und Gefängnis?
Warum denkt ihr immer nur an euch?
Ihr seid nicht nur schwach und feig`, sondern bequem und satt.
Ihr könnt unser Vorbild nicht sein,
und eure Welt gefällt uns nicht.
So wie ihr seid, wollen wir nicht werden." (Ein 19jähriger)

"Weil ihr selber den Weg nicht kennt
und versäumt habt, ihn zu suchen,
weil ihr schwach seid
...
schwach in der Liebe,
schwach in der Geduld,
schwach in der Hoffnung
und schwach im Glauben
...
wir machen Radau, weil wir nicht weinen wollen,

nach all den Dingen, die ihr uns nicht gelehrt habt." (Ein Halbstarker)

"An die Schwachen!
Weil ihr schwach seid, habt ihr uns Halbstarke genannt.
Und damit verdammt ihr eine Generation,
an der ihr gesündigt habt,
weil ihr schwach seid.
Wir gaben euch zwei Jahrzehnte Zeit,
uns stark zu machen,
stark in der Liebe und stark im guten Willen,
aber ihr habt uns halbstark gemacht,
weil ihr schwach seid!
Ihr habt uns keinen Weg gewiesen,
der Sinn hat,
..." (Ein Halbstarker)
(Alle Zitate aus *Hans von Hentig*, a.a.O.)

Die Studie "Jugendliche stören die Ordnung" war von der Fachöffentlichkeit noch kaum zur Kenntnis genommen worden, als das Phänomen der "Halbstarken-Krawalle" wieder verschwand und mit ihm auch die gesellschaftliche Diskussion über "Jugend und Gewalt".
In den Jahren zwischen 1958 und 1968 (nur kurz unterbrochen von den auf München begrenzten "Schwabinger-Krawallen") wurde zwar auch immer wieder "über den fortschreitenden Verlust von Werten und die Auflösung von tradierten Ordnungen" mit der Folge von Gewaltbereitschaft etc. geklagt, eine die ganze Gesellschaft ergreifende Debatte über Jugend und Gewalt gab es aber erst wieder 1967/68. Die von Studenten getragenen Demonstrationen gegen den Krieg in Vietnam, gegen Kolonialismus und Imperialismus, der Schah-Besuch in Berlin und der Tod von Benno Ohnesorge, die Proteste gegen die Prozesse gegen die Kommunarden der Kommunen I/II führten zu harten Reaktionen der verunsicherten Staatsgewalt, die eine Eskalation bis hin zu regelrechten Straßenschlachten bewirkte, vor allem in Berlin. An diesen Auseinandersetzungen waren viele nicht-akademische Jugendliche beteiligt. Ich leitete damals in Berlin ein sogenanntes Übergangsheim mit 30 jungen Männern, die fast alle aus der Jugendstrafanstalt Plötzensee kamen. Obwohl das für diese Jugendlichen mit einem hohen Risiko verbunden war, (Widerruf der Bewährung)

waren sie oft genug im Zentrum der gewaltmäßigen Auseinandersetzungen zwischen Polizei und DemonstrantInnen.

Am 30.4. und 7.5. 1968 diskutierte in Bonn der Bundestag die sogenannten Studentenunruhen nach dem Mordanschlag auf Rudi Dutschke. Der Innenminister *Bender* gab den Bericht der Bundesregierung ab und sagte u.a.:

> "Wenn Gewaltakte zu Mitteln des politischen Kampfes werden, dann wird nicht nur die öffentliche Ordnung im polizeilichen Sinne betroffen: Wir haben seit einem Jahr eine Eskalation des Irrsinns erlebt."

Zur 68er Bewegung gehören in den folgenden Jahren Aktivitäten von Jugendlichen, die unter der Bezeichnung "Jugendzentrumsbewegung" zusammengefaßt wurden. In vielen Orten der Bundesrepublik, auch in Provinzstädten, bildeten sich Gruppen, die "selbstverwaltete Jugendhäuser" forderten und von linken SozialpädagogInnen unterstützt wurden. Nach oft vergeblichen Verhandlungen mit der Kommunalverwaltung und anderen EigentümerInnen kam es zu Besetzungen leerstehender Gebäude. Es begann in Berlin-Kreuzberg im Dezember 1971 mit der Besetzung des ehemaligen Schwesternhauses des seit Jahren leerstehenden Bethanienkrankenhauses. Die BesetzerInnen waren insofern militant, als sie gegen das Eigentumsrecht verstießen und bereit waren, ihre Eroberung mit Gewalt zu verteidigen. Ich zitiere als Beispiel aus der Dokumentation des Rauch-Haus-Kollektivs "Kämpfen - lernen - leben" die "Geschichte mit dem Zaun":

> "Eines morgens wachten einige von uns auf und guckten aus dem Fenster. Da sahen sie wie einige Bauarbeiter bei dem Bau eines Zaunes waren. Diese Beobachtung ging wie ein Lauffeuer durch unser Haus. Vier von uns gingen zu den Bauarbeitern und forderten sie auf, den Bau zu unterlassen. Sie erklärten, daß sie einen Auftrag hätten, den Zaun zu bauen, wenn sie es unterlassen würden, bekämen sie Schwierigkeiten mit ihrer Firma. Wir sagten ihnen ganz klar, daß der Zaun sofort nach dem sie fertig sind, wieder von uns abgebaut würde. Gegen 1 Uhr mittags zogen die Zaunbauer ab. Gegen 2 Uhr zogen wir Zaunabbauer auf. Ausgerüstet mit zwei Seitenschneidern, einem Spaten, zwei Hämmern und einer Zange, außerdem waren etliche von uns mit mehr oder weniger sinnvollen Werkzeugen da, wie z.B. Kochlöffel, Beile, Eisenstan-

gen usw. ... Wir beriefen vor dem Zaun eine Versammlung ein und einer hielt eine kurze Abschiedsrede für den Zaun. Schließlich überlegten wir uns, wie wir den Zaun am besten beseitigen könnten. Es kamen so intelligente Vorschläge wie einen Hubschrauber mieten und an jede Ecke des Zaunes ein Seil anbinden und den Zaun so aus dem Boden rauszuziehen. Ein anderer Vorschlag war der, von den Amis einen Panzer klauen und den Zaun fürchterlich niederwalzen.
Diese Vorschläge wurden unter Gelächter abgelehnt. Wir beschlossen nun, den Zaun fein säuberlich abzubauen und ihn zu verkaufen. Für das Geld wollten wir uns die dringend benötigten Waschmaschinen kaufen. Und jetzt ging`s los. Jeder nahm das Werkzeug, das er gerade fand und machte sich über den Zaun her. Nach 17 Minuten lag er schön ordentlich zusammengelegt da, wo er früher lag. Plötzlich der Ruf: `Die Bullen`. Das bereits weggelegte Werkzeug wurde mit grimmigem Lächeln von uns wieder in die Hand genommen. Die Bewohner mit dem stärksten Brustumfang und dem stabilsten Werkzeug gingen den Schweinen (Bullen) entgegen. Wir machten ihnen klar, wenn sie in 5 Minuten nicht vom Gelände wären ,würden wir nachhelfen. Die Bullen kamen der `freundlichen Aufforderung` nach. Dann kam der Beck. (Damals Stadtrat für Jugend im Bezirk Kreuzberg - d.V.) Er fing fürchterlich zu brüllen an, was uns einfiele den Zaun zu klauen und wir würden noch etwas von ihm zu hören kriegen. Daraufhin schmissen wir ihn vom Gelände runter.
Wir Zaunabbauer sagten ihm nur, daß er eine Stellungnahme von uns bekommen würde. Auf einer Vollversammlung beschlossen wir, daß das Bezirksamt sich den Zaun wieder abholen könnte. Das geschah drei Tage später auch." (Aus: Georg-von-Rauch-Haus: Kämpfen, Lernen, Leben. Eine Dokumentation herausgegeben vom Jugendzentrum Kreuzberg e.V., Dezember 1972)

Die Jugendzentrums-Bewegung entwickelte sich in den Jahren, in denen die Baader-Meinhof-Gruppe als RAF den bewaffneten Kampf propagierte. Medien und Politiker versuchten alle radikalen Gruppen in der Öffentlichkeit als Sympathisanten oder sogar als Teil der RAF anzugreifen und zu verfolgen. So kam es zu einer Eskalation von polizeilicher Gewalt, die bis Ende der 70er Jahre reichte und den jugendpolitischen Alltag in vielen Orten der Bundesrepublik bestimmte.

Die öffentliche Auseinandersetzung um Jugend und Gewalt bekam etwa ab 1974 einen weiteren Schwerpunkt: das sogenannte Rocker-Problem und die Bildung von Cliquen bzw. Banden, die sich bewaffneten. Vor allem in den inzwischen hochgezogenen großen Trabantenstädten (Märkisches Viertel, Gropiusstadt) bildeten sich solche Gruppen von Jugendlichen.
Bei mir wollten es die Umstände, daß ich vom Georg-von-Rauch-Haus - in dem ich von der Besetzung bis Ende 1973 unterstützend gearbeitet hatte - nun als angestellter Sozialarbeiter in den Jugendkeller des Evangelischen Zentrums/Haus der Mitte kam, um dort mit einem kleinen Team Offene Jugendarbeit zu entwickeln. Dieser Jugendkeller wurde in den Jahren 1974 bis 1976 ein zentraler Jugendtreffpunkt mit bis zu 500 BesucherInnen pro Abend an vier Öffnungstagen in der Woche. Der Jugendkeller im Haus der Mitte war "Standort" einer Rocker-Gruppe, die ganz West-Berlin als Aktionsraum hatte. Neben den Rockern gab es noch verschiedene Cliquen in diesem Jugendtreffpunkt. Eine der Hauptaufgaben des Teams war es, die Anwesenheit dieser Gruppen in der Jugendeinrichtung gegen Bürgerproteste, Polizei und den kirchlichen Träger der Einrichtung immer wieder zu verteidigen. Die Schließungsforderungen gegen den Jugendkeller bezogen sich immer wieder auf zwei Punkte: Gewaltbereitschaft der Jugendlichen und Drogenkonsum.
In den Jahren 1978/79 kam es in verschiedenen Stadtteilen West-Berlins zu gewaltmäßigen Auseinandersetzungen unter verfeindeten Jugendcliquen bzw. -banden. Viele Jugendliche bewaffneten sich, mit dem Argument, sie müßten sich vor den Angriffen anderer Jugendlicher schützen. Im Haus der Mitte wurde in dieser Situation mit den Besuchern eine Abmachung getroffen: sie mußten ihre Waffen am Eingang des Jugendkellers abgeben und bekamen sie wieder, wenn sie gingen. Jeder Versuch der SozialarbeiterInnen, die Jugendlichen zu entwaffnen, hätte dazu geführt, daß es um dieses Problem keine offene Auseinandersetzung mehr gegeben hätte und die betroffenen Jugendlichen die Jugendeinrichtung gemieden hätten. Die Waffen dieser Jugendlichen entsprachen übrigens der Instrumentensammlung, die kürzlich die Einsatzgruppe "Jugendgewalt" der Berliner Polizei in ihrem ZDF-Film vorführte; nur die Nachbildung des mittelalterlichen Morgensterns hatte ich noch nicht gesehen. Ähnliche Beobachtungen wie wir in der Gropiusstadt, machten alle Kolleginnen und

Kollegen, die in größeren Jugendtreffs in den Siedlungen Heerstraße Nord, Märkisches Viertel, Lichterfelde-Ost arbeiteten.

Die Senatsverwaltung für Familie, Jugend und Sport bearbeitete das Problem "Jugend und Gewalt" in einem extra eingerichteten "Rocker-Referat" und auch die Polizei hatte eine Spezialgruppe dafür eingerichtet. Als sich die Situation mit den verfeindeten und sich bekämpfenden Jugend-Cliquen im Laufe des Jahres 1979 gerade etwas beruhigt hatte, tauchten die ersten Skins auf, bedrohten Jugendeinrichtungen, die sie irgendwie als "links" einschätzen - und dazu reichte es, wenn es Musikveranstaltungen im Rahmen von "Rock gegen Rechts" gab oder Verbindungen zur gerade entstehenden Hausbesetzerszene bestanden. Schon im Jahre 1980 wurde in der Stadt wieder heftig über "Jugend und Gewalt" debattiert. Über rechtsradikale Jugendliche auf der einen Seite, über immer mehr Hausbesetzer auf der anderen Seite und vor allem auf dieser anderen Seite eskalierte es wieder mit der Staatsgewalt. Aus dieser Eskalation - ich erinnere an den Tod von Jürgen Rattay und an den Reagan-Besuch - entwickelte sich langsam die autonome Szene mit ihren Streetfightern, die seitdem immer wieder im Zusammenhang von "Jugend und Gewalt" die Schlagzeilen bestimmten.
Auf diesem Hintergrund gab der Berliner Senat die in der Schweiz aufgrund der dortigen Ereignisse ("Züri brennt") erarbeiteten "Thesen" zu den Jugendunruhen 1980 heraus.

1981 wurde vom Bundestag eine Enquete-Kommission eingesetzt, die "Ursachen, Formen und Ziele des Protestes junger Menschen" untersuchen sollte. 1983 wurde ihr Bericht unter dem Titel "Jugendprotest im demokratischen Staat" veröffentlicht. Dazu erschien 1984 noch ein Band zu den Beratungen und Ergebnissen der Enquete-Kommission (*Bohr/Busch*: Politischer Protest und parlamentarische Bewältigung).
Die Fülle der Selbstdarstellungen, Materialien, Dokumente aus der Besetzer-Szene ist kaum zu überblicken. Das Thema "Gewalt und Gegengewalt" zieht sich wie ein roter Faden durch alle diese Publikationen.

1983/84 hatte die "Berliner Linie" es schließlich geschafft, die Stadt zu "befrieden" und Jahre der "Ruhe" traten ein, ab und zu durch Aktionen von Skinheads und ihren Verwandten aus der rechten Szene etwas getrübt. Im Frühjahr 1987 erhielt das Thema "Jugend und Gewalt in der Stadt" mit der Auseinandersetzung um das "Kubat-Dreieck" wieder vorübergehende Bedeutung.

Im Frühjahr 1989 begann die gegenwärtige Debatte um "Jugend und Gewalt". In ihr kristallisieren sich drei Ebenen heraus:
1. Fußballfans/Hooligans auf dem Hintergrund des Wahlerfolges der Republikaner in der Wahl zum Abgeordnetenhaus von 1989.
2. Neue Hausbesetzungen infolge des Regierungswechsels in Berlin (Beginn der Koalition von SPD und AL).
3. Entstehung von "Jugendbanden"/ Bandenkriege/ zunehmende Gewaltbereit-schaft unter ausländischen Jugendlichen/ erste Cliquenbildungen mit Gewaltbereitschaft von Mädchen/ Gewalt gegen Schwächere.

Diese Diskussion wurde vorübergehend durch die Öffnung der Mauer und durch die Veränderungen in der DDR in den Hintergrund gedrängt, um dann aber gerade aus diesem Hintergrund (Entwicklung von Gewaltbereitschaft und rechtsextremistischen Tendenzen unter Jugendlichen aus der ehemaligen DDR) neue Bedeutung zu gewinnen. Als dann noch im Herbst 1990 die Auseinandersetzungen zwischen den BesetzerInnen leerstehender Häuser in Ostberlin (Mainzer Straße) und der Staatsgewalt eskalieren, entstand eine Situation, in der alle von mir hier vorgetragenen verschiedenen Erscheinungsformen der Gewaltbereitschaft und des gewaltmäßigen Handelns von Jugendlichen, wie sie sich im Laufe der hier skizzierten Geschichte einander abgelöst und an den Rändern auch berührt haben, zur selben Zeit und in einer Region auftraten. Mir scheint, daß die besondere Verdichtung, die emotionale und politische Aufladung des Themas "Jugend und Gewalt in der Stadt" in diesem vielschichtigen und verwirrenden Erscheinungsbild von Gewaltbereitschaft und gewaltmäßigen Handeln zum Teil begründet liegt. Die Formen und die Motive gewaltmäßigen Handelns müßten auf den verschiedenen Ebenen, in den unterschiedlichen Szenen von Jugendlichen genauer betrachtet und untersucht werden, um differenzierte Antworten zu finden, die der Situation der jeweils handelnden Jugendlichen und den Bedürfnissen einer an friedlichen Verkehrsformen interessierten Öffentlichkeit gerecht werden können. Der klassische große Einheitshammer "Verstärkung polizeilicher Maßnahmen" hilft hier jedenfalls nicht weiter.

Abschließend möchte ich noch bemerken, daß meines Erachtens das Verhältnis von Sozialarbeit und Polizei in den letzten Jahren eine Veränderung durchgemacht hat. Ich beobachte mehr Offenheit und Verständnis auf beiden Seiten für die unterschiedlichen Funktionen und die Schwierigkeiten in der praktischen Arbeit. Allerdings entwickelt sich aus diesem gewachsenen Verständnis gegenwärtig unter dem Stichwort "Zusammenarbeit von Sozialarbeit und Polizei" auch eine problematische Tendenz zur Unschärfe und Vermischung. Meines Erachtens hat eine praktische Zusammenarbeit von Sozialarbeit und Polizei sehr enge Grenzen, die sich aus den prinzipiell unterschiedlichen gesellschaftlichen Funktionen beider Berufsgruppen ergeben. Es scheint mir sehr wichtig, daß die Jugendlichen diese Unterschiede klar erkennen können. Eine "Versozialarbeiterung der Polizei" und eine "Verpolizeilichung der Sozialarbeit" würde dazu führen, daß letztendlich sozialarbeiterische Aufgaben und Konzepte in ein dominantes Sicherheitskonzept integriert würden. Damit würde vielleicht erreicht, daß einige Gesichtspunkte sozialarbeiterischen Handelns zu einem sensibleren Verhältnis der Polizei gegenüber jugendlichen "Störern" führen könnten, die Sozialarbeit/Sozialpädagogik würde aber ihren spezifischen eigenen Zugang zu Jugendlichen verlieren und es könnte Generationen dauern, um aus dieser Sackgasse, in die man schnell hineingerät, wieder herauszukommen.

Ich plädiere daher für einen offenen und vorurteilsfreien Dialog zwischen Sozialarbeit/Sozialpädagogik und Polizei - der immer auch ein kritischer Dialog sein wird - in dem es um die Entwicklung einer möglichst genauen Kenntnis der Situation von Jugendlichen geht und um Absprachen, die problematische Grenzüberschreitungen zwischen beiden Berufsgruppen vermeiden sollen.

8. Gewaltsam in die Einheit? - Erscheinungsformen und Motive von Gewalt: Herausforderungen für Jugendpolitik und Jugendarbeit

Überlegungen zum Thema: "Kulturkonflikte und Wertewandel"

Wenn von "Wertewandel" im Hinblick auf die gerade heranwachsende Generation die Rede ist, handelt es sich meistens um Befürchtungen, Klagen, Prognosen und Behauptungen von Erwachsenen, die sich sorgen und ängstigen, daß die von ihnen als gültig und unverzichtbar angesehenen Werte von den Jugendlichen nicht gebührend ernst genommen und verinnerlicht werden oder gar bewußt abgelehnt und bekämpft werden. Diese Angst wird begründet mit der Sorge um die Zukunft der Gesellschaft, die sich als Sorge um die Lebensbedingungen jener versteht und präsentiert, die jetzt gerade dabei seien, ihre Chancen zu verspielen. In Wirklichkeit geht es uns Erwachsenen wohl mehr um die Tradierung unserer eigenen Lebensentwürfe, die wir als unser "Lebenswerk" gerne hinterlassen möchten; ganz im Sinne der alten Devise: wer die Jugend hat, hat die Zukunft.

Ich habe in den vielen Jahren praktischer Jugendarbeit keine Jugendlichen getroffen, die von sich aus eine Diskussion über Werte und Wertewandel begonnen hätten. Dies scheint in der Tat ein spezifisches Thema der "älteren Generation" zu sein, und als solches zieht es sich wie ein roter Faden durch die Geschichte des Generationsverhältnisses von der Antike bis in die Gegenwart. Freilich ändern sich in den historischen Epochen die Inhalte um die sich der Konflikt zwischen den Generationen dreht.

Über diese Inhalte gab es immer auch einen Diskurs in der jeweiligen Jugend, aber der lief nicht unter der Überschrift "Wertewandel". Er ist gekennzeichnet mit Worten/Begriffen wie Anpassung oder Widerstand, Selbstbestimmung oder Unterwerfung, Bleiben oder Abhauen, Mitmachen oder Verweigern, Bock oder Nullbock, geil oder öde etc.

Hin und wieder gab es auch eine Jugendgeneration, die den Spieß umdrehte und die Erwachsenen radikal kritisierte: wegen ihrer doppelten Moral, ihrer flachen materiellen Gesinnung, ihrer konformistischen Lebensweise, ihrer hohlen Versprechungen und Vertröstungen auf die Zukunft, wegen der Beharrlichkeit mit der sie an ihren Lebenslügen festhalten, wegen ihrer autoritären Verteidigung der Macht usw. Diese Kritik der Jungen an den Älteren und Alten konnte und kann ihre Maßstäbe aus dem Arsenal vergangener konservativer "Werte" ebenso beziehen, wie aus einer schöpferischen, auf Gegenwart und Zukunft gerichteten Kritik an den Weltbildern und den Lebensstilen der Erwachsenen. Die Jugendbewegung zwischen 1900 und dem Ersten Weltkrieg ist dafür ein Beispiel. Die einen kritisierten die Väter, daß sie den Geist der Großväter verraten hätten (Rekurs auf die "Freiheitskriege" gegen Napoleon) und griffen bei der Herausbildung ihres Lebensstils tief in die germanophile Mottenkiste. Die anderen versuchten eine originäre Kulturrevolution, deren Schwung durch Krieg und Revolution bis in die Weimarer Republik reichte und all das an kulturellen Schöpfungen hervorbrachte, was uns heute an den 20er Jahren fasziniert und was die Nazis als "Kulturbolschewismus" und "jüdische Entartung" zu vernichten trachteten.

Daraus folgt: die Auseinandersetzung um die Tradierung bzw. Ablehnung oder Veränderung von Werten zwischen den Generationen dreht sich im Konkreten um sehr verschiedene Inhalte und wird von sehr verschiedenen Gruppierungen ausgetragen. Die alten Nazis möchten die jungen Rechten für ihre Ziele von vorgestern rekrutieren und die jungen Rechten lachen über die pflaumenweichen Knasterköppe und gehen ihre eigenen Wege - nur wenn es gegen links und liberal und gegen Schwule und "Überfremdung" geht, sind sie sich einig. Und die 68er? In jeder "neuen Jugendbewegung" wollen sie ihre Früchte sehen, wollen zeigen, wie eine Perspektive gewonnen werden kann und fühlen sich benutzt und mißbraucht, als Paten, Unterstützer etc., wenn die jungen Autonomen ihre Lehren und Weisheiten ablehnen und sie als Etablierte, Integrierte, Papiertiger etc. beschimpfen - auch wenn sie sich einig sind mit diesen Erwachsenen gegen Neofaschismus, Ausländerhaß, Rassismus und Verfassungsschutzstaat und wie diese die kolonialistischen Methoden gegenüber dem "Beitrittsgebiet" ekelhaft finden.

In der aktuellen Debatte um den "Wertewandel" geht es nicht um Ingleharts Postmaterialismusthese (die Anfang der 70er Jahre die Konservativen erschreckte und von den Linken ignoriert wurde und die "Wertedebatte" in den Sozialwissenschaften und der Jugendforschung lostrat) es geht auch nicht einfach um das alte Schema von Links und Rechts, sondern um kulturelle Orientierungen von Jungen und Mädchen, die scheinbar querstehen zu umfassenden Werten der Erwachsenen-Gesellschaft. Es handelt sich um ein System von Werten, das sich hinter den politischen Parteiungen und Widersprüchen über Jahrzehnte gehalten hat und als "Große Koalition" der etablierten gesellschaftlichen Kräfte zum Vorschein kommt. Dieses "Werte-System" steht neuen jugendlichen Orientierungen und Bereitschaften als Mauer gegenüber und wird just zu einem Zeitpunkt sichtbar, da die äußeren Mauern gefallen sind und die Abgrenzungen, die bisher das politische Spektrum der Erwachsenen bestimmt haben, sich tendenziell auflösen bzw. in vieler Hinsicht disfunktional geworden sind. Die Bereitschaft zur Übernahme von Stigmata wie "gewaltbereite" oder "hedonistische" oder "konsum- und freizeitorientierte" Jugend geht quer durch die politischen und weltanschaulichen Formationen der Erwachsenen. Dies legt den Verdacht nahe, daß hier neue Feindbilder gesucht und gefunden werden. Feindbilder vereinfachen die Wirklichkeit, in dem die öffentliche und subjektive Aufmerksamkeit auf bestimmtes Handeln von bestimmten Jugendlichen konzentriert wird und nach der Methode "pars pro toto" bzw. "Haltet den Dieb!" das Spezielle verallgemeinert wird, zum Trend und zum Charakteristikum erhoben und dämonisiert wird.

Nichts eignet sich besser für diese Konsensstrategie als die Wahrnehmung kleiner Erosionen am vermeintlichen generationsübergreifenden "Werte-Konsens", sofern es sich um den moralischen Kern aller Werte handelt, der meines Erachtens aus vier Paradigmen besteht:

1. Bereitschaft zur gesellschaftlich definierten Erwerbsarbeit (je nach Klasse und Schicht), einschließlich der Aneignung der dazu erforderlichen Tugenden und Fähigkeiten.
2. Lustverzicht und Bedürfnisrestriktion in der Jugend zugunsten "verdienter" Erfüllung im späteren Leben.
3. Sofern überhaupt, Realisierung der Rausch- und Liebesbedürfnisse in den zugelassenen, d.h. gesellschaftlich legitimierten Formen und Maßen.

4. Verzicht auf jede Form der Gewaltanwendung durch Jugendliche im Streit um die Lebensmöglichkeiten im Hier und Jetzt - vor allem von körperlicher Gewalt.

Diese Paradigmen sind moralisch von Erwachsenen so stark besetzt, daß ihre symbolische oder tatsächliche Ablehnung durch einzelne Jugendliche oder Gruppen Panik aufkommen läßt. Die regelmäßig hergestellte Verallgemeinerung verstellt dann den Blick auf die konkreten Situationen, Verhältnisse und Akteure, verhindert die vorurteilsfreie und differenzierte Betrachtung des Handelns und der Motive von Jugendlichen. Statt dessen wird sehr abstrakt vom drohenden oder schon stattfindenden "Wertewandel" geredet. Genau das ist das Dilemma unserer gegenwärtigen Deutschen Debatte über "Jugend und Gewalt". Das möchte ich etwas weiter ausführen.

Jugendforschung war Ende der 60er/Anfang der 70er Jahre endlich so weit, den globalen Jugendbegriff aufzugeben. Fortan wurde nach Klassen- und Schichtenzugehörigkeit differenziert. Die Lebensäußerungen von Jugendlichen wurden als Ausdruck der subjektiven Verarbeitung ihrer Lebenslage verstanden, die Kategorie des "sozialen Ortes" (von Siegfried Bernfeld schon in den 20er Jahren dieses Jahrhunderts entwickelt) wurde wieder entdeckt. Die Gewaltbereitschaft bestimmter Gruppierungen männlicher Jugendlicher wurde als milieuspezifische Bewältigungsstrategie verstanden und das half den mittelschichtsozialisierten PädagogInnen das auszuhalten und damit klar zu kommen.

Ende der 70er Jahre wurde die soziologische Betrachtungsweise entscheidend differenziert durch die geschlechtsspezifische Sichtweise, die erst richtig zum Vorschein brachte, daß Gewalt auf der Ebene des Handelns vor allem eine Angelegenheit von männlichen Jugendlichen und jungen Männern ist und Mädchen und Frauen potentiell zu den Opfern dieser Gewalt gehören.
Die in den Jugendeinrichtungen entstehenden Mädchengruppen übten sich in Konsequenz dieser Erfahrung und als Ausdruck ihres neuen Selbstbewußtseins in Methoden der Selbstverteidigung. In den 80er Jahren entwickelten sich die "jugendkulturellen Szenen" u.a. infolge der Auflösung "traditioneller Milieus" und die Jugendforschung wurde dem

gerecht mit einer weiteren Differenzierung, dem modernisierten Jugendkulturbegriff (Gustav Wyneken hatte diesen Begriff 1912 entwickelt), dem Regionalisierungs-ansatz, dem Lebenswelten-Konzept, der Vertiefung der Raum-Zeit-Dimension und der Bindung all dieser Ansätze an die Alltagserfahrung von Jugendlichen, die zu einer Wiederbelebung und Modernisierung der Sicht auf die Bedeutung von peer-groups führte. Noch nie hatte Jugendforschung in Deutschland einen so differenzierten Blick auf Jugendliche.

Die Intensivierung von gewaltmäßigem Fühlen, Denken und Handeln vor allem männlicher Jugendlicher hätte also ohne Anstrengung und Ratlosigkeit betrachtet und analysiert werden können - **wenn** - ja wenn die WissenschaftlerInnen dem politischen Druck, dem Mediendruck und dem Praxisdruck widerstanden hätten und widerstehen würden, statt sich kurzatmig und hektisch zur Legitimation von Alltagstheorien und politischen Strategien benutzen zu lassen, die sie mit immer neuen und beliebig interpretierbaren "empirischen Befunden" (Anhäufung von Daten) füttern, statt auf der Kenntnisnahme entwickelter qualitativer Interpretationsmöglichkeiten zu bestehen und die öffentlichkeitswirksam aufzubereiten.

Daß die WissenschaftlerInnen dem Druck zu schnellen griffigen Erklärungen des Gewaltphänomens nicht widerstehen, hat mehrere Ursachen:

1. Es handelt sich bei Gewalt-Handeln von Jugendlichen, zumal wenn es mit rechtsextremen Auffassungen begründet wird, um eine "Sumpfblüte", die Schaudern und Abwehr hervorruft. Frau und Mann wollen sich nicht hermeneutisch darauf einlassen und wehren mit schnellen Analysen ab. Insofern sind sie Teil der "Großen Koalition".
2. Forschung ist ein Geschäft, in dem es um Marktanteile, Konkurrenz, also Selbstbehauptung, um politische Anerkennung geht. Auf diesem Markt zirkulieren Geldströme, die unter Auftragsbedingungen kanalisiert werden. Das Forschungsdesign wird von diesen interessengebundenen Bedingungen bestimmt. Mit der "Freiheit der Forschung" ist es - vor allem in unserem Zusammenhang - nicht weit her. ForscherInnen, die im Trend liegen müssen, die schnelle und möglichst sofort umsetzbare Ergebnisse liefern müssen, die ihre Lebensplanung an

Projektlaufzeiten knüpfen etc. sind nicht frei in ihrem Forschen und Denken, sondern abhängig von Konjunkturen. Die institutionalisierte Lehre ist da freier, unabhängiger im Denken - aber sie hat weder die Zeit noch die Apparate um breit genug und tief genug zu forschen, solange die Lehre ernst genommen und nicht als lästige Pflichtaufgabe vernachlässigt wird.

3. Aus dem Forschungsgeschäft ergibt sich eine Nötigung zur öffentlichkeitswirksamen Selbstinitiierung, die oft genug zu einer problematischen Koalition mit den an gesellschaftlichen Skandalen interessierten MedienmacherInnen führt. Auf diesem Wege verkommt Jugendforschung zur populistischen Tagesmeinung. Das wird ergänzt durch die Gier von PolitikerInnen nach schnellen griffigen Erklärungsmustern.

4. Gerade die Praxisferne vieler JugendforscherInnen führt dazu, daß sie dem verständlichen Praxisdruck nicht widerstehen können.
Statt in einem langfristig angelegten Theorie-Praxis-Verbund, indem die ForscherInnen auch als PraktikerInnen erscheinen und die PraktikerInnen ihre Kompetenzen als ForscherInnen entwickeln, wie es in den Konzepten von Aktions- und Handlungsforschung der 70er Jahre begonnen wurde - hat Forschung einen interventionistischen Stil entwickelt: Auftauchen - Abfragen - Ausfragen - Abhauen - Auswerten - Präsentieren und wieder von vorne. Auf diese Weise können keine qualitativen Interpretationsmög-lichkeiten entwickelt werden. Die Theorie bleibt auf der Strecke und als Ersatz werden die sprachlich aufpolierten Alltagstheorien der gestreßten PraktikerInnen genommen und alles bleibt beim Alten. Daher der unübersehbare Langweiler-Effekt bei der Präsentation der Ergebnisse.
Ein Dialog zwischen Theorie/Forschung und Praxis der Jugendarbeit auf der Basis vermittelter Sichtweisen und überprüfbarer gemeinsamer Erfahrungen kommt nicht zustande. Das gilt besonders für drei gesellschaftlich stets prekäre Themenkomplexe: Sexualität - Konsum von illegalisierten Drogen - gewaltmäßiges Handeln.

5. Die Arbeit der JugendforscherInnen schlägt sich in der Regel in veröffentlichten Forschungsberichten nieder und nimmt damit einen wesentlichen Einfluß auf die in der Gesellschaft kursierenden und oft genug dominierenden Bilder von "der Jugend". Diese Bilder dienen wiederum den JugendpolitikerInnen und den JugendfunktionärInnen als Begründung und Legitimation für die Finanzierung praktischer Ju-

gendarbeit: schon seit mehr als 10 Jahren wird Jugendarbeit hauptsächlich mit Hilfe skandalisierter Jugendbilder finanziert. Viele Aufgaben der Jugendarbeit, die zur alltäglichen und "normalen" Praxis einer gut ausgestatteten Jugendarbeit gehören müßten, werden nur noch finanziert, wenn sie als Prävention gegen den Mißbrauch illegalisierter Drogen, gegen die Bereitschaft zu gewaltmäßigem Handeln und zur Wiederherstellung bzw. Aufrechterhaltung von Leistungs- und Arbeitsmotivation begründet werden. Um Geld für eine zum pädagogischen Alltag gehörende Sommerreise ins Ausland zu bekommen, muß beispielsweise ein Antrag an den "Drogenprophylaxe-Topf" gestellt werden, in dem argumentiert wird, daß mit der geplanten "clean-Reise" "drogengefährdeten Jugendlichen" eine Alternative zu ihrem "drogengefährdeten Alltag" geboten werden soll. In den nächsten Monaten werden wir erleben, daß hunderte von Sozialpädagogen und SozialpädagogInnen in den neuen Bundesländern zur Basisfinanzierung ihrer Jugendarbeit Anträge an den "Gewalt-Präventions-Topf" (20 Millionen-Programm) der Bundesregierung stellen werden und dafür Begründungen abliefern werden, in denen Jugendliche massenweise als potentielle Gewalttäter stigmatisiert werden. Mit dieser Strategie wird die Jugendarbeit insgesamt zur Feuerwehr für gesellschaftliche Skandalfälle gemacht und aktiv in einen umfassenden Stigmatisierungsprozeß der jetzt heranwachsenden Generation einbezogen. Auf den Schreibtischen der verantwortlichen BeamtInnen häufen sich die Akten mit solchen frisierten Begründungen. Die so erzeugten "Bilder" verdichten sich im Laufe der Zeit zu einem dominanten "Jugendbild" und bekommen als Jugendpolitik, als politische Strategien, in Finanzentscheidungen und ganzen "Maßnahmen-Paketen" materielle Gewalt. Ich halte diese Entwicklung, an der Politik, Praxis, Wissenschaft/Forschung gleichermaßen beteiligt sind für eine gesellschaftliche Katastrophe. Es wäre unsere Aufgabe, den Skandalisierungen gemeinsam entgegenzutreten, den Dingen sorgfältig und ruhig auf den Grund zu gehen, für realistische und differenzierte Jugendbilder in der Öffentlichkeit zu sorgen, für eine Finanzierung von breit angelegter "normaler" Jugendarbeit einzutreten und auf die Abschaffung der stigmatisierenden und das Handlungsspektrum einengenden sog. Präventionsprogramme zu dringen.

Ich komme noch einmal zurück auf das Stichwort "Wertewandel", um ein paar Anregungen für die Diskussion in der Arbeitsgruppe zu formulieren. In der Regel wird unter uns vorausgesetzt, daß darüber, was ein "Wert" ist, Einigkeit besteht. Ebenso wird vorausgesetzt, daß es so etwas wie einen "Wertekonsens" in unserer Gesellschaft gäbe. Ich meine, daß es sich lohnt, diese Voraussetzungen zu überprüfen.
Zum Stichwort "Wert" fand ich in einem philosophischen Lexikon von 1740 folgende Ausführungen:

"Wert ist ein moralisches Gewicht, da durch man Sachen und Handlungen hoch oder gering schätzet, insofern sie einen Nutzen im gemeinen Leben haben und miteinander verglichen werden, damit sie geschickt seien zum Handel und Wandel der Menschen zu dienen. (...) Solche Dinge müssen im gemeinsamen Leben einen Nutzen haben, daher man dasjenige, was man nicht brauchen kann, verwirft. (...) Der Affectionswerth hingegen ist, wenn man aus besonderen Ursachen seine Sache höher schätzet, als andere Leute zu tun pflegen (...). Übrigens, wenn man sagt, der Grund des Werths bestünde in der Nutzbarkeit, so ist es nicht bloß von dem Wahrhaftigen, sondern auch von dem eingebildeten Nutzen zu verstehn und bedeutet alles, was den Menschen, auch nach ihren falschen Einbildungen, verderbten Affecten und Neigungen angenehm und gut vorkommt. (...)" (Walchs Philosophisches Lexicon, 2. Bd., Tübingen 1740, S. 1545 ff.).
In diesem Zitat stecken Ratschläge, die m.E. auch nach 250 Jahren in der aktuellen Debatte über den "Wertewandel" in den heranwachsenden Generationen beherzigt werden sollten.

In den 20er Jahren gab es in den Geisteswissenschaften eine breite Diskussion über das sog. Wertebewußtsein. Dieses Bewußtsein wurde in der Sphäre des ethischen Bewußtseins angesiedelt. Gemeint wird damit das Wissen um Güte und Bedeutung einer Sache bzw. einer Handlung. Dieses Bewußtsein zu entwickeln lag in der Verantwortung jedes Individuums, es wurde aber auch als eine wichtige Aufgabe in der Erziehung gesehen. Nach *Nicolai Hartmann* ist das Wertbewußtsein einem "ungeweckten, dunklen, unklaren" Bewußtsein praktisch überlegen und zwar in der Teilhabe an der Fülle des Wertvollen im Leben. Nach dieser Auffassung ist jemand wertblind, der uneinsichtig gegenüber bestimmten Werten ist. Hartmann ging davon aus, daß wir alle teilweise wertblind sind, insofern wir immer nur begrenzte Ausschnitte aus dem "Wertreich" übersehen, für andere aber "blind" sind. Hartmann bezeichnete die reine "Sollensethik" als "sittliche Verblendung", weil sie wertblind sei für das Wirkliche.

Dilthey verstand **Werten** als menschliche Geistestätigkeit in der Bedeutung von "Ab- und Einschätzen, Erkennen und Beurteilen". Er schrieb 1896: "...die Jugend will ja alles nur noch unter dem Zweckgesichtspunkt ansehen und werten." Und Gerhard Hauptmann stellt 1891 in seinem Drama "Einsame Menschen" fest: "Die Kinder werten anders als ihre Eltern." Beide Autoren bringen die Werte und das Werten mit dem Generationenkonflikt in Verbindung. Aber nicht nur zwischen den Generationen gibt es Wertekonflikte, auch im biographischen Verlauf ändern sich die Wertschätzungen von Sachen und Handlungen: in vielen Autobiographien finden wir Sätze wie diesen: "wieviel wertvoller erschienen mir jetzt Dinge, welche ich damals übersehen und gering gewertet hatte."

Werten können ist eine psychische und intellektuelle Fähigkeit, die in der Bedeutung von Unterscheiden-Können subjektive Orientierung erst möglich macht, wenn zum Unterscheiden das Beurteilen hinzukommt. Hier zeigt sich der Zusammenhang von Erkennen und Werten. Die Person ist also in unserem Zusammenhang als wertendes Subjekt zu betrachten.

Nun sind die Sachen und Handlungen, auf die das wertende Subjekt sein Interesse richtet, als "Objekte" schon gegeben und es stellt sich die Frage, ob ihnen der Wert schon **inhärent** ist. Werten wäre dann das Finden, Erkennen und Annehmen des vorgefundenen Wertes durch das Subjekt: Werten wäre dann: ein Objekt als wertvoll erkennen in einem Vorgang der subjektiven Zuordnung. Der einer Sache oder Handlung innewohnende (oder anhaftende?) Wert gewinnt erst in diesem Akt lebendige Bedeutung. In der modernen Wissenschaftssprache nennen wir diesen Vorgang Aneignung.

Dem Suchen und Erkennen von Werten, dem Werten als einer aktiven Handlung des Subjekts, folgt auf der nächsten Stufe der Versuch, die Werte im Handeln der Menschen zu realisieren. Damit ist die Frage aufgeworfen, wie der Einzelne/die Einzelne zu einer tätigen Übereinstimmung mit den subjektiv anerkannten Werten kommen kann. Noch komplizierter wird es, wenn der/die Einzelne zu einer tätigen Übereinstimmung mit gesellschaftlich dominanten, von ihm/ihr aber abgelehnten Werten gebracht werden soll (dies war schon immer ein zumindest fragwürdiges Feld aller Pädagogik).

Demnach ist das philosophisch/psychologische Wertegesetz, das den Einzelnen in seinem Handeln bestimmende Gesetz. Es kann mehr innen oder mehr außengeleitet sein, wobei die geisteswissenschaftlich orientierte Pädagogik dem innen geleiteten Wertgesetz einen höheren Wert beimißt, weil in ihm der Ausdruck einer autonomen Persönlichkeit gesehen wird. Nun wissen wir schon seit langem, daß dem Wertgesetz des/der Einzelnen Entwicklungen vorausgehen, in denen Gebote, Normen, Wertgesichtspunkte schon lange wirksam sind, bevor sie durch ethische Reflexion ins individuelle Bewußtsein gehoben werden. Und wir wissen auch, daß diese "Bausteine" des individuellen Wertehorizontes nicht nur individuell und familiär sondern in einem umfassenden Sinne gesellschaftlich und historisch determiniert sind. Im gesellschaftlichen Diskurs über den Wandel von Werten - so er denn geführt wird - müssen wir uns über solche Determinationen Aufklärung verschaffen, wenn wir nicht "wertblind" unseren tradierten Wertemustern folgen wollen.

In der Auseinandersetzung um den angenommenen, befürchteten oder begrüßten "Wertewandel" spielen auch Stichworte wie "Wertehierarchie", "Wertekonflikte", "Werteautonomie" eine Rolle. Alle Begriffe verweisen auf den Widerstreit, der aus Wertgegensätzen entsteht. Diesen Widerstreit gibt es a) im Individuum selbst, b) zwischen Individuen, c) zwischen Generationen, d) zwischen Gruppen und Parteien. Nicolai Hartmann meint, daß der "Mensch sich beständig in Wertkonflikten befindet, die er so lösen muß, daß er seine Schuld verantworten kann."
Konflikte gab es aber in der Philosophie schon immer auch über die Bedeutung von Werten überhaupt. Während Lotze (Deutscher Philosoph der 20er Jahre) "Wert" als "ein von den Menschen gefühlsmäßig als übergeordnet anerkanntes, zudem man sich anschauend, anerkennend, verehrend, strebend verhalten kann" definierte, und behauptete, daß im

"Werterlebnis" eine "Steigerung des Lebensgefühls" erreicht werde, behauptete Nietzsche kurz und bündig, daß "jene philosophischen Arbeiter" (gemeint sind die Vertreter der Wertephilosophie) irgend einen großen Tatbestand von Wertschätzungen (haben) - d.h. **ehemaliger** (Hervorhebung - M.K.) Wertsetzungen, Wertschöpfungen, welche herrschend geworden sind und eine Zeitlang `Wahrheiten` genannt werden...".

In der marxistischen Philosophie wird ganz im Gegensatz zur Auffassung von Nietzsche den Werten und dem Werten als wichtiger menschlicher Handlung eine große Bedeutung beigemessen. Der historische und dialektische Materialismus versteht die Werte als Ausdruck einer "Wechselbeziehung zwischen den Objekten der menschlichen Betrachtung oder Einwirkung mit ihren jeweils qualitativ bestimmten Merkmalen oder Eigenschaften einerseits und dem Menschen mit seinen konkreten historischen Bedürfnissen und Interessen andererseits". In den Werten erschließe sich dem Individuum die Bedeutung der Dinge und Erscheinungen, die für sein Leben wichtig sind. Hier wird der Wert also als ein soziales und ideologisches Phänomen verstanden und nicht als eine "natürliche Eigenschaft" oder als ein feststehendes "geistiges Gut". Als soziale und ideologische Erscheinung aber sind die "geistigen, kulturellen, moralischen und ästhetischen Werte" ein Produkt der Geschichte, von Menschen gemacht und somit auch von Menschen zu verändern. Für die marxistische Pädagogik hat die Herausbildung der Werte beim Individuum einen ebenso großen Stellenwert wie in allen Richtungen in der bürgerlichen Pädagogik auch:

"Die Werte spielen als ideologische Zielpunkte und Leitideen eine sehr große Rolle für die Orientierung des menschlichen Handelns, Denkens und Fühlens. Sie sind eine spezifische Form vermittels derer sich die Menschen ihrer gesellschaftlichen Zusammenhänge und Aufgaben bewußt werden und durch deren geistige Aneignung sie sich bewußt in ihre jeweiligen Gemeinschaften integrieren und sich mit den darin anerkannten Zielen, Interessen, Normen, Lebensformen usw. persönlich identifizieren. Insofern wirken die im gesellschaftlichen Bewußtsein anerkannten Werte als höchst aktive Triebkräfte des individuellen und kollektiven Handelns".

Dabei stehen die sog. moralischen Werte im Mittelpunkt des Interesses, weil sie den stärksten Bezug auf die Praxis des gesellschaftlichen Menschen haben. Es wird angenommen, daß die Funktion der moralischen Werte in der "Orientierung und Aktivierung des Menschen, Herstellung der Übereinstimmung des Handelns und Verhaltens der Individuen und Gemeinschaften mit den für sie lebenswichtigen Grundinteressen" bestehen. Die moralischen Werte seien "Richtpunkte individuellen oder gemeinschaftlichen Handelns und Verhaltens", die "bewußtseinsbildend, orientierend, stimulierend und regulierend auf das praktische Verhalten" einwirken. Danach sind es die moralischen Werte, die die "Herausbildung eines bewußten Verhältnisses des Menschen zu seiner gesellschaftlichen Umwelt und den Erfordernissen des Lebens in der Gemeinschaft fördern und regulieren."

Es ist interessant, daß diese Auffassung der marxistischen Philosophie - wenn man sie einmal trennt von der marxistischen Geschichtsauffassung (Klassenkampf als Motor der Geschichte) - ziemlich genau beschreibt, welche Bedeutung die gesellschaftlich immer wieder heftig geführten Diskussionen über den Wertewandel in der europäischen Pädagogik und Erziehungswissenschaft seit der Aufklärung haben.

In der modernen Pädagogik ist die geisteswissenschaftliche "Werttheorie" eher in den Hintergrund getreten und hat einer mehr pragmatischen Auffassung von den Werten Platz gemacht. Hinter diesem modernen Pragmatismus - der sich in der Erziehungswissenschaft schon fast als eine "Werteabstinenz" ausdrückt - sind aber die alten Bedeutungen erhalten geblieben und das wird immer dann offensichtlich, wenn es im Verhältnis der Generationen wieder einmal - wie gerade jetzt - zu gesellschaftlich breit angelegten Konflikten über den angeblichen "Wertekonsens" kommt. In solchen Konflikten besteht immer die Gefahr, daß die alten Bedeutungen in der Verteidigung der von den Heranwachsenden kritisierten oder einfach abgelehnten Werte wieder Gewicht bekommen und sich gegen eine moderne gesellschaftstheoretisch begründete Erziehungslehre stellen, in der Werte nicht mehr zentrale Orientierungen sind sondern eher "mitwirkende" erzieherische Kräfte, über deren Wirkung sich die Erziehenden jeder Zeit selbst aufklären sollten.
In einer Erziehung, in der es darum geht, die zu Erziehenden alltagsbezogen und wirklichkeitsnah zu unterstützen und zu einem humanen si-

tuationsgerechten Handeln zu befähigen, können Werte als "überzeitliche ideale Leitbilder" keine hervorragende Rolle mehr spielen. Moderne Erziehung achtet auf die Selbstbilder, die Lebensentwürfe und die Selbst-Wertgefühle der zu Erziehenden und begreift sie als eine ernstzunehmende Herausforderung für das Wertesystem der Erziehenden. Eine Jugendarbeit, die sich diesem Erziehungsverständnis verpflichtet weiß, tritt jugendpolitisch dafür ein, daß Jugend als eine eigenständige Lebensphase verstanden wird, in der es um einmalige, nicht wiederholbare aber lebensbestimmende Erfahrungen geht, die gesellschaftlich zugestanden werden müssen und für die die Räume und Zeiten vorhanden sein müssen.

Die gesellschaftliche Diskussion über den Wertewandel bei der heranwachsenden Generation muß auf einer allgemeinen Ebene mit den gesellschaftlichen Bedingungen von "Jugend" in Beziehung gebracht werden. Erst in diesem Rahmen eröffnet sich eine realistische Chance mit Jugendlichen, die durch ihr Handeln eine praktische Kritik an den gesellschaftlichen Rahmenbedingungen zum Ausdruck bringen, ins Gespräch zu kommen. Leider wird dieser Dialog von der Gesellschaft der Erwachsenen immer erst dann gesucht - oder besser gefordert - wenn Jugendliche mit ihrem Handeln tatsächlich Grenzen überschreiten und auf bedrohliche Weise in das Leben anderer Menschen eingreifen. Es liegt vielleicht daran, daß es den Älteren ganz generell schwer fällt, mit Jugendlichen nicht moralisierend über die prekären Lebensfragen zu reden, an denen sich die Diskussion über den Wertewandel immer wieder aufhängt: Einstellung zur Berufsausbildung und Arbeit, zur Sexualität, Ehe und Familie, Mittel und Methoden der Konfliktaustragung, Politikverständnis. Es geht nicht darum, daß wir Erwachsene alle Wertentscheidungen und Wertsetzungen der Heranwachsenden zu akzeptieren hätten. Es geht darum, daß wir die von uns vertretenen Werte weder einfordern noch oktroyieren können. Wir haben nur die Chance für unsere (sehr vielfältigen und unterschiedlichen) Werte zu werben mit einer authentischen Lebensführung und einem offenen Blick für die Vorstellungen und Ansprüche, die Jugendliche als Ausdruck ihrer subjektiven aber immer gesellschaftlich bestimmten Erfahrungen (von denen wir Erwachsenen ja ein wichtiger Teil sind) entwickeln und die von ihnen auf vielfältige und oft provozierende Weise zum Ausdruck gebracht werden.

Für eine schnelle und dennoch umfassende Information über einzelne Aspekte des Lebens von Jugendlichen heute, ihrer Auffassungen und Orientierungen im einzelnen empfehle ich den 2. Band des "Handbuchs der Familien- und Jugendforschung", hrsg. v. Manfred Makefka und Rosemarie Nave-Herz, Frankfurt/M., 1989.

Literatur

Walchs Philosophisches Lexicon, Tübingen 1740
Georg Klaus und *Manfred Buhr*, Philosophisches Wörterbuch, Bd. 2, Leipzig 1964
Philosophisches Wörterbuch, begründet von Heinrich Schmidt, neu bearb. von Justus Strella, Stuttgart 1951
Grimms Deutsches Wörterbuch, Stichwort Wert
Handbuch der Familien- und Jugendforschung, Bd. 2, Neuwied und Frankfurt/M. 1989

9. Ein Fall von Politikberatung: Lebenslagen von Jugendlichen - notwendiger Ausgangspunkt für eine parteiliche Jugendpolitik*

Diese Themenstellung für eine Klausurtagung einer Ministerialbürokratie, die für fast alle außerschulischen Belange von Kindern und Jugendlichen zuständig ist, suggeriert, daß die vielschichtige Lebenswirklichkeit von Kindern und Jugendlichen in Berlin Bezugspunkt und Ausgangspunkt von staatlicher Jugendpolitik sei und daß diese Jugendpolitik sich in Handlungen realisiere, die, ansetzend an Bedürfnissen und Problemlagen von Kindern und Jugendlichen jeglichen Geschlechts und jeglicher Herkunft, prinzipiell einen unterstützenden und fördernden Charakter habe.

Die Politik einer Verwaltung also, die gegenüber der von Erwachsenen bestimmten Gesellschaft und ihrer Repräsentanten in Parlamenten, Verwaltungen, in Wirtschaft, Bildung und Kultur die Bedürfnisse und Interessen von Kindern und Jugendlichen engagiert vertrete, sich also nicht auf die Verwaltung knapper Mittel, auf Haushaltspolitik als Sparpolitik, auf eine Politik des Beschwichtigens und Beruhigens verpflichten lasse.

Ich will mich für den Augenblick dieser Suggestion überlassen und annehmen, daß es Sie in diesem Sinne wirklich interessiert, was wir hier zu sagen haben.

Die heranwachsenden Generationen waren, sind und bleiben in der Gesellschaft ein bewegendes Element. Eine Jugendpolitik, die dem entsprechen will, muß selber ein bewegendes Element innerhalb des Regierungs- und Verwaltungsapparates sein, eine unangepaßte Einheit, wenn es gilt, offensiv für Freiheitsgrade einzutreten - und das gilt es fast immer und gerade dann, wenn, wie jetzt, behauptet wird, dafür gäbe es keinen Bedarf und keine Räume und keine Mittel.

Wenn Jugendpolitik defensiv wird, auf Befriedung unruhiger Potentiale aus ist, die von den Hütern der Ordnung als "störend" definiert werden, wenn sie sich zur Verwaltung des Mangels machen läßt, ist sie keine Jugendpolitik mehr, sondern eine Anti-Jugendpolitik. Es ist immer schwer,

---
* Vorgetragen auf der Klausurtagung der Berliner Senatsverwaltung für Jugend und Familie am 26.4.1995 im Wannseeheim für Jugendarbeit

wenn Erwachsene Jugendpolitik machen sollen - sie haben eine Stellvertreterfunktion, aber die müssen sie auch ausfüllen, eine Alternative dazu gibt es nicht. Sie hier haben es besonders schwer, denn in der Koalition mit der CDU müssen sie 1. Regierung und Opposition in einem sein und 2. fehlt Ihnen z.Z. eine öffentlich wirksame und organisierte außerparlamentarische jugendpolitische Opposition - mit Ausnahme des Teilbereichs der Drogenpolitik, wo sich einiges tut - die Sie zwingen könnte, Ihre eigene Politik in der Abgrenzung zu formulieren, die Ihnen aber mit ihren Aktionen auch den Rücken stärken könnte gegenüber den anderen Ressorts und gegenüber einer in Belangen der Jugend ängstlichen und konservativen Öffentlichkeit.

Vielleicht verlange ich von einer staatlichen Verwaltung die Quadratur des Kreises, aber ich denke, diese Behörde besteht aus lauter lebendigen Frauen und Männern, und die können, allen bürokratischen Strukturen zum Trotz, eben so oder so fühlen, denken und handeln. Sie treffen Entscheidungen mit weitreichenden Konsequenzen, für die sie verantwortlich sind. Jugendpolitik ist antibürokratisch, und wenn sie es nicht ist, betreibt sie Etikettenschwindel.

Jugendpolitik, die sich als politische Kraft auf der Seite von Kindern und Jugendlichen befindet, kann sich nicht in gegenwärtiger Schadensbegrenzung erschöpfen. Sie ist mitverantwortlich für die Zukunft. Nicht, daß sie die Zukunft für die Heranwachsenden gestalten sollte, sondern, indem sie die Bedingungen fordert und schafft, die es den Kommenden ermöglicht, ihr Leben selbst zu gestalten, für eine Zeit, in der wir alle hier bereits von der jugendpolitischen Bühne abgetreten sein werden.

Dies alles gilt auch und gerade unter den schwierigen Bedingungen der Vereinigung Deutschlands und den besonders schwierigen Bedingungen, die diese Vereinigung in Berlin geschaffen hat.

Schadensbegrenzung und Ermöglichung von Zukunft sind m.E. die zusammenhängenden Aufgaben von Jugendpolitik. Sie fordern eine Sichtweise auf Kinder und Jugendliche, die erstenmal zuläßt, daß die Bedürfnisse und Lebensentwürfe der in den gesellschaftlich bestimmten Lebenslagen handelnden Jugendlichen nicht den Wunschvorstellungen der dominanten Gesellschaft der Erwachsenen entsprechen müssen, wie sie im Konstrukt der sogenannten Normalbiographie - von der Wiege bis zu

Bahre - zusammengefaßt sind. Ob diese "Normalbiographie" (Aufwachsen in der Kernfamilie, Schule, Berufsausbildung bzw. Studium, Arbeit im erlernten Beruf, mit einem Einkommen, das einen steigenden mittleren Lebensstandard und wiederum die Gründung einer Familie zuläßt) jemals identisch war mit der Durchschnittbiographie sei dahingestellt. Heute jedenfalls ist sie es nicht mehr und die Musterbeispiele, an denen diese Norm noch aufgehängt ist, werden immer weniger. Das gilt besonders für die großen Städte und ganz besonders für Berlin.

Sehr viele Kinder und Jugendliche wachsen nicht mehr in der Kernfamilie auf. Entweder die Ursprungsfamilie hat sich in Beziehungskonflikten aufgelöst (es kommt eine Phase mit einem alleinerziehenden Elternteil, meistens der Mutter und dann zur Bildung einer Stieffamilie) oder - und die Tendenz ist steigend - sie wachsen von vornherein in der Ein-Eltern-Familie auf, zunehmend als Einzelkinder.

Kinder- und Jugendpolitik, die sich weiterhin an dem Wunsch-/Leitbild der "Normalbiographie" orientiert, bleibt klassische Familienpolitik, diskriminiert die skizzierte Lebenslage als abweichend, kann ihr nicht gerecht werden. Die Konsequenzen für die Entwicklung der Krippen- und Kitaplanung, für offene Kinderarbeit, Familienhilfe, Gestaltung von Arbeitsbedingungen für alleinerziehende berufstätige Eltern, liegen auf der Hand. Hier trifft sich Kinder- und Jugendpolitik mit Frauenpolitik. Im Moment geht es vor allem um die Sicherung der Eltern-Kinder-Tagesstätten (EKT) und um die Finanzierung ihrer Beratung.

Jugendpolitik muß im Interesse von Kindern und Jugendlichen auf die Stadtplanung Einfluß nehmen. Motto: Stadt als Raum für Kinder und Jugendliche, d.h. keine kinderfreie Innenstadt und keine Ghettoisierung von Kindern in den Wohn-Schlafstädten an der Peripherie der Großstadt.

Kinder aus Ost-Berlin und den neuen Bundesländern drohen zu Opfern der Einigung zu werden durch eine als Folge der Einigung entstandene neuartige Armut vieler Familien, die unter den Bedingungen der DDR einen durchschnittlichen Lebensstandard hatten, und durch die Konzentration aller Kräfte der Erwachsenen auf die Erreichung des Lebensstandards gutgestellter West-BürgerInnen.

Für Kinder müssen besondere Beratungsangebote gemacht werden: vielleicht ein Kinderamt, wie es jetzt in Freiburg/Breisgau eingerichtet worden ist, Stadtteilkonferenzen etc. Der Lebensraum von Kindern muß auch unter ökologischen Gesichtspunkten entwickelt werden - und wer soll das im Kabinett vertreten, wenn nicht der Senator für Jugend und Familie?

Nun zur Schule: Viele Kinder und Jugendliche sind den Anforderungen unseres im Prinzip nach wie vor dreigliedrigen Schulsystems (das sich in vielen Alltagsregelungen und Lehrinhalten an der "Normalbiographie" orientiert) nicht gewachsen. Der Ausgrenzungsdruck auf solche Kinder und Jugendliche ist groß, die betroffenen Familien können die entstehenden Konflikte nicht bewältigen. Die Hauptschulen und die Gesamtschulen werden zu Sammelbecken der "Gescheiterten". Sie müßten, um die Chancen dieser Kinder und Jugendlichen zu verbessern, die besten Arbeitsbedingungen haben, sie haben aber die schlechtesten. In den vergangenen Jahren haben sich Initiativen und Projekte entwickelt, die für diese Gruppen unterstützende Arbeit leisten. Sie müßten gesichert und ausgebaut werden, sie sind aber, wie alles, was gegenwärtig nicht über starke institutionelle Absicherung verfügt, von Mittelkürzungen und Schließungen bedroht.

Berufsausbildung Studium:
In der Berufsausbildung ist eine wachsende Schere zwischen einer großen Anzahl subventionierter Ausbildungsplätze mit Qualifikationsprofil ohne Zukunft (klassische Handwerksberufe z.B.) und einer kleinen Anzahl von Berufsausbildungsplätzen mit einem differenzierten, Zukunftschancen eröffnenden Qualifikationsprofil festzustellen. Die Konkurrenz um diese Ausbildungsplätze ist unter den Jugendlichen groß, aber viele von ihnen haben aufgrund ihrer schulischen Voraussetzungen keine Chancen, sich überhaupt daran zu beteiligen. Die Wirkung dieser Schere ist, daß eine wachsende Anzahl von Jugendlichen für attraktive Ausbildungsplätze die Zulassungsbedingungen nicht erfüllen kann, auf die wenig attraktiven Ausbildungsplätze aber keinen Bock hat und sich in dieser Patt-Situation nicht entschließen kann, überhaupt in die schwierige Ausbildungsplatzsuche einzusteigen. Diese Jugendlichen beginnen schon während der Schulzeit sich mit einer Job-Perspektive anzufreunden, d.h. kürzere oder längere Gelegenheitsarbeiten, die mehr oder weniger interessant sind und einen improvisierenden Lebensstil - mal hat man Knete und mal hat man keine - zur Folge haben.

Für diese Jugendlichen haben Berufsausbildung und regelmäßige Lohnarbeit ihre Bedeutung als Fokus für die Herausbildung einer - vor allem männlichen - Identität verloren. Diejenigen Jugendlichen, die mit diesen Lebensbedingungen zurande kommen, entwickeln einen entsprechenden Lebensstil, der Selbstwertgefühl und positive Identifizierungen zuläßt.
Die an der "Normalbiographie" orientierte Jugendarbeit hat mit diesen Jugendlichen große Schwierigkeiten. Statt immer wieder zu versuchen, sie in Richtung "Normalbiographie" zu drängen und hinzubiegen, sollten die von den Jugendlichen entwickelten Techniken der Alltagsbewältigung und der dazu gehörende Lebensstil akzeptiert und unterstützt werden. Initiativen wie die Job-Börse in Kreuzberg oder nach dem Muster der Fixer-Vermittlung in Zürich etc., die den Jugendlichen die Chance eröffnen, mit Arbeit zu experimentieren, müssen ausgebaut werden und jede Diskriminierung solcher Jugendlicher in und durch Institutionen der Arbeitsverwaltung, der Sozialarbeit und Sozialpädagogik müssen vermieden werden. Gerade in diesem Bereich haben sich in Berlin eine Reihe von kleinen Initiativen und Projekten mit viel Phantasie an die Arbeit gemacht. Ihre Arbeitsbedingungen müssen verbessert werden - z.B. durch unbürokratische Genehmigungs- und Förderungspraxis.

Was wir, etwas salopp, im Unterschied zur "Normalbiographie" als Durchschnittsbiographie bezeichnen, beinhaltet für eine große Anzahl von Jugendlichen mehr oder weniger starke Brüche. Eine beträchtliche Anzahl von Jugendlichen ist den Anforderungen an den gesellschaftlich gewünschten Lebenslauf nicht gewachsen, oder will sie, aus welchen Gründen auch immer, nicht erfüllen. Jene sollen Unterstützung/Hilfestellung bekommen und diese soll man lassen, ihre eigenwilligen Lebensstile akzeptieren. Statt sie auszugrenzen und zu verfolgen, sollen ihnen Räume (geographische und soziale) zugestanden werden und Unterstützung, so sie angefordert wird, soll nicht erpresserisch im Sinne von Nötigung zu einem konformen Lebensstil verwendet werden, nach dem Motto: "Wenn wir sie erst einmal haben, werden wir sie auch schon kriegen".
Jene, die den Anforderungen, die an die Durchschnittsbiographie gestellt werden, nicht gewachsen sind, ihnen aber entsprechen möchten, benötigen unbürokratische Integrationshilfen. Die Nonkonformisten brauchen dagegen politische und philosophische Unterstützung gegen eine intole-

rante öffentliche Meinung und gegen repressive Ordnungsstrategien von Institutionen.

Diese Forderung gerät an eine kritische Grenze, wenn es sich um extremistische gewaltbereite Gruppen von Jugendlichen handelt. Mit der Akzeptanz von Gewaltanwendung kommt man hier nicht weiter. Eindeutige Ablehnung gewalttägigen Handelns darf aber nicht blind werden gegenüber den Ursachen solchen Handelns, darf nicht die Kommunikationsbereitschaft mindern und die "Lösung" der Probleme der Polizei zuschieben. Die in letzter Zeit wieder verstärkt geforderte Zusammenarbeit von Sozialpädagogik/Sozialarbeit mit der Polizei führt hier in die Sackgasse, in der am Ende die Sozialpädagogik/Sozialarbeit ein Element des Polizeikonzepts geworden ist und ihr eigenes Profil eingebüßt hat. Polizei und Sozialarbeit/ Sozialpädagogik haben deutlich zu unterscheidende Aufgaben, die für die Jugendlichen erkennbar bleiben müssen. Sie sollen ohne Kompetenzverwischung, ohne Übergriffe und in gegenseitiger Anerkennung der unterschiedlichen Funktionen ihre Aufgaben erfüllen.

Die unter dem Stichwort "Jugendbanden" bezeichnete selbstorganisierte Gruppenbildung von Jugendlichen darf nicht pauschal kriminalisiert werden. Es kommt darin auch eine Widerstandskraft gegen Marginalisierung zum Ausdruck, die von der Jugendpolitik als Versuch der Selbstbehauptung in extrem ungünstigen Lebenslagen verstanden werden muß. Daß in der Koalitionsvereinbarung die Vorstellung einer multikulturellen Gesellschaft und der Begriff der interkulturellen Arbeit gestrichen worden ist und durch das schwammige "kulturübergreifende" (womit die Kultur der Ersten Welt gemeint ist, z.B. deutsch-französischer Jugendaustausch etc.) ersetzt wurde, daß die Berliner Ausländerbeauftragte aus dem "Beirat für interkulturelle Erziehung" gerade ausgetreten ist, daß die Senatsverwaltung auf einem von diesem Beirat in Aussicht genommenen Hearing nicht erscheinen will, stimmt in diesem Zusammenhang besonders bedenklich. Jede Verschlechterung der Lebens- und Partizipationsbedingungen von ausländischen Menschen in der Stadt wird sich gewaltfördernd auf die Selbstbehauptungsversuche gerade Jugendlicher auswirken. Daß hier sehr bewegliche Initiativen und Projekte nötig sind, liegt auf der Hand, und daß hier eingespart werden soll und für 1991/92 schon angekündigte Finanzierungen abgesagt wurden oder werden sollen, halte ich für ein Unglück.

Aus der Situation von Jugendlichen in den skizzierten Lebenslagen ergeben sich Konsequenzen für den ganzen Bereich der außerschulischen Jugendarbeit. In den Jugendfreizeitheimen der Bezirke wird heute kaum noch offene Jugendarbeit durchgeführt. In einem 10jährigen Prozeß haben sich die Freizeitheime immer mehr von den Jugendlichen zurückgezogen, die nicht dem Bild der "Normalbiographie" entsprechen und die mit den Anforderungen der Durchschnittsbiographie nicht zurecht kommen. Heute wird in den meisten Jugendfreizeitheimen, die sich als **sozio-kulturelle Zentren** verstehen, eine anspruchsvolle, den Bedürfnissen der MitarbeiterInnen entsprechende Bildungs- und Kulturarbeit gemacht, und die Jugendlichen des Einzugsbereichs, die diese Häuser als Kiez-Treffpunkte bräuchten, sind auf sanfte Weise erfolgreich ausgegrenzt worden. Die sinnvolle und klassische Arbeitsteilung zwischen den Jugendverbänden als Projektträgern und Veranstaltern von Bildungsmaßnahmen und der kommunalen Jugendarbeit als offene Jugendarbeit, wie sie sich in den 60er und 70er Jahren herausgebildet hatte, ist aufgegeben worden. Heute finden die Reste der offenen Jugendarbeit bei freien Verbänden statt. Die faktische Schließung der Jugendhäuser für die sich in prekären Lebenslagen befindenden Jugendlichen kann nicht durch die Patentmedizin "aufsuchende Arbeit" kompensiert werden. Nötig wäre eine Kombination von offener Jugendarbeit und Street-work. Die Konzepte von "flächendeckender" aufsuchender Arbeit können auch zu einem feinmaschigen Netz sozialer Kontrolle führen, das den Jugendlichen die letzter Rückzugs- und Selbstinszenierungsräume nimmt und Freiheitsgrade beseitigt, statt sie auszuweiten. Die Jugendarbeit der öffentlichen Hand hat m.E. in erster Linie für die von Marginalisierung bedrohten Jugendlichen da zu sein, und das erfordert niedrigschwellige offene Jugendarbeit, die nicht als Armenhaus der Jugendarbeit betrachtet werden darf, sondern ähnlich wie ich es für die Hauptschulen forderte, über besonders gute Arbeitsbedingungen verfügen muß.
In diesem Zusammenhang noch ein Wort zur Drogenpolitik:
Die Entwicklung von Liebes- und Rauschbedürfnissen, die zu einem Hunger nach starken sinnlichen Erfahrungen führen, sind gerade das

Merkmal von Pubertät und Adoleszenz. In einer entsinnlichten Umwelt, die starke Erlebnisse kaum noch zuläßt, müssen Drogen einen massiven Aufforderungscharakter entwickeln, und in der Tat schaffen sie zunächst Erfahrungen, die dem Alltag sonst nicht abgewonnen werden können. Dagegen haben sich alle Präventionsstrategien bisher als wirkungslos erwiesen. Daß der Konsum dieser Drogen illegal ist, mit allen bekannten Folgen, daß die damit gemachten Erfahrungen durch die Tabuisierung und Panikreaktion der Erwachsenen (Dämonisierung des Drogenkonsums) nicht kommunizierbar sind, ist eine Katastrophe, die jede Verbesserung der Situation in Richtung eines kontrollierten und kultivierten Gebrauchs von Drogen verhindert und die PädagogInnen in der Doppelmoral von legalen und illegalen Drogen unglaubwürdig werden läßt. Jugendpolitik muß sich hier endlich den Tatsachen stellen und im Sinne von Schadensbegrenzung und Zukunftsermöglichung helfen, eine Änderung der repressiven Drogenpolitik herbeizuführen.

Anschließend möchte ich noch einige Gedanken zu der durch die Vereinigung der beiden Stadthälften im Bereich Sozialarbeit/Sozialpädagogik geschaffenen Situation äußern. Meines Erachtens kann die anzustrebende Angleichung der Verhältnisse nicht - wie es derzeit versucht wird - durch eine Nullkostenlösung erreicht werden. Die Nullkosten-Strategie gleicht nicht an, sondern zielt auf einen Ausgleich auf niedrigem Niveau. Das geht nicht ohne die Zerstörung bzw. Reduzierung vor allem von institutionell wenig abgesicherten Projekten und Initiativen, die sich in den letzten 15 Jahren als praktische und wirksame Kritik an traditionellen und bürokratisch erstarrten Formen und Arbeitsweisen der Sozialarbeit/Sozialpädagogik und als Antwort auf neu entstandene Problemlagen, die sich im Zuge gesellschaftlicher Entwicklungen herausgebildet haben, entstanden sind. Diese Projekte und Initiativen sind keine "Luxus-Einrichtungen" und kein "Schmuck am Nachthemd", auf den man auch verzichten könnte. Es handelt sich um gewachsene Strukturen, die Teile der Lebensbedingungen vieler Menschen dieser Stadt geworden sind und die den in 20jährigen Reformbemühungen der Sozialarbeit/Sozialpädagogik erreichten Fortschritt in sich versammeln. Die gesellschaftliche Organisation von Sozialarbeit/Sozialpädagogik besteht heute aus drei großen aufeinander bezogenen und aufeinander angewiesenen Bereichen: öffentlicher Dienst - traditionelle, in der Liga zusammengeschlossene Wohlfahrtsverbände - Projekte und Initiativen. In der aktuellen Situation sind die Projekte und Initiativen in der Gefahr, zwischen den Giganten öffentlicher Dienst auf der einen Seite und Liga-Verbänden auf der anderen Seite zermahlen zu werden. Damit würde das beweglichste Element in der Gesamtorganisation von Sozialarbeit/Sozialpädagogik - und dies gilt ganz besonders für den Bereich der Jugendhilfe - im Kern getroffen. Die Strategie der Nullkosten-Lösung geht vor allem auf Kosten der Initiativen und Projekte und schafft damit mittelfristig soziale und materielle Folgekosten, die dafür sorgen werden, daß die kurzfristig und pragmatisch angelegte Rechnung nicht aufgehen wird.

Es muß verhindert werden, daß unter dem durch die Vereinigung der beiden deutschen Staaten erzeugten ökonomischen Druck auf die öffentlichen Haushalte die Sozialarbeit/Sozialpädagogik in Deutschland auf dem Niveau der klassischen Fürsorge unter den Bedingungen der 90er Jahre restauriert wird.

Meines Erachtens kann die Entwicklung einer sozialen Infrastruktur in den ost-berliner Stadtteilen nur mit einer Strategie der Zweigleisigkeit erreicht werden. Darunter verstehe ich, daß 1. das in West-Berlin entwickelte System (Arbeitsmethoden und Organisationsformen) von Sozialarbeit/Sozialpädagogik nicht umstandslos auf den Ostteil der Stadt übertragen werden kann, daß 2. der Sozialarbeit/Sozialpädagogik in Ost-Berlin der Raum und die Zeit zugestanden wird, an ihren Erfahrungen anknüpfend Vorhandenes zu bewahren und weiter zu entwickeln, wo es sich - nach kritischer Prüfung - bewährt hat und Neues zu entwickeln, wo es nötig ist, d.h. wo die aktuelle Situation unter Berücksichtigung der durch sie entstandenen Bedingungen es erfordert. 3. verstehe ich darunter die Bereitschaft von Kolleginnen und Kollegen des öffentlichen Dienstes, der Liga-Verbände und der Projekte und Initiativen aus West-Berlin zur solidarischen Unterstützung der Entwicklung in Ost-Berlin, die aber nur soweit aus den vorhandenen Ressourcen geleistet werden kann, wie diese Inanspruchnahme den Bestand der eigenen Arbeit nicht gefährdet. Wenn darüber hinaus Unterstützung notwendig ist und geleistet werden soll, müssen die dafür notwendigen Ressourcen neu bzw. zusätzlich geschaffen werden. Daß dabei von den Kolleginnen und Kollegen aus dem Westteil der Stadt Beweglichkeit und Improvisationsbereitschaft verlangt werden muß, liegt auf der Hand - aber mit dem Rücken an der Wand entsteht keine Möglichkeit zur Bewegung und zur Improvisation, sondern ausschließlich, und das mit Recht, eine Bewegung der Selbstverteidigung. Es kommt jetzt nicht darauf an, die in einer 40jährigen getrennten Geschichte gewachsenen Unterschiede mit einer Ideologie vom "Zusammenwachsen" hektisch zuzudecken. Wichtig ist, die Unterschiede zu erkennen, ihre Bedeutung und ihre jeweilige Sicht auf beiden Seiten zu verstehen und möglicherweise auf der Differenz zu bestehen, über all da, wo "Vereinheitlichung" problematische Konsequenzen für die betroffenen Menschen hätte. Ein wirkliches "Zusammenwachsen" kann nur im Wege einer vorsichtigen und um das Verstehen der Differenzen bemühten Annäherung geschehen und nicht durch eine Zwangsvereinigung auf niedrigem Niveau und unter Rahmenbedingungen, die von einer dominanten Politik der alten Bundesrepublik bestimmt werden.

Die für einen Prozeß der vorsichtigen Annäherung notwendige Offenheit und gegenseitige Kritikbereitschaft kann m.E. nur mit der Strategie der Zweigleisigkeit hergestellt werden. Die gegenwärtig dominierende Abwicklungs-Mentalität und Verschiebe-Bahnhofs-Praxis produziert dagegen Chaos und Erstarrung in einem.

10. Veränderungen - Jugendliche und Jugendarbeit in West-Berlin 1971 - 1991*

Es wird an meiner Vergangenheit als Jugendarbeiter liegen, daß ich einer Jugendforschung, die nicht aus der Kontinuität praktischer Jugendarbeit lebt, so mißtraue. Deswegen, mißtraue ich auch meinem eigenen Blick aus der Vogelperspektive auf Jugendliche und den Bildern die dieser Blick konstruiert, denn es handelt sich bei ihnen nicht um die Abbildung der Wirklichkeit von Jungen und Mädchen sondern - und das ist ganz sicher - um Interpretationen des lebendigen Lebens, das immer schon gelebt ist, wenn ich mich ihm nach-denkend zuwende. Ich sage das alles, um Sie in ihren Erwartungen an Jugendforschung zu desillusionieren und Sie aufzufordern, sich selbst als JugendforscherInnen zu begreifen und als solche zu handeln: also Ihre Erfahrungen selbstkritisch aufzuarbeiten, zu dokumentieren, zu diskutieren; auch auf dieser Veranstaltung. Mein Beitrag hier kann nur eine Unterstützung bei der Entwicklung von Fragestellungen sein, ich kann Hinweise auf vermutete Betriebsblindheiten und unangemessene Traditionen in der Jugendarbeit geben und vielleicht auch Horizonte möglicher Entwicklungen skizzieren und manchmal, frei vom Zwang zum unmittelbaren pädagogischen Handeln, notwendige Auseinandersetzungen provozieren. In diesem Sinne bitte ich Sie, meine jetzt folgenden Ausführungen zum Thema aufzunehmen. Es handelt sich nicht um Befunde groß angelegter empirischer Sozialforschung, sondern um meine subjektive Meinung, in die allerdings 25 Jahre Praxis mit Jugendlichen und KollegInnen und die permanente kritische Auseinandersetzung mit der Funktion und den Ergebnissen von Jugendforschung eingehen.

---

* Vortrag in der Sozialpädagogischen Fortbildungsstätte "Haus am Rupenhorn" in Berlin am 23.10.1991 im Rahmen einer Veranstaltung mit JugendarbeiterInnen aus Ost- und West-Berlin -

A. Lebensbedingungen, Lebensgefühl und Bedürfnisse von Jungen und Mädchen in West-Berlin seit den frühen 70er Jahren

Ich verstehe dieses Thema vor allem als eine Frage nach Veränderungen. Die Jugendlichen von 1980 sind heute Erwachsene, haben vielleicht selbst schon Kinder. Über Veränderungen im Alltag der Jugendlichen müssen wir uns Aufschluß verschaffen, so gut es geht, wenn wir nicht tradierte Sichtweisen und Konzepte beibehalten wollen, die in der Gefahr stehen, sich immer weiter von den lebendigen Jugendlichen zu entfernen. Um das ganze Ausmaß von Veränderungen deutlich zu machen, muß ich allerdings den historischen Bezugsrahmen erweitern auf die 70er Jahre, in denen es ausgehend von der Chancenungleichheit großer Teil der Jugend und getragen von kulturrevolutionärem Schwung der Studentenbewegung, auf dem Hintergrund sozialdemokratischer Modernisierungspolitik eine jugendpolitische Öffentlichkeit gab, in der anspruchsvolle Konzepte von Jugendarbeit entwickelt wurden, deren Erfolge und deren Scheitern dann die Jugendarbeit der 80er Jahre bestimmten. Auf diesem Hintergrund geht es heute um die Veränderungen, die den kommenden 10, 15, 20 Jahren gerecht werden sollen.

Es gibt noch einen weiteren Grund so weit auszuholen: die Kolleginnen und Kollegen aus dem Gebiet der ehemaligen DDR, in radikal anderen Verhältnissen aufgewachsen und arbeitend, können die Probleme und Debatten der West-Berliner JugendarbeiterInnen nur verstehen, wenn ihnen die geschichtlichen Hintergründe wenigstens in Ansätzen vermittelt werden, was in umgekehrter Richtung für uns, die wir in West-Berlin gelebt und gearbeitet haben auch gilt. Das gegenseitige Verstehen, um dessen Herstellung es auf dieser Tagung in erster Linie geht, basiert auf einer Wahrnehmung und Anerkennung der Unterschiede. Deswegen finde ich es sehr gut, daß hier nicht ein "Wessi" über die Lage der Jugend im "neuen Deutschland" redet, sondern jeder über den Bezugsrahmen, in dem er sich einigermaßen auskennt.

Was also hat sich seit den 70er Jahre an den Lebensbedingungen der Jugendlichen geändert?

1. Die Jugendgeneration um 1970 war mit dem gesellschaftlichen Versprechen von Berufsausbildung Arbeit für alle aufgewachsen. Diese Generation wurde um 1973/1974 von einer massiven Verknappung des Ausbildungangebotes und vor allem von einer in der Geschichte der Bundesrepublik Deutschlands bis dahin nicht gekannten Jugendarbeitslosigkeit getroffen. Für viele Jugendliche und ihre Familien, aber auch für die Pädagogen und Pädagoginnen der außerschulischen Jugendarbeit und für die Lehrer und Lehrerinnen in den Schulen resultierten daraus tiefgreifende Veränderungen im Selbstverständnis und in der Praxis.

Jugendarbeitslosigkeit, Ausbildungs- und Qualifizierungsfragen und Unterstützungsmöglichkeiten für betroffene Jungen und Mädchen wurden zu einem Hauptthema der Jugendarbeit und auch die für die Jugendarbeit bereitgestellten öffentlichen Gelder konzentrierten sich auf diesen Problemzusammenhang.

Für die nachfolgenden Jugendgenerationen wurde die Jugendarbeitslosigkeit und der Mangel an Ausbildungsplätzen mehr und mehr zu einer im Heranwachsen bereits antizipierten Tatsache, zu einer epochalen Erfahrung, die schon früh bei vielen Jugendlichen die Einstellung zu Berufsausbildung und Arbeit bestimmte und allmählich zu Veränderungen in der Bedeutung von beruflicher Qualifizierung und Lohnarbeit für die individuelle Entwicklung von Lebensgefühl und Lebensentwürfen führte. Viele Jugendliche stellten sich mit der Erfindung von allen möglichen legalen und halblegalen "Überlebenstechniken" realistisch auf diese Situation ein, aber diejenigen, die das nicht konnten oder wollten, gerieten unter einen verstärkten Marginalisierungdruck. Solche Jugendlichen wurden zunehmend zu einer wichtigen Zielgruppe vor allem in der Offenen Jugendarbeit. In Verbindung mit der offenen Arbeit wurden viele unterschiedliche Projekte der Jugendsozialarbeit initiiert, die aber auch problematische Wirkungen auf die Offene Jugendarbeit hatten, weil sie materielle und psychische Ressourcen aus der offenen Arbeit abzogen und insgesamt zu einer Schwerpunktverschiebung des öffentlichen und des jugendpolitischen Interesses führten. Heute sind Jugendarbeitslosigkeit und Mangel an qualifizierten Ausbildungsplätzen für alle Beteiligten längst zum Alltag geworden. Tausende von Jungen und Mädchen befinden sich in kaum noch zu überblickenden "Maßnahmen" oder werden durch sie hindurch geschleust und hunderte von SozialarbeiterInnen und SozialpädagogInnen begleiten sie auf diesen verschlungenen Wegen.

2. Die politische Auseinandersetzung um die "Chancenungleichheit" von Arbeiterjungendlichen und die Qualifizierungsbedürfnisse der Industrie führten Ende der 60er/Anfang der 70er Jahre zu einer großangelegten Bildungsreform. Während um 1970 noch mehr als 2/3 aller Jugendlichen in den Berliner Arbeiterbezirken ihre Schulzeit mit dem Hauptschulabschluß, dem Sonderschulabschluß oder ohne "Abschluß" beendeten, hat sich dieses Verhältnis seither umgekehrt. Gemessen an den Schulabschlüssen hat die Bildungsreform zu einer umfassenden Nivellierung des Bildungsniveaus auf höherer Ebene geführt. Allerdings korrespondierte die Verbesserung der Chancen im Bereich der schulischen Bildung mit der Minimierung von Ausbildungschancen im Anschluß an die Schule und mit der Jugendarbeitslosigkeit, was zu einer Anhebung der Eingangsqualifikationen für diverse Berufsausbildungen führte und damit zu einem verstärkten Ausgrenzungsdruck und Anpassungsdruck auf Jugendliche. Bei der Ausformulierung der These von der "2-/3-Gesellschaft" hat diese Entwicklung eine wichtige Rolle gespielt. Die Statistik der von BBJ-Consult im Rahmen der "Besonderen Hilfen für arbeitslose Jugendliche" erfaßten Jungen und Mädchen illustriert das:
die große Mehrheit hat einen Real-Schul-Abschluß und erst an zweiter Stelle kommen die Haupt- und SonderschülerInnen, die zu Beginn der 70er Jahre die Szene in den Projekten der Jugend-Sozialarbeit bestimmten.

3. Während es zu Beginn der 70er Jahre in den großen Städten und industriellen Ballungszentren - so auch in Berlin - noch ganze Stadtviertel mit sozial und kulturell relativ homogenen Bevölkerungen gab, lösten sich diese "traditionellen Milieus" (Beispiel Neukölln) durch die Wirkung der Wohnungsbau- und Sanierungspolitik, durch umfassende Strukturwandel in der Wirtschaft und nicht zuletzt durch die Bildungsreform soweit auf, daß heute nur noch Reste davon zu finden sind. Im Rahmen dieser Entwicklung kam es vor allem bei Jugendlichen zu einer "Pluralisierung von Lebensstilen", die zur Ausdifferenzierung von vielen jugendkulturellen Szenen geführt hat und zu einem Phänomen, das seit einigen Jahren unter dem Schlagwort "Individualisierung" diskutiert wird.

4. Bei vielen Jugendlichen wuchs in den dargestellten Zusammenhängen ein breiteres und differenzierteres Bedürfnis nach "kultureller Teilhabe". Die finanziellen Möglichkeiten vieler Jugendlichen entwickelten sich nicht in gleichem Maße - für eine nicht geringe Anzahl verschlechterten sie sich eher - so daß es zu einer Schere kam, die die schon von Siegfried Bernfeld in den 20er Jahren beschriebene "Tantalus-Situation" verschärft: in einer Überflußgesellschaft mit entsprechend entwickelten individuellen Bedürfnissen zu leben, diese Bedürfnisse aufgrund materieller Armut aber nicht realisieren zu können, schärft das Gefühl zu verdursten, wie es Tantalus hatte, der von den Göttern verurteilt war bis zu den Lippen im Wasser zu stehen und nicht trinken zu können.

5. Mit der Pluralisierung von Lebensstilen und der Entwicklung von jugendkulturellen Szenen kam es zu einer Fülle von jugendkulturellen Schöpfungen (Beispiele: Punk, Kultur der HausbesetzerInnen etc.), die im Laufe der Jahre von einer sogenannten Jugendkulturindustrie aufgegriffen und erfolgreich vermarktet (kommerzialisiert) wurden. Damit einher ging die gesellschaftliche Entwertung von Jugend als eigenständiger Lebensphase durch "Jugendlichkeit" als Generationenübergreifende Anforderung an Verhalten und Outfit (Turnschuh-Opa und Jeans-Oma), was zusammengenommen auf eine folgenreiche Enteignung der Jugendlichen hinausläuft und die Auseinandersetzung von Jugendlichen mit der Welt der Erwachsenen und mit lebendigen Erwachsenen verändert und erschwert. Die "Jugendlichkeit" der Erwachsenen entpuppt sich im Konflikt regelmäßig als schöner Schein, der nicht hält was er verspricht und hinter dem sich die realen Machtverhältnisse verbergen, die zuletzt entscheiden.

6. Mit der Stilisierung des eigenen Körpers als expressivem Selbstausdruck, die mit dem Punk durchgesetzt wurde, ist bei Jungen und Mädchen das Bedürfnis nach öffentlich wirksamer Selbstinszenierung gewachsen, aber die öffentlichen Bühnen (Räume) in denen sie stattfinden kann müssen sehr oft im Konflikt mit der auf genormte "Jugendlichkeit" getrimmten Welt der Erwachsenen erobert werden.
Ökologie-, Frauen- und Friedensbewegung steckten Anfang der 70er Jahre in den Kinderschuhen. Heute bestimmen diese sozialen und politischen Bewegungen die öffentliche Debatte über zentrale gesellschaftliche Probleme mit und haben mit ihren Positionen tradiertes Wert und Rollen-

verständnis radikal in Frage gestellt. Die "neuen sozialen Bewegungen" haben einen Horizont geschaffen, auf den sich die meisten Jungen und Mädchen in unterschiedlicher Weise beziehen: Identifizierend, ablehnend, polarisierend, ironisierend, mit moralischem Rigorismus etc. Es gibt heute keine öffentliche Debatte über das Handeln von Jugendlichen, in der diese Wirkungen nicht deutlich würden: Kriegsdienstverweigerung, radikale Ablehnung von Krieg und Gewalt, Verteidigung der gefährdeten natürlichen Lebensbedingungen und Trauer um ihre Zerstörung ebenso, wie rechtsextremistisches Fühlen, Denken und Handeln, Feindschaft gegen ausländische Menschen und Gewaltbereitschaft im Angriffs- und Verteidigungshandeln.

7. Die heute alltägliche unendliche Vervielfältigung und Vermittlung von Informationen, Meinungen, Bildern durch die umfassende Entwicklung der Massenmedien (einschließlich der Werbung) hat Wirkungen auf den Alltag von Jugendlichen, deren Ausmaß Anfang der 70er Jahre noch kaum zu erkennen war. Bei den Heranwachsenden entwickelt sich ein neues Technik- und Medienverständnis (Computer-Kultur), dem viele Erwachsene mit Unverständnis und Ablehnung gegenüber stehen und dem sich auch Pädagogen und Pädagoginnen in den unterschiedlichen Bereichen der Jugendarbeit bisher nicht ausreichend gestellt haben.

8. Die Tantalus-Situation von Jugendlichen hat, vor allem in Ballungszentren mit einem "entsinnlichten Alltag" - dazu geführt, daß der in Pubertät und Adoleszenz typische "Hunger nach starken Erfahrungen" wie er sich in den Liebes- und Rauschbedürfnissen der Jungen und Mädchen manifestiert nicht einmal in Ansätzen gelebt werden kann. Auf diesem Hintergrund muß das Bedürfnis nach illegalen Drogen, das im Vergleich mit der Situation vor 20 Jahren unter Jugendlichen an symbolischer und praktischer Bedeutung zugenommen hat, gesehen werden.
Die gesellschaftlichen Reaktionen auf den Konsum illegalisierter Drogen durch Jugendliche und junge Erwachsene zeichnen sich durch großes Unverständnis und Härte aus und führen zu einer folgenreichen Tabuisierung wichtiger Bedürfnisse und Erfahrungen von Jugendlichen, die sich enttäuscht und angewidert von der doppelten Moral der Welt der Erwachsenen (willkürliche Unterscheidungen von akzeptierten legalen Drogen und

nicht-akzeptierten und verbotenen illegalen Drogen) abwenden und als "Beratungs- und Therapieresistente" stigmatisiert werden.

9. Die in den 70er Jahren mit großen Konflikten durchgesetzten freieren, selbstbestimmten Erfahrungsmöglichkeiten in der Entwicklung und Gestaltung von Liebesbeziehungen und Sexualität (größere gesellschaftliche Akzeptanz von Schwulen und Lesben und von Promiskuität), sind heute dem durch AIDS hervorgerufenen und durch die Angst der Erwachsenen motivierten roll-back von sexualmoralischer Repression und scheinheiliger Verhütungsoffenheit (Politiker verteilen Kondome vor Schulen) ausgesetzt.

10. Die Bereitschaft zu gewaltmäßigem Fühlen, Denken und Handeln von Jugendlichen (vor allem von Jungen, aber in den Anfängen auch bei Mädchen), die es schon immer gab und die schon immer ihre Gründe hat, breitet sich aus, wird standortunabhängiger, verläßt die Ebene von Cliquen- und Bandenauseinandersetzungen und wendet sich gegen Schwächere, findet neue Ausdrucks- und Organisationsformen und belastet, verstärkt durch eine oft skandalisierende Berichterstattung, das soziale Klima erheblich. Die gegenwärtige Generation von Heranwachsenden steht in der Gefahr als "gewalttätige Jugend" in die Sozialgeschichte einzugehen, und das wird, wie alle epochalen Typisierungen von Jugend (die skeptische Generation, die revoltierende Generation, die gleichgültige Generation etc.), im wesentlichen ein Stigma sein, dem aber, wie immer, reales Handeln von Einzelnen und Gruppen zugrunde liegt, das aufgrund von Projektionen zu einem dominanten Bild von "der Jugend" allmählich stilisiert wird. Heute, ein knappes Jahr nach dem Krieg am Golf, wird in der überbordenden Diskussion über die Gewaltbereitschaft von Jugendlichen ganz vergessen, daß der Protest gegen den Krieg in Deutschland, vor allem aber in West-Berlin von zig-tausenden Jungen und Mädchen selbständig und mit Engagement in die Öffentlichkeit getragen wurde. Es gibt zu denken, daß dieses Handeln von vielen Erwachsenen, von Medien und Politikern als Manipuliertes herabgewürdigt wurde und die Chance, diese Erfahrungen in ein differenzierteres Bild von Jugend aufzunehmen heute bereits verspielt ist.

11. Neben dem Mangel an attraktiven Ausbildungsplätzen und Arbeitsstellen ist ein seit den frühen 50er Jahren nie dagewesener, durch die Mietpreispolitik und die Bodenspekulation hergestellter Mangel an Wohnraum zu beklagen, der gerade Jugendliche, deren Hauptaufgabe es ist, sich aus den von den Eltern bestimmten Lebenszusammenhängen zu lösen und eigene Lebensformen auszuprobieren, besonders hart trifft. In diesem Zusammenhang haben sich viele Formen improvisierten Wohnens und "umherschweifendes Leben" herausgebildet. Diese neue "Nicht-Seßhaftigkeit" von Jugendlichen und jungen Erwachsenen wird von der Erwachsenenbevökerung, von der Polizei und anderen staatlichen Stellen mit Mißtrauen und Ablehnung beantwortet und kaum geduldet. Für die Jugendarbeit und die Jugendsozialarbeit entsteht hier eine Herausforderung, die politisch und praktisch mit der Bedeutung von Jugendarbeitslosigkeit und Ausbildungsmisere in den 70er und 80er Jahren zu vergleichen ist. Der Mangel an Lebens-Raum wird ganz unmittelbar materiell die Lebenschancen von Jugendlichen einschränken, und einerseits den Widerstand der Betroffenen hervorrufen, andererseits aber auch den ohnehin vorhandenen Marginalisierungsdruck verstärken.

Nachtrag:
In der Diskussion über meinen Vortrag wurde zu Recht kritisiert, daß ich die besondere Situation von ausländischen Jungen und Mädchen nicht ausgeführt habe, in deren Alltag sich die von mir dargestellten Lebensbedingungen kumulieren und mit den Problemen eines Lebens "zwischen den Kulturen" verbinden und daß ich bezogen auf West-Berlin nicht die besondere Situation dieser Stadt, eingemauert und ohne Hinterland und künstlich am Leben gehalten, berücksichtigt habe. Für die Jugend- und Sozialarbeit in West-Berlin ergaben sich aus dieser besonderen Situation eine Reihe von Vorteilen und Nachteilen, die jetzt aufgehoben sind und durch eine andere besondere Situation: die Vereinigung von zwei Stadthälften extrem unterschiedlicher Geschichte und extrem unterschiedlicher Lebensbedingungen ersetzt wird.

Es ist klar, daß diese Entwicklungen zusammengenommen eine - bei allen Widersprüchen - im Ganzen gegenüber der Jugendgeneration vom Anfang der 70er Jahre sehr veränderte Jugend hervorgebracht haben. Das muß auf die Gestaltung von Jugendarbeit und Jugendsozialarbeit Auswirkungen ha-

ben und es ist unsere gemeinsame Sache sie herauszufinden und in die Praxis umzusetzen. So paradox es klingen mag, meines Erachtens hilft uns dabei zunächst einmal die Besinnung auf existentielle Bedürfnisse von Jungen und Mädchen, die sich bei allem gesellschaftlichen Wandel gleich geblieben sind und die hinter dem sichtbar veränderten Profil entdeckt werden können:
Diese Bedürfnisse sind Motor und Ausdruck von Pubertät und Adoleszenz, womit die subjektive Seite von Jugend angesprochen ist. In ihnen ist die "zweite Chance" (Mario Erdheim) angelegt. Sich zu befreien aus den Bindungen und Verstrickungen der Kindheit, bereits erworbene Prägungen und Orientierungen in Frage zu stellen, das eigene Fühlen, Denken und Handeln gegebenenfalls radikal zu verändern. Diese Bedürfnisse, in welcher Gestalt sie auch auftreten mögen, lassen sich zusammenfassen in den Wünschen nach Selbstbestimmung, Selbstinszenierung und offenen Räumen (örtlichen, zeitlichen und sozialen Räumen) und nach einer materiellen Grundversorgung, Anerkennung und Geborgenheit, die den Marginalisierungsdruck, der für viele in die div. gesellschaftlich angebotenen Sackgassen führt, wegnimmt.

Eine Jugendarbeit, die sich den Chancen des Jugendalters verpflichtet weiß, ist vom Anspruch her emanzipatorisch, weil sie Jugend als einen eigenen unverwechselbaren und nicht wiederholbaren Zeit-Raum des Lebens betrachtet und gegen alle Anpassungszwänge der hochorganisierten Gesellschaft öffentlich und d.h. jugendpolitisch darauf besteht, daß dieser Lebensabschnitt gemäß seiner Bedeutung von Jugendlichen gelebt werden kann. Die Jugendarbeit muß sich dem Hunger der Jugendlichen nach neuen Erfahrungen, nach starken sinnlichen Erlebnisqualitäten stellen und das kann sie nur, wenn ihre personellen, finanziellen und räumlichen Arbeitsbedingungen das auch zulassen.

B. Veränderungen in der Jugendarbeit und bei den JugendarbeiterInnen seit den 70er Jahren

Aus der praktischen und jugendpolitischen Kritik an der Jugendpflege der 60er Jahre, kam es Anfang der 70er Jahre in Verbindung mit der Jugendzentrumsbewegung zur Entwicklung einer Offenen Jugendarbeit mit Arbeiterjugendlichen, die sich durch eine Aufhebung der klassischen Trennung von Jugendhilfe und Jugendarbeit auszeichnete. Daß es in der Folgezeit zu einer Entwicklung kam, die auf Kosten der Jugendarbeit die Sozialarbeit mit Jugendlichen ausweitete, lag nicht an dem ganzheitlichen Ansatz der Offenen Jugendarbeit, sondern an dem gravierenden Mißverhältnis zwischen dem Anspruch und den materiellen Arbeitsbedingungen einerseits, die gegenüber den Trägern und Öffentlichen Finanzierern Punkt für Punkt durchgesetzt werden mußten und immer unzureichend blieben und am Versagen der traditionellen Jugendhilfe-Institution gegenüber den neuen Herausforderungen. andererseits.

Die Offene Jugendarbeit entwickelte sich hauptsächlich in den industriellen Ballungszentren und Großstädten und hatte in dem Jahrzehnt von 1975-1985 eine große Bedeutung. Danach kam es bei vielen Trägern und in vielen Jugendeinrichtungen zu konzeptionellen Veränderungen in Richtung einer bildungs- und kulturorientierten Jugendarbeit mit ausgewählten Zielgruppen und mit Themen, die von den "neuen sozialen Bewegungen" auf die gesellschaftliche Tagesordnung gesetzt wurden und zur Projektarbeit im Rahmen von Jugendsozialarbeit mit zurückgenommenem politischen Anspruch. Damit verbunden war eine allmähliche Abkehr vom Prinzip des "Offenen" in der Jugendarbeit und eine "Verelendung" dieses Ansatzes mit der Konsequenz abnehmender Akzeptanz bei Jugendlichen, Fachkräften und Öffentlichkeit. Eine genaue Untersuchung über die Ursachen dieser Entwicklung gibt es bis heut nicht. Die einen behaupten, die "Krise der Offenen Jugendarbeit" sei das Ergebnis eines überholten Konzepts, das den veränderten Lebensbedingungen und Bedürfnissen von Jugendlichen nichts zu bieten habe und die anderen - zu denen ich auch gehöre - behaupten, daß die "Krise der Offenen Jugendarbeit" die Konsequenz einer weitreichenden Entpolitisierung der Jugendarbeit und der JugendarbeiterInnen sei, wie sie seit der politischen Wende in der Bundesrepublik und auch in West-Berlin seit 1983 beobachtet werden könne. Vermutlich ist an beiden Argumentationen etwas dran. Es käme darauf an, die Berührungspunkte zu entdecken. Aber wie so oft wurden die Veränderungen in der Praxis der Jugendarbeit vollzogen ohne ausreichende Analyse und in einem Geist der Polarisation, die immer wieder den offenen Diskurs verhindert.

Seit Mitte der 80er Jahre hat sich zwischen den Anfängen einer soziokulturellen Jugendarbeit und den Resten der Offenen Jugendarbeit die "mobile" oder aufsuchenden Jugendarbeit in unterschiedlichen Formen des street work und oft genug als Feuerwehr mit spezial-präventivem Auftrag und weitgehend losgelöst von den Jugendhäusern/Jugendfreizeitheimen entwikkelt. Eine Konsequenz dieser Entwicklung ist die Konkurrenz zwischen Jugendkulturarbeit, Offener Jugendarbeit und aufsuchender Arbeit um öffentliche Anerkennung und finanzielle Mittel und damit die Verhinderung eines umfassenden Konzepts von Jugendarbeit auf der Basis gemeinsam erarbeiteter Analysen. Die Chance, die je spezifischen Beiträge kooperativ und mit vereinbarten Gewichtungen aufeinander zu beziehen, wurde bisher kaum genutzt.

C. Die Situation von JugendarbeiterInnen im skizzierten Kontext

Die "Befindlichkeit" von JugendarbeiterInnen ist Teil, Ergebnis und Bedingung der dargestellten Veränderungen. Mit der politischen "Wende" Anfang der 80er Jahre, die in Berlin verknüpft ist mit dem Niedergang der Hausbesetzerbewegung und anderen Formen offensiver Jugendarbeit, kam es zu einem jugendpolitischen Rückzug der KollegInnen. Es entwickelte sich eine Haltung, die ich als "Projektideologie" bezeichnen möchte, in der es vor allem um den sozialen Nahraum, um den Kiez und nicht um den Stadtteil, um das Land und die Republik ging. Die Projektideologie führte zu konkurrenten Kämpfen um ganz spezifische Ansätze und den materiellen Status quo. Verstärkt wurde gefragt, was die Arbeit mit Jugendlichen mit den eigenen Bedürfnissen zu tun habe und diese Bedürfnisse der JugendarbeiterInnen wurden oft zum Leitmotiv für konzeptionelle Veränderungen. In allen möglichen Nieschen wurden "Kuschelecken" eingerichtet und eine kritische Auseinandersetzung mit den Erfahrungen anderer wurde vermieden. Eine öffentliche Diskussion über das Scheitern in der Praxis, über mögliche jugendpolitische Ziele und gemeinsam anzustrebende Veränderungen von Arbeitsbedingungen fand kaum noch statt; die glatt gestrickte Selbstdarstellung im Konkurrenzkampf um die Finanzen aus tausend Spezialtöpfen bestimmte das öffentliche Bild.

Meines Erachtens spielen bei diesen Entwicklungen auch die Alterungsprozesse von Männern und Frauen in der Jugendarbeit eine wichtige Rolle. Für die meisten Jugendarbeiter und Jugendarbeiterinnen gibt es kaum attraktive Chancen beruflicher Veränderungen. Die 80er Jahre waren auch in der Sozialarbeit/Sozialpädagogik durch eine große Arbeitslosigkeit bestimmt und eine "feste Stelle" mit einem erträglichen Gehalt ungewissen Veränderungen und Versuchen zu opfern, fällt gerade in einem Lebensabschnitt schwer, in dem Bedürfnisse nach Kontinuität und Sicherheit zunehmend Bedeutung gewinnen. Diese Situation führte m.E. dazu, daß in der Offenen Jugendarbeit ausgebrannte Teams statt individuell zu wechseln und nach neuen Wegen zu suchen, die Konzepte der Einrichtungen so änderten, daß eine stärkere Übereinstimmung mit den subjektiven Bedürfnissen der JugendarbeiterInnen dabei herauskam. Das führte - ungewollt aber unvermeidbar - zur Ausgrenzung von solchen Jugendlichen, die diese Veränderungen nicht mitmachen wollten oder konnten. Solche Entwicklungen wurden gefördert durch das Leiden an der gesellschaftlichen Nicht-Anerkennung der Jugendarbeit, die mit einer "Therapeutisierung" vieler Bereiche der Jugend- und Sozialarbeit korrespondierte. Es begann der run auf überwiegend therapeutische Zusatzqualifikationen in der Hoffnung, auf diesem Weg neben einer besseren Bezahlung und größeren gesellschaftlichen Anerkennung die subjektive Arbeitszufriedenheit wiederzugewinnen. Auch der allmähliche Rückzug der Ausbildungsstätten (Fachhochschulen und Universitäten) aus dem Theorie-Praxis-Verbund der 70er Jahre, mag hier eine Rolle gespielt haben.

D. Gegenwärtige Situation und Perspektiven

Mit dem Fall der Mauer und der Herstellung der geographischen und politischen Einheit der Stadt bei weiterbestehenden kulturellen und materiellen Unterschieden, aus denen heraus sich ein neues gesellschaftliches Leben entwickeln muß, sind die von mir in groben Zügen dargestellten Entwicklungen in der Jugendarbeit West-Berlins radikal zu Ende gebracht worden. Zwar dümpeln die skizzierten Verhältnisse noch weiter vor sich hin, statt einer Aufbruchstimmung dominieren Abgrenzung und berechtigte Ängste, bezogen auf die Auswirkungen der Sparpolitik des Senats, auch Trauer um den Verlust der West-Berliner "Idylle" wird sichtbar, aber diese defensive Haltung wird nicht lange Bestand haben. Die herausfordernde Kritik von Kollegen und Kolleginnen aus dem Ostteil der Stadt wird, auch wenn sie oft genug die Ursachen ignoriert und von problematischer Vereinfachung gekennzeichnet ist - zu einer Öffnung führen, zu Annäherungen, die notwendige Veränderungen bewirken. Daß der Jugendsenator diese einfachen Rechnungen aus der Sicht eines engagierten "Ossis" mit einer wenig differenzierten Kritik an der West-Berliner Jugendarbeit verstärkt, ist zwar verständlich, trägt aber im Augenblick eher zu einer Verstärkung der Abgrenzungstendenzen bei. Gegenseitige Vorwürfe, wie sie seit dem Sommer dieses Jahres auch öffentlich erhoben werden, führen in dieser Situation kaum weiter, sind andererseits aber ein kaum zu vermeidender Ausdruck der radikalen politischen Veränderungen in der Stadt und sollten von allen Beteiligten mit einem langen Atem ausgehalten werden.

Abschließend möchte ich zusammenfassen, was sich m.E. aus der beschriebenen Lage an Forderungen für die Jugendarbeit der Gegenwart und der nächsten Zukunft ergibt:

1. Die Jugendarbeit muß nicht-pädagogisierte Räume für die Selbstinszenierung von Jugendlichen unter Gleichaltrigen, aber auch für ihre Auseinandersetzung mit der "Welt der Erwachsenen" zur Verfügung stellen und Jugendliche, die sich solche Räume aneignen gegenüber der Ordnungspolitik des Staates verteidigen.

2 Die Jugendarbeit muß ihre Fixierung auf das traditionelle Konstrukt eines komplementären Verhältnisses von Familie/Ausbildung/Arbeit/Freizeit

und die damit verbundene Vorstellung einer sogenannten Normal-Biographie aufgeben und sich auf die Vielfalt und die Wandlungen von Lebensstilen und Wertehorizonten von Jugendlichen einlassen.

3. Die Segmentierung der Lebensbereiche von Jugendlichen sollte in der Jugendarbeit nicht dadurch auf die Spitze getrieben werden, daß sie sich als Spezialdienst zur Erfüllung von Freizeitbedürfnissen von Jungen und Mädchen versteht. Vielmehr sollte die Jugendarbeit mit einem ganzheitlichen Ansatz, durchaus parteilich auf der Seite der Jugendlichen in kritischer Solidarität mit ihnen beharrlich emanzipatorisch wirken und sich nicht zu einem weiteren Anpassungsinstrument neben den bestehenden funktionalisieren lassen. Die Jugendarbeit ist auch Ort des Protestes und des Widerstandes von Jugendlichen und darf sich nicht selbst zum Ghetto machen.

4. Dafür bedarf es Jugendeinrichtungen und MitarbeiterInnen, die mit einem offenen Pragmatismus (nicht Opportunismus) auf die Befindlichkeiten, das Lebensgefühl, die Bedürftigkeit und Widerständigkeit von Jugendlichen eingehen können. Das Prinzip des "Offenen" in der Jugendarbeit muß neu durchdacht und qualifiziert werden.

5. Die Arbeit in den Jugendhäusern/Jugendfreizeitheimen, und alle Formen der aufsuchenden Arbeit müssen verbunden ("vernetzt") werden und in diesem Rahmen müssen Konzepte von Offener Jugendarbeit und soziokultureller Jugendarbeit ein sich ergänzendes Verhältnis finden.

6. Die Jugendarbeit muß wieder öffentlich jugendpolitisch für die materielle Grundversorgung von Jugendlichen und ihre Chancen zu selbstbestimmter kultureller Teilhabe in dieser Gesellschaft eintreten.

11. "GEFÄHRDUNG" und "PRÄVENTION":

Schlagworte zur Legitimation verantwortungsloser Finanzierungsformen von Jugendarbeit*

Mit dem Ende der sogenannten Reform-Phase der BRD-Innenpolitik um 1980 wurde der in den vorangegangenen zehn Jahren betriebene Ausbau der außerschulischen Jugendarbeit beendet. In West-Berlin wurde für die Jugendarbeit noch unter der politischen Verantwortung linker SozialdemokratInnen ein sogenannter Null-Stellen-Plan eingeführt, der notwendige Veränderungen/Entwicklungen nur noch über die *Umverteilung* vorhandener Ressourcen ermöglichte.

Dieses "Einfrieren" der materiellen Bedingungen von Jugendarbeit hatte u.a. zur Folge, daß neue Konzepte nur auf Kosten bereits bestehender/entwickelter Arbeitsformen durchgesetzt werden konnten. Die knappen Mittel bewirkten so einen polarisierten "Methodenstreit" um die "richtigen" oder "zeitgemäßen" Formen von Jugendarbeit. Die JugendarbeiterInnen ließen sich unter dem Druck eigener Bedürfnisse und Interessen und durch die Sparpolitik der öffentlichen Hand leider auf diese Scheindebatte ein, statt jugendpolitisch die Mittel für eine den Entwicklungen unter den Jugendlichen angemessene *Differenzierung der Jugendarbeit* einzufordern.

Am Beispiel der Auseinandersetzungen zwischen *Jugendkulturarbeit* (soziokulturelle Jugendarbeit) und *Offener Jugendarbeit* kann dieser Prozeß exemplarisch deutlich gemacht werden: Statt neue Jugendeinrichtungen mit einem mehr kulturellen Arbeitsansatz zu schaffen, wurden bestehende Jugendeinrichtungen der Offenen Jugendarbeit in einem schleichenden Prozeß durch die allmähliche Veränderung der Konzeptionen "umgewidmet".

Jugendliche für die Freizeitheime/Jugendhäuser als *niedrigschwellige Treffpunkte* und nicht-pädagogisierte Räume wichtig waren, wurden

---

* Arbeitspapier für den "Berliner Arbeitskreis Jugendarbeit - Jugendforschung - Jugendpolitik", Herbst 1993

durch die neue, tendenziell mittelschichtorientierte Kulturarbeit ausgegrenzt und wie in den 50er und frühen 60er Jahren auf die "Straße" und die kommerziellen Angebote verwiesen. Dabei wurde die Jugendkulturarbeit durchaus einer Entwicklung gerecht, die im Zuge der Bildungsreform zu breiten "Kulturationsprozessen" unter Jugendlichen geführt hatte, was einer Ausdehnung des Anteils mittelschichtorientierter Jugendlicher an der jugendlichen Gesamtbevölkerung entsprach. Die Tendenz zur "Zwei-Drittel-Gesellschaft" machte sich in der Praxis der Jugendarbeit deutlich bemerkbar.

Zu diesem Zeitpunkt hätten die Strukturen der Jugendarbeit differenziert und ausgeweitet werden müssen. Stattdessen wurde kostenneutral umverteilt. Für die Offene Jugendarbeit verschärfte sich diese Entwicklung noch durch die Folgen der Jugendarbeitslosigkeit, die um 1980 ihren vorläufigen Höhepunkt erreicht hatte: Eine Reihe von Jugendfreizeitheimen entwickelten zunächst Auffang- und Qualifizierungspro-jekte für die sich in ihnen sammelnden arbeitslosen Jugendlichen und wandelten sich schließlich ganz in Projekte der *Jugendsozialarbeit* um, für die vom Staat zunehmend Gelder bereitgestellt wurden. Mit diesen Projekten sollte der "Arbeits- und Berufsnot der Jugend" (eine Sprachregelung aus den 20er und frühen 50er Jahren) etwas entgegengesetzt werden bzw. die Jugendlichen sollten während der "gefährlichen Jahre" von Pubertät und Adoleszenz "von der Straße geholt werden" und zumindest ihr "allgemeines Arbeitsvermögen" sollte entwickelt werden.

Damit war das "Konzept" oder besser die "Strategie" der "Feuerwehr-Finanzierung" von Jugendarbeit mit *präventiven Zielsetzungen* geboren, das von nun an immer mehr zu *der* Finanzierungsform von Jugendarbeit wurde und ordnungspolitische Steuerungsfunktionen durchsetzen half.

Die Folgen der Wirtschaftskrise in der BRD der 70er Jahre hatten um 1980 die jugendpolitisch gezielte Expansion von Jugendarbeit der vorangegangenen ca. 15 Jahre in Stagnation und Chaos verwandelt, aus dem sich allmählich neben der Jugendkulturarbeit eine auf spezifische *Problem- bzw. Risikogruppen* abzielende *präventive Jugendarbeit* entwickelte, deren Prioritäten je nach dem gesellschaftlichen Skandalwert der "Problemgruppen" opportunistisch gesetzt und finanziert wurden.

Die JugendarbeiterInnen in den Freizeitheimen/Jugendhäusern, die noch an den in den 70er Jahren entwickelten Ansprüchen Offener Jugendarbeit festhielten (die Freizeitheime als nicht pädagogisierte Räume/Treffpunkte für Jugendliche offenzuhalten und sich nicht an der Selektion sogenannter Problemjugendlicher durch die Angebotsstruktur zu beteiligen), paßten sich dieser Entwicklung argumentativ an. Da die alltägliche "normale" Jugendarbeit mit lächerlichen Sachmitteln, unzureichenden Räumen und zu wenig Personal ausgestattet war, wurden die in diesen Einrichtungen regelmäßig zu findenden "schwierigen Jugendlichen" als "gefährdete Jugendliche" definiert und zu "Stammbesuchern" erklärt, für die besondere sozialpädagogische Maßnahmen erforderlich seien, mit denen verhindert werden könne, daß aus den "Gefährdungen" handfeste "Gefahren" würden.

Die JugendarbeiterInnen gaben, um an die "Präventionsgelder" zu kommen, mit denen die ganz normale alltägliche Jugendarbeit finanziert weren mußte (notwendige Anschaffungen aller Art, Sommerreisen, Wochenendunternehmungen, aber auch zusätzliche Honorar- bzw. Zeitstellen) bereitwillig die verlangten "Diagnosen" (Gefährdungsprofile und sozialwissenschaftliche Begründungen für ihre Ursachen) ab und das *Präventionsversprechen*, nämlich, daß sie mit diesen Sondermitteln das "Abgleiten der gefährdeten Jugendlichen in...." (was auch immer) aufhalten, verhindern usw. könnten. Sie taten das mit gutem Gewissen und dem Gefühl den öffentlichen Geldgeber listig mit seiner eigenen Taktik ausgetrickst zu haben. Beide Seiten gewöhnten sich mit der Zeit an dieses Spiel. Die zuständigen Ministerien und Landesjugendämter präsentierten in den Haushaltsberatungen des Bundes und der Länder die "gefährdete Jugend" um immer wieder die Präventionstöpfe gefüllt zu bekommen und die JugendarbeiterInnen lieferten den Verwaltungen und JugendpolitikerInnen der staatstragenden Parteien die dafür notwendigen Zustandsbeschreibungen, ohne die sie nicht an die mit Sondermitteln gefüllten Töpfe herankamen. Damit das funktionierte, wurden die tatsächlich vorhandenen Grüppchen "gefährdeter" Jugendlicher zu großen Gruppen aufgeblasen und durch die Medien öffentlich vorgeführt.

So wurde allmählich die "Präventionsfinanzierung" zur immer gefährdeten Dauerfinanzierung der "normalen Jugendarbeit", die Offene Jugendarbeit in der öffentlichen Wahrnehmung zum Sammelbecken für die jugendlichen "Schmuddelkinder" der Nation und die JugendarbeiterInnen zu "PräventionsexpertInnen" für alle Jugendgefährdungen in der "komplexen spätkapitalistischen Gesellschaft" und - zu *Geldbeschaffungsspezialisten* die immer größere Anteile ihrer Arbeitszeit und ihrer Kreativität damit verbrauchten, ihre findigen Anträge durch die Dschungel der Jugendbürokratie zum Erfolg zu bringen.

Da es sich bei den Präventionsmitteln nie um reguläre Haushaltsmittel sondern immer um zeitlich befristete "Programmfinanzierungen" handelte, von denen oft bei Beginn des neuen Haushaltsjahres noch nicht feststand, ob sie denn wirklich wieder ein Jahr weiter bewilligt würden, bekam die Geldbeschaffung eine immer größere Bedeutung, wurde zum heimlichen Erfolgskriterium, brachte Unruhe, Hektik und wachsende Unsicherheit in die Jugendarbeit. Immer wieder kam es vor, daß freie Träger der Jugendarbeit als *Zuwendungsempfänger*, die MitarbeiterInnen aus diesen Programmen finanzierten, diesen zum Jahresende vorsorglich kündigen mußten, um bei einer möglichen Ablehnung durch den *Zuwendungsgeber* gegenüber den Angestellten nicht in der finanziellen Pflicht zu stehen. Zwar klappte es dann meistens doch irgendwie, aber um welchen Preis. Nur wirkliche LebenskünstlerInnen und ganz Abgebrühte ließ dieser alljährliche Weihnachtszauber kalt.

Nachdem dieses System im Zusammenhang mit den "Folgen der Jugendarbeitslosigkeit" erfunden wurde, erhielt es mit der sogenannten *Drogenwelle* seine Ausdifferenzierung.
Als die allmähliche Ausbreitung des Konsums von Heroin unter Jugendlichen der unteren sozialen Schichten in der Offenen Jugendarbeit festgestellt wurde, forderten JugendarbeiterInnen eine Verbesserung ihrer regulären Personal- und Sachmittelausstattung, um mit diesen Jugendlichen integrativ zu arbeiten, mit dem Ziel, sie nicht durch Ausgrenzung aus den alltäglichen jugendkulturellen Zusammenhängen zusätzliche in kriminalisierte subkulturelle Szenen zu drängen.

Nachdem die jugendpolitisch Verantwortlichen und fachlich zuständigen Verwaltungen zunächst versuchten, das Problem als durch die Offene Jugendarbeit "hausgemacht" zu bagatellisieren, verlangten sie schließlich "drogenabhängige Jugendliche" aus den Freizeitheimen auszuschließen.

Geld und Personalstellen wurden nicht für eine Ausstattung der Jugendarbeit bereitgestellt, die einen sozialintegrativen Umgang mit den heroinkonsumierenden Jugendlichen ermöglicht hätte, sondern für Drogenberatungsstellen und stationäre Therapieeinrichtungen, wieder in der Form von alljährlich neu zu beantragenden "Zuwendungen" an freie Träger, und immer in der Hoffnung, das "Problem" werde bald wieder verschwinden und damit die Finanzierung überflüssig werden. Für die Jugendfreizeitheime wurde der sogenannte *Drogenpräventionstopf* eingerichtet, aus dem aktionistische präventive Arbeit finanziert wurde, die von Musik- und Theaterveranstaltungen, themenbezogenen "Projekten" über sogenannte clean-Reisen bis hin zu Zeit- und Honorarstellen für "Drogenprävention in der Jugendarbeit" reichten.

Um diese Gelder abzuschöpfen wurden die jugendlichen BesucherInnen - und nichts war einfacher als das - in toto zu "drogengefährdeten Jugendlichen" erklärt, die in der Jugendarbeit alltäglichsten Unternehmungen als "präventive Veranstaltungen" verkauft und der Bedingung des Geldgebers, das Jugendfreizeitheime "drogenfreie Räume" garantieren müßten, wenn sie Präventionsmittel in Anspruch nehmen wollten, auf dem Papier bereitwillig entsprochen. Auf den Schreibtischen der SachbearbeiterInnen in der Jugendbürokratie häufen sich seitdem Jahr für Jahr Anträge und Berichte, in denen die Drogengefährdung von Jugendlichen an Ausmaß und Bedrohlichkeit kontinuierlich zunimmt, weil bei einer Abnahme des "Problems" die Geldquelle versiegen würde. Das "Präventionsversprechen" wurde permanent erneuert, obwohl alle Beteiligten schon längst wissen, daß es auf falschen theoretischen Prämissen beruht und in der Praxis der Jugendarbeit noch nirgends eingelöst werden konnte.

Zum "Glück" für alle Beteiligten schrieben zwei findige Stern-Journalisten genau zum richtigen Zeitpunkt eine Artikelserie aus der *der* Bestseller der deutschen Nachkriegsliteraturgeschichte wurde: "Christiane F. - Wir Kinder vom Bahnhof Zoo" (ein millionenschweres Geschäft), das in den Neuen Bundesländern seit der Grenzöffnung eine Renaissance als meistgelesenes Jugend- und ErzieherInnen-Buch erlebt.

Da in den 80er Jahren wesentliche Teile der Jugendarbeit über die staatlichen Drogenpräventionsprogramme bezahlt wurden, und die Zuwendungsgeber von den Zuwendungsempfängern den öffentlichen Schwur auf das staatlich geschützte *Abstinenzparadigma* und die *drogenfreien*

Räume verlangten, konnte eine realistische und sachliche Auseinandersetzung mit der Bedeutung von Drogenkonsum für Jugendliche, seiner tatsächlichen Verbreitung, differenziert nach Drogenarten, über gescheiterte Präventionsstrategien und so weiter nicht geführt werden. So leistete die Jugendarbeit ihren Beitrag zur repressiven Drogenpolitik und wäre doch, auf der Basis der Alltagskontakte mit Jungen und Mädchen, der Ort gewesen, an dem am ehesten eine kritische Bestandsaufnahme und eine an den Jugendlichen und nicht an den ordnungspolitischen Vorstellungen der Regierungen orientierte Praxis hätte entstehen können.

Die Anstöße zur Veränderung der Drogenpolitik kamen dann von außen, als im Zuge der HIV-Aids-Ausbreitung, die Aids-Hilfen das Scheitern unseres ganzen Systems von Drogenpolitik und Drogenhilfe, ihre ausgrenzenden und kriminalisierenden Wirkungen, auf die Tagesordnung setzten. Die allmähliche gesellschaftliche Umorientierung in Sachen illegalisierter Drogen entwickelte sich außerhalb der Jugendarbeit, die heute immer noch - aus durchsichtigen Gründen - am zunächst aufgezwungenen, dann allmählich verinnerlichten klassischen Präventionsverständnis festhält, auch wenn die Oberfläche in der Wahl der bunten Methoden und ihrer jeweiligen Begründung differenzierter geworden ist.

Es ist heute absehbar, daß sich dieses Verständnis vom Drogenkonsum Jugendlicher und der tradierte Umgang damit in der Jugendarbeit nicht mehr lange halten läßt.

Zum "Glück" hat sich mit der "neuen Gewaltbereitschaft von Jugendlichen" und ihren rechtsextremistischen Ausdrucksformen "gerade rechtzeitig" eine neue "Gefährdungs- und Präventionsfront" für die Jugendarbeit eröffnet, auf die sich die über "Folgen der Jugendarbeitslosigkeit" und "Drogenwelle" entwickelten Programmfinanzierungen bruchlos übertragen lassen.

Heute sind es schon die "Gewalttöpfe" aus denen alltägliche Jugendarbeit - vor allem in den Neuen Bundesländern - finanziert wird und die "Drogentöpfe" haben an Bedeutung verloren, sind aber - besonders im Westen - noch immer aktuell.

Die Funktion dieser Formen der Finanzierung von Jugendarbeit ist nie so offensichtlich geworden wie nach der "Vereinigung" der beiden deutschen

Staaten: Während das System der von der FDJ getragenen DDR-Jugendarbeit in der Form der offenen Jugendclubs abgewickelt wird, werden keine neuen tragfähigen und entwicklungsfähigen Strukturen einer "normalen" Jugendarbeit geschaffen, sondern über die weggeschnittenen Strukturen werden hektisch aus dem Boden politischer Legitimationsbedürfnisse gezogene und nach bewährtem Muster zeitlich befristete "Präventionsprogramme" gegen Jugendgewalt über den Kahlschlag gelegt. Wer heute in der ehemaligen DDR und zunehmend auch im Westen Geld für Jugendarbeit haben will, muß gewaltbereite und nach Möglichkeit rechtsextremistisch orientierte Jugendliche präsentieren und sie werden präsentiert, immer genauso viele wie man benötigt, um mit seinem Antrag erfolgreich zu sein. Das jüngste Beispiel für diese Strategie ist das von der Bundesregierung finanzierte "Aktionsprogramm gegen Aggression und Gewalt (AGAG)". Seit seiner Einführung haben Hunderte von SozialpädagogInnen in den Neuen Bundesländern zur Basisfinanzierung ihrer Jugendarbeit Anträge an den "Gewalt-Präventionstopf" und dafür die geforderten Begründungen geliefert.

Wie sich die Jugendforschung an den dargestellten Entwicklungen beteiligte und weiterhin beteiligt, ist von mir in dem Artikel "Überlegungen zum Thema "Kulturkonflikte und Wertewandel" untersucht worden.

12. "Jugendarbeit in der Jugendhilfeplanung - Erfordernisse einer wirksamen Partnerschaft zwischen öffentlichen und freien Trägern"*

Die große Resonanz auf die Einladung des Landesjugendringes zeigt, daß mit diesem Thema ein verbreitetes Bedürfnis angesprochen wird. Ich sehe hier Frauen und Männer, die die "drei Säulen der Jugendarbeit" vertreten: Öffentliche Träger, die im Landesjugendring zusammengeschlossenen traditionsreichen Jugendverbände und freie Initiativen und Projekte, wie sie sich seit Anfang der 70er Jahre in West-Berlin entwickelt haben. Die hier anwesenden Kolleginnen und Kollegen aus dem Ostteil der Stadt müssen sich in dieser gewachsenen Vielfalt der Träger der Jugendarbeit orientieren und das ist in einer Zeit, in der im Kampf um knappe Ressourcen das Klima eher von Konkurrenz als von Kooperation bestimmt wird eine schwierige Aufgabe. Dieser, in der alten Bundesrepublik gewachsenen Struktur, die jetzt in einem komplizierten Prozeß mit vielen Unstimmigkeiten und Brüchen auf das Gebiet der ehemaligen DDR übertragen wird, entspricht die politische und gesetzlich festgeschriebene Verfassung der Jugendarbeit in der Bundesrepublik. Sie beruht auf der Zweiteilung der Jugendarbeit in öffentliche (in der Regel kommunale) und freie Trägerschaft (Jugendverbände, kleinere Initiativen und Projekte).

In dieser Verfassung liegt die umfassende Verantwortung für Planung und Gewährleistung der Aufgaben der Jugendarbeit bei den öffentlichen Trägern , in Berlin demnächst bei den Jugendämtern in den Bezirksverwaltungen, beim neu einzurichtenden Landesjugendamt und beim Senat als der obersten Landesjugendbehörde.

Die Verbände und freien Träger haben diese umfassende Verantwortung nicht. Sie haben die Aufgabe, den im Grundgesetz festgeschriebenen Pluralismus im Bereich der Jugendarbeit substantiell zu verwirklichen. Sie sind primär ihrem je spezifischen, historisch gewachsenen und mithin veränderbaren Verständnis von Jugendarbeit verpflichtet. Vor allem im Hinblick auf Weltanschauung, politischer Orientierung, Lebensstile und Jugendkultur

---
* Vortrag auf der Fachtagung des Landesjugendringes Berlin am 1.12.1993

dürfen sie ihre Tendenz realisieren, sofern sie selbst sich als Teil einer demokratischen Gesellschaftsordnung verstehen und auch so handeln. Das schließt die Möglichkeit auch radikaler Kritik am Verhältnis von Anspruch und Wirklichkeit dieser Ordnung und die Berechtigung zu Versuchen der Veränderung mit ein. Diesen Handlungsraum - ich sage mit Bedacht nicht Spiel-Raum - können die freien Träger auch dann beanspruchen, wenn ihre Tätigkeit aus öffentlichen Haushalten finanziert wird.

Der Grundsatz der Subsidiarität soll diese Pluralität sichern, die freien Träger vor planifizierenden und ordnungspolitisch funktionalisierenden Zumutungen und Übergriffen des Staates schützen.

Ob die freien Träger diesen Gestaltungsraum immer selbstbewußt und notfalls offensiv gegenüber den staatlichen Trägern der Jugendarbeit und anderen politischen und staatlichen Institutionen vertreten und ob der Staat diese Prinzipien von sich aus immer achtet - das muß im jugendpolitischen Alltag immer wieder überprüft und ausbalanciert werden.

Die Subsidiarität betont auf jeden Fall, daß die *letzte* Verantwortung für die Aufgaben der Jugendarbeit beim Staat liegt: Wenn sich kein Verband, kein freier Träger, keine unabhängige Initiative, kein Projekt findet, bestimmte notwendige Aufgaben der Jugendarbeit zu übernehmen, muß der Staat sie selbst übernehmen. Etwas vereinfacht könnte man sagen: Die Kür haben die Freien - die Pflicht hat der Staat. Wenn aber die Verhältnisse zwischen beiden Seiten gut sind, wird es zu einer gemeinsamen Planung und einer einvernehmlichen Aufgabenteilung und Zusammenarbeit kommen. Wir werden auch gleich sehen, daß neben der politisch-rechtlichen Struktur der Jugendverbände und ihrer Organisationsformen, ein ganzes Instrumentarium von Steuerungsmitteln im KJHG und in den Landesausführungsgesetzen ein "esoterisches Abdriften" der Freien auf Kosten von Steuergeldern verhindert und auch bei ihnen den Bezug auf die *Gesamtverantwortung* weitgehend garantiert.

Damit komme ich zum Kern meiner Ausführungen. Die Reform des alten Jugendwohlfahrtsgesetzes zu einem modernen Unterstützungs- und Leistungsrecht ist mit dem KJHG im großen und ganzen gelungen und diese Reform wird mit dem Berliner Ausführungsgesetz, das jetzt im dritten Entwurf den Senat passieren muß (Mitzeichnungsverfahren) und dann dem Rat der Bürgermeister vorgelegt wird, bevor es in die parlamentarischen Beratungen eingebracht wird, auch für das Land Berlin in absehbarer Zeit vorläufig abgeschlossen sein. Es sieht ganz so aus, als würde dieser rechtliche Rahmen der Jugendarbeit wieder für die Zeit eines vollen Menschenlebens halten (das Jugendwohlfahrtsgesetz hate, mit diversen Novellierungen, fast sein siebzigjähriges Jubiläum erreicht).

Wenn der Entwurf des Berliner Ausführungsgesetzes die bestehende Praxis der Jugendarbeit widerspiegeln würde, lebten wir in einem jugendarbeiterischen Paradiesgarten. Wenn wir ihn als zu realisierende Option für die nächste Zukunft betrachten, stehen uns herrliche Zeiten bevor. Wenn wir ihn als reale Utopie nehmen, gibt er uns Anspruchsnormen an die Hand, die alle in den letzten 25 Jahren in kritischen Diskursen herausgearbeiteten Vorstellungen und Wünsche der Jugendarbeit als berechtigte und prinzipiell zu verwirklichende Forderungen aufgenommen haben. Eine beachtliche und beeindruckende Leistung, in der nüchternen Sprache der Bürokratie formuliert. Da nicht alle hier im Saal diesen Gesetzesentwurf kennen werden, erlaube ich mir ein paar Zitate:

§ 2 Abs. 2:
"Die Jugendhilfebehörden sind *verpflichtet und berechtigt*, die Bedürfnisse und Interessen junger Menschen auch fachübergreifend, insbesondere gegenüber den für Schule, Stadtentwicklung, Verkehrsplanung, Umweltschutz, Arbeitsmarkt, Wohn- und Wohnumfeldgestaltung zuständigen Verwaltungen, zur Geltung zu bringen. Gemeinsam soll darauf hingewirkt werden, positive Lebens- und Entwicklungsbedingungen für junge Menschen sowie eine kinder- und familienfreundliche Lebenswelt zu schaffen und zu erhalten".

§3 aus den Absätzen 1-3:
"Dienste und Einrichtungen der Jugendhilfe müssen überschaubar organisiert sowie örtlich und zeitlich zugänglich sein. Die Leistungen sollen unmittelbar an die Alltagserfahrungen, Lebenslagen und örtlichen Bedingungen der jungen Menschen und Familien anknüpfen. ....
Unter Berücksichtigung der unterschiedlichen Problemlagen von Mädchen und Jungen sind Leistungen so zu gestalten, daß sie der Verwirklichung der Gleichberechtigung von Frauen und Männern dienen und helfen, Benachteiligungen abzubauen. Dazu sind auch geschlechtsspezifische Leistungen zu entwickeln und anzubieten.

Jugendhilfe hat der Ausgrenzung und Randständigkeit entgegenzuwirken und dabei Toleranz und gleichberechtigte gesellschaftliche Teilhabe zu fördern. Dies gilt auch für den Umgang mit Menschen gleichgeschlechtlicher sexueller Orientierung. Leistungen sind so auszurichten, daß
1. jungen Menschen mit Behinderungen eine gleichberechtigte Teilnahme gemeinsam mit nicht-behinderten Menschen ermöglicht und spezialisierte Angebote auf unerläßliche Ausnahmen beschränkt werden,
2. die sozialen und kulturellen Interessen und Bedürfnisse ausländischer junger Menschen und ihrer Familien berücksichtigt werden,
3. das Zusammenleben verschiedener Kulturen und die Aufgeschlossenheit für einander gefördert werden."

Aus § 4: Freie und öffentliche Jugendhilfe
"Freie und öffentliche Jugendhilfe arbeiten zum Wohl junger Menschen und ihrer Familie partnerschaftlich zusammen. Die Jugendhilfebehörden wirken daraufhin, daß die Leistungen der öffentlichen Jugendhilfe und der freien Jugendhilfe rechtzeitig aufeinander abgestimmt werden. Zielsetzung der partnerschaftlichen Zusammenarbeit ist es, die für die Weiterentwicklung der Angebote und Hilfen verfügbaren Mittel und Kräfte so einzusetzen, daß ein vielfältiges, bedarfsgerechtes wirksames Leistungssystem der Jugendhilfe gewährleistet ist. Die Gesamtverantwortung für die Erreichung dieses Ziels trägt im Rahmen der behördlichen Zugehörigkeit des Jugendamts, auf überbezirklicher und gesamtstädtischer Ebene die für Jugend und Familie zuständige Senatsverwaltung.

Die Zusammenarbeit soll insbesondere erreicht werden durch
1. Bildung von Arbeitsgemeinschaften (...) zur Erstellung der Jugendhilfeplanung,
2. Vereinbarungen über die Inspruchnahme von Einrichtungen und Diensten
der freien Jugendhilfe (...),
3. Beteiligung der freien Jugendhilfe im Rahmen der Jugendhilfeplanung und ihrer Mitwirkung in den Jugendhilfeausschüssen und im Landesjugendhilfeausschuß,
4. Anregung und Unterstützung von Arbeitsgemeinschaften, die eine Vernetzung der im Stadtteil tätigen Projekte, Einrichtungen, Dienste und Veranstaltungen im Bereich der freien und öffentlichen Jugendhilfe ermöglichen und das Zusammenwirken bei der Ausgestaltung der Lebenswelt von Kindern und Jugendlichen auch unter Einbeziehung von Nachbarschaftshilfe fördern sollen.

Soweit geeignete Einrichtungen, Dienste und Veranstaltungen von anerkannten Trägern der freien Jugendhilfe betrieben oder rechtzeitig geschaffen werden können, soll die öffentliche Jugendhilfe von eigenen Maßnahmen absehen. Die öffentliche Jugendhilfe soll die freie Jugendhilfe (...) fördern und dabei die verschiedenen Formen der Selbsthilfe stärken."

Aus §5 : Beteiligung von Kindern und Jugendlichen
"Die Beteiligung von Kindern und Jugendlichen nach §8 des 8. Buches Sozialgesetzbuch (KJHG) sowie darüber hinaus an der Jugendhilfeplanung und anderen sie betreffenden örtlichen und überörtlichen Planungen ist in angemessener Weise zu gewährleisten. In den Einrichtungen der Jugendhilfe sollen durch Kinder- und Jugendvertretungen Formen der Mitbestimmung entwickelt und sichergestellt werden."

Im §5 wird außerdem bestimmt, daß in jedem Bezirksamt ein Kinder- und Jugendbüro eingerichtet werden muß, das den Kindern und Jugendlichen Gelegenheit geben soll, "ihre Interessen und Belange herauszufinden, sie zu äußern und sie gegenüber den verantwortlichen Personen und Stellen zu vertreten". (Für diese Büros werden 23 Stellen der Vergütungsgruppe IVb neu eingerichtet.)

Aus § 6: Aufgaben und Ziele der Jugendarbeit:
"Die Jugendarbeit (...) ermöglicht jungen Menschen die Erprobung, Entdeckung und Entfaltung ihrer persönlichen Fähigkeiten außerhalb von Elternhaus, Schule und Arbeitswelt und fördert die eigenständigen Zusammenschlüsse von jungen Menschen. Sie soll junge Menschen befähigen, ihren Interessen selbst Geltung zu verschaffen und gesellschaftliche und soziale Mitverantwortung zu praktizieren.
Die Jugendhilfebehörden sollen Orte und Räume zur individuellen Entwicklung bereitstellen und auf die Schaffung notwendiger Gemeinbedarfseinrichtungen hinwirken. Für Mädchen und junge Frauen sind zum Abbau von Benachteiligungen in ausreichendem Maße auch eigene Freiräume und Einrichtungen zu schaffen, in denen Selbständigkeit und Selbstverwirklichung entwickelt und gefördert werden können.
Die außerschulische Jugendbildung im Rahmen der Jugendarbeit ist zugleich ein eigenständiger und gleichberechtigter Teil des Berliner Bildungswesens und soll dazu beitragen,
1. gesellschaftliche und persönliche Auseinandersetzungen mit friedlichen Mitteln zu führen,

2. das Verhältnis des Menschen zur Natur und seine Stellung in der Natur zu verstehen,
3. Toleranz gegenüber anderen Weltanschauungen, Kulturen, Lebensformen und Glaubensbekenntnissen zu fördern,
4. überkommene Geschlechtsrollen infrage zu stellen und die gesellschaftliche Gleichstellung von Frauen und Männern zu fördern.

Die Angebote der Jugendarbeit richten sich an alle jungen Menschen, werden entsprechend der zunehmenden Verselbständigung junger Menschen und an das Lebensalter angepaßt bereitgestellt und sollen so rechtzeitg zur Verfügung stehen, daß Maßnahmen der Jugendsozialarbeit und Hilfen zur Erziehung nur in nichtvermeidbarem Umfang erforderlich werden."
Mit diesem letzten Satz wird die allgemeine präventive Funktion von Jugendarbeit hervorgehoben.

In §7 wird betont, daß demokratisch organisierte Jugendverbände und Jugendgruppen die "Eigenverantwortlichkeit junger Menschen" gewährleisten, eine tragende Funktion in der Jugendarbeit haben und durch Zuwendungen aus dem Landesjugendplan gefördert werden sollen.
In § 8 geht es um die Jugendarbeit in kommunaler Trägerschaft. Danach sollen die Jugendämter "Jugendfreizeitstätten in ihren verschiedenen Ausprägungen" entweder selber betreiben oder solche Jugendfreizeitstätten von freien Trägern fördern. Die Jugendämter sollen "internationale und nationale Begegnungen, Ferienlager und andere Maßnahmen der Kinder- und Jugenderholung, Veranstaltungen der politischen Jugendbildung, der kulturellen und stadtteilorientierten Jugendarbeit sowic Veranstaltungen zur musischen, spielerischen und sportlichen Betätigung und Förderung der Jugend" durchführen.
In § 10 wird bestimmt, daß Ehrenamtliche in der Jugendarbeit von anerkannten Trägern für ihre Tätigkeit in der Jugendarbeit einen Anspruch auf bezahlten Sonderurlaub haben.

Für unser Thema heute ist auch § 13: Aufsuchende Jugendsozialarbeit - von Bedeutung. In ihm heißt es:
"Aufsuchende Jugendsozialarbeit wendet sich insbesondere an alleingelassene, aggressive, resignative, suchtgefährdete oder mit Straffälligkeit belastete junge Menschen und fördert deren soziale Integration. Die Angebote sind unmittelbar im Lebensfeld der jungen Menschen zu organisieren. Sie

umfassen Einzelberatung, Gruppenarbeit, Projektarbeit und Stadtteilarbeit. Diese Angebote sind bei akutem Bedarf auch kurzfristig zu ermöglichen (...)."

Die "aufsuchende Jugendsozialarbeit" ist zwar als besondere Aufgabe in einem eigenen Gesetzesabschnitt deutlich von den Aufgaben der Jugendarbeit getrennt, in der Praxis gibt es aber, bei oft identischen Trägerorganisationen, zwischen der Jugendarbeit und der aufsuchenden Jugendsozialarbeit eine Fülle von Überschneidungen, die in der Systematik des Gesetzestextes nicht berücksichtigt werden.

Ich bin gespannt, was von diesen wunderbaren Zielstellungen und Absichtserklärungen übriggeblieben ist, wenn der Gesetzesentwurf die letzte Lesung im Abgeordnetenhaus hinter sich gebracht hat. Wir sollten ihn auf diesem Weg nicht alleinelassen. Das Ausführungsgesetz in der vorliegenden Fassung formuliert jugendpolitische Zielvorstellungen, die sich nicht von alleine realisieren werden, die unter anderem von den Jugendarbeitern und Jugendarbeiterinnen durchgesetzt werden müssen.

Eine Ebene dafür ist die *Jugendhilfeplanung*, die im KJHG als Pflichtaufgabe der öffentlichen Träger festgeschrieben ist und an der die anerkannten freien Träger zu beteiligen *sind*.

Die vorgegebenen Leitnormen für die Jugendhilfeplanung finden wir in den §§ 8 und 9 des KJHG und für die Jugendarbeit speziell in den §§ 11 und 12 dieses Gesetzes. Das Verhältnis der öffentlichen Träger zu den freien Trägern wird in den §§ 74 bis 78 KJHG geregelt, und die uns heute besonders interessierende Gesamtverantwortung und die Jugendhilfeplanung in den §§ 79 und 80, die ich jetzt genauer ausführen werde. Im § 79 KJHG heißt es:
"Die Träger der öffentlichen Jugendhilfe haben für die Erfüllung der Aufgaben nach diesem Buch die Gesamtverantwortung einschließlich der Planungsverant-wortung.

Die Träger der öffentlichen Jugendhilfe sollen gewährleisten, daß die zur Erfüllung der Aufgaben nach diesem Buch erforderlichen und geeigneten Einrichtungen, Dienste und Veranstaltungen den verschiedenen Grundrichtungen der Erziehung entsprechend rechtzeitig und ausreichend zur Verfügung stehen (...). *Von den für die Jugendhilfe bereitgestellten Mitteln haben sie einen angemessenen Anteil für Jugendarbeit zu verwenden.* (Hervorhebung M.K.)"

Im "Frankfurter Lehr- und Praxis-Kommentar zum KJHG" (Johannes Münder u.a.) wird die *Gesamtverantwortung* der öffentlichen Träger nicht im Widerspruch zur *Subsidiarität* gesehen:
"Vielmehr verpflichtet sie Länder und Kommunen zum Ausbau und zur Sicherung einer Jugendhilfe - Infrastruktur, die den Erfordernissen der Kinder- und Jugendlichen entspricht".

Die *Planungsverantwortung* der öffentlichen Träger verpflichtet diese, sorgfältig den Bedarf an Angeboten und Leistungen zu ermitteln. Unsere besondere Aufmerksamkeit muß darauf gerichtet sein, *wie*, mit *welchen* Recherchen, Methoden und Instrumenten diese *Ermittlung*, die als permanenter Prozeß und nicht als alle fünf und zehn Jahre zu widerholender Akt gedacht ist, vorgenommen wird. Planung, so heißt es in der Begründung zum KJHG "bedeutet die Entwicklung längerfristiger und weitreichender Handlungsstrategien. Sie besteht aus der *Bedarfserhebung, der Festlegung der Planungsziele,* muß in eine *Finanzplanung* münden und Wege der *Erfolgskontrolle*" (Evaluation) aufzeigen.

Wie sollen nun die Verpflichtungen des KJHG im Berliner Ausführungsgesetz auf die Verhältnisse dieser Stadt angewendet werden? Das wird in den §§ 42 bis 49 geregelt. Dort heißt es, daß die Jugendämter im Rahmen der Jugendhilfeplanung "Schwerpunkte setzen und, falls es die Situation der jungen Menschen und ihrer Familien erfordert, Planung für einzelne Wohngebiete oder einzelne Nutzergruppen in besonderen Problemlagen erstellen (sollen). Darüber hinaus sind Einrichtungen, Dienste und Vorhaben nach ihrer Wirksamkeit für Mädchen und Jungen getrennt zu überprüfen und bei der Planung ihrer unterschiedlichen sozialen Entwicklungsbedingungen zu berücksichtigen. (...)"
In Absatz 2 wird festgelegt, daß die Ergebnisse der Planung zunächst im Jugendhilfeausschuß des bezirklichen Jugendamtes und dann von der Bezirksverordnetenversammlung beschlossen werden müssen, nachdem sie mit der auf Landesebene durchzführenden Gesamtjugendhilfeplanung (die in § 43 Berliner Ausführungsgesetz geregelt wird) abgestimmt worden sind. Diese Beschlüsse werden dann zur verbindlichen Grundlage für die "Verteilung der verfügbaren Haushaltsmittel".

An der Jugendhilfeplanung auf Bezirksebene sollen nicht nur die anerkannten freien Träger der Jugendarbeit beteiligt werden sondern auch die im KJHG angeregten und im § 4 Abs. 4 Nr. 4 des Berliner Ausführungsgesetzes hervorgehobenen *Arbeitsgemeinschaften im Stadtteil*. Diese Beteiligung soll "frühzeitig durchgeführt werden". Der öffentliche Träger hat die an der Planung beteiligten freien Träger "umfassend über Inhalte, Ziele und Verfahren der Planung zu informieren. Nicht anerkannte Verbände, Gruppen und Initiativen können beteiligt werden".

Die Beteiligung der freien Träger soll also *frühzeitig* erfolgen - d.h. *nicht von Anfang* an, wie es die Tendenz im KJHG nahelegt. Nach dem Verständnis unserer Senatsverwaltung soll die Beteiligung beginnen, *nachdem* die Datenbasis für die Jugendhilfeplanung erstellt worden ist. Die *Ermittlung der Planungsgrundlagen* will der öffentliche Träger offensichtlich alleine besorgen - das Ausführungsgesetz verpflichtet ihn jedenfalls nicht, diese Untersuchungsarbeit mit den freien Trägern und den Fachwissenschaften zusammen zu machen. Dabei handelt es sich um Entscheidungen: Über die Schwerpunkte der Untersuchung, über die zu ermittelnden Daten und die Wege ihrer Erhebung, über die interpretierende Aufarbeitung dieser Daten mit Hilfe von Indikatoren (die bestimmt werden müssen). Diese Entscheidungen sind notwendig, um aus der Fülle des Materials könnten Planungsgrundlagen machen zu können, aus denen dann die Ziele genauer abgeleitet werden könnten usw. Wir müssen weiter fragen, wer hier über das Verhältnis von *quantitativer* und *qualitativer* empirischer Sozialforschung und über die Art der Methodenkombination entscheidet, und darüber, welche theoretischen Grundlagen für die Interpretation der Daten herangezogen werden. Viele dieser Grundsatzentscheidungen müssen schon am Anfang des gesamten Planungsprozesses geklärt und getroffen werden. Von der Art dieser Entscheidungen wird schon weitgehend die Richtung des Planungsprozesses bestimmt.

Die im § 51 des Berliner Ausführungsgesetzes geregelte "Zusammenarbeit mit Forschung und Lehre" verpflichtet den öffentlichen Träger nicht, die Wissenschaft - in unserem Falle vor allem die Jugendforschung - an der Erhebung und Interpretation der Planungsgrundlagen zu beteiligen.

§ 42 Abs. 5 des Berliner Ausführungsgesetzes zeigt uns, welche Konsequenzen das im Ausführungsgesetz formulierte Verständnis von Planungsvorbereitung hat. Ich zitiere:
"Die für die Jugendhilfeplanung erforderlichen Daten sollen nach einer unverzüglichen Anonymisierung aus den Angaben gewonnen werden, die bei der Erhebung von Teilnahmebeiträgen nach § 90 des 8. Buches Sozialgesetzbuch (KJHG) und bei der Heranziehung zu den Kosten nach § 91 des 8. Buches Sozialgesetzbuch erhoben werden. Diese Daten sind unterhalb der Bezirksebene differenziert nach Gemeindeteilen auszuwerten. Die Jugendämter haben die Eingrenzung dieser Gemeindeteile zu bestimmen. Dadurch ist die Voraussetzung für eine regional differenzierte Förderung junger Menschen und ihrer Familie, insbesondere in gefährdeten Lebens- und Wohnbereichen (...) zu schaffen".

Was kann man aus *Teilnahmebeiträgen* und *Kostenheranziehung* erkennen? Teilnahmebeiträge setzen sich nach § 90 KJHG aus dem Geld zusammen, das die Kunden und Kundinnen der Jugendarbeit "für die Inanspruchnahme von Angeboten der Jugendarbeit nach § 11 bezahlen müssen". (Frankfurter Lehr- und Praxis-Kommentar zum KJHG) Die *Kostenheranziehung* fällt für die Jugendarbeit als Datenquelle aus, weil sie hier nicht praktiziert wird. Die Teilnahmebeiträge sind Leistungen der Besucherinnen und Nutzerinnen von Einrichtungen und Veranstaltungen der Jugendarbeit. Die Höhe der Kostenbeteiligung richtet sich nach der *Zumutbarkeit*, die auf der Basis des Einkommens der Minderjährigen und ihrer Eltern oder der jungen Volljährigen festgestellt werden muß. Dabei werden die Vorschriften des Bundessozialhilfegesetzes (BSHG §§ 76-78) angewendet.
Die Einkommensverhältnisse der Kinder und Jugendlichen bzw. ihrer Familien werden hier zum entscheidenden Indikator für die Jugendarbeitsplanung gemacht, aus dem bzw. über den weitere notwendige Daten ermittelt werden sollen. Das wäre in Ordnung, wenn damit ein Zugang zur Sozialstruktur der Bevölkerung und speziell ihres Anteils an Kindern und Jugendlichen für die Planungsregion gefunden werden könnte, aber dieser Zugang wird über die Analyse von TeilnehmerInnen-Beiträgen und Gebühren nach den Maßgaben des BSHG sicherlich nicht gefunden. Zwar heißt es im KJHG, daß die BSHG-Kriterien "entsprechend" angewendet werden sollen und das eröffnet einen Spielraum für "besondere Belange der Jugendhilfe bei der Anwendung von Bestimmungen der Sozialhilfe" (Lehr- und Praxis-Kommentar S. 586) und das wiederum ermöglicht "sozialpädagogische Implikationen der Ju-

gendhilfe zu berücksichtigen" (ebenda). Das hat aber nur Auswirkungen auf den Einzelfall, der unter Umständen von der Kostenbeteiligung befreit werden kann, auch dann, wenn das Einkommen etwas über der BSHG-Einkommensgrenze liegt.

Die so zu ermittelnden Daten beschränken sich auf die TeilnehmerInnen und BesucherInnen von Veranstaltungen und Einrichtungen der Jugendarbeit in der Hoffnung, von diesen auf die Gesamtheit der Population im Einzugsbereich schließen zu können. Dieses Verfahren erteilt jeder Differenzierung der Jugendarbeit, die im KJHG gefordert wird, eine Absage. Möglicherweise sind die Kinder und Jugendlichen, die nicht an den Orten der Jugendarbeit auftauchen für die Jugendarbeitsplanung genauso interessant und wichtig wie die BesucherInnen. Sie können unter Planungsgesichtspunkten sogar noch wichtiger sein. Und daß sozialstatistische Daten schon seit einiger Zeit keine Rückschlüsse auf Bedürfnis, Vielfalt, Lebensstile, Geschlechterverhältnis, sexuelle Orientierungen, auf alle die Kriterien, die im ersten Teil des Ausführungsgesetzes als *Leitkriterien* ausdrücklich genannt worden sind, zulassen, das ist inzwischen allgemein bekannt.

Was also soll die Festlegung einer so fragwürdigen Datenquelle - und andere Datenquellen und Untersuchungsinstrumente werden daneben nicht genannt - in einem Gesetzesparagraphen, der die so hochkarätig bewertete Jugendhilfeplanung regelt? Für mich hat diese Regelung zwei politische Botschaften, eine negative und eine positive. Zuerst die negative:
Mit der extremen Einschränkung der Datenbasis sollen die Planungsziele, also die konkrete Aufgabenbestimmung der Jugendarbeit den im öffentlichen Haushalt zur Verfügung gestellten Mitteln eingepaßt werden entgegen der Bestimmung im KJHG, daß ein *angemessener* Anteil vom Gesamtvolumen der Jugendhilfemittel für die Jugendarbeit bereitgestellt werden soll. Was jeweils *angemessen* ist, müßte jedoch wohl, wenn die geforderte Planung einen Sinn haben soll, ein Ergebnis dieser Planung selbst sein. Die Absichtserklärung im Berliner Ausführungsgesetz, diesen Anteil auf 10% des Jugendhilfeetats zu bringen, ist so offen formuliert, daß keine wirkliche Verpflichtung für den öffentlichen Träger daraus resultiert. Übrigens wurde dieser Anteil von im 2. Entwurf vorgesehenen 20% - der Landesjugendring hatte sogar 25% gefordert - auf jetzt 10% reduziert. Tatsächlich liegt der Anteil gegenwärtig eher zwischen 6 und 8%. Diese Begrenzung widerspricht der Tendenz des KJHG und macht als gesetzlich fixierte Zielvorgabe jeden

offenen, an ernsthafter Bedarfsermittlung orientierten Planungsprozeß unmöglich.

Es ist also alles wie gehabt. Die hehren Absichtserklärungen finden sich in den Präambeln und der graue Alltag steckt in den finanzpolitischen Entscheidungen. Für die Berliner Jugendarbeit wird das bedeuten, daß differenzierte Strukturen einer sich mittelfristig orientierenden Jugendarbeit nicht entwickelt, sondern bestehende Strukturen wie seit Jahren (und besonders im Ostteil der Stadt) weiter weggeschnitten werden. Über die wachsenden Leerstellen werden aus *Sondermitteln* finanzierte, hektisch aus dem Boden gestampfte, kurzfristig angelegte und den tagespolitischen Legitimationsbedürfnissen der staatstragenden Parteien dienende "Programme" gelegt; allesamt unter den Prämissen *Gefährdung und Prävention* (Drogenmißbrauch/Gewaltbereitschaft/Rechtsextremismus). Die negativen Folgen dieser "jugendpolitischen" Finanzpolitik wie Stigmatisierung, Opportunismus, Perspektivlosigkeit, Konkurrenzdruck und Marktorientierung bei den freien und öffentlichen Trägern der Jugendhilfe werden billigend in Kauf genommen.

Die positive Botschaft des § 42 Abs. 5 des Berliner Ausführungsgesetzes könnte heißen:

Wenn die öffentlichen Mittel für die Jugendarbeit derart begrenzt sind, dann sollten die geringen Ressourcen *den* Kindern und Jugendlichen zugutekommen, deren Teilhabe am jugendkulturellen Leben aufgrund ihrer materiellen Lebensbedingungen so eingeschränkt ist, daß sie tatsächlich auf die Angebote der Jugendarbeit angewiesen sind. Diese Angeboten müßten dann aber auch so ausgerichtet sein, daß sie für diese Zielgruppe wirklich interessant sind. Das wäre eine Absage an die schleichende Mittelschichtorientierung und die zunehmende Ausgrenzung der "Schmuddelkinder" aus der sogenannten normalen Jugendarbeit.

Zurück zur Jugendhilfeplanung. § 43 des Berliner Ausführungsgesetzes regelt diese Planung auf Landesebene. Die Senatsverwaltung muß eine Gesamtplanung vornehmen, in der die bezirkliche Planung mit gesamtstädtischen Planungserfordernissen abgestimmt wird. Die Senatsverwaltung koordiniert die Planung der Bezirke "sie wertet die *Jugendhilfestatistik* für planerische Zwecke aus und stellt die Ergebnisse den Jugendämtern zur Verfügung".

Die Kinder- und Jugendhilfestatistik ist in den §§ 98 bis 103 des KJHG als Pflichtaufgabe geregelt. Bezogen auf die Jugendarbeit werden "laufende Erhebungen über die mit öffentlichen Mitteln geförderten Angebote der Jugendarbeit" verlangt. Diese Daten werden künftig nicht mehr von den Trägern der Jugendarbeit selbst erhoben und weitergeleitet, sondern direkt von den Jugendämtern und Landesjugendämtern. Die *nichtöffentlich geförderten Angebote* von freien Trägern, in denen vielleicht ein wichtiges Innovationspotential steckt, werden in dieser Statistik nicht erhoben. Diese Regelung steht im krassen Widerspruch zu der unwidersprochenen Tatsache, daß fast alle innovativen Entwicklungen in der Jugendarbeit und Jugendsozialarbeit der letzten 25 Jahre aus zunächst nichtöffentlich geförderten Initiativen und oft genug sogar von zunächst nicht anerkannten freien Trägern entwickelt und durchgesetzt wurden. Das bedeutet für die zukünftige Jugendhilfeplanung eine erhebliche Einschränkung der Orientierungsmöglichkeiten. Die für die Jugendarbeit wichtigen Erhebungsmerkmale der Jugendhilfestatistik sind im § 99 Abs. 8 KJHG geregelt:
"Erhebungsmerkmale bei den Erhebungen über die Angebote der Jugendarbeit nach § 11 sind die mit öffentlichen Mitteln geförderten Maßnahmen im Bereich
1. der außerschulischen Jugendbildung (...)
2. der Kinder- und Jugenderholung (...)
3. der internationalen Jugendarbeit (...) sowie
4. der Fortbildungsmaßnahmen für Mitarbeiter (...), gegliedert nach Art des Trägers, Dauer der Maßnahme sowie Zahl und Geschlecht der Teilnehmer, zusätzlich bei der internationalen Jugendarbeit nach Partnerländern und Maßnahmen innerhalb und außerhalb des Geltungsbereichs dieses Gesetzes".

Diese Daten bieten nur sehr grobe Raster und beinhalten, weil es sich um eine TeilnehmerInnen- und Maßnahmenstatistik handelt, die weitgehend aus Strichlisten bestehen wird, die Gefahr der unkritische Perpetuierung einmal geschaffener Einrichtungen und Veranstaltungen. Eine wesentlich differenzierende Ergänzung der über TeilnehmerInnen-Beiträge und Gebühren erhobenen sozialstatistischen Daten bringt diese Statistik nicht. Es handelt sich zudem um eine rein quantitative Orientierung von Planung, die auf der Basis solcher Daten gemacht wird.

Welche Chancen haben angesichts dieser Situation die JugendarbeiterInnen und Jugendarbeiter der freien und öffentlichen Träger der Jugendarbeit auf den Planungsprozeß einzuwirken?
Das Gesetz schließt ja differenziertere Planungen, die über die in ihm formulierten Bedingungen hinausgehen nicht aus. Die müssen jugendpolitisch durchgesetzt werden. Die Orte, in denen die Planungsziele verabredet und ihre Umsetzung ausgehandelt und beschlossen werden, sind die Ausschüsse auf Bezirks- und Landesebene und auf deren personelle Besetzung haben die Verbände großen Einfluß. Auch die Besetzung durch die Mitglieder der BVV`s (Bezirksverordnetenversammlung: Stadtparlament) kann jugendpolitisch beeinflußt werden.
Die Stellung der Kinder- und Jugendhilfeausschüsse ist im KJHG gegenüber dem JWG erheblich materiell gestärkt worden. Die Verwaltungsspitzen haben Berichtspflicht und Beratungspflicht, leiten die Ausschüsse aber nicht mehr und können nicht mit abstimmen (§§ 35/37/38 des Berliner Ausführungsgesetzes).
In diesen Ausschüssen kann beschlossen werden, daß die freien Träger von Anfang an in die Jugendhilfeplanung einbezogen werden und die Instrumente und Methoden der Bedarfsermittlung mit aushandeln und verabreden können. Die Ausschüsse können mit ExpertInnen besetzte Kommissionen bzw. Unterausschüsse zur Klärung spezieller Fragen einsetzen und sie können beschließen, den in den neu zu gründenden *Arbeitsgemeinschaften* auf Bezirksebene (die den Kiezbezug herstellen sollen) versammelten Sachverstand voll einzubeziehen. Sie können auch beschließen - die Tendenz des KJHG und des Berliner Ausführungsgesetzes legt dies geradezu nahe - selbstorganisierte Zusammenschlüsse von Kindern und Jugendlichen und natürlich auch die geplanten Kinder- und Jugendbüros in den Bezirken von Anfang an an der Planung zu beteiligen.
Die verbesserten Beteiligungs- und Mitwirkungsrechte in den Ausschüssen realisieren sich aber nicht von alleine. Sie müssen extensiv genutzt werden und das geht nur, wenn die in diesen Gremien arbeitenden Frauen und Männer von den Kolleginnen und Kollegen aus der Praxis der Jugendarbeit jugendpolitische Rückenstärkung bekommen oder eben jugendpolitische Kritik. Dem Landesjugendring fällt hier eine erhebliche Verantwortung zu.

13. Die Auswirkungen der Berliner Verwaltungsstrukturreform auf das Verhältnis von öffentlichen und freien Trägern in der Sozialen Arbeit*

In Berlin kommt es mit der Verwaltungsstrukturreform, die über eine Änderung des "Allgemeinen Zuständigkeitsgesetzes" rechtlich gerade realisiert wird, zu einer Schwerpunktverschiebung in der Verantwortung für die Sozialplanung und die Jugendhilfeplanung, die allerdings nicht soweit gehen wird wie die Aufgabenteilung in den sogenannten Flächenstaaten der Bundesrepublik, wo es zwischen den Ministerien und den Kommunen noch die Regierungsbezirke und in einigen Ländern auch noch die Landschaftsverbände gibt.

In Berlin wird es zu einem "dualen Verwaltungsmanagement" (R.Pitschas) von Senat und Bezirken kommen, dessen Abgrenzungen und Kooperationen bisher nur in groben politischen Linien bestimmt sind. Im Detail werden sie sich aller Voraussicht nach erst im Laufe eines Jahrzehnts ausdifferenzieren und einspielen. Dabei sind die in Aussicht genommene Bezirksreform (Zusammenlegung von Bezirksämtern) und der Zusammenschluß von Brandenburg und Berlin unbekannte Größen, die sich komplizierend auf den Gesamtprozeß der Verwaltungsstrukturreform auswirken werden. Die "Reform" wird im Kontext der notwendigen und verfassungsmässig geforderten Angleichung der Lebensverhältnisse in den beiden Stadthälften und zwischen Berlin und dem Umland und im Rahmen einer konservativ dominierten Sozial-, Bildungs- und Ordnungspolitik begonnen, die die deutsch-deutsche Vereinigung als lange ersehnte und willkommene Gelegenheit nutzt, den Bürgern und Bügerinnen eine konservative Gesellschaftsreform als "notwendiges patriotisches Opfer für den Einigungprozeß" zu verkaufen.

In Berlin, das wie kein anderer Ort in Deutschland im Zentrum der Vereinigungsprobleme liegt, wird diese Politik am finanziellen Gängelband Bonns von der Großen Koalition exemplarisch durchgespielt.

Die unter diesen Bedingungen angesetzte Strukturreform der Berliner Verwaltung verunsichert und irritiert nun schon seit Monaten und mit zu

---

* Vortrag auf dem "Projektplenum" im Preußischen Landtag, Berlin April 1994

nehmender Brisanz alle Beteiligten in der Sozialen Arbeit: die Kommunalen Träger (Bezirksämter) die traditionellen, in der Liga der Spitzenverbände zusammengeschlossenen großen Wohlfahrtsverbände, die im Landesjugendring zusammengeschlossenen Jugendverbände, die kleinen Initiativen und Projekte und zunehmend auch die initiierenden Parteien und Senatsverwaltungen selber. Der über Jahrzehnte einigermaßen eingespielte Status quo zwischen diesen verschiedenen
Interessenebenen ist aufgebrochen und die Karten von Einfluß, politischer Entscheidungsbefugnis und Mittelverteilung werden neu gemischt. Dabei hatten die kleinen Projekte und Initiativen im Erziehungs-, Bildungs- und Sozialbereich, die sich aus den radikalen sozialen Bewegungen seit den späten 60er Jahren als praktische Kritik an der sozialen Struktur dieser Gesellschaft entwickelt hatten, sich gerade erst auf breiter Ebene als "Dritte Säule" der Sozialen Arbeit etabliert und die widerwillige Anerkennung des Staates und der Ligaverbände erzwungen.

Die Atmosphäre ist allgemein von Mißtrauen, Verlust- und Existenzängsten, Kompetenzvorbehalten usw. bestimmt. Die vielen Beteiligten an diesem Prozeß versuchen gegenwärtig jeder für sich und jeder gegen jeden jeweils das "Beste" für sich herauszuholen und abzusichern. Verständlich - denn es geht um Arbeitsplätze und konkrete Personen, um mühsam Erreichtes, um lieb gewordene Ideen, geplante Projekte, um Zukunftsperspektiven, persönliche und sachliche. Verständlich - aber unproduktiv und hektisch, mit der Gefahr eines großen Verlustes an sozialer Kultur.

Im dualen Verwaltungssystem bangen die Bezirke, daß die ihnen übertragenen Aufgaben Ihnen ein Mehr an Lasten und sozialpolitischer Verantwortung aufbürden, ohne wirklich weitreichende Kompetenzen und materielle Entscheidungsbefugnisse zu bringen. In den Hauptverwaltungen wiederum wird bezweifelt, daß die Bezirksverwaltungen über das rechtliche und fachliche Know-How für die übertragenen Aufgaben im Jugendhilfe-, Sozialhilfe- und Gesundheitsbereich verfügen. Vor allem wird vermutet, daß die Bezirksverwaltungen keine Ahnung im Umgang mit freien Trägern und mit dem komplizierten Zuwendungsrecht haben, daß sie etatistischer als die Hauptverwaltung mit den Interessen der Bürger und Bürgerinnen umgehen werden. In den Bezirksverwaltungen wird gefragt, welche Leute das neue Sozialmanagement für die Sozialplanung und für die Jugendhilfeplanung bilden werden. Die bisherigen SpezialistInnen der Hauptverwaltungen müssen schließlich untergebracht werden

und das löst Konkurrenzängste bei "verdienten" Bezirksbediensteten aus, die an die Strukturreform Hoffnungen auf berufliches und persönliches Weiterkommen knüpfen usw.
Der jüngste Fall ist die Behauptung Landowskis (CDU) die Bezirke seien Unfähig die kulturellen Belange der Hauptstadt zu wahren - was er mit der sogenannten Springbrunnenfrage zu belegen sucht - und daher müsse die kulturpolitische Praxis in der Zuständigkeit des Senats verbleiben. Zwischen Bezirken und Hauptverwaltungen läuft ein unsicheres Feilschen und Testen, welche freien Träger mit welchen Aufgaben nun tatsächlich in die politische und materielle Zuständigkeit der Bezirksämter übergehen sollen. Die berühmte Liste der "800 Projekte" die Senatorin Stahmer den Bezirksbürgermeistern kürzlich überreichte, mit der Aufforderung, einmal anzukreuzen, für welche Projekte sie sich im Ernstfalle interessieren würden, während die eigenen Vorstellungen des Sozialsenats verdeckt gehalten werden, gibt *ein* Beispiel für das Katz- und Mausspiel, das gegenwärtig zwischen Bezirks- und Senatsverwaltungen läuft, die Absicht des Jugendsenators einen senatseigenen "freien" Träger für die Bereiche Jugendförderung und ambulante Erziehungshilfen zu bilden (Manfred Rabatsch kommentierte diese Pläne in der TAZ vom 31.3.94) ist ein anderes Beispiel.

Damit bin ich beim Kern für den heutigen Abend angelangt: Dem Verhältnis von öffentlichen und freien Trägern in der Jugend-, Gesundheits- und Sozialhilfe.
Die nach dem Fall der Berliner Mauer von den staatstragenden Parteien forcierte Debatte über die Verwaltungsstrukturreform hat bei den in der Liga zusammengeschlossenen sogenannten Spitzenverbänden der freien Wohlfahrtspflege zu einem erstaunlichen Anpassungstrend geführt, der sich m.E. nur so erklären läßt, daß diese großen Wohlfahrtsbürokratien mit der Verwaltungsstrukturreform korrespondierende Interessen haben, nämlich reine Sozial-Management-Organisationen zu werden. Sie wollen auf der obersten Ebene die Sozialpolitik mitbestimmen, die enormen Regiekosten für ihre Sozialbürokratie absichern und sich gleichzeitig der Verantwortung für die Finanzen, hauptsächlich die Personalkosten, und für die Inhalte der praktischen Sozialen Arbeit entledigen. Deutlich ausgeprägt sind diese Tendenzen beim Diakonischen Werk und bei der Arbeiter Wohlfahrt. Der Paritätische Wohlfahrtsverband hatte schon immer

diese Tendenz. Lediglich der Caritas Verband beharrt - soweit ich sehe - noch auf der "Tradition" direkter Verantwortung in der Sozialen Arbeit, was unter anderem mit der Diaspora-Situation der Katholischen Kirche in Berlin zu tun haben mag. Praktisch bedeutet es, daß die Spitzenverbände ihre bisher direkt verantwortete Soziale Arbeit durch die Gründung bezirklich angepaßter Trägerschaften juristisch und finanziell "entlassen", um sie dann als Mitgliedsvereine im Dachverband wieder aufzunehmen. Auf diese Weise würden die Spitzenverbände das politische und finanzielle Management behalten, ohne die durch staatliche Einsparungen entstehenden Risiken für die praktische Soziale Arbeit weitertragen zu müssen. Im Klartext: Wenn bestimmte Projekte oder Arbeitsbereiche nicht mehr öffentlich gefördert werden, trifft es in Zukunft einen juristisch zwar selbständigen, materiell aber höchst abhängigen kleinen Träger, während der Dachverband ohne größere Scherereien und eigenen Schaden davonkommt.

Die ganze "Verlagerung der Verantwortung nach unten", die unter dem Slogan von "mehr Bürgernähe" propagiert wird, läuft also bei den öffentlichen und freien Spitzenträgern parallel. Welche Probleme damit verbunden sein können, will ich am Beispiel der bezirklichen Beratungsstellen des Diakonischen Werkes kurz erläutern. Eine Reihe der Beratungsstellen unterstützt Sozialhilfeberechtigte nachdrücklich und effektiv bei der Wahrnehmung ihrer Rechte gegenüber den bezirklichen Sozialämtern. Sie arbeiten in den Widerspruchsausschüssen, haben über Jahre eine sehr praktische Kritik an der restriktiven Sozialhilfepraxis der meisten Bezirksämter entwickelt und sind heute mehr denn je unverzichtbare Anlaufstellen für Menschen aus den ärmsten Bevölkerungsschichten der Stadt geworden. Bislang gehören diese Beratungsstellen direkt zum Diakonischen Werk Berlin-Brandenburg und die Finanzierung der SozialarbeiterInnen-Stellen wurde zwischen der DW-Leitung und dem Sozialsenat ausgehandelt und war Jahr für Jahr gesichert. In Zukunft sollen diese Beratungsstellen auf Kirchenkreis-Ebene verselbständigt werden und ihre Zuwendungen bei eben *den* Bezirksämtern beantragen, denen sie schon lange ein Dorn im Auge sind. Wenn es dazu kommt, werden die Bezirksämter versuchen, mit dem Argument der "Doppelbetreuung", d.h. mit dem Hinweis auf die eigene hoheitsrechtliche Tätigkeit des Sozialamtes, diese Beratungsstellen entweder gar nicht zu fördern, oder sie über die direkte finanzielle Anbindung zu disziplinieren. Die Teams der DW-Beratungsstellen werden durch die Verwaltungsstrukturreform also in doppelte Bedrängnis gebracht: Der eigene Träger will sie loswerden und der zukünftige öffentliche Träger will sie nicht haben.

Aus der Sicht der kleinen freien Träger der Sozialen Arbeit, der vielen Initiativen und Projekte sieht das alles wieder ganz anders aus. Sie haben sich in den letzten 25 Jahren ja gerade aus der Kritik an der Sozialen Arbeit des Staates und der traditionellen großen Verbände als "Dritte Säule" und eigentliche Innovatoren herausgebildet. Das ganze Spektrum der Reformen in der Sozialarbeit/Sozialpädagogik seit 1968 ist aus ihren Impulsen hervorgegangen, ohne die sich die Soziale Arbeit der öffentlichen Träger und der Ligaverbände kaum verändert hätte. Die kleinen Initiativen und Projekte lebten bei aller finanziellen Abhängigkeit vom öffentlichen Zuwendungsgeber aus der kritischen Distanz zum Staat und den großen Verbänden/Wohlfahrtskonzernen, übten öffentliche Kritik an den Lebensbedingungen großer Teile der Bevölkerung und besonders bedrängter Minderheiten. Bei allen Anpassungszwängen und Konkurrenzen untereinander konnte sich im Laufe der Zeit eine vielfältige Projektlandschaft entwickeln, deren Stärke in ihren direkten Bezügen zu sozialen Notlagen, in originellen Arbeitsformen, in unbürokratischem Handeln und im politischen Selbstbewußtsein liegen. Als Beispiel möchte ich hier die von der Frauenbewegung initiierten Projekte, die Unterstützung von arbeitslosen Jugendlichen und die mutigen Initiativen in der Drogenarbeit und der Aids-Hilfe und nicht zuletzt die Initiativen im Bereich der totalen Institutionen: Erziehungsheime, Psychiatrie und Knast nennen.

Die "Kleinen" befürchten bei der Neugestaltung des Verhältnisses von öffentlichen und freien Trägern in der Sozialen Arbeit Berlins zwischen den Interessen der großen Organisationen zermahlen zu werden und ein Opfer der konservativen Gesellschaftsreform zu werden, in deren Bild vom Menschen und von der Gesellschaft sie nicht hineinpassen. Diese Befürchtungen sind m.E. durchaus begründet. Was die sich modernisierende und prosperierende kapitalistische Gesellschaft unter dem politischen Druck von unten in der Vergangenheit zugestehen mußte und unter dem politischen Druck, die bessere Alternative gegenüber dem realsozialistischen Staatensystem sein zu müssen, auch gerne vorzeigte, ist jetzt "Schmuck am Nachthemd" geworden. Der Kapitalismus meint gesiegt zu haben und keine sozialen und freiheitlichen Legitimationen mehr zu brauchen, vor allem nicht, wenn sie Geld kosten. Die Berliner Senatsverwaltungen, deren Personal in den mittleren Ebenen der Sozial-, Jugend- und Gesundheitsbürokratie im Laufe der Zeit zunehmend aus Leuten bestand, die ihre berufliche Tätigkeit selbst einmal in der kritisch-alternativen Szene begonnen hatten, hatte bei allen Konflikten und Schwierigkeiten, im direkten Kontakt mit den Projekten und Initiativen einen vergleichsweise verläßlichen und halbwegs liberalen Stil entwickelt, sicher auch auf dem besonderen politischen Hintergrund der geteilten und subventionierten Stadt. Das war aber die Frucht einer 2 1/2 Jahrzehnte umfassenden krisenreichen Entwicklung im Westteil der Stadt, die jetzt mit der Verwaltungsstrukturreform bei völlig veränderten Kontextbedingungen jäh abzubrechen droht. Wenn ich eingangs sagte, daß alle Beteiligten von den anstehenden Veränderungen verunsichert und betroffen sind, um erreichte Standards und Zukunftsperspektiven fürchten, so gilt dies doch in ganz besonderem Maße für die vielen und vielfältigen kritisch-alternativen und auch selbstorganisierten Initiativen und Projekte mit ihrem parteilichen und gesellschaftskritischen Anspruch. Deren Existenzsicherheit ist abhängig von der politischen Stärke sozialer Bewegungen und einer fragilen gesellschaftlichen Balance. Die sozialen Bewegungen haben aber politische Stärke verloren und die ohnehin auf einem niedrigen Niveau laufende gesellschaftliche Balance ist mit dem "Beitritt" der ehemaligen DDR aus den Fugen geraten. Mit der zentralen Zuständigkeit der Hauptverwaltungen (Beispiel "Drogenreferat" in der Senatsverwaltung für Jugend und Familie) haben die "Kleinen" in ihrem jeweiligen Bereich bislang einen gemeinsamen staatlichen Adressaten gehabt. Dieser war zwar immer bemüht, die "Zuwendungsempfänger" zu vereinzeln und oft genug ist es ihm gelungen, sie gegeneinander in Konkurrenz zu bringen und auszuspielen, aber immer wieder gelang es auch den politischen Willen an bestimmten Punkten zu bündeln (z.B. in der Frauenpolitik und in der Drogenpolitik) und wichtige Innovationen durchzusetzen, ja gar das Bewußtsein der auf staatlicher Seite Handelnden für bestimmte Problemlagen allmählich zu sensibilisieren.

Die Bezirksverwaltungen stehen nun vor der schwierigen Aufgabe in Westberlin, die eigenen sozialen Dienste zu retten, in Ostberlin sie zu entwickeln, sie für neue Aufgaben zu qualifizieren und sich auf eine für sie kaum zu überschauende und z.T. suspekte Anzahl von freien Trägern einzustellen, für deren Sein oder Nicht-Sein sie in Zukunft eine erhebliche Verantwortung zu tragen haben. Angesichts dieser Situation macht sich in den Bezirksverwaltungen unter dem Druck des von den freien Trägern in Anspruch genommenen Subsidiaritätsprinzips die Befürchtung breit, die freien Träger könnten sich die Rosinen aus dem Kuchen der Sozialen Arbeit picken, während die kommunalen Träger der Sozialen Arbeit sich mit weniger attraktiven und überwiegend administrativen Aufgaben begnügen müßten. In dieser Situation sind Vereinfachungen gefragt und da liegt es nahe, auf das Bekannte und Traditionelle zurückzugreifen. Dies umso mehr, als in den letzten Jahren der gesamte Zuwendungsbereich sich mehr und mehr zu einem Markt entwickelt hat, auf dem geschickte, im Management geschulte Sozialmakler sich um die Aquisition von öffentlichen Geldern bemühen, ganz egal für welche sozialarbeiterische oder sozialpädagogische Aufgabe sie zur Verfügung gestellt werden: Diese Gesellschaften machen alles, behaupten alles zu können, sind sehr beweglich, auf allen politisch relevanten Ebenen vertreten und jagen den Bezirksbürokraten ebensolche Schrecken ein, wie den nicht über solche Apparate und Methoden verfügenden sozial und politisch engagierten kleinen Projekten und Initiativen, deren Hauptressource noch immer die Selbstausbeutung ist. Diese sich abzeichnenden "Modernisierungstendenzen" (Stichworte: Social Management und Subventionsmarkt) setzen die großen traditionellen Träger und die "Kleinen" unter Druck - nur daß sich die "Großen" durch die Wandlung zum modern geführten Sozialkonzern dieser Zeittendenz unter dem Stichwort "Modernisierung" zunehmend erfolgreich anpassen, die "Kleinen" aber in zusätzliche Bedrängnis und innere Zerreißproben gebracht werden (z.B. Veränderungen der Vereinsstrukturen, Herausbildung einer Elite von Geschäftsführern/Vereinsmanagern mit zunehmender Distanz zur praktischen Arbeit) - Sie alle kennen diese Probleme zur Genüge.

Alle diese Tendenzen erhalten in Berlin und Berlin/Brandenburg ihre besondere Dynamik durch die unbestreitbare Notwendigkeit der Angleichung der Lebensverhältnisse im Ostteil der Stadt und im Umland an das Niveau des Westteils der Stadt, die von den Politikern und staatlichen Stellen pausenlos beschworen wird, durch eine skandalös-verschwenderische Haushaltspolitik in Bonn und Berlin, aber gleichzeitig verhindert wird. Während die Kolleginnen und Kollegen im Westteil der Stadt mit Recht um die erreichten "Standards" und "Pilotentwicklungen" bangen und kämpfen, fordern die Kolleginnen und Kollegen im Ostteil der Stadt mit eben solchem Recht eine offensive Entwicklung der sozialen Infrastruktur und darüber hinaus die zügige Anpassung an das materielle Niveau der Sozialen Arbeit im Westen, mit dem unschlagbaren Argument, daß die Lebensbedingungen großer Teile der ostberliner Bevölkerung sich seit der Öffnung der Mauer verschlechtert haben und daß es einen großen Bedarf an professioneller Unterstützung gibt. Beim Aufbau von freien Trägern im Ostteil der Stadt sind nun auch wieder die traditionellen großen und die geschäftstüchtigen Gesellschaften im Vorteil, während gleichzeitig die Sozial- und Jugendverwaltungen in den Ostbezirken der Stadt sich am Aufbau der gesetzlich vorgeschriebenen Fachabteilungen in den Ämtern unter denkbar ungünstigen Bedingungen abarbeiten und aus ihrer Sicht erst einmal andere Sorgen haben als das Verhältnis zu den freien Trägern zu entwickeln. Hinzu kommt, daß es im Ostteil der Stadt auch keine Tradition mit den "Drei Säulen" der Sozialen Arbeit gibt und auch in der Bevölkerung erst allmählich eine adäquate Wahrnehmung der Funktionen und Leistungen der Verbände, der Initiativen und Projekte wachsen wird.

Alles in allem eine eher düstere Bilanz - aber eine Voraussetzung für politisches Handeln ist die nüchterne Analyse des Zustandes, den man verändern möchte.

Und für Veränderungen im Interesse der kleinen Träger und der Vielfalt der Sozialen Arbeit in Berlin gibt es einige Ansatzpunkte in eben der Verwaltungsstrukturreform, die das gegenwärtige Chaos mit heraufbeschworen hat.

Es gibt berechtigte Kritik am Zeitpunkt der Einleitung der Verwaltungsstrukturreform (extrem ungünstige materielle und politische Situation in Berlin), aber die in ihr angelegten Prinzipien der Dezentralisierung und Regionalisierung, der Verlagerung von Kompetenzen nach unten und nicht zuletzt der Politisierung des Alltags entsprechen eigentlich gerade der Philosophie der kleinen freien Träger in der Sozialen Arbeit. Zu einer Politisierung der Verhältnisse auf Bezirksebene wird diese Reform zwangsläufig führen und darin liegt m.E. die Chance. Die Globalzuweisungen an die Bezirksämter im Rahmen der von der Haushaltspolitik des

Abgeordnetenhauses und des Senats für jeden Bezirk festgesetzten finanziellen Rahmenbedingungen erfordern zum ersten Mal eine Haushaltspolitik mit wirklich weitreichenden Konsequenzen. Mit dem beliebten und oft benutzten Argument von Bezirkspolitikern, die sich in unbequemen Angelegenheiten nicht engagieren und exponieren wollten, nicht der Bezirk, sondern der Senat sei zuständig für Kritiken, Proteste, Forderungen wird es vorbei sein. Zwar muß die Politik des Senats auch weiterhin eine wichtige Kritikebene bleiben, denn sie bestimmt immerhin die Rahmenbedingungen, aber die Bezirke stehen in Zukunft in der Verantwortung für die Verteilung ihrer Ressourcen, die ja Ausdruck eines politischen Konzepts ist.

Die Bezirksverordnetenversammlung und ihre Ausschüsse müssen den Stadträten und Stadträtinnen inhaltliche politische Vorgaben machen und deren Einhaltung kontrollieren, die Abteilungen der Bezirksämter müssen wiederum ihre Ansprüche in Konkurrenz untereinander und in den politischen Gremien des Bezirksamts vertreten. Die freien Träger - große und kleine - müssen in diesen Prozeß von außen eingreifen, sich also selber an der Basis politisieren, wenn sie im Streit der Interessen nicht untergehen wollen, mit einem Wort: Die politische Idylle Bezirksamt mit ihren Schildbürgerstreichen und Possenspielen wird es nicht mehr geben und aus den Sandkastenspielen werden Ernstsituationen. Das politische Leben in der Stadt wird eine Etage heruntergeholt und dem Alltag der Bürger und Bürgerinnen, und damit auch der Sozialen Arbeit, ein gutes Stück näherrücken. Die Verwaltungsstrukturreform stellt eine Nötigung zum politischen Denken und Handeln dar und verbessert damit im Prinzip die Bedingungen der unmittelbaren Einflußnahme auf die politische Gestaltung des Lebens in den Bezirken. Im Moment wird dieser Aspekt allerdings hauptsächlich unter dem Gesichtspunkt befürchteter und schon beginnender verstärker Konkurrenz und quälender Interessenkonflikte negativ bewertet, er ist ausgesprochen angstbesetzt. Das wird solange so bleiben und sich verstärken, wie die durch die Verwaltungsstrukturreform provozierten Veränderungen einem Selbstlauf überlassen bleiben, in dem sich dann einfach die Starken und das heißt hier die rechtlich, institutionell und finanziell besser gepanzerten und gerüsteten durchsetzen werden. Das muß von den in der Praxis der Sozialen Arbeit Tätigen in einer nach Möglichkeit gemeinsamen Anstrengung verhindert werden. Es ist Sache der Kolleginnen und Kollegen in der Praxis, sich über die Interessen ihrer jeweiligen Träger hinwegzusetzen und die notwendige Kooperation im Interesse der Bevölkerung gegen die Eigeninteressen der Träger zu entwickeln. Nach allen Erfahrungen muß dies als Herausforderung von den Mitarbeitern und Mitarbeiterinnen der freien Träger an die Kollegen und Kolleginnen in den Ämtern herangetragen werden.

Auf der politischen Ebene der Parteien, der BVV und ihrer Ausschüsse muß auf einer Sozial- und Jugendhilfeplanung unter qualitativer - und das bedeutet von vornherein gleichberechtigter - Beteiligung aller "Drei Säulen" der Sozialen Arbeit, in diesem Fall also der Bezirksverwaltungen, der "anerkannten" in der Regel traditionellen Jugend- und Wohlfahrtsverbände und der freien Initiativen und Projekte bestanden werden.
Das durchzusetzen und zu einer politischen Kultur auf Bezirksebene zu entwickeln erfordert zunächst den Willen und die Bereitschaft vieler Leute aus der Praxis sich dafür nachhaltig zu engagieren, dann die qualifizierte Vertretung der eigenen Interessen zusammen mit einer Kooperationsbereitschaft, die nach den ersten Enttäuschungen, die sicher kommen werden, nicht aufgibt, sondern beharrlich und einfallsreich die notwendigen neuen Formen der Zusammenarbeit entwickelt. Wenn es erforderlich ist, und das wird es sein, auch mit dem politischen Rückenwind von sozialen Bewegungen, Bürgerinitiativen etc., die man immer noch zutreffend als außerparlamentarische Opposition bezeichnen kann und brauchen wird. Gerade dieser lange Atem, der Kritik und Kooperation in sich vereinigen muß, wird den Aktiven der Initiativen und Projekt schwerfallen. Die verstaubten Bezirksgremien müssen erst einmal interessant gemacht werden, damit man in ihnen nicht vor Langeweile umkommt. Die selbstherrliche Attitüde so mancher Stadträte gerade im Jugend-, Sozial- und Gesundheitsbereich, an die sich die Bezirksfürsten klammern werden, muß freundlich aber bestimmt zurückgewiesen werden.
Für das alles bietet die rechtliche Verfassung der Sozialen Arbeit in der Bundesrepublik gute Grundlagen. Das Prinzip der Subsidiarität, der Nachrangigkeit der öffentlichen Träger gegenüber den freien Trägern, ist rechtlich hochrangig eingestuft und muß jetzt auch in Berlin, das als Stadt, als Stadtstaat mit überwiegend sozialdemokratischer Geschichte und als ehemalige Hauptstadt eines real-sozialistischen Staates hier eine eher schwach ausgebildete Tradition hat, offensiv entwickelt werden. Damit

meine ich etwas ganz anderes als die Senatspolitiker, wenn sie mit begehrlichen Augen von "Privatisierung öffentlicher Dienstleistungen" reden und dabei an nichts als die Entlastung des Staatshaushaltes von unliebsamen Ausgaben denken, und an die Minimierung von politischer Verantwortung. Subsidiarität als tragendes Element in der gesellschaftlichen Verfassung der Sozialen Arbeit in Deutschland entläßt den Staat gerade nicht aus seiner Gesamtverantwortung für die materielle Gestaltung der Lebensverhältnisse der Bürger und Bürgerinnen, sondern verbietet ihm ein obrigkeitsstaatliches und bürokratisches Umgehen mit dieser Verantwortung und verlangt für die Soziale Arbeit die volle Anerkennung und Beteiligung der gesellschaftlichen Kräfte, die sich hier engagieren wollen.

In der berühmten Entscheidung des Bundesverfassungsgerichtes aus dem Jahre 1967, mit der die klageführenden SPD-regierten Bundesländer, das in Westdeutschland während der CDU-Ära hemmungslos praktizierte "Delegationsprinzip", das vor allem zugunsten der kirchlichen Verbände angewendet wurde, eingrenzen konnten, heißt es unmißverständlich: "...daß die Träger der öffentlichen Jugendhilfe und der Sozialhilfe gehalten sind, von eigenen Maßnahmen oder Einrichtungen abzusehen, wenn geeignete Einrichtungen der freien Träger vorhanden sind und die erforderliche Hilfe durch sie gewährleistet ist". In der Fachliteratur besteht Einigkeit darüber, daß diese Begrenzung der Sozialen Arbeit der Kommunen nicht so verstanden werden kann, daß die Planung dieser Arbeit durch die Kommunen unterbleiben könnte. Den Gemeinden obliegt "die Gesamtverantwortung dafür, daß in den beiden Bereichen durch behördliche und freie Tätigkeit das Erforderliche geschieht". (Band 22 der Bundesverfassungsgerichtsentscheidungen, Tübingen 1967, S. 180-220, zitiert nach Ortmann, Friedrich, Sozialplanung, in: Handbuch Sozialarbeit/Sozialpädagogik, hrsg. Eyferth u.a.Neuwied 1984, S. 1059 f.). Dieses Recht der Kommunen beinhaltet die Pflicht zur Planung und die staatliche Gesamtverantwortung für die Entwicklungen der Sozialen Arbeit. Da die Durchführung dieser Arbeit die umfassende Beteiligung der freien Träger rechtlich vorschreibt, ist es naheliegend, daß diese Träger auch von Anfang an an der Planung der Sozialen Arbeit, für die sie dann inhaltlich verantwortlich zeichnen, beteiligt werden. Dieser Grundsatz kommt in der neueren rechtlichen Entwicklung immer mehr zur Geltung. Das Kinder-

und Jugendhilfegesetz schreibt inzwischen die Beteiligung der freien Träger an der Jugendhilfeplanung zwingend vor, deren Modalitäten für das Land Berlin gegenwärtig im Berliner Ausführungsgesetz zum Kinder- und Jugendhilfegesetz, das in den nächsten Monaten im Abgeordnetenhaus zur Beratung anstehen wird, geregelt werden. Für die Bereiche Gesundheit und Soziales kann die Beteiligung an der Planung mit Hinweisen auf das Bundesverfassungsgerichtsurteil und die eindeutige Tendenz in der modernen Sozialgesetzgebung gefordert werden.

Wenn diese Beteiligung durchgesetzt wird, entstehen neue Schwierigkeiten, die sich aus den unterschiedlichen Traditionen, Interessenlagen und politischen Bindungen der Beteiligten zwangsläufig ergeben. Bei den "Kleinen" hat sich ein Planungsverständnis entwickelt, in dem die Interessen und Bedürfnisse unterschiedlichster Gruppen der Bevölkerung gegen die in den klassischen politischen Planungen dominierenden Interessen und Bedürfnisse der gesellschaftlich herrschenden Gruppen gesetzt werden. Planung wird hier also nicht "als ein primär technisches Vorgehen, sondern als politischer Prozeß begriffen", als ein "Prozeß kollektiven Vorgehens von Planern und Planungsbetroffenen (...) bei dem die Bedürfnisse der Planungsbetroffenen möglichst unverzerrt in der Planung Berücksichtigung finden sollen. Das erfordert für die Betroffenen die Möglichkeit, am Planungsprozeß partizipieren zu können, ihre Erfahrungen und die im Planungsprozeß selbst erworbenen Kenntnisse in das Verfahren einbringen und die Entscheidungen beeinflussen zu können" (Ortmann, a.a.O., S. 1062).

Die Auseinandersetzung um das Subsidiaritätsprinzip hat in der Geschichte der BRD unterschiedliche politische Funktionen und Zielsetzungen gehabt. Dieses Prinzip wurde und wird ganz unterschiedlich ausgelegt. Während in der Adenauer-Ära die CDU/CSU mit ihrer absoluten Mehrheit bei der Novellierung des Jugendwohlfahrtsgesetzes und der Verabschiedung des Bundessozialhilfegesetzes mit der Verankerung der Subsidiarität in den entscheidenden Gesetzen für die Soziale Arbeit die Monopolstellung der Kirchen und kirchlichen Verbände sichern und ausbauen wollte, gegen das Sozialstaatsverständnis der Sozialdemokratie und auch gegen die Interessen weltanschaulich unabhängiger Träger, wurde in der SPD-Reformära das Subsidiaritätsprinzip für die basisdemokratisch orientierte Linke zu einem wichtigen Kritikinstrument am Zentralismus sozialdemokratischer Sozialpolitik, an ihrem Paternalismus und an der Tendenz alle nicht-konformen freiheitlichen Strebungen in der Sozialen Arbeit zu kontrollieren, zu gängeln und wenn nötig zu ersticken. Die heutige Vielfalt in Inhalten, Organisationsformen und Methoden auf der Seite der "Dritten Säule" hat sich während der SPD-Ära in kritischer und zum Teil heftiger Auseinandersetzung mit dem sozialdemokratisch orientierten Staatsapparat und seinen andauernden Umarmungsversuchen durchsetzen müssen - aber, wegen der Korrespondenz mit gesellschaftspolitischen Zielsetzungen im linken Flügel der Sozialdemokratie, auch durchsetzen können.

Die offensive Nutzung des Subsidiaritätsprinzips richtete sich dabei gleichzeitig gegen den umfassenden staatlichen Steuerungsanspruch und die Monopolstellung der Ligaverbände, denen mit Recht ihr politischer Opportunismus und die weitgehende Verfilzung mit der Sozialbürokratie des Staates und damit eine Aushöhlung des von ihnen selbst reklamierten Subsidiaritätsprinzips vorgeworfen wurde.

Wenn heute, unter veränderten Kontext Bedingen im Zusammenhang mit der Verwaltungsstrukturreform von der Landesregierung der Großen Koalition von Aufgabenteilung zwischen öffentlichen und freien Trägern im "Geiste des Subsidiaritätsprinzips" geredet wird, müssen wir genau hinhören, was damit gemeint ist. In der Senatsvorlage des Innensenators zur "Reform der Berliner Verwaltung" (November 1992) heißt es zunächst:
"Dienstleistungen und Servicefunktionen der öffentlichen Verwaltung, die unmittelbar gegenüber dem Bürger zu erbringen sind, sollen im Interesse einer Verstärkung der Bürger- und Ortsnähe soweit wie möglich den Bezirken obliegen. Hierzu gehören insbesondere die Betreuungsfunktionen z.B. im Sozial-, Jugend- und Gesundheitsbereich, die eigenverwantwortlich von dem Bezirk wahrgenommen werden sollte". Einige Seiten später werden dann die eigentlich leitenden Interessen des Senats auf den Tisch gelegt:
"Die Berliner Verwaltung hat im Verlauf der Entwicklung des modernen Sozialstaates für den Bürger die unterschiedlichsten Leistungen übernommen, die nicht zu dem früheren *Kernbestand* staatlichen Handelns, d.h. zu den eigentlichen hoheitlichen Aufgaben zählen und deren Wahr-

nehmung zu dem mit den traditionellen Instrumentarien nur unzureichend möglich ist und durch die zu beachtenden Regularien gehemmt wird. Die öffentliche Verwaltung muß im Interesse der *Entschlackung* der Verwaltung und der Konzentration auf die unabdingbar von staatswegen wahrzunehmenden Aufgaben bemüht sein, hierfür geeignete Tätigkeitsbereiche auf freie und private Träger zu überführen. Maßgebliche Kriterien für die Übertragung öffentlicher Aufgaben auf andere Träger sind der Grundsatz der Subsidiarität und die Wirtschaftlichkeit der Aufgabenwahrnehmung".

Das liest sich wie eine konservative Kritik an der Entwicklung des "modernen Sozialstaates". Diese Vermutung wird bestärkt durch die offen ausgesprochene Absicht auf den "Kernbestand" staatlichen Handelns, bezeichnet als "eigentliche hoheitliche Aufgaben" zurückzugehen. Da bei den Kriterien für die Übertragung öffentlicher Aufgaben auf freie Träger der Grundsatz der Subsidiarität lediglich als formales Prinzip aufgeführt wird, bleibt als eigentliches inhaltliches Kriterium lediglich die "Wirtschaftlichkeit der Aufgabenwahrnehmung", die unter der Überschrift "Verbesserung der Einnahmen und Senkung der Ausgaben" im staatlichen Haushalt jeweils geprüft werden soll. Es geht dem Senat bei der im Rahmen der Verwaltungsstrukturreform neuen Gestaltung zwischen öffentlichen und freien Trägern der Sozialen Arbeit also primär um Einsparungseffekte, die durch die Umverteilung von Lasten und Verantwortungen erzielt werden sollen. Ausdrücklich heißt es, daß neben den Einsparungen an Personal- und Sachmitteln im Bereich der Verwaltung selber auch "die finanzielle Zuschußgewährung an freie und private Träger kritisch zu überprüfen" sei. Kriterium für diese Prüfung soll sein, ob die freien Träger ihre Soziale Arbeit im Sinne der "sozialen und gesellschaftlichen Integration" durchführen. Mit der Wahl dieser Indikatoren will sich die Verwaltung einen politischen Freibrief für die inhaltliche Beurteilung der "Förderungswürdigkeit" der Sozialen Arbeit von freien Trägern schaffen. Was unter sozialer und gesellschaftlicher Integration zu verstehen ist, wird in einer Gesellschaft auf der ideologischen Eben, also im Streit um die dominanten und um die nicht-konformen Normen und Werte entschieden. Wir wissen allerdings aus langer Erfahrung, daß die Indikatoren sozialer und gesellschaftlicher Integration in einem konservativen Gesellschaftsverständnis durch traditionelle Werte und Normen definiert sind, die gerade von den kritisch-alternativen Projekten der Sozialen Arbeit praktisch und theoretisch in Frage gestellt werden. Diesen Projekten und Initiativen geht es in der Regel um die Erweiterung der Freiheitsgrade in einer auf ökonomischer und politischer Herrschaft beruhenden Gesellschaft, um die Entwicklung von unten, um einen Prozeß sozialer Integration also, in dem die Realisierung der Menschenwürde in einer toleranten und solidarischen Gesellschaft angestrebt wird. In der Arbeit vieler Projekte wird diese innergesellschaftliche Dimension noch erweitert durch multikulturelle und globale Bezüge, die schon überhaupt nicht in die ethnozentrische Integrationsvorstellung einer konservativen Sozial- und Ordnungspolitik passen.

Auf diesem Hintergrund ist die Vermutung berechtigt, daß das Projekt der konservativen Gesellschaftsreform ideologisch an die Subsidiaritätsvorstellungen der 50er Jahre anknüpft, die eine einvernehmliche Aufgabenteilung zwischen dem Staat und den ihn tragenden großen gesellschaftlichen Organisationen und Verbänden bewirken wollte. Der Unterschied zu damals besteht in einer völlig veränderten weltpolitischen und ökonomischen Situation heute. Während die Soziale Arbeit sich in den 50er und 60er Jahren trotz aller konservativen Ideologie im Rahmen des wirtschaftlichen Wiederaufbaus und scheinbar unbegrenzter kapitalistischer Expansion in einem im Vergleich mit der Weimarer Republik atemberaubenden materiellen Entwicklungsprozeß befand, auf dessen Höhepunkt noch in der sozialliberalen Regierungsära die Reformpolitik zum Tragen kam, befinden wir uns heute durch die weltweite wirtschaftliche Stagnation, durch den Zusammenbruch des real-sozialistischen Teil-Welt-Systems und die neo-liberalistische Politik der westlichen Industriestaaten in einer umgekehrten Position.

In dieser Lage sollte man in Berlin von den Sozialdemokraten in der Großen Koalition erwarten, daß sie die Gefahren, die der "Dritten Säule der Sozialen Arbeit" durch die von der CDU geplante Neugestaltung des Verhältnisses zwischen öffentlichen und freien Trägern drohen, erkennen, und im Interesse der Erhaltung der in den prekären gesellschaftlichen Bereichen engagierten Projekte und Initiativen ihren politischen Einfluß im Sinne einer freiheitlichen Gestaltung des Verhältnisses zwischen bezirklichen und freien Trägern einsetzen. Stattdessen führen die Sozialdemokraten in der Jugendverwaltung uns gerade das Gegenteil vor und es steht zu befürchten, daß dieses Beispiel von anderen Verwaltungen nachgeahmt wird. In klassisch-sozialstaatlich- zentralistischer Manier versucht der Jugendsenat einer qualitativen Neuverteilung von Aufgaben dadurch aus dem Weg zu gehen, daß er einen senatseigenen öffentlich-rechtlichen Träger gründen will, um sich so große Bereiche sozialarbeiterischer und sozialpädagogischer Aufgaben vorzubehalten. Von diesem Manöver sind die Bezirksverwaltungen und eine ganze Reihe von freien Trägern gleichermaßen bedroht. Wenn z.B. Teile des in den vergangenen Jahren in Berlin von freien Trägern ausdifferenzierten und mit großem Engagement entwickelten Pflegekinderwesens auf solch einen senatseigenen Träger übertragen und von ihm zusammengefaßt werden, müssen die in diesem Bereich entwickelten Initiativen und Projekte fürchten, unter den Gesichtspunkten von "Doppelbetreuung" und "Wirtschaftlichkeit" wegrationalisiert zu werden. Ich stimme der Kritik des Kreuzberger Jugendstadtrats Borchardt voll zu, der meint, daß dieser Plan von Senator Krüger die Funktion einer riesigen Personalauffanggesellschaft für die Fachbeamten und -beamtinnen des Jugendsenats haben wird, die nach der Auflösung dieser Senatsverwaltung in der nächsten Legislaturperiode und ihrer Zusammenschrumpfung auf eine "oberste Landesjugendbehörde" und ein "Landesjugendamt" schließlich irgendwo untergebracht werden müssen.

Dies ist ein Beispiel dafür, daß sich in der gegenwärtigen Situation durchaus inhaltlich gut begründete Interessenkoalitionen zwischen freien Trägern und dem bezirklichen Sozial-,Jugend- und Gesunheitsabteilungen bilden könnten, wenn die der Verwaltungsstruktur innewohnenden Möglichkeiten einer qualifizierten Dezentralisierung und Regionalisierung erkannt werden und ihre Realisierung gemeinsam angestrebt werden soll.
Auf der Ebene der freien Träger, vor allen Dingen der kleinen Initiativen und Projekte muß jetzt allerdings ein Selbstorganisationsprozeß, in dem die Projektideologien, das Nischendenken und ein doktrinärer Kiezbezug aufgegeben werden müßten, einsetzen, um auf der Verhandlungs- und Planungsebene zu Kontrahenten und Partnern zu werden, die von den zukünftig entscheidungsbefugten öffentlichen Trägern der Sozialen Arbeit, den Bezirksämtern, nicht ignoriert werden können.

Für die Entwicklung der sozialen Infrastruktur in Ost-Berlin bedarf es dringend einer *gemeinsamen* politischen und solidarischen Aktion, die auf eine Änderung der Prioritäten in der Haushaltspolitik des Senats hinwirken muß.

Daß alle Ostbezirke zusammen, wie Manfred Rabatsch nachgewiesen hat, im vergangenen Haushaltsjahr nur 15% der vom Land Berlin ausgegebenen Gesamtsumme für die Jugendhilfe erhalten haben, ist ein Skandal, der sich nicht wiederholen darf, wenn der große Unterschied zwischen den beiden Stadthälften nicht verewigt werden soll.

Es muß dringend an der Basis der Sozialen Arbeit darüber nachgedacht werden, wie das erreicht werden kann, ohne einen gravierenden Sozialabbau im Westteil der Stadt hinnehmen zu müssen.

14. Wenn die Schildbürger "Reformen" machen: Vom Chaos der Verwaltungs-strukturreform im Stadtstaat Berlin - zugleich Hauptstadt der Bundesrepublik Deutschland*

Stadtstaaten sind eigenartige politische und rechtliche Gebilde. Kein "richtiges" Bundesland mit selbständigen Gemeinden, einer Kommunalverfassung, einer Landesregierung mit Hauptstadt mit untergliedernden Gebietskörperschaften (Regierungsbezirke, Landschaftsverbände) - auch keine "richtige" Stadt, die ihre politischen Konturen aus den Unterschieden zu Land und Bund erhält. Ein Stadtstaat ist von allem etwas, aber nichts richtig; ein schwer zu durchschauendes Konstrukt, mit Kompetenzwirrwarr, Konkurrenzwirrwarr mehr als anderswo und dem sprichwörtlichen Kuddelmuddel zwischen der linken und der rechten Hand in Politik und Verwaltung, in dem so mancher sein Süppchen kochen kann und sein Schäfchen ins Trockene bringt. Auch die Produktion von Filz ist hier gut im Schwange.

Stadtstaaten haben eine höchst bedeutsame und sehr spezifische Geschichte, aus der sie ihre Legitimation für den politischen und staatsrechtlichen Sonderstatus ziehen. Exotische Blüten am schützenswerten Baum des Föderalismus.
Unter diesen Blüten ist der Noch-Stadt-Staat-Berlin die seltsamste. Der eigenartige geschichtliche Weg dieser Stadt hat es in sich: vom königlich-preußischen Hauptmilitärlager zur Hauptstadt und Metropole des "Deutschen Kaiserreiches", zur Weltstadt der 20er Jahre, zum Machtzentrum des nationalsozialistischen "Groß-Deutschen-Reiches", zur Viersektoren-Stadt und selbständigen politischen Einheit Westberlin, zugleich Hauptstadt des ersten Arbeiter- und Bauernstaates auf deutschem Boden, nun vereinigter Stadtstaat, bald eine Großstadt in Brandenburg und Hauptstadt der Bundesrepublik Deutschland, hat es in sich. Die Soziale Arbeit in Berlin ist ein Teil dieser eigenartigen Geschichte.

---
*Vortrag auf einer Veranstaltung der IGfH (Internationalen Gesellschaft für Heimerziehung) am 28.9.1994 in Berlin

Wenn westberliner SozialpädagogInnen/SozialarbeiterInnen in der Vergangenheit sozialtouristische Ausflüge in die Flächenstaaten der alten Bundesrepublik unternahmen, hörten sie von den westdeutschen KollegInnen, bewundernd und skeptisch zugleich: "Ja, Ihr in Berlin - bei Euch ist sowieso alles anders!" - und in der Tat, nicht alles, aber vieles war wirklich anders. Nicht nur wegen der Teilung der Stadt, der Insellage ihrer Westhälfte, mit ihrer ständigen untergründigen Bezogenheit in Abgrenzung und Annäherung auf den Ostteil der Stadt, auch wegen der Geschichte als Hauptstadt des Nazireiches, als Zentrale der Nationalsozialistischen Volkswohlfahrt mit ihren Gleichschaltungs-, Ausmerzungs- und Dominanzbestrebungen gegenüber den Jugend- und Wohlfahrtsverbänden der Weimarer
Republik und gegenüber dem in Berlin mehr als anderswo im Deutschen Reich entwickelten und differenzierten System der öffentlichen Wohlfahrtspflege. Berlin war *das* Experimentierfeld der Sozialen Arbeit in Deutschland seit der Gründerzeit. Eine Unmenge von Initiativen gingen von hier aus, hatten hier ihre radikalen oder reformerischen Wurzeln. All das wirkte nach im Westen der geteilten Stadt, der doch Schaufenster sein sollte, wollte, mußte, in dem ein politisches System seine "Überlegenheit" dem anderen konkurrierenden politischen System ständig vorführen mußte; gerade auch in der Sphäre des Sozialen, in der sich Menschenwürde auch für die Ärmsten zuletzt beweisen muß. Selbst noch in der radikalen Außerparlamentarischen Opposition der 60er und 70er Jahre lebten wir von diesem Pathos des Besonderen, daß die jeweils Regierenden und die dauerhaft Verwaltenden - mit anderen Akzenten freilich - für sich ebenso in Anspruch nahmen. In diesem "Pathos des Besonderen" steckte aber auch viel Provinzielles, Lokalpatriotisches und vor allem, im Westteil natürlich, viel heiße Luft, die durch die starken Reibungen auf den kurzen Wegen der eingemauerten Stadt erzeugt wurde und auch in der Sozialen Arbeit zu heftigeren politischen Turbulenzen führte als auf den langen Wegen zwischen Basis und politischem Machtzentrum in Niedersachsen oder Nordrhein-Westfalen. Diese kurzen Wege, die es ermöglichen, ja geradezu provozieren, daß die Regierenden, die Ministerialen sich direkt in die von ihnen abhängige Praxis einmischen können, sie dauernd animieren, ihre Nase in Angelegenheiten zu stecken, die sie nichts angehen und überall ihren Senf dazuzugeben, wo es doch ihre Aufgabe wäre, sich auf die Erstellung großzügiger Rahmenbedingungen für die

sich im lokalen realisierende Soziale Arbeit zu beschränken (dies qualifiziert aber auch zu tun!); diese kurzen Wege zwischen der Basis der Sozialen Arbeit und ihrem politischen Überbau, die die Praxis verführen, ihre Anliegen vorbei an der lokalen Politik und der Gemeinde direkt in die Amtsstuben der Ministerien zu tragen, sich auf dem Weg dahin zu beeilen, um Erster zu sein, bevor die anderen kommen, die ebenso projektborniert ihr Stück vom Kuchen haben wollen. Dies Abhängig-Sein von den guten connections zu diesem oder jenem Referatsleiter oder gar zur "Spitze des Hauses" und all die Vereinzelungen und Konkurrenzen und geschickten Ausspielereien bei Zuwendungsgebern und Zuwendungsempfängern: Das ist auf den langen Wegen zwischen Stahle an der Weser und Düsseldorf am Rhein oder Lenzen an der Elbe und Potsdam an der Havel auch im Computerzeitalter nicht möglich.

In dem eingemauerten Stadtstaat West-Berlin war diese problematische Verdichtung und Verstrickung von lokalen Bedürfnissen und regionalen Steuerungsbestrebungen im Vergleich zu Hamburg und Bremen noch einmal auf die Spitze getrieben.
Auf diesem historischen und politischen Hintergrund ist der Dschungel der Sozial- und Jugendarbeit in Westberlin gewachsen, der nun gelichtet werden soll und zusammengeführt werden muß mit den Verhältnissen in Ostberlin, mit einer seit der Abschottung von West-Sektoren und Ost-Sektor ganz anders verlaufenen Geschichte, mit ihrem höchst spezifischen Verhältnis zu den Bezirken der ehemaligen DDR und ihrer untergründigen Bezogenheit auf West-Berlin. Da aber auch diese aktuelle Situation (die Vereinigung von zwei über Jahrzehnte getrennten Stadthälften) in Deutschland einmalig ist und die Sozial- und Jugendarbeit sich in ihr bewähren muß (vor allem in der Verwirklichung des Verfassungsgebotes der Herstellung einheitlicher Lebensbedürfnisse in einem extrem ungleichgewichtigen Gemeinwesen) haben wir wieder unser Besonderes, um das uns diesmal aber niemand beneidet. Das Pathos ist uns abhandengekommen, weil wir spüren und es täglich erleben, wie die Entwicklung der sozialen Infrastruktur nach westlichem Muster, nach rigoroser Abwicklung der aus dem DDR-Sozialismus mitgebrachten Infrastrukturen nicht richtig in Gang kommt, weil die dazu benötigten Ressourcen nicht zur Verfügung gestellt werden und statt Aufbau Ost ein Abbau West gleich-

zeitig vonstatten geht und hier und da bereits bedrohliche Formen annimmt.

In dieser Situation wird vom Senat und folgsam vom Abgeordnetenhaus, die Verwaltungsstrukturreform beschlossen - die unbestreitbar notwendig geworden ist, denn wer will angesichts der radikal veränderten Berliner Verhältnisse behaupten, es könne alles so bleiben wie vor dem Fall der Mauer? Mit der Verwaltungsreform werden notwendigerweise und vielleicht vor allem tiefgreifende Einschnitte in das gewachsene Dickicht der Sozial- und Jugendarbeit mit seinen vielen Schleicht- und Trampelpfaden vorgenommen werden müssen. Zuständigkeiten werden geändert, Entscheidungskompetenzen müssen abgegeben und übernommen werden, das Kräfteverhältnis und die Kommunikationswege zwischen Senatsverwaltungen, Bezirksämtern, traditionellen Wohlfahrts- und Jugendverbänden, freien und alternativen Projekten und Initiativen muß entwirrt und neu geordnet werden.

Schon lange vor dem Fall der Mauer hat es Kritik gegeben an der außerordentlichen Verdichtung sozialpolitischer und sozialbürokratischer Befugnisse bei den Hauptverwaltun-gen, die einer Monopolstellung gleichkam. Im Konfliktfall konnte sich die Senatsverwaltung mühelos und oft genug ignorant über lokal begründete oder aus einem speziellen Erfahrungsbereich resultierende Anregungen und Forderungen hinwegsetzen. Ich erinnere hier nur an die Auseinandersetzungen um Drogenarbeit und Drogenpolitik der Bezirke Kreuzberg, Tiergarten, Charlottenburg mit der Senatsverwaltung für Familie und Jugend in Gestalt des "Drogenreferates". Dieser Konzentration von Macht in der Form fachlicher und finanzieller Entscheidungsbefugnisse soll die Verwaltungsstrukturreform abhelfen. Sie soll die Wirkungsmöglichkeiten eines eingespielten sozialbürokratischen Managements in den Abteilungen und Referaten der Senatsverwaltungen reduzieren und inhaltlich verändern. Sie soll Voraussetzungen schaffen für lokale Handlungsräume und Zuständigkeiten, die sich an Prinzipien wie Entbürokratisierung des Systems sozialer Dienstleistungen, Lebensweltorientierung, Planungsbeteiligung und Mitspracherecht der auf Leistungen der Sozialen Arbeit Angewiesenen und der Frauen und Männer der Praxis, ausrichten. So jedenfalls lauten die erklärten Absichten der politischen Initiatoren dieser Reform und ich denke, die in der Sozialen Arbeit Handelnden, Forschenden und Lehrenden können dem zustimmen.

Nun aber die praktische Umsetzung. Sie erfolgt mit der deutlichen Absicht, die Misere des öffentlichen Berliner Haushalts vor allem durch massive Einsparungen in den Bereichen Soziales und Kultur, bei gleichzeitiger Verschwendungspolitik in sinnlosen Präsentationsobjekten (ich erinnere an Olympis 2000) in den Griff zu bekommen und in dem Bestreben, die Verantwortung für die Verschlechterung der Lebensbedingungen großer Teile der Bevölkerung in der Stadt nach unten abzuschieben und zwar so schnell wie möglich. Daraus erklärt sich die von außen betrachtet scheinbar unsinnige Hektik, mit der das gigantische Reformwerk inszeniert wird. Nicht in einem Prozeß umfassender Beratungen mit den Beteiligten zur Erarbeitung von sozial sensiblen Strategien der Flexibilisierung eingefrorener Verhältnisse, der Entwicklung von Szenarien für einzelne konkrete Bereiche der Jugend- und Sozialarbeit, der Abstimmung eines Zeitplans unter Berücksichtigung des Gebots der Angleichung der Lebensverhältnisse in der Stadt und im Hinblick auf die im Prinzip beschlossene Fusion mit dem Flächen- und Agrarland Brandenburg und in dem Bemühen erhaltens- und übertragenswerte Standards aus Ost und West gemeinsam zu definieren und zu sichern. Nicht als ein Prozeß mit langem Atem und offenem Horizont wird die "Reform" eingeleitet: sie wird im Hau-Ruck-Verfahren, weithin ohne Konzept und Absprache, geprägt von gravierenden inneren Widersprüchen, getrieben vom rigorosen Sparwillen auf der einen Seite und krampfhaften Versuchen der Sicherung von Pfründen und dem hartnäckigen Festhalten an Einflußmöglichkeiten auf der anderen Seite, durchgezogen. Dabei kommt es zu abenteuerlichen Konstruktionen wie der Übertragung von bezirklichen und anderen Jugendhilfeeinrichtungen auf einen landesübergreifenden öffentlich-rechtlichen "freien Träger" - was schon ein Paradox ist, wenn man mit dem Signum "freier Träger" nicht nur ein formales Prinzip meint. Der schwerfällige Tanker Senatsverwaltung für Familie und Jugend soll abgerüstet werden, aber die Inneneinrichtung soll möglichst komplett erhalten bleiben und mit möglichst wenig Aufsehen in ein anderes Riesenschiff eingebaut werden, das schon jetzt während der Umbaumaßnahmen auf einen Schlingerkurs gerät. Welch ein Beispiel für "qualifizierten Veränderungswillen und Kooperationsbereitschaft" wird uns hier von höchster Stelle gegeben. Von dieser "Reform-Praxis" geht nur ein Signal nach außen und nach unten: Rette sich wer kann! - und das ist dann auch der ins Auge springende Stil, mit dem gegenwärtig in Berlin reformiert wird. Diese Praxis konterkariert die erklärten politischen Absichten bis zur Karikatur, macht den Berliner Dschungel der Sozialen Arbeit, - in dem sich eh nur die Langgedienten auskennen - noch undurchsichtiger, verschärft durch die tägliche Erfahrung von Willkür, Informationsblockerei und Besitzstandsicherung auf allen Ebenen Unsicherheit und hektischen Handlungsdruck, wo Gelassenheit und ruhiges Nach-Denken erforderlich wäre, provoziert. Gründungsfieber und clevere Alleingänge der Geschäftsführer-Eliten, fördert Konkurrenzhandeln statt Zusammenarbeit und Solidarität. Auf der Strecke bleiben dabei die Bedürfnisse und Interessen *der* Menschen, die in dieser Stadt auf ausreichende und qualifizierte soziale Dienstleistungen angewiesen sind und das werden täglich mehr. Kurz: Zwischen dem politischen Beschluß und der Umsetzung der Verwaltungsreform hätte ein Moratorium von ca. fünf bis acht Jahren intensiver Beratung und Vorbereitung liegen müssen. Für ein Veränderungsunternehmen solchen Ausmaßes wahrlich keine lange Frist, wenn man bedenkt, daß das zu Verändernde in beiden Stadthälften mehr als 40 Jahre gewachsen ist und länger als die kurze Spanne einer Generation halten soll. Die Reform sollte Weichen stellen für kommende Jahrzehnte und betätigt sich als Konservierungsunternehmen. Von den fachlichen und politischen Zusammenschlüssen freier Träger und von ganzen Arbeitsbereichen ist dieses Moratorium wiederholt gefordert worden. Ohne Resonanz bei den Verantwortlichen.

Die Reform der Heimerziehung in Berlin begann Mitte der 60er Jahre mit einer zunächst reformerischen und wegen tauber öffentlicher Ohren zunehmend radikaler werdenden Kritik an den riesigen Erziehungsanstalten für Kinder, für jugendliche Mädchen und Jungen, an den in ihnen vorherrschenden erstarrten und autoritären Strukturen. Die "Heimkampagnen" brachten durch spektakuläre Aktionen die menschenverachtenden Verhältnisse in den Anstalten ans Licht und von außen Bewegung in den Bereich der öffentlichen Erziehung, während Martin Bonhoeffer sich im Inneren dieser Verwaltung reformerisch und loyal abarbeitete, um schließlich kaltgestellt und verzweifelt an den Be-

tonstrukturen Berlin wieder zu verlassen. Ich erinnere - auch als Zeitzeuge - an diesen Ausgangspunkt der Reform der Heimerziehung, weil die Forderungen von damals gegenüber einer bis dahin unangefochtenen Sozialbürokratie lauteten: Auflösung der großen Einheiten - Binnendifferenzierung in den Heimen und Entwicklung von Alternativen zur Heimerziehung - Anerkennung und Förderung von solchen Initiativen und Projekten, die das Neue, Beargwöhnte, schufen und ausprobierten - Entbürokratisierung im Verkehr zwischen freien und öffentlichen Trägern - Regionalisierung der sozialen Dienste und ihre Orientierung an den Lebensbedingungen der Kinder, Jugendlichen und Familien, statt an den Disziplinierungs- und Ordnungsbedürfnissen eines ängstlich auf dem Status quo bestehenden Staates und der ihn tragenden politischen und ökonomischen Eliten.
Fast alle der damals erhobenen Forderungen konnten durch beharrliche Anstrengungen und einen langen Atem im Laufe von 15 bis 20 Jahren - wenn auch mühsam und immer wieder in kompromißhaften Formen - durchgesetzt werden.

Von heute aus gesehen hat sich die Jugendhilfelandschaft und speziell die Heimerziehung im Westen gegenüber den frühen 60er Jahren enorm verändert. Aber das Erreichte ist nicht ein für alle Mal gesichert, es ist unter dem scheinbar jeden Sozialabbau legitimierenden Sparzwang in seinem Bestand bedroht, es muß heute vor allen Dingen in einem förderlichen Klima von Freiheit und Vertrauen weiter differenziert und die neuen politischen Verhältnisse in der Stadt und im Umland angemessen berücksichtigend, in West und Ost entwickelt werden. Dazu braucht es eine an gemeinsamen Zielvorstellungen orientierte, auf Transparenz und Verläßlichkeit gegründete Aktion der in der Sozialen Arbeit wirkenden Kräfte. Diese Aktion braucht gerade *den* zeitlichen und politischen Rahmen, den die hektische, willkürliche und mehr dem Einzel- als dem Gemeininteresse folgende Praxis der Strukturreform im Ansatz verhindert. In einer Zeit aufgeregter Gründungen von Gesellschaften aller möglichen Rechtsformen zur Sicherung des ökonomischen Überlebens von Projekten und Initiativen oder zur schnellen Aquirierung öffentlicher Gelder zu diesem oder jenem Zweck (nach dem Motto: wir machen alles und können alles wofür es Geld gibt!) dominiert die cleverness von Sozialmanagern neuen Typs. Die von ihnen im geheimen Zusammenspiel mit den ("marktgerechte" Formen der Sozialen Arbeit protegierenden) Sozialbürokraten betriebenen Sozial-Konzern-Strategien verhindern den engagierten und offenen Diskurs über Inhalte, Konzepte, neue Wege, zu dem auch der angstfreie Erfahrungsaustausch über das "Scheitern" gehört. Sich behaupten auf dem "Sozialen Markt" kann heute aber nur, wer behauptete oder versprochene Erfolge, d.h. den **effektiven Umgang** mit "sozialen Problemlagen" zum Mittelpunkt seiner Verkaufsstrategien macht. Das *Scheitern* als eine konstitutive Erfahrung in der Sozialen Arbeit kann unter den herrschenden Bedingungen nicht kommuniziert werden. Es gibt dafür keine Atmosphäre, keine Zeit und keinen Raum. Entwicklung im Sinne von Entfaltung ist aber auf die Auseinandersetzung mit solchen Erfahrungen angewiesen. Daß diese Tendenzen zum Teil verheerende Auswirkungen auf die innere Struktur vor allem kleinerer Träger und Initiativen der Jugend- und Sozialarbeit haben, sei hier nur angemerkt.

Diesem Trend zu widerstehen, ist Aufgabe und Verantwortung aller derjenigen, deren Blick auf lebendige Menschen durch Organisation und Management und Ökonomie noch nicht verstellt worden ist, die an der "altertümlichen" Vorstellung festhalten ‚daß Organisationen, Verwaltung, Management nur so weit berechtigt und notwendig sind, wie sie die an den Lebensbedingungen der Zielgruppen Sozialer Arbeit orientierte Praxis unterstützen, verbessern und sichern helfen. Solche Frauen und Männer gibt es überall. In Projekten, Initiativen, Jugend- und Wohlfahrtsverbänden, bei Bezirksämtern und in Senatsverwaltungen. Sie müssen die Wege zu gemeinsamem Handeln finden, wie es heute auf dieser Veranstaltung versucht wird.

Die kräftigen Anstöße zu qualitativen Reformen - das ist mein abschließendes anarchistisches Kredo - werden aber auch diesmal nicht aus dem Inneren der großen Bürokratien kommen, sondern von außen, von unten, aus einer nonkonformistischen Praxis, von Leuten, denen Zivilcourage und der Mut zur Kritik mehr bedeuten, als die konformistische Präsentation gestylten und politisch opportunen Erfolges.

15. Jugendverbände im Ost-West-Konflikt: Die Beziehungen zwischen Jugendverbänden in den Westzonen und der FDJ in der Gründungsphase des Bundesjugendringes*

Im "Handbuch Jugendverbände" (1991) wird das Verhältnis der im Deutschen Bundesjugendring zusammengeschlossenen Verbände und der Freien Deutschen Jugend für die Zeit um 1950/51 folgendermaßen interpretiert: "...Die zunehmende Militarisierung des West-Ost-Konfliktes ließ keine Position mehr über der Blockparteilichkeit zu. Der Scheideweg war vorgezeichnet".[1]

1951 wurde in der Bundesrepublik eine Tarnschrift mit dem Titel "Freie Deutsche Jugend" produziert - ohne Erscheinungsort und Verlagsangabe, - die m. E. mit Hilfe des Bundesjugendringes geschrieben und wie ich vermute in einer Reihe von Tarnschriften vom Verlag Kiepenheuer in Köln herausgegeben wurde. Diese 247 Seiten starke Propagandaschrift wurde hauptsächlich an FDJ-Mitglieder in der DDR verteilt. Als Verfasser zeichnet ein Gerd Friedrich, wahrscheinlich ein Pseudonym. In der Einleitung heißt es:

> "Im Verlauf von knapp 5 Jahren hat es eine handvoll fanatischer junger Kommunisten in der Sowjetischen Besatzungszone Deutschlands unter Anwendung entsprechender Mittel vermocht, aus der Masse einer antibolschewistisch erzogenen Jugend die verläßlichste und schlagkräftigste Sowjet-Deutsche-Organisation zu formen. Wohl wurde der Jugend in Mitteldeutschland der tragische Weg in die geistige Sklaverei von außen her auferlegt. Ohne die unermüdliche Tätigkeit der deutschen Parteigänger des Sowjetsystems aber hätte er niemals so schnell zum Ziele geführt"

Der tarnende Klappentext lautet (in Auszügen):

---

*Vortrag auf der Fachtagung: Die FDJ-Konzepte - Abläufe - Grenzen, veranstaltet vom Institut für Zeitgeschichtliche Jugendforschung, Berlin, September 1993. Mit freundlicher Genehmigung des Metropol-Verlages, Berlin

"Im Zusammenhang mit der politischen Entwicklung in der Ost-West-Frage erhielt die Freie Deutsche Jugend neue Aufgaben. In der Erfüllung dieser neuen Aufgaben ist die Freie Deutsche Jugend zur mächtigsten Jugendorganisation Deutschlands geworden. Sie ist die Vorschule für jede politische Betätigung... Das vorliegende Buch gehört in die Hand jedes politisch-interessierten Menschen in der Deutschen Demokratischen Republik; es gehört auch in die Hand jedes Mitglieds der Freien Deutschen Jugend".

Erich Honecker schreibt in seiner Erinnerung an die Gründungsphase von Deutschem Bundesjugendring (DBJR) und Freier Deutscher Jugend (FDJ) in der Jubiläumsschrift des DBJR zu seinem 40jährigen Bestehen im Jahre 1989:

"Sehr schnell zeigte sich, daß diejenigen Kräfte, die nach dem Motto handelten `lieber das halbe Deutschland ganz, als das ganze Deutschland halb`, ihren Einfluß auch in den Leitungen der meisten Jugendverbände durchsetzten. Die Sudelfelder Tagung wurde abgesetzt, auf der Burg Ludwigstein und in Vlotho fanden unter Ausschluß der Freien Deutschen Jugend, jedoch unter Teilnahme von Vertretern der US-Amerikanischen Militärregierung, Besprechungen statt, die darauf hinausliefen, die FDJ zu isolieren und sie gar zu verbieten. In der BRD geschah das ja auch schon wenig später, 1951 kurz vor den III. Weltfestspielen in Berlin, der Hauptstadt der DDR".

Josef Rommerskirchen (Vorsitzender des Bundes der Deutschen Katholischen Jugend/BDKJ), der 1949 zum ersten Vorsitzenden des DBJR gewählt wurde, erinnert sich aus demselben Anlaß und an gleicher Stelle wie Honecker an Atmosphäre und Ergebnisse der "Altenberger Gespräche" zwischen westdeutschen Jugendverbandsvertretern (es waren nur Männer) und der FDJ-Delegation (bei der auch eine Frau war) im November 1947:

"Die Delegation der FDJ fuhr, nicht nur zu meinem nicht ganz neidlosen Erstaunen in Anbetracht der eigenen kümmerlichen Verkehrsmittel, in einem riesigen Mercedes aus der Hinterlassenschaft einer ehemaligen Nazi-Größe vor. Wie großzügig die sowjetische Besatzungsmacht die Arbeit der FDJ förderte, wies auch ihre *Hochschule* am Bogensee im Norden Berlins aus, während der NS-Herrschaft Sommersitz des

Reichspropagandaministers Joseph Göbbels .... Nachdem man sich gegenseitig bekannt gemacht und auch kurz die vertretene Organisation vorgestellt hatte, waren schnell die Themen Diskussionsgegenstand, die sich aus den Parolen, Forderungen und Entschließungen vorangegangener FDJ-Treffen ableiteten `Frieden, Freiheit und Fortschritt` sowie die `Grundrechte der jungen Generation auf politische Mitverantwortung, auf Arbeit und Erholung, auf Bildung, auf Freude und Frohsinn` waren die Stichworte. Nach FDJ-Vorstellung sollten und mußten sich zu ihrer Durchsetzung alle Jugendlichen zu einer großen, einheitlichen Organisation zusammenschließen. Beim Ausloten der Begriffsinhalte ergaben sich schnell elementare Auffassungsunterschiede ....
Nachdem man sich in den Diskussionen immerzu im Kreise gedreht hatte - auch eine Dombesichtigung hatte durch den vergleichenden Hinweis von Edith Baumann auf die noch interessantere mit weißem Marmor ausgestattete Metro in Moskau ihre delikate Note erhalten und keine Auflockerung bewirken können - nahm die Verhärtung der Standpunkte am zweiten Gesprächstag einen solchen Grad an, daß man keinen Sinn mehr in einer Fortsetzung sah. Am Nachmittag des 5. November 1947 fuhr die FDJ-Delegation, sichtbar enttäuscht ob der Erfolgslosigkeit ihrer Mission, aus Altenberg fort. Nichts Aufsehenerregendes war geschehen, selbst zu einem Propagandaerfolg wußte man außerhalb der Sowjetischen Besatzungszone die vergeblichen Umarmungsbemühungen nicht umzumünzen.
Als ich das `Altenberger Gespräch` als 'Gastgeber` mit der Feststellung abschloß, daß man wegen unüberbrückbarer Gegensätze im Grundsätzlichen wie Praktischen getrennte Wege gehen müßte, entgegnete Erich Honecker, daß uns dennoch aufgegeben bleibt, gemeinsam für Freiheit und Frieden zu kämpfen. Dabei hing er unzweifelhaft dem Willen wie der Illusion an, doch einmal eine Einheitsorganisation zu erreichen. In Anbetracht der nachfolgenden Entwicklung der FDJ zur Staatsjugend der DDR mit totalitärem Auftrag und Anspruch, deren Funktionäre der `Erziehung zum Haß auf den Klassenfeind` und im `Kampf gegen Ausbeuterei und Imperialismus an der Seite und unter Führung der friedliebenden Sowjetunion` ihre entscheidenden Aufgaben gesehen, sind für mich alle großen Worte, die damals von Erich Honecker und seinen Kampfgefährten gesprochen wurden, auch im Nachhinein noch so schal wie vor 42 Jahren".
Heinz Westphal, der als Vertreter der Falken in Altenberg dabei war, bestätigt in seiner Erinnerung die Sicht von Rommerskirchen:

"Hinsichtlich der Voraussetzung für eine zonenübergreifende Zusammenarbeit und für die ernsthafte Diskussion eines von Honecker mitgebrachten Satzungsentwurfs, nämlich die eindeutige Zusage einer ungehinderten Entwicklungsmöglichkeit demokratischer Jugendarbeit neben der FDJ in der Sowjetischen Besatzungszone, gab es keine Handbreit Beweglichkeit bei der FDJ-Delegation. Es gab auch nicht die Bereitschaft der FDJ-Verantwortlichen, darüber in eine Gespräch mit der Sowjetischen Besatzungsmacht einzutreten ... An der mangelnden Bereitschaft der FDJ-Führung, einer freien Entwicklung der Jugendarbeit auch in ihrem Einflußbereich zuzustimmen, scheiterte das Altenberger Gespräch".

Das Studium der Dokumente und der wenigen seit 1989 erschienenen Veröffentlichungen zum Thema scheint die Feststellung aus dem "Handbuch Jugendarbeit" zu bestätigen, daß die Jugendorganisationen im Nachkriegs-Deutschland in den Besatzungszonen, dann in den beiden deutschen Staaten keine Chance für eine "Position über der Blockparteilichkeit" hatten.

Wenn es so einfach wäre, könnte ich meinen Vortrag hier beenden und müßte Sie nicht länger mit dieser ätzenden Geschichte einer doch von vornherein zum Scheitern verurteilten "Annäherung" nerven. Es würde reichen, die bekannten und immer wieder zitierten historischen Daten mit etwas "Fleisch" aus Protokollen, Zeitungsberichten und Erinnerungen von ZeitzeugInnen auszuschmücken, um wieder zu dem ostinaten Ergebnis zu kommen, daß es offensichtlich nicht anders ging.

Diese vorherrschende Interpretation der politischen Geschichte der Beziehungen zwischen dem BDJR und der FDJ reizt schon deswegen meinen Widerspruch, weil sie die Wirkungsmöglichkeiten von Jugend, Jugendarbeit und Jugendverbänden bezogen auf wichtige Fragen der heranwachsenden Generation so gering einschätzt und - weil es eine allzu bequeme Ausrede, eine allzu billige Rechtfertigung für das eigene Handeln, für das eigene Versagen in einer Situation von großer historischer Bedeutung wäre.

Wie aber meine Skepsis begründen, ohne in Besserwisserei, Romantisierungen oder gar moralische Vorhaltungen zu geraten, die einem Unbeteiligten - ich war damals ein Schulkind - schlecht anstehen? Und wie eine Geschichte gegen eine dominante Auffassung interpretieren, ohne ihr im Nachhinein einen gewünschten Sinn zu unterschieben? Und was soll das

Nach-Denken mit *wenn* und *aber* wenn alles schon gelaufen ist? Die Geschichte ist über Ost- und Westzonen über die beiden deutschen Staaten und die politisch-militärischen Bündnisse, in die sie wie für alle Zeiten eingemauert schienen, hinweggegangen, die FDJ gibt es nur noch als Archiv und in den Seelen und Köpfen der durch sie Geprägten und Betroffenen. Der im Zuge der Entspannungspolitik in den letzten Jahren vor der "Wende" vorsichtig begonnene Dialog zwischen BRD-Dachverband der Jugendverbände und DDR-Staatsjugend kann durch irgendwelche "Lehren der Geschichte" auch nicht mehr gefördert werden. Und liegt nicht einer intensiven Befassung mit der Geschichte von Jugendarbeit meinerseits/unsererseits eine Überschätzung der Bedeutung von Jugendarbeit durch bemühte PädagogInnen und JugendforscherInnen zugrunde? Was bedeuten schon die Interessen und Bedürfnisse von Jugendlichen und JugendarbeiterInnen, wenn es um machtpolitische, um militärische und ökonomische Interessen zwischen den großen Mächten der Welt geht, oder nur - um bescheidener zu sein - innerhalb von Nationen und Staatengebilden? Wie sollen Jugendverbände und professionelle PädagogInnen Einfluß nehmen auf die Geschicke von Völkern und ganzer politischer Systeme, wenn es Ihnen doch nicht einmal gelingt, auf Stadtplanung und Verkehrspolitik der Länder und Kommunen im Interesse von Kindern und Jugendlichen erfolgreich einzuwirken?

Wenn ich mich - ohne Antworten auf diese Fragen zu haben - dennoch um eine andere Sichtweise dieser Geschichte der Beziehungen von BDJR und FDJ bemühe, dann, um einer Legendenbildung von eingebildeten Siegern im Stile von Rommerskirchen entgegenzutreten und dafür zu werben, die Verantwortung für die diversen Sackgassen, in denen jeder Annäherungsversuch scheiterte, zumindest im Nachhinein gerechter zu verteilen oder gemeinsam zu übernehmen. Das könnte vielleicht nützlich sein für den notwendigen Versuch von Deutschen und Deutschen, aus dem grandiosen Scheitern nach Faschismus und Krieg auf beiden Seiten der Demarkationslinie, nach dem Wegfall der politischen und militärischen Grenzen einen gemeinsamen Weg in die Zukunft zu finden.

Gegen die Auffassung von den nicht vorhandenen Chancen für einen eigenständigen politischen Weg der Nachkriegsjugend in Deutschland, will ich die These von den verpaßten Chancen für einen solchen Weg stellen.

Die Rede von den nicht vorhandenen Chancen zwischen den militärisch-politischen Blöcken unterstellt, daß die führenden Köpfe der Jugendorganisationen jener Zeit - und es begegnen uns in den Dokumenten immer dieselben - etwas anderes wollten, als sie schließlich zustandegebracht haben, und in diesem Wollen von starken Mächten behindert wurden. Das möchte ich im Prinzip bestreiten. Nach meinem Eindruck entsprach der zweifellos versuchten und erreichten Funktionalisierung der Jugendverbände durch die Organisationen der Erwachsenen: der Kirchen, der Parteien und Gewerkschaften, der Militärregierungen und der deutschen Verwaltungen in den Kommunen und den Ländern und schließlich in den beiden deutschen Staaten die *Selbstfunktionalisierung* der Jugendorganisationen, bzw. ihrer Funktionäre, die sich freiwillig und aus eigener Überzeugung und oft genug in vorauseilendem Gehorsam zu Aktivisten des kalten Krieges machten und machen ließen. Die sogenannten Vertreter der deutschen Nachkriegsjugend praktizierten den Kalten Krieg schon, als die Anti-Hitler-Koalition der westlichen Alliierten und der UdSSR noch bemüht war, sich den Deutschen gegenüber als Sieger mit einheitlichem politischen Willen zu präsentieren und lange vor der politischen Festschreibung der beiden deutschen Staaten und ihrer schließlichen Gründung.

Die Auseinandersetzungen zwischen FDJ-Funktionären und Jugendverbands-funktionären aus den Westzonen hatten schon bald eine ritualisierte Struktur, in deren Schema sich beide Seiten wohlbegründete Vorhaltungen über die Verweigerung elementarer Freiheitsrechte machten und von der Beseitigung von Behinderungen, Verfolgungen und Verboten wechselseitig die von allen Seiten stets als notwendig beschworene Weiterführung des "Dialogs" im Interesse einer anzustrebenden Zusammenarbeit "im Dienste der Einheit von Vaterland und Nation" abhängig machten.
Es gab Situationen, in denen die Vertreter einer Seite, durch die Wucht der Fakten in die Ecke gedrängt, Zugeständnisse machten und versprachen, sich um Abhilfe zu bemühen, wenn dies in gemeinsamer Aktion geschähe. Solche Angebote wurden von der im Augenblick triumphierenden Seite regelmäßig gar nicht erst geprüft, sondern gleich als taktische Manöver und als politisch unseriös denunziert und zurückgewiesen: Man habe Erfahrung mit solchen Angeboten und der Versuch darauf einzugehen sei von vornherein sinnlos.

Ein bedeutsames Beispiel für solches Schattenboxen bietet das eingangs zitierte "Altenberger Gespräch". Vielleicht hat es einen schlechten Grund, daß Rommerskirchen als Gastgeber des Treffens 1989 behauptete, von diesen Gesprächen gäbe es keine Aufzeichnungen, was ihren inoffiziellen Charakter unterstreiche. Im Archiv des Zentralrats der FDJ fand sich aber ein 15-seitiges einzeilig getipptes Protokoll mit Wortbeiträgen, in dem die gegenseitige Kritik nach meinem Eindruck unverfälscht wiedergegeben wird. Aus diesem Protokoll will ich einiges vortragen:

Rommerskirchen (BDKJ) an die FDJ gerichtet:
"Gemeinsame Aktionen zur Behebung der Not und der Beseitigung eines Zustandes, der Deutschland durch Zonengrenzen trennt, müssen, wo immer es möglich ist, durchgeführt werden. Wir sehen aber die Voraussetzungen zur Bildung eines Deutschen Jugendringes bzw. eines Reichsausschusses der Deutschen Jugendverbände nicht gegeben, solange die gesamtdeutsche Konstellation so grundverschieden ist. In einem Deutschen Jugendring würden die westlichen Zonen demokratisch vertreten sein. Die Ostzone, das klingt sehr hart, ist aber der Fall, wäre zwar durch die FDJ als demokratische Jugendorganisation, aber einseitig vertreten, da andere Jugendorganisationen nicht zugelassen sind. Wenn auch Erich Honecker in seinen Ausführungen immer wieder darauf hinwies, daß nach dem Zusammenbruch des faschistischen Systems die Kirche auf die Gründung konfessioneller Jugendverbände verzichtete und ihr in der Ostzone im Rahmen der kirchlichen Gemeinde die religiöse Betätigung im weitesten Maße gestattet ist, so ist dies doch eine Freiheit, die uns die Nationalsozialisten auch gelassen haben, nämlich eine Arbeit, die sich auf die religiöse Seelsorge beschränkt, um letztenendes unsere Leute zu kassieren. Der religiöse Mensch kann nicht hinter den engen Mauern der Kirchen atmen. Er braucht auch die Luft draußen vor den Toren der Kirche. Hierzu sind Organisationen erforderlich. Die Situation in der Ostzone muß einfach beseitigt werden, bevor wir zu einem solchen Zusammenschluß kommen können und wir damit demonstrieren, daß wir eine demokratische Jugendvertretung sind. Der Jugendring ist daher solange nicht akut, solange dieser Zustand nicht beseitigt ist".

Heinz Westphal (Vertreter der Falken) unterstützt die Argumentation von Rommerskirchen:

"Für uns ist ganz klar, daß wir bestrebt sind, dahin zu gelangen, daß es eine gesamtdeutsche Vertretung aller Jugendverbände gibt. Sie kann aber nach unserer Auffassung nicht so aussehen, daß sie nicht dem Willen aller jungen Menschen aus allen Zonen entspricht".

Westphal kritisierte sodann, daß die Resolution der "Prager Tagung des Weltbundes der Demokratischen Jugend" versuche, die Jugend einseitig gegen die westlichen Besatzungsmächte auszuspielen. Damit seien die Falken nicht einverstanden, da sie unabhängig von allen Militärregierungen sein wollen.

Honecker läßt sich nun auf diese Kritik ein, in dem er aus dem Verlauf der "Aussprache" das Fazit zieht, daß sich alle Beteiligten "für die Schaffung eines deutschen Jugendringes bzw. eines Reichsausschusses der deutschen Jugendverbände ausgesprochen haben unter der Voraussetzung, daß die freie Betätigung der Jugendverbände im gesamtdeutschen Rahmen hergestellt wird".

Um dies zu ermöglichen schlägt er vor, an den Alliierten Kontrollrat, der eine solche Organisation genehmigen müßte, gemeinsam und schriftlich die Bitte zu richten "die Tätigkeit der demokratischen Jugendverbände und ihren Zusammenschluß in ganz Deutschland zuzulassen". Er meinte, daß mit einer solchen Entscheidung des Kontrollrates "alle Hemmnisse auf organisatorischem Gebiet beseitigt" werden könnten, auch die Behinderungen der FDJ-Arbeit in den Westzonen.

Statt nun Honecker und seinen sicher nicht erwarteten Vorschlag beim Wort zu nehmen - und das hätte nichts gekostet - lehnt der Falken-Vorsitzende Erich Lindstaedt entschieden ab:

"Einen Antrag an den Kontrollrat können wir nicht stellen. Dies wäre ein Theater und eine Unehrlichkeit uns selbst gegenüber. Ich möchte für die Falken erklären, daß sich an der Situation seit der Bogensee-Besprechung[1] nichts geändert hat. Wenn wir einen solchen Antrag an den Alliierten Kontrollrat richten, dann müssen wir die Gewißheit haben, daß jene Jugendlichen, die nicht Mitglieder der FDJ sind und sich zu uns bekennen, in der russischen Zone vollkommen frei arbeiten können, frei von Furcht. Dieses Gefühl haben wir nicht. Was nützt uns die Zusage der Militärregierungen, daß wir frei arbeiten können mit einem Verband, wenn wir nicht die Gewähr haben, daß denen, die in der Organisation arbeiten, das Arbeiten gesichert ist, also daß nicht Morgen willkürlich jemand kommt, der sie von ihrem Arbeitsplatz wegholt. Ganz im Gegenteil möchte ich als Falkenführer deutlich sagen, daß die Verantwortung gegenüber den jungen Menschen, die so denken wie wir, zu groß ist, als daß wir einen solchen Antrag stellen könnten. Wir würden sie einfach in Gefahr bringen".

Rommerskirchen unterstützt Lindtstaedt, in dem er fordert, daß die FDJ sich dafür einsetzen müsse, daß in der Ostzone ein Zustand geschaffen werde, der die ständige Angstpsychose beseitige. Sie müsse sich für die Freiheit derer einsetzen, die noch keinem ordentlichen Gericht zugeführt seien. Er kritisierte die Anlehnung der FDJ an die SED, deren "Parteitotalismus" den die katholische Jugend nach den grausamen Erfahrungen der Hitlerzeiten nicht billigen könne. Die SED sei kommunistisch, die Kommunisten seien nach Moskau orientiert und die FDJ bewege sich auf der gleichen Linie. Rommerskirchen verlangt von Honecker Aufschluß über die wirklichen Verbindungen zwischen FDJ und SED, will wissen was es mit den "Zwangsverpflichtungen" auf sich habe und was "an den Gerüchten über die Vorgänge in den Uranbergwerken wahr" sei.
Auf diese Vorwürfe reagiert Edith Baumann (FDJ) in scharfer Form, unterstützt aber den Vorschlag von Honecker mit der Bemerkung, man solle von den Militärregierungen die "freie Entfaltung der Jugendverbände" fordern.
Auf die Zurückweisungen der Vorwürfe durch die FDJ-Delegation antwortete Rommerskirchen unter anderem mit der Bemerkung: "Wir westlichen Menschen haben eben ein besonders ausgeprägtes Rechtsgefühl".
Die Kontroverse spitzt sich zu und es ist sicher kein Zufall, daß die Jüngsten in der Runde, die Vertreter der kleinen "Bündischen Jugend" - die von Westphal in seiner Erinnerung von 1989 als "naiv" bezeichnet werden - zwischen den Kontrahenten zu vermitteln suchen: "Wir sollten dazu beitragen, die Athmosphäre zu entgiften, anstatt sie zu verschärfen". Statt diesem Appell zu folgen machen die Falken in weiteren Anklagen die FDJ für alle politischen Probleme in der "Ostzone" verantwortlich:
"Solange in der Ostzone Sozialisten in Konzentrationslager sitzen, weil sie politisch einer anderen Gruppe nicht genehm sind, solange müssen wir damit rechnen, daß eine neu entstehende Jugendorganisation und ihre Funktionäre in die gleiche Situation kommen. Und weil wir damit rechnen müssen, können wir die Verantwortung nicht tragen, unsere Falken in der Ostzone zu beantragen". (Lindstaedt)

Heinz Westphal erklärt: "Solange es nicht zu einer grundsätzlichen Veränderung der Freiheitsmöglichkeiten in der Ostzone kommt, werden derartige Besprechungen genauso verlaufen wie die heutige".
Unter diesem Druck erkennt Honecker die Berechtigung der Klagen der Falken zumindest teilweise an, indem er sagt:
"Sie mögen vom Gesichtspunkt der Entfaltung ihrer Organisation berechtigte Klagen haben. Wahrscheinlich sind diese Klagen genauso berechtigt, wie die unseren hinsichtlich der Entwicklung in den westlichen Zonen".

Im gleichen Atemzug wirft er den westlichen Organisationen aber vor, nicht als selbständige Jugendverbände zu agieren, sondern, wie die Falken, die Interessen der SPD zu vertreten. Damit hatte er ein Stichwort gegeben, mit dem er den anderen die Ablehnung seiner Vorschläge erleichterte. Rommerskirchen wies den Vorwurf der Abhängigkeit zurück:
"Ihr seid ja auch parteipolitisch vergeben. Dinge, die Du Lindtstaedt vorwirfst, treffen auch für Dich zu". Die katholische Jugend habe stark darum gekämpft, der Bevormundung durch den Klerus zu entgehen, in dem durch die Einführung der "Laienführerschaft" in stärkerem Maße die Jugend selbst zu Worte komme.
Rommerskirchen machte als Gastgeber und Tagungsleiter schließlich den Vorschlag, in einem weiteren Treffen im Haus des Bayerischen Landesjugendringes in Sudelfeld über den von der FDJ vorgelegten "Entwurf der Grundrechte der jungen Generation" zu diskutieren und nach Wegen der Verbesserung der Zusammenarbeit zu suchen. Zu dem Antrag an den Alliierten Kontrollrat kommt es nicht. Man einigt sich zuletzt auf die in der Literatur oft zitierte sehr unbestimmte, aber in der Tendenz weiterführende Presseerklärung, in der es unter anderem heißt:
"Ausgehend von dem Wunsch der deutschen Jugend zur Schaffung eines einheitlichen und unabhängigen Deutschlands, wurde die grundsätzliche Bereitschaft zu solcher Zusammenarbeit von allen Verbandsvertretern ausgesprochen. Es ist Voraussetzung für die erfolgreiche Zusammenarbeit, daß die freie demokratische Entwicklung und Arbeit der Jugendverbände in allen Zonen Deutschlands gleichermaßen verwirklicht wird."

Die Tagung, die mit dem Lied "Die Gedanken sind frei...." begonnen hatte, wurde mit dem gemeinsamen Singen des Liedes "Wenn wir schreiten Seit an Seit..." beendet.

Warum nahmen die Vertreter der Verbände die FDJ nicht beim Wort? Niemand hinderte sie daran - sie wollten es also nicht wirklich darauf ankommen lassen. An mehreren Stellen des Protokolls wird deutlich, daß sie fürchteten, die westlichen Besatzungsmächte mit einem offiziellen Antrag zu brüskieren, aber was sollte dann der Vorwurf der Abhängigkeit der FDJ von der Sowjetischen Militäradministration in Deutschland (SMAD)? Möglich, daß das Angebot Honeckers eine taktische Finesse war, um in seinem Sinne ein Stück weiter zu kommen; dann war es zumindest Mut zum Risiko, denn einmal abgeschickt, hätte ein gemeinsamer Antrag an den Alliierten Kontrollrat die Auseinandersetzungen der Besatzungsmächte über die Jugendpolitik im viergeteilten Deutschland beeinflußt und möglicherweise auf ein anderes Gleis gebracht. Vielleicht wäre er auch Makulatur geworden - niemand kann das wissen - eine verpaßte Chancen aus vorauseilendem Gehorsam, aus Selbstfunktionalisierung in innere Abhängigkeit von der Politik der Erwachsenenorganisationen war es allemal. Die verabredeten Gespräche in Sudelfeld fanden nicht statt. Sie wurden von den Vertretern der westlichen Jugendverbände abgesagt.
Eine weitere verpaßte Chance. Stattdessen diskutierten die Funktionäre dieser Verbände untereinander über die Schaffung eines Jugendringes, den sie schließlich im Frühjahr 1949 auf der Gründungsversammlung der Arbeitsgemeinschaft für Jugendhilfe (AGJ) in Rothenburg als "Bundesjugendring" fest vereinbarten, noch bevor die Bundesrepublik Deutschland endgültig auf den Beinen war, in hochgestimmter Erwartung dieses westdeutschen Staates. In Rothenburg gab es noch eine Vertreterin der FDJ-West die gegen die Festlegung auf das vom parlamentarischen Rat verabschiedete Grundgesetz für die Bundesrepublik Deutschland protestierte. Das Rothenburger Protokoll vermittelt den Eindruck, als konnten die Jugendverbände die Gründung des westdeutschen Teilstaates und ihre Rolle in ihm als staatstragende Säule, die sie dann im großen und ganzen bis 1968 auch treu erfüllt haben, kaum erwarten. Sie waren wie aus einer Lähmung befreit, verfielen in hektische Betriebsamkeit und waren von großer bürokratisch-organisatorischer Produktivität, ohne dabei die gesamtdeutschen Pflichtübungen in den Präambeln zu vergessen.

Nach diesem eigentlichen Gründungsakt in Rothenburg wurde im Oktober 1949 - wiederum in Altenberg - die offizielle Gründungsversammlung des DBJR abgehalten, an der auch eine Delegation der FDJ-West teilnahm. Die FDJlerInnen protestierten gegen die Festlegung der Mitgliedsorganisationen auf das Grundgesetz der Bundesrepublik und schlugen vor, sich auf die Anerkennung der im Grundgesetz formulierten Menchenrechte zu beschränken. Darauf ging die Mehrheit nicht ein und interpretierte den Protest der FDJ-W als "Selbstausschluß". Es ist interessant, einen Blick in diese für die nächsten 25 Jahre letzte offene und öffentliche Diskussion zwischen FDJ und den Gründern des Deutschen Bundesjugendringes zu tun. In der Dokumentation "30 Jahre Bundesjugendring" (1979) ist die Gründungsversammlung in Altenberg breit dargestellt worden. Unter der Überschrift "Bundesjugendring und Ostzone" wird die Auseinandersetzung um die Deutschlandpolitik in Wortbeiträgen berichtet. Die Falken eröffnen dieses Thema mit dem Vorschlag, die "Vorläufigkeit" des Bundesjugendringes in der Hoffnung, daß er auf das gesamte deutsche Gebiet ausgedehnt werden könne, zum Ausdruck zu bringen.

Der Vertreter der Evangelischen Jugend in Deutschland meinte, daß die "Präambel" der Satzung dafür ausreiche. Darin heißt es:
"Im Deutschen Bundesjugendring haben sich auf Bundesebene tätige Jugendverbände und Landesjugendringe zur freiwilligen Zusammenarbeit verbunden, um ihre gemeinsamen Interessen zu fördern und dem Wohl der deutschen Jugend zu dienen.
Die Selbständigkeit, Eigenart und Unabhängigkeit der Jugendverbände und Jugendringe wird dadurch nicht beeinträchtigt.
Besonderes Anliegen ist es, möglichst bald über diese Zusammenarbeit hinaus einen Jugendring für das ganze Deutschland bilden zu können".

Der Sprecher der Evangelen sagte, wenn in der Präambel stehe, daß auf Bundesebene gearbeitet werde, wachse der Bundesjugendring mit, sobald das staatliche Gebilde wachse. Er hatte wohl eine prophetische Eingabe, denn genauso ist es 40 Jahre später, durch den "Beitritt" gekommen.
Die Vertreterin der FDJ wies die Wachstumstheorie des Evangelen zurück:
"Die Tatsache, daß wir auf der Basis des Bundes arbeiten, sagt nicht, daß diese Bundesrepublik langsam immer größer wird und die Einheit Deutschlands herstellt. So wird es keinesweges sein".

Die FDJ unterstützte den Falken-Vorschlag nach einem besonderen Passus über die Hoffnung auf die deutsche Einheit. Sofort distanzierte sich Heinz Westphal im Namen der Falken von dieser Unterstützung und ging gegen die FDJ in die Offensive. Der einzig mögliche Weg der deutschen Einigung sei durch das Grundgesetz der Bundesrepublik vorgegeben. Wer zu diesem Weg "nein" sage, könne im Bundesjugendring nicht mitarbeiten. Es gäbe nur den demokratischen Weg zur Einheit Deutschlands.

Der Sprecher der Gewerkschaftsjugend meinte, eine weitere besondere Betonung der Hoffnung auf Einheit sei durch die Verpflichtung auf das Grundgesetz überflüssig geworden:
"In dem Maße, wie wir uns mit der Bundesrepublik Deutschland verwachsen fühlen, betonen wir in Übereinstimmung mit ihrem Grundgesetz auch die Vorläufigkeit zugunsten eines größeren Ganzen".

Westphal erläuterte, daß es den Falken mit ihrem Vorschlag um ein "Hoffnungssignal" für die "ungezählten Jugendlichen in der Ostzone" gehe, deren Frage an den Bundesjugendring: "Habt ihr auch an uns gedacht?" nicht ohne Antwort bleiben dürfe.
Die FDJ-Vertreterin entgegnete, daß die Demokratiebereitschaft nicht in der vollständigen Anerkennung des Grundgesetzes zum Ausdruck komme. Die FDJ sei im Rahmen der Volkskongreßbewegung "eindeutig und klar" für freie und demokratische Wahlen in Gesamtdeutschland eingetreten: "Ich glaube, dies ist ein demokratischer Weg, um die Einheit Deutschlands herzustellen".[2] Um die Debatte zu beenden wird der Falken-Antrag in die Antragskommission verwiesen.

Bei der Abstimmung über die Satzung lehnten allein die FDJ-VertreterInnen die Satzung ab. In der langen Begründung für diese Entscheidung sagt Ilse Wachsmuth (FDJ) u.a.:
"Durch die neue Formulierung des Passus der die Bedingungen festlegt, um in den Bundesjugendring aufgenommen zu werden, sind Komplikationen eingetreten. Wir haben klar erklärt, eine Annahme dieser neuen Satzung, die nicht die Anerkennung der Grundrechte, die im Grundgesetz verankert sind, verlangt, sondern die Anerkennung des Grundgesetzes überhaupt, ist für uns unmöglich. Wir sind der Meinung, daß man um diesen Punkt nicht herumgehen soll, daß man dieser klaren

Entscheidung auch nicht durch eine eventuelle Stimmenthaltung ausweichen soll. Daher stimmen wir als FDJ aus grundsätzlichen Erwägungen gegen die Satzung wie sie heute beschlossen werden soll. Wir haben schon einmal erklärt, daß wir das Grundgesetz nicht anerkennen, weil es die Legalisierung der Spaltung Deutschlands bedeutet und weil dieses Grundgesetz für die Westzonen eine Tarnung des tatsächlichen Zustandes ist, nämlich des Zustandes, daß Westdeutschland tatsächlich durch das Besatzungsstatut und das Ruhrstatut regiert wird. Es ist unserer Meinung nach richtig, dies hier klar zum Ausdruck zu bringen, um keine Meinungsverschiedenheiten aufkommen zu lassen. Diese Dinge sind uns und auch den Vertretern der anderen Jugendverbände vor der konstituierenden Sitzung bekannt gewesen. Wenn wir trotzdem hierher gekommen sind, so haben wir dies getan, weil wir der Meinung sind, daß in der heutigen Zeit eine Zusammenarbeit der Jugend in Deutschland sehr notwendig ist, notwendig für die Interessen der jungen Generation Deutschlands, die wir als FDJ schon von jeher unterstützt und dafür gewirkt haben".[3]

Der Falke Lindtstaedt reagiert auf diese Ausführungen mit der Aufforderung an die Versammelten, dem Aufnahmeantrag der FDJ nicht zu entsprechen: "Eine Organisation, die die Satzung des Deutschen Bundesjugendringes nicht anerkennt, kann auch nicht aufgenommen werden".

Der Sprecher der evangelischen Jugend: "Ilse Wachsmuth hat erklärt, daß die FDJ Artikel 3, Abs. 1 der Satzung nicht erfüllt, damit hat sie logischerweise die konstituierende Versammlung um Verständnis gebeten, daß die FDJ nicht Mitglied des Bundesjugendringes sein kann".
Rommerskirchen (BDKJ):
"Die FDJ hat sich von der Mitarbeit im Bundesjugendring selber ausgeschlossen. Es kann keine Rede davon sein, daß die Verbände die Beteiligung untersagt haben. Jeder wird einsehen, daß eine klare Grundlage für die Zusammenarbeit nötig ist. Diese Basis ist der staatsrechtliche Raum, die Bundesrepublik Deutschland, mit seiner demokratischen Untermauerung, den im Grundgesetz verankerten Grundrechten".

Mit dieser Formulierung präsentierte Rommerskirchen die Sprachregelung, die fortan als offizieller Standpunkt des Bundesjugendringes zur

Nicht-Aufnahme der FDJ vertreten und schon in den nächsten Tagen in der Tagespresse der Westzonen verbreitet wurde.

Der Sprecher der Gewerkschaftsjugend:
"Ich hätte eigentlich die Freunde von der FDJ für realer gehalten. Nachdem das Grundgesetz der Bundesrepublik in Kraft ist, gibt es keine andere Möglichkeit, als sich auf dem Boden dieses Grundgesetzes zu bewegen. Man kann über einzelne Dinge politisch gesehen anderer Meinung sein, das gebe ich zu. Aber es stimmt uns doch bedenklich, wenn man uns zumutet, eine Jugendorganisation unter uns zu haben, die das Grundgesetz als die Legalisierung der Spaltung Deutschlands ablehnt... Ich bin der Auffassung, die FDJ sollte sich selbst außerstande erklären, am Bundesjugendring mitzuwirken. Das ist die Konsequenz, die sie selber gezogen hat. Ich möchte das deswegen klar herausstellen, weil man uns vorwerfen wird, wir hätten die Dinge bewußt so formuliert, daß sie nicht mitmachen könne".

Der Falke Westphal:
"Wir haben uns allen eine Grundlage zu geben versucht, auf der eine demokratische Institution stehen kann. Wenn man selbst sagt, daß man sich dieser Basis, zu der Millionen ja gesagt haben, begibt, kann man nicht mitarbeiten. Die Basis ist die Freiheit des einzelnen Menschen, ist die Freiheit der Gemeinschaft, d.h. die Freiheit des Zusammenschlusses von Menschen in verschiedenen Formen, so wie sie es selbst wünschen, ist das Recht, sich frei zu äußern über das, was man denkt, ist die Freiheit in all den Besitzungen, die einem als Menschen gegeben sind. All das ist die Grundlage, auf die wir uns gemeinsam gestellt haben und die eigentlich jeder von uns anerkennen müßte. Diese Rechte sind verankert im Grundgesetz der Bundesrepublik Deutschland. Gewiß gibt es Dinge, über die man diskutieren kann, mit denen man nicht einverstanden sein kann, aber die Grundlage, auf der wir stehen, sind diese Freiheiten, diese demokratischen Rechte. Die vielen jungen Menschen in der Ostzone und Ost-Berlin würden nicht verstehen, wenn wir mit der FDJ zusammenarbeiten, die diese Rechte nicht anerkennt. Man würde uns fragen, was tut ihr dort, die ihr Euch bemüht, ein ganzes Deutschland herzustellen?".

Rommerskirchen fragt die FDJ-VerteterInnen:
"Nehmen wir an, wir hätten heute nicht beschlossen, die Bundesrepublik mit dem Grundgesetz in die Satzung hineinzunehmen, sondern wir

hätten uns auf die drei Grundrechtskomplexe beschränkt. Darf ich Euch fragen, die ihr erklärt, das Grundgesetz der Freiheit der Gemeinschaft anzuerkennen, wäret ihr gewillt, mit uns dagegen zu protestieren, daß es in der Ostzone kein Koalitionsrecht der Jugend gibt? Wäret ihr gewillt, in konsequenter Auslegung dieses Grundrechtes der Freiheit der Gemeinschaft, gegen den Totalitäts- und Monopolanspruch Eurer Bruderorganisationen in der Ostzone zu protestieren? Das was dort ist, hat mit Freiheit, wie wir sie verstehen, einfach nichts zu tun".

Der FDJ-Vertreter:
"Mit dem Wort Freiheit ist in der letzten Zeit sehr viel Unfug getrieben worden. Verstehst Du unter Freiheit die Tatsache, daß im Westen Deutschlands die Volkskongreßbewegung verboten worden ist? Ich hatte Gelegenheit, mit einer ganzen Reihe offizieller Vertreter von Behörden, von anderen Organisationen und Parteien Rücksprache zu nehmen. Und sie erklärten sich mit dem Ziel der Volkskongreßbewegung einverstanden. Auf die Frage, ob sie bereit sind, ihren Namen dafür herzugeben und die Aufrufe zu unterzeichnen, haben sie gesagt: `Nein, dann verliere ich meinen Posten`. Ist das Freiheit?"

Noch einmal der Evangele:
"Ich bedaure, daß eine so einfache Lage wie sie sich ergeben hat, so kompliziert geworden ist. Alles was wir hier tun, ist eine überflüssige Zeitvergeudung. Die FDJ hat sich selbst ausgeschlossen. Sie hat gesagt, wir bringen die Voraussetzung auf Zugehörigkeit zum Bundesjugendring nicht auf, wie sie in der heute angenommenen Sprache dargelegt ist".

Nach diesem Wortwechsel beantragt der Vertreter des Landesjugendringes Berlin den Schluß der Debatte mit der Begründung:
"Für die hier versammelten Verbände ist die Bundesrepublik die staatsrechtliche Grundlage. Alle weiteren Diskussionen über dieses Thema erübrigen sich nach meiner Meinung, nachdem vom Vertreter der FDJ diese staatsrechtliche Grundlage als nicht existent bezeichnet worden ist".

Der Tagungspräsident (Vertreter des Landesjugendrings Nordrhein-Westfalen): "Ich treffe die Feststellung, daß die FDJ als solche nicht zu den konstituierenden Mitgliedern gerechnet werden kann, weil sie der Satzung nicht die Zustimmung gegeben hat".

In der Dokumentation heißt es sodann: Nach dieser Feststellung des Tagungspräsidenten, der nicht mehr widersprochen wurde, teilte er mit, daß damit der Deutsche Bundesjugendring gegründet sei.

Die von den Falken angeregte Botschaft an die Jugendlichen der Ostzone kam als "Entschließung" zustande, die vom Plenum verabschiedet wurde. Sie lautete:
"Die im Deutschen Bundesjugendring zusammengeschlossenen Jugendorganisationen geben dem Willen Ausdruck, die Jugend der Ostzone an ihrer gemeinsamen Arbeit zu beteiligen. Der jetzige Zustand in der Ostzone bietet jedoch die Voraussetzung für eine solche Zusammenarbeit nicht. Wir fordern zur Beseitigung der bestehenden Hindernisse die uneingeschränkte Anerkennung des Koalitionsrechtes, d.h. die sofortige Zulassung der in Westdeutschland tätigen Jugendorganisationen in der Ostzone. Den undemokratischen Anspruch der FDJ, als einzige Jugendorganisation die Interessen aller Jugendlichen in der Ostzone wahrzunehmen, lehnen wir entschieden ab.
Die Einheit Deutschlands und die Einigkeit der deutschen Jugend auf dem Fundament der demokratischen Grundrechte und der uneingeschränkten Freiheit ist unser gemeinsamer Wunsch. Wir müssen aber vor aller Öffentlichkeit feststellen, daß die totalitären Bestrebungen der FDJ in der Ostzone ein Zusammenwirken aller jungen Deutschen unmöglich machen".[4]

Auf die Ereignisse in Altenberg reagierte die FDJ-W-Führung in Frankfurt am Main schon wenige Tage später mit einer Erklärung, in der sie gegen die BJR-Version vom "Selbstausschluß" der FDJ protestierte:
"Es stimmt nicht, daß die Freie Deutsche Jugend von der Beteiligung am Bundesjugendring ausgeschlossen wurde, `weil sie das Grundgesetz mit den darin enthaltenen Menschenrechten nicht anerkannte`, wie es in der *Neuen Zeitung* heißt. Die Wahrheit ist, daß wir aus dem Kreis der übrigen Jugendverbände ausgeschlossen wurden, weil wir konsequent für die Einheit und Unabhängigkeit Deutschlands eintraten - weil wir es ablehnten das Grundgesetz anzuerkennen, welches die Spaltung Deutschlands legalisiert und den tatsächlichen Zustand - die Regierung Westdeutschlands durch Ruhr- und Besatzungsstatut - verschleiert. Die Anerkennung der Menschenrechte wurde von uns nicht nur bejaht son-

dern sogar gefordert, indem wir den Antrag stellten, daß Voraussetzung für die Mitgliedschaft im Bundesjugendring nicht die Anerkennung des Grundgesetzes, sondern die Anerkennung der im Grundgesetz niedergelegten Grundrechte (Menschenrechte) sein soll. Die Vertreter der Freien Deutschen Jugend erklärten, daß sie sich stets für die Erhaltung und Verwirklichung und darüber hinaus für die Erweiterung dieser Grundrechte einsetzen wird".

Die Zurückweisung des Antrags der FDJ zur Formulierung der Bedingungen für die Mitgliedschaft im BJR durch alle anderen an der Gründung beteiligten Jugendverbände war eine verpaßte Chance. Die Annahme dieses Vorschlags hätte die Gelegenheit geboten, die Bedeutung der Selbstverpflichtung der FDJ auf die im Grundgesetz formulierten Menschenrechte an ihrer Praxis zu überprüfen und über diese Praxis im Alltag der Jugendverbände eine Auseinandersetzung zu führen. Angesichts der inzwischen vollzogenen Gründung beider deutschen Staaten, die jeweils mit Grußadressen und mehr von den Jugendorganisationen gefeiert wurden, war die Nichtanerkennung der geschaffenen und von den Jugendorganisationen mitgeschaffenen Tatsachen durch die FDJ auch eine verpaßte Chance für die Zukunft. Der Zentralrat in Berlin sah das jedenfalls so, denn er wies die Westler an, ihre Haltung und ihren Beschluß zu revidieren. Prompt wurde an den Deutschen Bundesjugendring schriftlich die Bereitschaft bekundet, im Interesse der Jugend in Gesamtdeutschland die Satzung des Bundesjugendringes trotz bestehender Meinungsverschiedenheiten voll anzuerkennen und in der Organisation aktiv mitzuarbeiten:

"Die Arbeitsgemeinschaft der FDJ ist der Meinung, daß im Interesse der gesamten Jugend die von den Vertretern der FDJ geäußerten Bedenken gegen das Grundgesetz - das keine Grundlage für die Einheit unseres Vaterlandes sein kann - kein Hindernis für die Zusammenarbeit der Jugendverbände bei der Lösung gemeinsamer Aufgaben sein dürften.
Seit ihrem Bestehen hat die FDJ die von ihr selbst aufgestellten `Grundrechte der jungen Generation` in den Mittelpunkt ihrer praktischen Arbeit gestellt. Nur durch das gemeinsame Auftreten der gesamten Jugend können diese Rechte der Jugend verwirklicht werden.
Die Verwirklichung der im Grundgesetz ausgesprochenen Rechte erfordert ebenfalls das gemeinsame Wirken aller Jugendverbände.
Damit steht die FDJ auf dem realen Boden der im Gebiet der Bundesrepublik vorhandenen Tatsachen... Die FDJ begrüßt die ausdrückliche

Anerkennung der Selbständigkeit, Unabhängigkeit und Eigenart der Jugendverbände durch die Satzungen des Bundesjugendringes, sieht darin eine Unterstreichung der demokratischen Freiheit für verschiedene Meinungen der Jugendverbände in einzelnen Fragen (...).
Die FDJ ist bereit, das Verbindende und nicht das Trennende in den Fordergrund zu stellen. Sie will deshalb von sich aus alles aus dem Wege räumen, das einer Zusammenarbeit hinderlich sein könnte.
Die Arbeitsgemeinschaft der Freien Deutschen Jugend hat aus diesen Gründen Meinungsverschiedenheiten und auch Bedenken, die von unseren Vertretern in Altenberg geäußert wurden und die aus der Sorge um die Einheit unserer Heimat entstanden sind, noch einmal überprüft und wird im Interesse der notwendigen Zusammenarbeit der Jugendverbände die Satzungen des Bundesjugendringes anerkennen ....
Betrachtet bitte dieses Schreiben als eine offizielle Bereitschaft der FDJ auch weiterhin wie bisher mit allen Jugendverbänden zusammenzuarbeiten. Diese Bereitschaft betrifft auch das gemeinsame Wirken im Bundesjugendring".[5]

An der Reaktion der Führung des Bundesjugendringes auf diese weitgehenden Zugeständnisse der FDJ, wird deutlich, wie groß die Freude der westlichen Verbandsfunktionäre über den "Selbstausschluß" der FDJ war, bei dem es nun auch unter allen Umständen bleiben sollte. Auf der ersten Vollversammlung des BJR am 26. und 27. November 1949, an der Ilse Wachsmuth für die FDJ-W als Beobachterin ohne Rederecht teilnahm, wurde die Haltung des geschäftsführenden Ausschusses von den Delegierten bestätigt. Im Protokoll dieser Versammlung heißt es:
"Es wird mit einer Enthaltung einstimmig beschlossen, bei einem eventuellen Antrag der FDJ auf Aufnahme in den Bundesjugendring, *vor* dessen Beratung eine öffentliche Erklärung der FDJ zu fordern, in der diese die totalitären Bestrebungen der Ostzonen-FDJ verwirft".

Die Führung des Bundesjugendringes hatte also beschlossen, die Bereitschaftserklärung der FDJ nicht als Antrag zu verstehen und weitere Gespräche von einer Unterwerfungsgeste abhängig zu machen, die in ihrem demütigenden Charakter wohl kaum zu überbieten war. Die Hoffnung der Bundesjugendring-Funktionäre, daß sich die FDJ-W dazu nicht bereit erklären würde, erfüllte sich. Die West-FDJ wurde in der Folgezeit mehr und mehr auch aus den Landes- und Kreis- bzw. Stadtjugendringen verdrängt. Mit der Verbotsentscheidung der Bundesregierung im Jahre

1951 wurde die FDJ-West in die Illegalität geschickt. Wenn in der Gechichtsschreibung der Jugendverbände und des Bundesjugendringes immer wieder beteuert wird, diese Entscheidung habe man nicht gewollt und an ihr seien weder die einzelnen Jugendverbände noch der Bundesjugendring in irgendeiner Form beteiligt gewesen, dann kann ich das angesichts der "Aktenlage" nur als den Versuch verstehen, sich auch heute noch, mehr als 40 Jahre nach den dargestellten Ereignissen, vor der Übernahme der politischen Mit-Verantwortung für diese Geschichte drücken zu wollen.

Mit der Entscheidung der Vollversammlung des BJR im November 1949 wurde jedenfalls die Tür für möglichen Austausch und Kooperation mit der FDJ in Ost und West für lange Zeit zugeschlagen. Eine große Chance der jungen Generation in Deutschland für einen eigenen Weg, für ein kritisches Gegenüber des von den Erwachsenen mit ihrer Lager-Mentalität inszenierten Kalten Krieges wurde verpaßt, weil die im Namen dieser Jugend Handelnden sich der Funktionalisierung nicht widersetzten und vorhandene Spielräume durch Selbstfunktionalisierung nicht nutzen konnten und wollten.

Martin Faltermaier, ein aktiver Teilnehmer der Gründungsverhandlungen für den Bundesjugendring und Mitglied in seinem ersten geschäftsführenden Ausschuß veröffentlichte 1959 zum zehnjährigen Bestehen des Bundesjugendringes einen Bericht, in dem er rückblickend die politischen Entscheidungen gegen die Mitarbeit der FDJ ohne Einschränkungen rechtfertigt:

"Wie ist es um die Abwehr der antidemokratischen Kräfte von links bestellt? So berechtigt die Gleichsetzung von Rechts- und Linksradikalismus ist - vor allem in den ersten Jahren des Bundesjugendringes war von beiden immer in einem Atemzug die Rede - so spielen die unterschiedlichen Zusammenhänge und Hintergründe eine Rolle. Die Gegner unterscheiden sich nicht nur im Inhalt ihrer Ideologie. In dem einen Fall handelt es sich um die Nachwirkungen der eigenen deutschen Vergangenheit, in dem anderen um die Einwirkungen einer bedeutsamen Macht der Gegenwart, deren Zwingburgen auch in einem Teil Deutschlands stehen. Was die totalitäre Ideologie des Kommunismus betrifft, so konnte es auch hier für die demokratischen Jugendorganisationen im Bundesjugendring kein Paktieren geben. Aber der konkrete Gegner der diese Ideologie vertrat, das waren weniger kommunistisch infiltierte Jugendliche oder kommunistische Gruppen in der Bundesrepublik, das waren primär die kommunistischen Staatsjugendorganisationen der Sowjetischen Besatzungszone Deutschlands und der Ostblockstaaten. Sie erhoben und erheben zugleich den Monopolanspruch, die Jugend ihrer Länder zu vertreten. Und so wie in die Auseinandersetzung mit der FDJ die gesamtdeutsche Frage hineinspielt, so in die Diskussion und die Kontakte zu den kommunistischen Jugendverbänden der Ostblockstaaten die Frage der internationalen Verständigung... Der Bundesjugendring und die in ihm zusammengeschlossenen Jugendverbände haben jedes Angebot der FDJ auf Zusammenarbeit oder Aktionsgemeinschaft in diesem oder jenem Fall abgelehnt, mochte dieses Angebot noch so sehr mit einem gesamtdeutschen Mäntelchen drapiert sein. Sie haben die vom Zentralrat der FDJ und anderen ostzonalen Stellen ausgehenden Versuche einer kommunistischen Infiltration in einzelnen westdeutschen Jugendverbänden wachsam verfolgt und zurückgewiesen. Sie haben sich wiederholt gegen eine Zusammenarbeit mit der kommunistischen World Federation of Democratic Youth ausgesprochen und auch gegen eine Teilnahme an den von diesen Organisationen inszenierten Weltfestspielen der Jugend Stellung genommen. In der Abgrenzung gegenüber der totalitären Ideologie gab es kein Zurückweichen. Die meisten Jugendverbände haben in ihrer eigenen Arbeit auch die geistige Auseinandersetzung mit dem dialektischen Materialismus und dem Kommunismus in Angriff genommen".[6]

Natürlich war die FDJ schon bei ihrer Gründung 1946 auf dem Weg zur Staatsjugend mit Monopolanspruch, aber sie war noch nicht am Ziel dieses Weges. Es war kein geradliniger Weg und es gab auf ihm einige Stationen, die ich hoffentlich verdeutlichen konnte, die eine Möglichkeit der Änderung ahnen lassen. Ein offeneres Eingehen der westzonalen Verbände auf diese Möglichkeiten, eine Annäherung, die nicht von Ausgrenzung bestimmt gewesen wäre, hätte hier vielleicht verstärkend wirken können.

Die FDJ ist - sicherlich zähneknirschend - auf berechtigte Kritik in der Form von Angeboten eingegangen, aber sie hat es nie über sich gebracht, sich inhaltlich auf die Auseinandersetzungen um die Freiheitsrechte, bezogen auf konkrete Ereignisse, zu denen die Leute aus den West-Verbänden Stellungnahmen forderten, einzulassen. Das die Angebote der FDJ so locker als unseriös bzw. taktisch zurückgewiesen und propagandistisch gemünzt werden konnten, lag auch an ihrer ideologischen Ängstlichkeit und Verbissenheit.

Natürlich waren die Westzonen-Verbände schon früh, auch aus opportunistischen Gründen, in eine Komplizenschaft mit den Besatzungsmächten getreten und versuchten, ihre loyale Haltung durch konsequentes Auftreten gegen die "Kommunisten" zu beweisen, um so das bei den Alliierten anfangs auch ihnen entgegengebrachte Mißtrauen zu überwinden. Sie waren aber nicht bereit, an diesem Punkt, der für ihre deutschlandpolitische Haltung von ausschlaggebender Bedeutung war, sich von der FDJ, die das klar erkannt hatte, kritisieren zu lassen.

Zuletzt war in den "Verhandlungen" von den realen Lebensbedingungen der Jungen und Mädchen nach dem Ende des Krieges, um derentwillen man sich doch angeblich zusammenfinden wollte, keine Rede mehr.
Wie konnte es dazu kommen, daß die berufenen und bestallten VertreterInnen der jungen Nachkriegsgeneration diese tatsächlich so schmählich im Stich ließen? Ich denke, die hier Handelnden waren nicht die politischen Köpfe der Jugend, sondern in erster Linie die Nachwuchspolitiker der einflußreichen Organisationen der Erwachsenen, in denen sie es zu etwas bringen wollten und fast ausnahmslos es auch zu etwas brachten. Sie hatten sich schon selbst rekrutiert und zur Verfügung gestellt und betrachteten und behandelten die Jugend als Rekrutierungsfeld für die politischen Linien und Organisationen. Sie standen als junge und nicht mehr ganz junge Erwachsene mit Ambitionen den älteren und alten Männern der unmittelbaren Nachkriegspolitik sehr viel näher als den 14-21Jährigen jener Zeit. Das gilt für Ost und West. Auf dem ersten und zweiten FDJ-Parlament sollen ca. 1/3 der Delegierten älter als 27 Jahre gewesen sein und 2/3 älter als 21 Jahre. Wenn man die Fotografien aus der Gründungszeit des DBJR betrachtet, sieht man nur gestandene Männer mit würdigen Mienen und korrekten Anzügen. Deren Jugend war längst in Weltwirtschaftskrise, Faschismus, Krieg und Emigration untergegangen und mit ihr offensichtlich die Fähigkeit zum offfenen Fragen, offenen Sehen, Hören und Fühlen, die Erwachsene vor allem brauchen, die sich anregend und unterstützend auf die Seite von Jugendlichen stellen wollen. Um die tatsächlichen Nöte und Fragen und Wünsche von Jugendlichen kümmerten sich damals nicht die im Weltmaßstab politisierenden Verbands-Funktionäre - ich behaupte, daß sie davon auch wenig wußten - sondern andere Leute.

Zu ihnen gehörten Frauen und Männer, die einige Jahre, bis zur Gründung der beiden deutschen Staaten, sich um eine von Offenheit und Bereitschaft zur Zusammenarbeit geprägten Aufarbeitung der g Erfahrungen und Wirkungen des "Dritten Reiches" - auch auf die Jungen und Mädchen, die in ihm herangewachsen waren - kümmerten und daraus für Deutschland und die Deutschen einen Weg in Übernahme von Schuld und Verantwortung und in Hoffnung auf eine neue gesellschaftliche Ordnung, in der die alten Fragen gelöst werden könnten, suchten. Diese Erwachsenen sammelten sich meist als kleine Gruppen mit weltanschaulicher Prägung und veröffentlichten ihr Nachdenken und ihre Anregungen und Pläne in Zeitschriften, die in der Regel vier bis fünf Jahrgänge bei monatlichem Erscheinen erreichten. Um einige zu nennen:
"Die Wandlung", "Die Umschau", die "Frankfurter Hefte", die "Nordwestdeutschen Hefte", auch der "Aufbau" in den ersten Jahren und Alfred Kantorowicz faszinierendes Experiment "Ost und West". Diese Zeitschriften sind hervorragende Quellen für eine andere Jugenddebatte, als sie unter den Funktionären der Verbände und Dachorganisationen und in den Parteien geführt wurde. Hier findet man die Fragenden, die verstehen wollen bevor sie Ratschläge geben und die der Meinung waren, daß vor der Frage: "Wie ist und was will die heutige Jugend" (eine der damals beliebtesten Fragen in Deutschland), die Frage stehen muß, wie sind und was wollen die Erwachsenen, die solche und andere Fragen und Forderungen an die Jugend stellen. Diese Erwachsenen fanden den Kontakt mit Jugendlichen und führten einen Dialog mit ihnen eher außerhalb der Verbände als in ihnen. Sie ließen sich vor allem auf die Ablehnung und das Mißtrauen vieler Jugendlicher gegenüber rekrutierenden, belehrenden und ermahnenden Erwachsenen ein und waren selbst mißtrauisch gegen solche Jugendliche und junge Erwachsene, die nicht mißtrauisch und ablehnend, die betriebsam und leicht vertrauend sich auf die schnellen Programme einließen. Anna Siemsen z.B., in ihren Erfahrungen mit den Arbeiterjugendorganisationen von 1918-1933 kritisch und nachdenklich geworden, schrieb in den "Nordwestdeutschen Heften" über die "Organisation der Jugend". Alfred Kantorowicz führte in "Ost und West" einen Briefwechsel mit einer Studentin über das Generationen-verhältnis. Manfred Hausmann denkt im "Aufbau" über Mißtrauen und Vertrauen zwischen Jugendlichen und Erwachsenen nach und in der "Deutschen Rundschau" betrachtete Heinz Paarmann "Das Gesicht der deutschen Jugend". In der

"Umschau" schrieb Alexander Mitscherlich über die "Jugend ohne Bilder". Er kommt zu dem Fazit:
"Die *Alten* haben keine Lebensmaximen an diese Leiderfahrenen, im Irrsal bewanderten jungen Menschen zu vermitteln. Aber sie können ihnen, statt sie verkommen zu lassen und sich darob zu entrüsten, ganz bescheiden die praktische Lehre erteilen, darin wie man Häuser baut, einen Garten anpflanzt, die Dinge des einfachen Lebens formt."[7]

Es gab Erwachsene, die so dachten und handelten. Klaus v. Bismarck berichtet von ihnen, auf dem Hintergrund seiner Arbeit im Jugendhof Vlotho in der August-Nummer 1949 der "Frankfurter Hefte":
"Wo stehen die Starken? Wo zeichnen sich im Ansatz neue Kräfte ab? Wo zeigen sich neue Lebensformen und Prägungen, die über die Jugendbewegung und den nationalsozialistischen Einfluß hinausweisen? ..."
fragte er und antwortet, daß es "Zellen" von solchen Leuten unter der freien Jugend gäbe, mit praktischen Ansatzpunkten in Selbsthilfewerken, in der sozialen Arbeit mit Heimkehrern und Flüchtlingen, kleine Gruppen auch in den Verbänden. Viele dieser Leute seien nicht an offizielle Organisationen gebunden, eine große Zahl von ihnen arbeite praktisch mit heimatlosen jungen Menschen. Ich hatte das Glück, einige dieser Männer und Frauen noch als Praktizierende kennenzulernen in meinem ersten Praktikum, das ich 1960 im Pestalozzi-Kinder- und Jugenddorf in Wahlwies am Bodensee machte und in ähnlichen Einrichtungen in der Schweiz.

Bismarck schreibt: "Natürlich haben diese neuen Kräfte noch kein fest umrissenes Profil, es gärt und brodelt an verschiedenen Stellen und leuchtet in verschiedenen Farben, aber in vielen dieser Zellen lebt eine bedeutende Kraft. Solche Zellen sind überall dort entstanden, wo sich ein kleiner Kreis aus der Geschäftigkeit des großen Verbandes in eine begrenzte praktische Aufgabe gesammelt hat". Und weiter:
"Vielleicht ist das eine der größten Einsichten unserer apokalyptischen Zeit, daß die junge Generation in einigen Köpfen und Herzen beginnt, die Summe zu ziehen und unerbittlich die große Null unter den Strich zu schreiben. Die so entstandene Leere ist zwar eine neue Gefahr, aber sie kann auch eine echte Frage nach der Überwindung des verderblichen Kreislaufes sein. Diese Überwindung kann nicht darin bestehen, daß man wieder gezwungen wird, mit geschlossenen Augen an etwas zu glauben. Da ist eine gesunde Abwehr gewachsen gegen eine Art des

Glaubensvollzugs, die auch die christlichen Kirchen vielfach noch predigen und verlangen.... Es handelt sich zunächst und vor allem nicht darum, etwas in den Menschen hineinzulegen, sondern etwas in ihm zu finden. Erst wenn man diese Werte gefunden hat, kann man sie von dem Heiligenschein befreien, der sie verfälscht und gefährlich macht... Ein Vertrauen, das einen falschen Heiligenschein zerstört, kann nur ein forderndes Vertrauen sein, das jene Werte wohl liebt, aber nicht anbetet, daß sie in eine größere Ordnung einfügt und in einen Dienst stellt. Das Vertrauen muß sich also an praktischen Aufgaben erweisen. So sind alle die kleinen Keimzellen, von denen ich sprach, dort entstanden, wo abseits von der großen Organisation mit ihrer allgemein verpflichtenden Idee eine Aufgabe bestand, die gerade diese Menschen brauchte und die ihnen anvertraut wurde".

Für die ratlosen, mißtrauischen und Orientierung suchenden Jugendlichen, und die waren sicher der Situation angemessener und auch interessanter als die, die schon wieder genau wußten, wo es lang zu gehen hatte in Ost und West, will ich aus dem Brief jener Studentin zitieren, die an Kantorowicz schrieb:
"Man kann die Frage nach der jungen Generation nicht stellen, ohne nicht auch zugleich die nach der alten Generation zu stellen. Diese alte Generation und zwar von der sogenannten Intelligenz an bis hinab zum letzten Grünkramhändler, ja bis hinein in weite Krise der Arbeiterschaft hat versagt und versagt heute wieder. Und sie muß versagen, denn sie ist die Repräsentantin der durch die geschichtliche Entwicklung bis ins Mark getroffenen bürgerliche Gesellschaft... Über den morastigen Grund, auf dem ihre - und unsere - bürgerliche Existenz ins Wanken geriet, legten sie den täuschenden festen Zement der `Führerdramen`, der Wiedergesundung der deutschen Volkswirtschaft, der Stabilisierung der Währung und außenpolitische Erfolge. Am Straßenrand ließen sie uns Blümchen aus Rilkes Zaubergärten pflücken und die jungen Glieder in Sonne und Wind `ertüchtigen`. Bis in das Frühjahr 1945 logen sie uns die Ohren voll von Wundern, die da geschehen würden. Die Wunder geschahen nicht, der Abgrund tat sich auf. Und hier stehen nun die Lügner - ach, es waren ja nicht nur die Parteigenossen und die SS, sie haben alle mitgelogen. Und auf der anderen Seite stehen die Betrogenen, die Jugend. Die alte Generation hat sich selbst um das Recht gebracht, Führer, Lehrer, Helfer zu sein. Die junge Generation aber hat es nicht gelernt, alleine zu gehen. Seit die Flöte des Rattenfängers ver-

stummte, wissen sie nicht mehr wohin sie laufen sollen. Was tun, was sagen, was denken?"

Aus dem Antwortbrief von Kantorowicz zitiere ich die Schlußpassage: "Wir Deutschen müssen die unseren gegenwärtigen Bedingungen angemessene Lösung der sozialen, ökonomischen und ideologischen Probleme unseres Zeitalters selber finden. Das ist Ihre Aufgabe, das ist unsere Aufgabe.
Und dies ist der Punkt, wo ich Sie alleine lassen will. Ich gebe Ihnen keine Formeln mit auf den Weg, keine `alleinseligmachenden Rezepte`. Abspringen müssen Sie selber, wenn Sie so weit sind. Lassen Sie sich Zeit dazu. Wägen Sie, denken Sie nach. Vor allem, lassen Sie sich nicht geistig gleichschalten. Fallen Sie nicht auf Schlagworte hinein. Lassen Sie sich nicht von tönernen Worten, Zusicherungen, Versprechungen und Vorspiegelungen der Marktschreier betören. Glauben Sie nichts blindlings, lassen Sie sich nichts einreden. Überprüfen Sie die Argumente, denen Sie begegnen werden auf Ihre Logik und ihren Wahrheitsgehalt. Brüllen Sie nicht mit dem Chorus, wenn Spießer hosiana schreien. Bewahren Sie sich Ihre Handlungsfreiheit. Denn es muß anders werden, wenn es besser werden soll".

In diesem Geist sagte André Gide, 78jährig, auf der Internationalen Jugendkundgebung in München am 28.06.1947 zu den dort versammelten deutschen Jugendlichen (offenbar überwiegend "Unorganisierte"):
"Ich bin nicht mit einer besonderen Botschaft nach München gekommen, sondern um mich zu unterrichten, so wie ich es immer gepredigt und gesagt habe, daß man die Jugend anhören und sich von ihr belehren lassen muß. Ich weiß, daß es in unserer Zeit schwierig ist, jung zu sein".

Erich Kästner berichtet in der von ihm herausgegebenen Jugendzeitschrift "Pinguin", August 1947, über dieses bemerkenswerte Treffen, auf dem die Jugendverbände offenbar keine bedeutende Rolle gespielt haben und das ich in ihren Dokumentationen nicht gefunden habe. Die Anregung zu diesem Treffen kam von dem Chefredakteur der Münchener Zeitung "Echo der Woche", Harry Schulze-Wilde, der auch die Organisation übernommen hatte.
Ein Schüler, Herausgeber einer Schülerzeitung "Steckenpferd", sagte auf dieser Kundgebung:

"Wenn die Parteien und die Regierungen versagen, dann müßte es eine internationale Solidarität der Jugend geben. Die Jugend dürfte jene Ressentiments nicht besitzen, die zwischen vielen der Älteren liegen. Die Jugend müßte von vorne anfangen; meiner Ansicht nach *muß* sie es sogar tun".

Es kam nicht dazu, wie wir aus der Geschichte wissen und dafür ist die Politik der Verbände in Ost und West, die solche Jugendliche, die wirklich einen neuen Anfang wollten, alleine ließen, mitverantwortlich. Erst die Aktiven der Revolte von 1968 versuchten im Sinne des Schülers von 1947 zu handeln und sie, wer möchte das bestreiten, gaben auch den Jugendverbänden ein "neues Gesicht". Diese späteren Veränderungen führten beim Bundesjugendring zu einer Offenheit gegenüber der Jugend und der FDJ in der DDR, die eine Annäherung ermöglichte, die für die FDJ nicht ohne Risiken war, die aber zeigt, daß Annäherung, die nicht im Geiste von Abgrenzung, Ausgrenzung und Hegemonie versucht wird, das Eis langsam aber sicher zum Schmelzen bringt.

Zuletzt möchte ich Max Picard aus seinem Buch "Hitler in uns selbst" zitieren, in dem wir Heutigen im Rückblick auf unsere Geschichte in Ost und West uns finden können:
"Es ist falsch zu sagen, daß die Deutschen ihr Böses, das etwa mit Bismarck begonnen habe, zu Ende hätten leben müssen durch die Nazi, es ist falsch zu sagen, daß sie durch den bösen Anfang zum bösesten Ende, durch den bösen Grund zum Abgrund hätten kommen müssen. Zwar, es liegt wahrscheinlich in der Struktur der Geschehnisse, daß sie vom Gesetz der Formung bestimmt werden, daß etwas, das bös angefangen hat, als das ganz und gar Böse zuende geformt werden will. Aber gewißt ist auch, daß der Mensch über diesem Formgesetz der Ereignisse steht; seine Würde ist, daß er darüber zu stehen vermag, und je heftiger ein Ereignis zur böseren Formung drängt, desto größer ist die Würde des Menschen, der diese Formung verhindert".

Anmerkungen

1. Anfang Mai 1947 fanden an der Jugendhochschule Bogensee der FDJ die ersten ersten Gespräche auf "hoher Ebene" zwischen Vertretern von Jugendverbänden in den Westzonen und der FDJ-Führung statt.
2. a.a.O.
3. a.a.O.
4. a.a.O., S. 24
5. aus den Akten des ARchivs des Zentralrats der FDJ
6. Martin Faltermaier, Deutscher Bundesjugendring, Nürnberg 1959, S. 51f.
7. Alexander Mitscherlich, Jugend ohne Bilder, in: Die Umschau, Heft 1, 1948, S. 102f.
8. Käthe Fuchs und Alfred Kantorowicz in: Ost und West, Heft 2, Februar 1948, S. 85f.

Literatur zum Thema

Gröschl, Roland; Schmidt, Michael: Trümmerkids und Gruppenstunde - Zwischen Romantik und Politik: Jugend und Jugendverbandsarbeit in Berlin im ersten Nachkriegsjahrzehnt, Berlin 1990
diess.: Gruppenleben und politischer Aufbruch - Zur Geschichte der Jugendverbandsarbeit und des Landesjugendringes Berlin zwischen den 50er und 70er Jahren, Berlin 1993
Herms, Michael: Zur Westarbeit der FDJ in den Jahren 1954 bis 1959, in: Jahresbericht 1992 des Instituts für Zeitgeschichtliche Jugendforschung e.V.
Faltermaier, Martin (Hrsg.): Nachdenken über Jugendarbeit - Zwischen den 50er und den 80er Jahren, München 1983
ders.: Deutscher Bundesjugendring, Nürnberg 1959
Böhnisch, Lothar u.a.: Handbuch Jugendarbeit, Weinheim und Basel 1991
Deutscher Bundesjugendring (Hrsg.): Kein Alter zum Ausruhen - 40 Jahre DBJR, Düsseldorf 1989
Zentralrat der Freien Deutschen Jugend (Hrsg.): Entwurf : Abriß der Geschichte der Deutschen Arbeiterjugendbewegung, Teil II, von 1945 bis 1964 (nicht veröffentlicht), vorhanden im Archiv des Zentralrats der FDJ
Friedrich, Gerd: Die Freie Deutsche Jugend, Rote Weisbücher 1, 1951 o.O., o.V.
Zentralrat der FDJ (Hrsg.): Geschichte der Freien Deutschen Jugend, Berlin 1982
Zentralrat der Freien Deutschen Jugend (Hrsg.): Erstes Parlament der Freie Deutschen Jugend - Brandenburg an der Havel vom 8.bis 10. Juni 1946, Berlin 1952, Protokollband
ders.: Zweites Parlament der Freien Deutschen Jugend - Meissen vom 23. bis 26. Mai 1947, Berlin 1952, Protokollband
ders.: Drittes Parlament der Freien Deutschen Jugend - Leipzig vom 1. bis 5. Juni 1949, Berlin 1952, Protokollband
Deutscher Bundesjugendring (Hrsg.) : Jahrbuch 1949 bis 1979, Bonn 1979

16. Wie war das bei Euch? .... So wars bei uns!

- Aufarbeitung von Sozialisationserfahrungen im Rahmen von Seminar- und Prüfungsvorbereitungen von Studierenden aus der ehemaligen DDR. -

Die Grundlage dieses Beitrags bilden Arbeiten, die von Studentinnen und Studenten angefertigt wurden, die im Sommersemester 1990 und im Wintersemester 1990/91 an der Technischen Universität Berlin/Fachbereich Erziehungs- und Unterrichtswissenschaften/-Institut für Sozialpädagogik ihr Studium begannen. Ziel dieses Studienganges ist ein berufsqualifizierendes Diplom (DiplompädagogIn mit dem Schwerpunkt Sozialpädagogik).

Die gegen unseren erklärten Protest erfolgte Abwicklung des Aufbaustudiengangs mit dem Abschluß "Diplompädagoge" an der Humboldt-Universität und das Fehlen vergleichbarer Studiengänge an anderen Universitäten der ehemaligen DDR (die erziehungswissenschaftlichen Diplomstudiengänge in Dresden, Halle, Chemnitz wurden erst 1992 eingerichtet) führte bei uns zu einem starken Andrang von Frauen und Männer aus den Neuen Bundesländern. Im Sommersemester 1992 waren es bereits 2/5 der neu Immatrikulierten. Dieses Verhältnis von "Ossis und Wessis" ist bei einer Anzahl von ca. 850 Studierenden in unserem Studiengang seither stabil geblieben. Die Informationen aus Dresden, Halle, Chemnitz zeigen ein starkes Interesse in den Neuen Bundesländern an Sozialpädagogik: Alle neu eingerichteten Studiengänge mußten inzwischen Zulassungsbeschränkungen einführen; auch bei uns besteht seit dem Wintersemester 1991/92 ein Numerus clausus.

Die Lehrenden am Institut für Sozialpädagogik der TUB sind sich einig in der Auffassung, daß die StudentInnen aus der ehemaligen DDR das Studium inhaltlich und atmosphärisch in einem guten Sinne verändert haben. Die Lehrveranstaltungen, vor allem unsere zentrale Einführungsveranstaltung für die ersten Semester, wurden zu Orten eines intensiven Erfahrungsaustausches zwischen jungen Erwachsenen aus der DDR und der BRD. Dabei ging die Initiative - ich gestehe, zu meiner Überraschung -

von den "Ossis" aus. Im Gegensatz zu den "Wessis" hatten sie sich schnell gefunden, bestärkten sich gegenseitig in einer offensiven Fragehaltung: "Wie war das bei Euch?" Und lösten mit ihrer beharrlichen Kommunikationsbereitschaft die abwartende, sich bedeckende - auch etwas erschreckte - Zurückhaltung der aus der BRD Kommenden schnell auf. (Das sind natürlich Verallgemeinerungen. Ausnahmen gab es auf jeder Seite).

Wir vermuten, daß dieser Gesamteindruck von Offenheit und Aktivität bei den Studierenden aus der DDR auch auf eine spezielle Zusammensetzung dieser Gruppe zurückzuführen ist. Viele hatten ihre sozialpädagogischen Interessen im Spektrum der "Novemberrevolution 1989" entwickelt, mit dem deutlich akzentuierten Anspruch, über die Sozialisationsbedingungen von Kindern und Jugendlichen, über das Ausprobieren neuer Lebensformen einen Beitrag zur Veränderung der Gesellschaft zu leisten. Es werden die Mutigeren, Selbstbewußteren aus der Gesamtpopulation der Studierwilligen jener DDR-Jahrgänge gewesen sein, die sich so kurze Zeit nach dem Fall der Mauer entschließen konnten, an eine große Universität in West-Berlin zu gehen, in eine fremde studentische Kultur einzutauchen, eine zur Praxis in der DDR extrem unterschiedliche Organisation und Weise des Studierens auszuprobieren, sich mit ahnungslosen bis kritischen Fragen an die eigene Herkunft auseinanderzusetzen und mit einigermaßen unbekannten Lehrstilen und wissenschaftlichen Auffassungen von HochschullehrerInnen vertraut zu machen. Hinzu kamen die Bedeutungsunterschiede von Worten und Begriffen einer nur scheinbar identischen Sprache. Freilich gab es (notwendige) Rückversicherungen: Die äußerst schnelle "Gruppenbildung" von Leuten, die aus der ganzen Ost-Republik kamen und sich vorher nicht kannten; das bis auf wenige Ausnahmen (natürlich auch dem Mietpreis geschuldete) Wohnen in Ost-Berlin und dem "Berliner Umland"; die regelmäßigen Wochenend-Heimfahrten nach Sachsen, Thüringen, Mecklenburg-Vorpommern.... (Man redet als sei das alles schon Geschichte. Dabei bereiten sich die Ersten von 1990/91 jetzt gerade auf ihre Abschlußprüfungen vor.)

Mich hat beeindruckt mit welcher Konsequenz diese Frauen und Männer im Alter von 20 bis 25 Jahren sich einer opportunistischen Anpassung an westliche Lebensstile, Kommunikationsformen und Sichtweisen auf die DDR verweigerten. Offensichtlich lebten sie damit eine Haltung, die sie schon in der ehemaligen DDR zu "unbequemen" Menschen gemacht hatte. Sie hatten erkannt, daß sie dieses Studium als Entwicklungsmöglichkeit für sich nur nutzen konnten, wenn sie es zu einem Forum der Auseinandersetzung mit eigener und fremder Sozialisationsgeschichte machten .Erstaunlich auch, wie interessiert und im Prinzip tolerant mit den unterschiedlichen biographischen Erfahrungen in der DDR umgegangen wurde: Ich habe keine Ablehnung oder gar aggressive Abgrenzung von Leuten aus christlich-kirchlichen Familien und solchen aus Familien von SED-Funktionären erlebt. Zugegeben: Als Hochschullehrer und Angehöriger einer anderen Generation habe ich vielleicht auch nicht alles mitbekommen was sich unter den Studierenden ereignet haben mag.

Ein Faktor für die Konzentration von mitteilungs- und auseinandersetzungsbereiten StudentInnen bei uns ist sicher die Fachrichtung "Sozialpädagogik" deren umfassende gesellschaftskritischen Bezüge in unserer Studienordnung deutlich formuliert sind. Man kann davon ausgehen, daß die Frauen und Männer aus der DDR ihren Studienplatz bewußt gewählt haben und wußten, daß sie am Fachbereich 2 der Technischen Universität und am Institut für Sozialpädagogik im Schnitt nicht mit Apologeten des gesellschaftlichen Systems der Bundesrepublik und deswegen auch nicht mit der Mentalität von Siegern oder Kolonialherren im Verhältnis zur untergehenden DDR rechnen mußten.

Im Kontext dieser im ganzen förderlichen Bedingungen wurde von den StudentInnen aus der DDR die Frage nach den Prägungen von Subjektivität durch unterschiedliche Sozialisationsbedingungen in den Lehrveranstaltungen offensiv und beharrlich auf die Tagesordnung gesetzt. Freilich bietet dafür unser Grundstudium, in dem Sozialisationsbedingungen und -verläufe *den* Fokus bilden, einen günstigen Rahmen.

Die spontane Eröffnung dieses Nach-Denkens über die subjektive Verarbeitung unterschiedlicher gesellschaftlicher Erfahrungen in Ost und West war regelmäßig die eingangs zitierte Frage der Frauen und Männer aus der DDR an die aus der BRD: "Wie war das bei Euch? - in der Familie, mit den Gleichaltrigen, im Kindergarten, in der Schule, im Jugendverband, in Ausbildung und Beruf, beim Militär bzw. als Kriegsdienstverweigerer, mit der Liebe und dem Geschlechterverhältnis, mit organisierter und individueller Freizeit; was bedeutet Politik, Heimat, Vaterland, Nation? etc. etc.

Damit nicht alles auf einmal und durcheinander diskutiert wurde, entwickelten wir[1] Themenschwerpunkte, die von kleinen Gruppen bearbeitet wurden, die aus Ost und West - Frauen und -Männer bestehen mußten und sich auch außerhalb der eigentlichen Seminarzeiten trafen (in ost- und westberliner Wohnungen). Die Fragestellungen und Arbeitsergebnisse der Gruppen wurden im Plenum vorgestellt und diskutiert. Die Frage: "Wie war das bei Euch?" provozierte neben Antworten natürlich die Gegenfrage. Und so hin und hergefragt, geantwortet, nachgefragt, erläutert, hinterfragt, an Nicht-Verstehen und Miß-Verstehen sich reibend, über Ähnlichkeiten sich ebenso wundernd wie über gravierende Unterschiede, das alles vielfach gebrochen durch die individuellen Lebensgeschichten und so den gegenseitigen Sterotypen auf die Spur kommend, wurde das Monologisieren in der jeweiligen "Sozialisationsgruppierung" (Ost/West) vermieden.
Selten hat mir meine ohnehin in mancher Hinsicht privilegierte Arbeit an der Universität so gut gefallen.
In diesem Zusammenhang habe ich in vielen Gesprächen und in schriftlichen Arbeiten die Auffassungen von Studenten und Studentinnen zu ihrer Sozialisationsgeschichte in der DDR kennengelernt, um die es im weiteren gehen wird.

Bevor ich mich darstellend und kommentierend mit den Erfahrungen und Berichten von jungen Frauen und Männern aus der DDR befasse, noch einige Gedanken und Mitteilungen zum Standort, zum Vorgehen und zum eigenen Hintergrund.
Meine Auswahl folgt einem Hauptthema der Studierenden - aber es ist eine Auswahl und damit eine Konzentration auf eine bestimmte Problemlage von bestimmten Jugendlichen in der ehemaligen DDR, die ich hier als "Nonkonformisten" bezeichne; ein Begriff, der von den Studierenden selbst an keiner Stelle verwendet wird. Ich wähle ihn, weil er einen Schwerpunkt meiner sozialpädagogischen und wissenschaftlichen Praxis markiert: Das parteiliche Eintreten für einzelne Jugendliche und Gruppen, die in der alten (und neuen) Bundesrepublik stigmatisiert und ausgegrenzt wurden (und werden) bis hin zur Kriminalisierung und Psychiatrisierung

(Fürsorgeerziehung, Jugendpsychiatrie, Zwangstherapie und Knast). Meine Praxis mit solchen Jugendlichen hat eine Kontinuität von inzwischen 35 Jahren mit langen Phasen eigener politischer Verfolgung, als Reaktion des Staates, auf eine radikale öffentliche Kritik am Umgang der Gesellschaft mit "nicht-angepaßten" Jugendlichen. (Wichtige Stationen: Heimkampagnen 1967 bis 1969, Mitautor von "Gefesselte Jugend - Fürsorgeerziehung im Kapitalismus", Redaktionskollektiv der Zeitschrift "Erziehung und Klassenkampf", Besetzung und Verteidigung des ersten selbstverwalteten Jugendzentrums "Georg-Von-Rauch-Haus" in Berlin, Unterstützung und Beratung der ersten Jugendwohngemeinschaften, offene Jugendarbeit mit marginalisierten Jugendlichen in Berlin - Neukölln, Beratung und Unterstützung von Jugendlichen, die wegen des Gebrauchs illegalisierter Drogen verfolgt und unterdrückt werden, Unterstützung jugendlicher Hausbesetzer). Diese Praxis war in der Bundesrepublik von der Jugend- und Sozialbürokratie nicht erwünscht (sie hat noch immer große Probleme damit) - sie war es auch nicht in der DDR. Das Redaktionskollektiv von "Erziehung und Klassenkampf" wurde von der Pädagogischen Akademie der DDR in einem "Forschungsbericht" (zusammen mit der pädagogischen Akademie der UdSSR) als "linksradikal und anarchistisch" eingeschätzt, unsere Arbeit als gefährliche Verführung der Arbeiterjugend bezeichnet: "Mit Marx in der Hand entfremden sie die Arbeiterjugend von ihrer Klasse". Die Folge: Einreiseverbote, keine Genehmigung zur Teilnahme an Weltjugendfestspielen, Bedrängnisse und Verfolgung von Freunden in der DDR, mit dem Vorwurf, mit uns zusammen "anarchistische Zirkel" in der DDR aufbauen zu wollen.

Gegenüber Jugendlichen, die von dem gesellschaftlich und staatlich verordneten bzw. genehmigten Weg der Integration in das jeweilige System nichts hielten, wurde in Deutschland hüben und drüben hart vorgegangen. Ein Unterschied bestand allerdings: In der pluralistischen BRD konnte (und kann) der Staatsapparat seine Ausgrenzungs- und Unterdrückungsstrategien gegen nicht gewünschte Einzelne und Minderheiten nicht so umfassend organisieren und durchsetzen wie der zentralistisch perfektionierte und eine radikal-demokratische Öffentlichkeit und alternative Ansätze parteilicher Praxis immer schon im Ansatz erstickende Staatsapparat der DDR. Eigensinnige und eigenwillige Jugendliche in der DDR hatten daher im ganzen gesehen weniger Chancen, von Erwachsenen, von Pädagoginnen und Pädagogen öffentlich unterstützt zu werden und solche Erwachsenen hatten mit erheblich existentielleren Konsequenzen zu rechnen, als wir in der BRD (wenn wir in der Öffentlichkeit blieben und nicht wie die RAF und der "2. Juni", deren Mitglieder nicht zufällig zum großen Teil aus der radikalen PädagogInnen-Szene kamen, die Knarre in die Hand nahmen).

Unsere Erfahrungen mit der DDR und unsere Kritik am autoritären Sozialismus haben wir in all den Jahren bis zur "Wende" in der BRD nicht öffentlich gemacht. Das war - rückblickend - vielleicht ein Fehler, aber wir wollten unter keinen Umständen dem autoritären Antikommunismus in der BRD, der mit seinem Haß auf die DDR die ganze Linke im Westen überzog, auch noch "linke Argumente" liefern. Im Prinzip nahmen wir bezogen auf die DDR eine verteidigende, erklärende, entschuldigende Haltung ein, mit all den sattsam bekannten Argumenten, der allerdings jede Empathie mit der Praxis von Staat und Partei in der DDR fehlte.

Heute, diesen Beitrag schreibend, finde ich mich in der Situation, ohne solche "Rücksichtnahmen" die kritischen Gedanken zu artikulieren, die mir, auf dem Hintergrund meines skizzierten Kontextes, durch den Kopf gehen, wenn ich mich mit den Erfahrungen von Studentinnen und Studenten befasse, die entweder selbst als Jugendliche in der DDR Unterdrückungserfahrungen gemacht haben, oder für solche Erfahrungen anderer sensibel waren und sind.

Daß es sich um die Erfahrungen einer Minderheit von Jugendlichen handelt, kann kein Gegenargument zur kritischen Auseinandersetzung mit der DDR-Praxis an diesem Punkt sein, denn die Freiheitsgrade einer Gesellschaft lassen sich *nur* an dem Schicksal von Minderheiten messen (sofern diese keine rassistischen und totalitären Ziele verfolgen).

Es bleibt mir aber ein nicht zu vermeidendes Problem, daß der Beteiligung von "Wessis" an der "Aufarbeitung" der Geschichte der Jugend in der DDR anhaftet: Kritische Sichtweisen bewegen sich in der prekären Zone einer Gratwanderung, bei der die Gefahr von Einseitigkeiten, Blindheiten, moralisierenden Be- und Verurteilungen ständig gegeben ist, vor allem aber die von Kränkungen und Mißverständnissen, wenn jemand, wie ich in diesem Beitrag, sich nicht auf die Rolle des Fragenden (wie war das bei Euch?) beschränkt, sondern die Antworten, aus seinem spezifischen Hintergrund heraus auch kommentiert. Wenn es nicht beim Fragen allein - und dies in beide Richtungen - bleiben soll, muß das Risiko der doppelten Ebene eingegangen werden: Kritische Sichtweisen auf eine vergangene Wirklichkeit öffentlich vorzutragen, die ich selbst nicht im Alltag kennengelernt habe, an der ich nicht beteiligt war, der ich mich nur indirekt annähern kann, die für mich eine Erfahrung "aus zweiter Hand" bleiben muß. Hoffentlich gerät der Versuch aus der zweiten Ebene heraus die erste Ebene zu verstehen und zu beurteilen nicht zur "schiefen Ebene".

Dies abschließend sei mit einem gewissen Neid und großer Freude bemerkt, daß die 20- bis 25jährigen "Ossis" und "Wessis" (jedenfalls in unserem Studiengang) sich sehr viel freier - angstfreier - mit weniger "Vorsichtigkeit" befragen, als wir 40- bis 60jährigen aus Ost und West. Sie sind halt, gottseidank, verantwortungsmässig nicht so verstrickt in diese unsägliche Geschichte der beiden deutschen Staaten für sich und im Gegeneinander und haben es nicht nötig, sich auf Schritt und Tritt zu rechtfertigen oder auf "Fettnäpfchen", in die man leicht treten kann, zu achten.

"Das `Ich` im Alltag zu zeigen war nicht leicht und erforderte Mut...."

Das wichtigste Thema in den Diskussionen und schriftlichen Arbeiten war der *eigene Weg* zu einem selbstbestimmten Persönlichkeitsprofil. Dem Lebensalter der Studierenden entsprechend ging es dabei um die zweite Hälfte der 70er Jahre und um die 80er Jahre in der DDR.

Die Jugendforschung ist sich mit ihrem Blick auf Jugendliche selten einig; über eine "Entwicklungsaufgabe" von heranwachsenden Mädchen und Jungen besteht allerdings ein umfassender und in der Bewertung einhelliger Konsens: entscheidend für den weiteren individuellen Lebensgang ist das "Finden des eigenen Weges" im Prozeß der Ablösung von den Erziehungs- und Versorgungsmächten der Kindheit. Für die Beurteilung des Verhältnisses einer von Erwachsenen getragenen und zu verantwortenden Gesellschaft zur "Jugend" und zu Jugendlichen ist die Offenheit vielfältiger Möglichkeiten der Selbst-Definition und Selbst-Findung also ein bedeutendes Kriterium.

Das von staatlichen Erziehungsmächten und gesellschaftlichen Organisationen in der DDR übereinstimmend propagierte Ziel aller Erziehung: Die allseitig entwickelte sozialistische Persönlichkeit - sollte und mußte offenbar auf vorgeschriebenen Wegen erreicht werden, die im Erleben vieler Jugendlicher das Ziel selbst mehr und mehr in Frage stellten und zuletzt offene Ablehnung provozierten.

In den Diskussionen und schriftlichen Arbeiten der Studierenden wurde deutlich, daß die genormten bzw. festgeschriebenen Entwürfe von Zukunft und die für fast alle Heranwachsenden geregelten Bahnen dahin der zentrale Punkt der Auseinandersetzung mit und des Leidens an der Gesellschaft war.

Dieses Leiden Jugendlicher in der DDR begann zu einem Zeitpunkt der relativen und ökonomischen Konsolidierung der Gesellschaft. Die mittlere Altersgruppe der damals Erwachsenen, die 40- bis 50jährigen Frauen und Männer, die "Aufbruchgeneration" nach 45, zu der die "Umerzogenen" ebenso gehörten wie die jungen Leute des antifaschistischen Widerstands und des Exils, begannen, sich mit dem Erreichten mehr oder weniger zufrieden einzurichten und von der offensiven Entwicklung des Anfangs in die Defensive der Bestandssicherung überzugehen. An die Stelle gelebter politischer Überzeugungen und gesellschaftlichen Engagements, das auch nachwachsenden Jugendlichen einen Funken für den eigenen Weg hätte vermitteln können, trat mehr und mehr die revolutionäre Phrase, die sich in der Propaganda gegen den Imperialismus westlicher kapitalistischer Prägung erschöpfte. Auf nichts aber reagieren Jugendliche so sensibel wie auf hohles Pathos, das im moralisch-pädagogischen Zeigefinger der Erwachsenen erstarrt. Das war schon immer in der Geschichte die Bruchstelle zwischen den Generationen, an der "Jugendbewegungen", "Jugendrevolten", "Jugendproteste", "jugendkulturelle Szenen" etc. sich entzündeten, um sich mit unterschiedlichem Tempo aber absoluter Sicherheit zum "Jugendproblem" einer Gesellschaft auszuwachsen. So war es mit der bürgerlichen *und* der proletarischen Jugendbewegung von 1914 und ihren NachfolgerInnen in der Weimarer Republik. So war es mit den "Halbstarkenkrawallen" in der BRD der 50er Jahre, mit der Studentenrevolte der 60er, den Jugendzentrums-, Ökologie-, Solidaritäts- und Hausbesetzerbewegungen der 70er und 80er Jahre und auch die "rechtsradikale Bewegung" der 90er Jahre bekommt aus diesem Verhältnis einen Teil ihrer Dynamik.

So war es offensichtlich auch in der DDR der 70er und mehr noch der 80er Jahre unter ihren spezifischen Bedingungen.
Dazu gehörte u.a., daß Jugendpolitik und Jugendforschung in der DDR die allmählich an der Oberfläche der Gesellschaft, im Alltag, in Erscheinung tretenden jugendkulturellen Differenzierungsbedürfnisse von Jugendlichen nicht als originäre Äußerungen aktiven und schöpferischen jugendlichen Lebenswillens erkennen konnten. Mit der vereinfachenden und sterotypisierenden "Einschätzung" westlicher "Jugendrevolten" als "spezifische Ausdrucksformen des Auflösungsprozesses bürgerlich-kapitalistischer Gesellschaften" war die Möglichkeit, nonkonformistische Entwicklungen unter DDR-Jugendlichen als eine eigene DDR-spezifische Konfliktzone *und* als epochale systemübergreifende Auseinandersetzung zwischen den Generationen zu erkennen, verbaut. Die vehement in den 70er Jahren von der FDJ und der DDR-Jugendforschung betriebene Leugnung auch nur der Möglichkeit von Konflikten zwischen den Generationen in der DDR ist ein Indiz für meine Vermutung.

Eine Studentin schreibt, die Maxime der Jugendpolitik sei die "ständige Betonung der Gleichheit aller" gewesen. Für eine selbstdefinierte "Sonderrolle von Jugendlichen" habe es "keinen Raum und kein Verständnis" gegeben. Dieses Erleben wird im Schnitt der reflektierten und analysierten Selbsterfahrung der Studierenden bestätigt.
"Die spürbare Ohnmacht gegenüber Gängelei, Bevormundung und Belehrung ließ Jugendliche nach alternativen Wegen und Leitbildern suchen, um sich dem erfahrenen Zwang zu widersetzen" heißt es in einer Prüfungsklausur. Gängelei, Bevormundung und Belehrung realisierten sich für Jugendliche z.B. durch "aufdringliche Vermittlung" der Partei- und Staatsideologie im Schulunterricht: "... in jeder Stunde, in jedem Fach, selbst im Sport-, Zeichen-, Werken- und Schulgartenunterricht". Ein Student schreibt: "Die Kombination von genormtem, rigiden Schulplan und autoritativem Frontalunterricht erlaubte eine erstklassig greifende Charakterdeformierung und Willensbrechung. Heute frage ich mich, ob die stete

Wiederholung und Abverlangung hohler Phrasen nicht ein feingesponnenes Netz von Interaktionen kaschieren sollte, das allmählich beim Status verunsicherten Jugendlichen mit all seiner inneren Ambivalenz zwischen absichernder Anpassung und trotziger Auflehnung eine systemkonforme Moral herausbildete".

Freilich, so war es nicht in jeder Schule, nicht bei allen LehrerInnen und nicht für alle SchülerInnen - aber viele der nichtkonformistischen, aufmüpfigen Jugendlichen erlebten die Schule überwiegend so und um diese Jugendlichen geht es hier. Mit der einengenden Situation in der Schule, die in den 70er Jahren bis hin zu Kleider- und Frisurenordnungen ganz praktisch in den Alltag von Jugendlichen eingreifen konnte, hätten diese Jugendlichen leben können, wenn es für sie außerhalb der Schule die offenen aneignungsfähigen Räume jenseits der reglementierenden Sphäre der Erwachsenen gegeben hätte. Die "ideologische Aufdringlichkeit" der Schule wurde aber ergänzt durch "indirekte, geschicktere Formen der Ideologisierung des Freizeitbereichs". Mit dieser Bemerkung weist eine Studentin auf die Funktion des Jugendverbandes (FDJ) hin. 1974 sei die Organisation der Freizeitgestaltung für alle Jugendlichen in der DDR - ob sie nun Mitglieder waren oder nicht - zur politischen Hauptaufgabe erklärt worden. Die FDJ sollte für eine "sinnvolle Freizeitgestaltung" sorgen und sich im gesamten Freizeitbereich als "politisch-ideologische und geistig-kulturelle Kraft etablieren". In der Folge dieser Direktive habe es einen enormen, zunächst quantitativen und dann auch qualitativen Ausbau der Jugendclubs gegeben (von ca. 1.300 Clubs 1971 auf ca. 5700 Anfang der 80er Jahre). Für "Diskos" als "politische Institutionen mit hoher Wirksamkeit" seien spezielle Durchführungs-bestimmungen erlassen worden. Ein breit angelegtes kulturelles Programm sei entwickelt worden, das von "Zirkeln aller Art" über "Schriftstellerlesungen" und "Prominententreffs" bis zu Filmvorstellungen reichte. Es sollten "möglichst alle Jugendlichen erreicht und einer kontrollierten Freizeitgestaltung zugeführt werden". Viele Jugendliche nahmen das als Bereicherung ihres Alltags. Sie merkten die funktionalisierende Absicht nicht oder ließen sich nicht weiter davon beeindrucken, funktionalisierten vielleicht auch selbst die von der FDJ angebotenen Räume in bestimmten möglichen und örtlich bzw. regional auch variierenden Grenzen - aber eben in Grenzen mit denen sie sich doch arrangieren mußten. Eine größer werdende Zahl von Jugendlichen konnte und/oder wollte sich mit und in diesen Grenzen nicht mehr arrangieren. Für ihre Differenzierungsbedürfnisse war der FDJ-Rahmen zu eng, der ständig empfundene Legitimationsdruck unerträglich, die Funktionalisierungsabsichten nicht zu akzeptieren.

Solchen Jugendlichen blies der Wind nun kälter ins Gesicht. Eine Gesellschaft, die mit Aufwendungen und Anstrengungen um "ihre Jugend" wirbt, den Jugendlichen "etwas bietet" - und das war in der DDR in ungleich stärkerem Maße der Fall als jemals in der Geschichte der BRD - kann, zumal wenn dieses "Kümmern" in vereinnahmender, funktionalisierender Absicht erfolgt, nicht tolerant und freundlich-gewährend mit Mädchen und Jungen umgehen, die diese "Zuwendung" mehr oder weniger offen ablehnen.

Je offener diese Ablehnung in der Form nichtkonformistischer jugendlicher Lebensstile wurde, je aggressiver wurde die öffentliche Diskriminierung, Ausgrenzung und in zugespitzen Fällen auch Verfolgung, bis hin zur Kriminalisierung. In einem studentischen Text lese ich: "Jugendliche suchten sich symbolisch der Allmacht des Systems zu widersetzen in der Nachahmung kultureller Zeichenmuster, die der Gesellschaft fremd waren. (...) Mittels outfit grenzten sie sich ab von allem Offiziellen. Speziell Punks provozierten zunächst durch Kleidung, Frisuren, Styling und später durch ihre gesamte Lebenshaltung und -art ihre Umgebung. Ihr outfit demonstrierte den Ausstieg, die Abkehr vom real-existierenden Sozialismus und die Zugehörigkeit zu einer selbstgewählten (außerstaatlichen) Gruppe. (...) In das System geschlossener, propagierter einheitlicher Normen und Werte paßte dieses Abgrenzungsverhalten nicht". Diese Studentin suchte in der veröffentlichten Jugendforschung der DDR jener Jahre nach Erklärungsansätzen für nonkonformistische jugendkulturelle Entwicklungen. Was sie fand zeigt, daß die Lebensformen dieser Jugendlichen mit dem Wissenschafts- und Gesellschaftsverständnis der Jugendforschung kaum verstanden und erreicht werden konnten. "Diese Gruppierungen wurden abgetan als Manipulationsprodukte westlicher Medien". Zum Beispiel wird aus "PS-Rockmusik" von Stefan Lasch (1980) zitiert: "Punk ist nur zu verstehen im konkreten gesellschaftlichen Kontext. Punk widerspricht unseren sozialistischen Normen für Moral und Ethik". Noch im Jahre 1988 erschien ein Titel: "Die Rebellion der Betrogenen: Rocker,

Popper, Punks und Hippies - Modewellen und Protest in der westlichen Welt!" Für die originellsten und hartnäckigsten Jugendlichen, vor allem aus der Punk-Bewegung verschärfte solche "wissenschaftlichen" Beurteilungen den ohnhin bestehenden Kriminalisierungsdruck. "So waren diese Gruppierungen primär ein Gegenstand der Sicherheitspolitik und nicht der Kultur- und Jugendpolitik". Die Autorin zitiert aus dem Bericht eines Punkers: "...na ja, und irgendwann habe ich mir einen Irokesen-Schnitt geschnitten, und da war ich in Berlin der Dritte, der einen hatte ... Weiß ich ziemlich genau. Na ja, die anderen beiden hatten ihren vier bis fünf Wochen, dann hatten sie ihnen auf dem Bullenrevier die Haare geschnitten und sie verprügelt. Ich habe meinen immerhin neun Wochen gehabt, bis sie mich dann aus der Straßenbahn geholt haben, früh um 1/2 2, ... verkloppt haben, den Iro abgeschnitten haben ... Von da an gab es eigentlich nur noch ein Wort: Krieg, Haß ... Vier Stunden war ich wohl insgesamt da drinne. Das geht noch. Die nächsten Male liefen auch noch zwischen 7 und 17 Stunden ab. " Für viele Jugendliche kam es zu einem Kreislauf von eigener Abgrenzung und weiterer Ausgrenzung durch die Gesellschaft. Tatsächlich wurden durch diese sich gegenseitig verstärkende Dynamik Jugendliche "an den Rand der sozialistischen Gesellschaft gedrängt (den es ja eigentlich nicht gab!)". Resumée der Autorin: "Der Rückzug aus dem Zugriffsbereich des `Offiziellen` als symbolische Form wurde von Staat und Gesellschaft politisch definiert, als Abkehr von sozialistischen Zielen".

In diesem Geschehen spielt ein auch in westlichen Gesellschaften zeitgleich zu beobachtendes "Gesetz" eine fatale verstärkende Rolle: Je "lockerer" die staatliche oder verbandliche Jugendarbeit wird - und eine solche Lockerung setzte mit der umfassenden "Freizeitorientierung" der FDJ ja tatsächlich ein - und je stärker "Jugendlichkeit" als generationenübergreifender normativer "Lebensstil" propagiert wird, je stärkere Anstrengungen müssen Jugendliche machen, die auf dem *eigenen Weg* bestehen, um die Differenz zur dominanten Mehrheitskultur sichtbar zu behaupten; denn nur aus dieser Differenz heraus kann nonkonformistisch gelebt werden.
Dieses Problem, das in allen modernen Gesellschaften auftritt, die eine eigenständige "Jugendphase" kennen und den "Übergang" in das Leben als Erwachsene nicht mehr als ritualisierten und institutionalisierten

"Übertritt" organisieren können, erfuhr in der DDR durch die "Einheitsideologie" mit der die ausdifferenzierten "Ränder der Gesellschaft einfach geleugnet wurden", und durch die ritualisierten Integrationsbedürfnisse gegenüber der Jugend im Rahmen von Absicherungspolitik eine außergewöhnliche Zuspitzung, deren Auswirkungen von den hier als Zeitzeugen zitierten StudentInnen unmittelbar erlebt wurden. Den Jugendlichen, die unter anderem durch die Stilisierung des eigenen Körpers und andere öffentliche Inszenierungen ihren Nonkonformismus symbolisierten - und nur dafür schien sich das Leben noch zu lohnen - wurde ihr Verhalten als "persönliches Entwicklungsdefizit" angelastet, gekoppelt mit einem massiven Schuldvorwurf, sofern sie sich Angeboten, Ermahnungen und schließlich Maßnahmen gegenüber als resistent erwiesen.
Jugendliche die ihr "Anders-Sein" deutlich sichtbar demonstrierten (und damit den kulturellen Konsens der DDR-Gesellschaft kritisierten) sahen sich einer großen Koalition von staatlichen Organen, allen denkbaren Erziehungsmächten und breiter Bevölkerungsschichten gegenüber. Oft gehörten die eigenen Eltern zu dieser Koalition. "Jugendliche wurden von Lehrern zum Friseur geschickt oder auch nach Hause, um sich `anständig` anzuziehen. Strafen wurden bei Nichtbefolgung angedroht. Viele Eltern unterstützten diese Dinge, weil sie die `Hilfe` der Schule gerne sahen".
"Schon 1974" heißt es in einer Arbeit "faßte der Zentralrat der FJD einen Beschluß über `Maßnahmen zur Erhöhung des Rechtsbewußtseins` der Jugendlichen, die in ihrer sozialistischen Persönlichkeitsentwicklung zurückbleiben". Die "Zurückgebliebenen" wurden als "labil" bezeichnet; sie hätten "noch keine sozialistische Einstellung zur Arbeit und zur Schule", verstießen gegen "die Regeln des gesellschaftlichen Zusammenlebens", manche seien bereits straffällig geworden. Diese ins "persönliche Versagen" gewendeten Vorwürfe waren in Wirklichkeit, das zeigt schon die Diktion, politische Vorwürfe. Die Argumentation verlief etwa so: Da diese Gesellschaft Jugendlichen optimale Chancen bietet, haben sie auch die Pflicht, diese Chancen zu nutzen. Nutzt jemand die offerierten Chancen nicht, liegt es an ihm, nicht an der Gesellschaft. Er schadet damit der Gemeinschaft, letztlich der ganzen Gesellschaft. Mit einem Wort: Er ist asozial. Dieser furchtbare Begriff aus dem "Wörterbuch des Unmenschen" wurde in der DDR durch die staatliche Politik gegen nonkonformistische Jugendliche nicht nur in Gesetzestexten wieder eingeführt, sondern auch in die Umgangssprache und damit ins Fühlen und Denken der

BürgerInnen mit allen stigmatisierenden Konsequenzen für die Betroffenen: "Asozial - das ist für den Gebrauch in der ehemaligen DDR wörtlich zu nehmen. Es war der gemeinsame Nenner, der für alle `Andersartigen` gefunden wurde, um zu bezeichnen, daß sie aus dem `sozialen Rahmen` fallen. Um als `asozial` zu gelten, mußte man keine konkreten Delikte vorweisen. Das Aussehen, die Kleidung, die Interessen, die Meinung oder auch das `Nichtinteresse` genügten für die Einstufung" - also alle nichtkonformistischen individuellen Lebensäußerungen von Jugendlichen in der Öffentlichkeit.

Für manche verdichteten sich die hier beschriebenen Dynamiken zwischen Staat/Gesellschaft und "nicht-angepaßten" jugendlichen Lebensstilen zu einem Teufelskreis, aus dem nur schwer herauszukommen war. Bei dramatischen Verläufen verlor für Einzelne selbst die Familie (wie schon angedeutet) ihre Schutzfunktion, die sie sonst in der DDR, wie in vielen Berichten deutlich wurde, durchaus hatte, als ein Refugium oder Ruhepunkt gegen den umfassenden Zugriff auf das Individuum durch die Organisationen. In solchen Fällen wurde die Familie zu einer disziplinierenden und ausgrenzenden Instanz - im Pochen auf die "Loyalität" gegenüber den anderen Familienmitgliedern - auf der Seite der Gesellschaft der Erwachsenen. Für Jugendliche, die durch Selbstabgrenzung und gesellschaftliche Ausgrenzung in eine wörtlich zu nehmende *Grenzsituation* gedrängt wurden, drohte eine existentielle Krise, wenn auch noch die Familie sich als Entlastungs- und Schutzraum verweigerte.

Ein Student untersuchte solche Marginalisierungsprozesse am eigenen Beispiel. Dabei handelt es sich um schwere Arbeit. Gerade erwachsen geworden, ist es schwerer die Geschichte der eigenen Jugend aufzuhellen als aus der "sicheren" Distanz des Alters. Worüber heute berichtet wird, das war gestern noch Wirklichkeit. Wenn aber dieser Schmerz ausgehalten wird, ist es ertragreicher. Es müssen nicht so viele und nicht so umfassende Lebenslügen erkannt und beiseite geschoben werden; nicht so viele Verdrängungsschichten abgetragen und Glorifizierungen "der schönen Jugendzeit" aufgelöst werden, um an die *prägenden Erfahrungen* heranzukommen.
"Erst jetzt merke ich, wie schwer es mir wird, ein Thema wie dieses, von dem ich selbst stark betroffen war (und in der Aufarbeitung auch noch

bin) zu bearbeiten. Von den politischen Veränderungen in der DDR ausgelöst konnte ich mich aus einem Teufelskreis befreien ...". Diese Einleitungssätze zitiere ich hier stellvertretend für viele.

Der Autor beschreibt seine "Zugehörigkeit zu einer gesellschaftlich marginalisierten und in der Öffentlichkeit verpönten Gruppe von Jugendlichen, die sich durch lange Haartracht und das Tragen von Uniformen (...) auszeichnete". Der "Bluezer-Anstrich" habe symbolische Bedeutung für die Gruppe gehabt. "Man erkannte und grüßte sich, auch unbekannterweise. Allerdings erleichterte dies auch die Sanktionierung dieses Jugendstils durch den Staat, in dem Jugendliche mit einem anders als gepflegt erscheinenden Äußeren zielsicher von Polizeistreifen durch Ausweiskontrollen und lästige bis unverschämte Befragungen diskriminiert wurden. Aber immerhin war die Abgrenzung zur spießigen Erwachsenenwelt, zum verräterischen Staat und zu anderen jugendlichen Stilausformungen manifest".

Unter der Zwischenüberschrift: "Wenn das Familienband zur Fessel wird" heißt es: "Auch in der DDR kennzeichnete die Jugendphase den Ablösungsprozeß vom Elternhaus, Auslotung eigener und gesellschaftlicher Grenzen, Schaffung von möglichst selbstbestimmten Freiräumen zum Zwecke der Eigendarstellung und Identitätsfindung, sowie Abgrenzung zur Erwachsenenwelt; ein wohl grenzüberschreitendes Phänomen. Mittel und Möglichkeiten jedoch unterschieden sich schon". Und dann: "Als Einzelkind erlebte ich eine starke Fixierung der Eltern auf meine Erziehung. (...) Nun, viel Liebe, oft überversorgend, viel Vereinnahmung, so Luftmangel, auch Bevormundung, Anerziehung von Sauberkeit, Ordnung, Disziplin, Sparsamkeit, Zurückhaltung, Selbstbeherrschung durch autoritative Machtausnutzung und subtilen Liebesentzug - all dies Schlaglichter aus einem ambivalenten Erziehungsstil, der natürlich, wenn auch später, Brisanz barg.
Solange nämlich, bis sich meine Orientierungslosigkeit und Ohnmacht durch Rückhalt meiner neu entdeckten peer-group wirksam in Protest kanalisieren konnten. Dabei spielte ein ständig wachsender Alkoholkonsum keine geringe Rolle. (...) Ich erkor mir eine Parkecke und meine Stammdisko zur ersten Heimat, benutzte das Elternhaus als Schlaf- und Verpflegungsstelle (...). Alkohol als Mittel zur Befindlichkeitssteuerung und

Konfliktbewältigung hatte zumindest in meinem Umfeld immanente Bedeutung. Die deutlich erlebte Diskrepanz zwischen Lebensanspruch und Alltag ließen besonders die hochprozentigen Spirituosen zum generalisierenden Problemverdränger für mich werden. Auch vielen meiner Freunde ging es nicht anders, so daß wir oft eingeigelt in irgendeiner verrauchten Kneipenecke beieinander hockten, um herb-zechend uns selbst zu bemitleiden oder/und zornig unsere miese Lebenswelt verfluchten. Wir wollten raus aus den Restriktionen, Ketten sprengen, Mauern einreißen, waren aber wohl nicht sehr innovativ, denn all die schöne power verpuffte an unserer Angst vor Staatssicherheit, Justiz und neuen Horizonten, was wiederum enorme Wut gegen Eltern, Schule, Staat und Mitmenschen erzeugte. Wir ließen nichts mehr gelten - und paßten uns letztlich doch an". Für die meisten dieser "ausgeflippten" jungen Männer erreichte die Krise ihren Höhepunkt, wenn sie zum Militär mußten. Ein Student schreibt: "Die wahrhaft krankmachenden Strukturen und Mechanismen der Wehrausbildung innerhalb der Kasernenghettos erzeugten ein Massenphänomen, das sich in unglaublichem Suff aller Beteiligten, vom Landser bis zur Epoulette, ausdrückte. Auf der Suche nach immer wirksameren Vergessensstrategien griff ich beispielsweise zur politoxikomanen Variante, Analgetika (Schmerztabletten) in jeglicher Art hochprozentige Alkoholika aufzulösen und diesen Sud nach dem Schnüffeln von Schleimhaut verätzenden Fleckenwasser zu kippen. Auf Kosten meines Körpers rebellierte ich gegen das System, das zu verändern ich aufgegeben hatte".

Die systematische Diskriminierung des nichtkonformistischen *eigenen Weges* führte gerade sensible Jugendliche in die Resignation. Es erscheint paradox, daß die Erziehungsmächte in einer sich sozialistisch verstehenden Gesellschaft vor nichts mehr Angst haben, als vor eigenständigen Sozialismusdefinitionen durch Jugendliche. Es scheint, daß das "Abdriften" nach rechts weniger Probleme erzeugte, als die Versuche von Jugendlichen, eigene Wege zu selbstbestimmten Formen sozialistischen Lebens zu suchen. Das war eine folgenschwere Blindheit.

In einigen Arbeiten wird berichtet, daß sich die harte Ausgrenzung von nichtkonformistischen Jugendlichen in den letzten Jahren vor der Wende allmählich änderte, z.B. durch die Praxis bestimmter Jugendclubs. "So kam es zur `Besetzung` öffentlicher Räume, bei Umgehung bzw. Unterwanderung der offiziellen Sinn- und Zwecksetzungen. Gruppierungen wie die der Heavy Metals oder Grufties waren nicht mehr so intensiv von gesellschaftlicher Ausgrenzung betroffen". Eine Studentin bemerkt, daß diese Relativierung von Ausgrenzungsbestrebungen parallel ging mit einem zahlenmässig immer mehr greifenden "Angebot" der Ausreise/Ausbürgerung an solche jungen Leute, die zu keinem Kompromiß mehr bereit waren. Auf diesem Hintergrund entwickelte sich eine weitere Möglichkeit durch das Stellen von Ausreiseanträgen mit all ihren Folgen eine weitere Ebene nichtkonformistischer Lebenspraxis zu eröffnen, die sich zu einer eigenen "Szene" ausdifferenzierte. Damit war ein Schlußpunkt der jugendkulturellen Entwicklungen in der ehemaligen DDR erreicht. In den 70er Jahren, schreibt die Autorin, habe die jugendliche Gegenkultur für die DDR-Gesellschaft keine wirkliche Gefahr bedeutet. "Die meisten Jugendlichen fanden es in Ordnung, in der DDR zu leben, sie wollten nicht woanders leben, sie wollten lediglich mehr Spielraum für ihre Phantasien und ihre Träume. Es war eine Suche nach neuen Wegen in Kultur und Politik, um zu neuer Verständigung in der Gesellschaft zu gelangen". Die skizzierten gesellschaftlichen Reaktionen auf die Praxis nonkonformistischer Jugendlicher führten im Verlauf eines Jahrzehnts schließlich zur letzten jugendkulturellen Szene der DDR, den "Ausreiseantragstellern", die mit ihrem Schritt deutlich dokumentierten, daß sie ihre einzige Chance für den "eigenen Weg" darin sahen, dieser Gesellschaft endgültig den Rücken zu kehren. Daß mit dieser "Szene" ein anderer Zusammenhang gemeint ist, als die "Fluchtwelle" vom Frühjahr/Sommer 1989, liegt auf der Hand. Beziehungen zwischen dieser "Szene" und der großen Anzahl von jungen Leuten, die 1989 illegal die DDR verließen, wird es dennoch gegeben haben. Der Wunsch nach dem "eigenen Weg", wie immer der auch aussehen sollte, und das Gefühl ihn in der DDR nicht finden zu können, wird sie verbunden haben.

Ich mache einen Schnitt und wende mich einem ganz anderen Bereich jugendlichen Alltagslebens in der DDR zu, der Heimerziehung. Eine unserer Studentinnen arbeitete als Erzieherin in einem Lehrlingswohnheim in dem etwa 200 Mädchen und Jungen im Alter zwischen 16 und 18 Jahren untergebracht waren. Sie berichtet über die "politisch-ideologische und moralische Erziehung" in dieser Einrichtung. Die Erziehung der Jugendlichen sollte im Zusammenwirken der Erziehenden in der theoretischen und praktischen Berufsausbildung des Lehrlingswohnheimes realisiert werden. Dabei wurde der freien Zeit der Jugendlichen im Rahmen des Wohnheims besondere Bedeutung zugemessen: "Aufgeschlossen und interessiert sollten die Jugendlichen über alle sie bewegenden Fragen diskutieren und gemeinsam um die Aneignung des richtigen Standpunkts ringen". Dazu gab es wöchentlich stattfindende "Politgespräche" zwischen ErzieherInnen und Jugendlichen. Als Anregung zur "Auseinandersetzung mit dem aktuellen politischen Geschehen" erhielt jedes Lehrlingszimmer des Internats täglich die Zeitung "Junge Welt". Dieses "Abonnement" war aber nicht freiwillig. Es wurde den Lehrlingen aufgezwungen. "Ohne überhaupt nach ihrem Interesse an dieser Zeitung zu fragen, wurde sie auf Heimbasis bestellt. Die Kosten hatten die Jugendlichen zu tragen. Die Rätselecke und die Ratgeberrubrik für junge Leute fand ihre Interessenten. Zur Auseinandersetzung über politische Themen diente diese Zeitung kaum. Westzeitschriften gingen von Hand zu Hand, obwohl die Heimordnung westliche Agitation und Propaganda, so auch Rundfunk- und Fernsehsender aufs strengste verbot. Rias II war der Sender, den die Lehrlinge hörten, nicht DT 64. Die Umschaltvorrichtung des Fernsehgerätes wurde zugeschweißt, von den Lehrlingen aufgebrochen, zugeschweißt...., so daß Dallas und Denver zeitweise ungehindert in die Gemeinschaftsräume sozialistischen Jugendlebens flimmern konnten". Die Studentin schreibt, daß für die Jugendlichen die praktischen Fragen der Berufsausbildung, ihre Freundschaften, Musik, Mode, das Nachhausefahren am Wochenende wichtig waren. Für die einzelnen und engagierten Erzieher und Erzieherinnen sei es wichtig gewesen, den Jugendlichen in ihren Alltagsnöten zur Seite zu stehen, und so weit es ging "ehrliche Gespräche" auch über politische Fragen mit den Jugendlichen zu führen und ihnen zu helfen, ihre Freizeit so zu gestalten, wie es ihren Bedürfnissen entsprach. "Die allseitig entwickelte sozialistische Persönlichkeit wollte keiner werden und kaum einer wollte sie erziehen".

Auf der offiziellen Ebene sah das alles ganz anders aus. Hier stand die "Kollektiverziehung" im Mittelpunkt der Konzeption und aller Verlautbarungen. "Das Heimaktiv, bestehend aus Abgeordneten der einzelnen Gruppen sollte die Mitbestimmung der Jugendlichen über ihre Belange sichern. Beim monatlichen Zusammentreffen mit dem Heimleiter sollten gemeinsame Vorhaben geplant, Probleme mit den Gruppen besprochen, sowie Wünsche und Beschwerden der Jugendlichen vorgetragen werden. Jugendliche, die gegen die Heimordnung verstoßen hatten, sollten vor diesem Gremium zur Rechenschaft gezogen und durch die Einflußnahme der Kameraden zur Einsicht und zur Änderung ihres Verhaltens bewogen werden. Auch die einzelnen Gruppen wählten ein Aktiv, deren Mitglieder Verantwortung für die Gestaltung des Zusammenlebens tragen sollten. Neben dem Vorsitzenden, seinem Stellvertreter, einem Kulturobmann und einen Beauftragten für Agitation und Propaganda, fanden sich hier wiederum Lehrlinge zusammen, deren Mitarbeit in Kommissionen aus der gesamten Ebene des Wohnheims gefragt war. Es bestanden die Kommissionen: Sozialistischer Wettbewerb, Agitation und Propaganda, Ordnung/Sicherheit und Kulturarbeit. Für alle zu besetzenden Posten fand sich ein Lehrling, doch die Arbeit in den Aktiven und Kommissionen war eine Farce. Die Mehrzahl der Jugendlichen stand diesen Organisationsformen gleichgültig und ablehnend gegenüber und nur das Beteuern der Erzieher, daß ohnehin nicht viel getan werden müsse, ließ sie einer Wahl durch ihre Gruppenmitglieder zustimmen. Nichtbetroffene Lehrlinge waren froh, ohne eine Aufgabe davongekommen zu sein".

Die Arbeit dieser Studentin zeigt, wie ganz selbstverständliche alltägliche und notwendige Handlungen und Regelungen zwischen Jugendlichen und Erwachsenen und Jugendlichen untereinander auf der Konzeptebene, die in formale Strukturen umgesetzt wurde, mit einer "Theorie" von "politisch-ideologischer und moralischer Erziehung" aufpoliert und nach außen verkauft wurden. Sie zeigt aber auch, wie unter diesem "ideologischen Mantel" das Alltagsleben funktionierte, solange sich alle Beteiligten an gewisse "Spielregeln" hielten, die nirgendwo genau definiert waren, sich aber als "alltagskulturelle Regelungen" in der Einrichtung entwickelten und tradierten. Auch hier war es so, daß Jugendliche, die sich nicht pragmatisch an die informellen Spielregeln hielten, denen der Widerspruch von offiziell behaupteten und propagierten Erziehungszielen und täglicher Praxis zum moralisch-sittlichen Problem wurde, die *eigene Wege* suchten, die diesen eingespielten Rahmen gefährdeten bzw. sprengten im Wohnheim hart aussortiert und den gesellschaftlichen Ausgrenzungsmechanismen überlassen wurden.

Die Auswahl studentischer Arbeiten und das Erinnern von Diskussionen in Lehrveranstaltungen wurde von meinen inhaltlichen Schwerpunkten

(Jugendarbeit/Jugendforschung) bestimmt. Der kurze Einblick muß an dieser Stelle genügen. Ich bin gespannt, ob und wie die Bearbeitung von Sozialisationsbedingungen und -verläufen in der ehemaligen DDR in den wissenschaftlichen Abschlußarbeiten der Studierenden fortgesetzt wird.

Der Austausch mit den Studierenden hat Fragen aufgeworfen, die eine gründliche Befassung in Forschung und Lehre verlangen:

- Wie haben sich die Sichtweisen auf Jugend und Jugendliche in der Erziehungswissenschaft, in der Jugendpolitik von Partei und Staat, in der FDJ im Laufe der 40jährigen Geschichte der DDR und ihres Vorlaufs in der Sowjetischen Besatzungszone und. im antifaschistischen Exil entwickelt?
- Wie sah die Praxis der FDJ auf ihren unterschiedlichen Ebenen im Umgang mit nonkonformistischen Jugendlichen im Ganzen und im Einzelnen aus?
- Welche Bedeutung/Funktion hatten nonkonformistische Jugendliche (Einzelne, Gruppen, Szenen) einerseits für die Masse der Jugendlichen (Herausbildung von jugendkulturellen Stilen) und anderseits für die Erwachsenen, vor allem im pädagogischen Bereich?
- Welche "Bündnispartner" (unterstützende Erwachsene/Institutionen, z.B. Kirchen) hatten die nichtangepaßten Jugendlichen und mit welchen Motivationen handelten diese?
- Wie sah die ideologische Abhängigkeit der DDR-Jugendforschung (zwanghafter Gegenbezug zu Entwicklungen in der BRD: z.B. "Generationenkonflikte" im Unterschied zur Jugendforschung anderer sozialistischer Staaten) aus, die nicht in dieser unmittelbaren Konkurrenz standen und in einem ungeteilten nationalen und auch kulturellen Rahmen arbeiten konnte (z.B. Polen)?

Bei der wissenschaftlichen Bearbeitung solcher Fragen ergeben sich interessante Kooperationsmöglichkeiten mit dem Institut für Zeitgeschichtliche Jugendforschung, die übrigens von einigen hier zu Worte gekommenen Studierenden auch genutzt wurden.

Zuletzt ein Zitat aus der Arbeit einer Studentin, das zeigt, daß die hier angesprochenen Probleme die moderne Gesellschaften mit Jugendlichen haben (und die dann auch zu Problemen werden, die Jugendliche mit sich und der Gesellschaft haben) überall auftreten. Allerdings sind die konkreten Ausdrucksformen verschieden und die Möglichkeiten von Jugendlichen, mit den Schwierigkeiten, die ihnen die Gesellschaft der Erwachsenen bereitet, umzugehen, sehr unterschiedlich, jenachdem welche Handlungs-Räume sie sich in den Konfliktzonen schaffen können:

"Erziehungsprozesse gründen auf dem Gesellschaftscharakter, dessen Funktion darin liegt, die Aktivitäten der Menschen in der Gesellschaft so zu formen, daß sie mit dem Gefühl von Freiheit das tun, was von ihnen verlangt wird. Das Wesen eines jeden Menschen soll derart aufgebaut und geformt werden, daß seine persönlichen Wünsche mit den Erfordernissen seiner gesellschaftlichen Rolle übereinstimmen".
(Aus: Erich Fromm und die Pädagogik, Weinheim &Basel 1987)

Anmerkungen

[1] Die hier mitgeteilten Erfahrungen wurden im Rahmen der zweisemestrigen zentralen Einführungsveranstaltung (wöchentlich vier Stunden) in das sozialpädagogische Studium gemacht. Dazu gehörte ein mehrtägiges "Blockseminar" in einer Bildungsstätte außerhalb Berlins.

17. Die Würde des Menschen ist unantastbar! - Aber wer sich berauscht...*

"Die Menschenwürde hat die Eigentümlichkeit, immer dort zu fehlen, wo man sie vermutet, und immer dort zu scheinen, wo sie nicht ist." *Karl Kraus*

In Artikel 1 des Grundgesetzes wird die Menschenwürde feierlich proklamiert und allen anderen Werten der Verfassung vorangestellt: "Die Würde des Menschen ist unantastbar. Sie zu achten und zu schützen ist die Verpflichtung aller staatlichen Gewalt. Das Deutsche Volk bekennt sich darum zu unverletzlichen und unveräußerlichen Menschenrechten als Grundlage der menschlichen Gemeinschaft, des Friedens und der Gerechtigkeit in der Welt!" Das Bundesverfassungsgericht hat 1950 in einem Grundsatzurteil ausgeführt, daß die mit dem Grundgesetz errichtete Wertordnung ihren Mittelpunkt *ohne Zweifel* "in der innerhalb der sozialen Gemeinschaft sich frei entfaltenden Persönlichkeit und ihrer Würde" hat. Die Grundrechte hätten vor allem die Funktion, "die Freiheitssphäre des einzelnen vor Eingriffen der öffentlichen Gewalt zu sichern"[1] Keine Vorschrift unseres Rechtssystems dürfe dazu im Widerspruch stehen - jede rechtliche Vorschrift müsse in diesem Sinne ausgelegt werden.

Nach der vorherrschenden rechtsphilosophischen und juristischen Interpretation gehört die Menschenwürde zur menschlichen Natur. Sie ist ein Wert der Person an sich, der nicht erworben werden muß und nicht verlorengehen kann. Sie macht das Wesen des Menschen aus. Die Würde des einzelnen wird zum Grundprinzip der Gerechtigkeit erhoben, das von jedem fordert, die Würde des anderen zu respektieren.

Menschenwürde und Freiheit gehören zusammen. Diesen Zusammenhang betont Karl Jaspers mit großer Radikalität, wenn er sagt, die Würde des Menschen erweise sich auch darin, "sich im Äußersten selbst den Tod geben zu können"[2]

---

* Vortrag auf dem "akzept"-Kongreß "Menschenwürde in der Drogenpolitik", Universität Hamburg, Mai 1993, mit freundlicher Genehmigung des Konkrret-Literatur-Verlags, Hamburg

Die Menschenrechte kann der Staat nicht gewähren oder verweigern, er hat sie zu gewährleisten: die Menschenwürde, das Recht auf Leben und körperliche Unversehrtheit, die Gleichheit vor dem Gesetz, die Glaubens- und Gewissensfreiheit.

Die rechtspositivistische Gegenposition lautet: "Als Recht gilt nur, was der Staat als Recht deklariert!" Die grauenvollen Konsequenzen dieses Standpunktes haben wir in Deutschland erlebt. Die beschwörenden Formulierungen der Menschenrechte im Grundgesetz wurden alle unter dem unmittelbaren Eindruck der faschistischen Gewaltherrschaft nieder- und festgeschrieben.
Wir wissen aber, daß es eine Kluft zwischen Verfassungsanspruch und Rechtspraxis gibt, daß es einen ständigen Kampf um die Durchsetzung, Erhaltung und Ausweitung der Freiheitsrechte gibt, daß diese nie ein für allemal gesichert sind, gerade dann nicht, wenn es sich, wie bei der Menschenwürde, um die höchsten Rechtsprinzipien überhaupt handelt. Die unsägliche "Asyldebatte" und die Zweidrittelmehrheit im Bundestag für den sogenannten Asylrechtskompromiß haben uns das vor kurzem in aller Deutlichkeit vorgeführt.
Diese Erfahrung soll uns nicht entmutigen, sondern anspornen. Die Verfassung gehört nicht dem Staat, sie gehört uns, den Menschen, die in diesem Staat leben. Wir müssen ihre Werte, die unsere Rechte sind, notfalls gegen das staatliche Handeln durchsetzen und verteidigen. Wir nehmen die Menschenwürde in ihrer Bedeutung als Generalklausel des Grundgesetzes ernst, die besagt, daß es die Verpflichtung aller staatlichen Gewalt ist, die Menschenwürde zu achten und zu schützen. Es ist gut, daß Artikel 1 GG nicht vom Parlament geändert werden kann - auch nicht mit einer Zweidrittelmehrheit der staatstragenden Parteien. Das Grundgesetz verpflichtet den Staat umfassend auf die Würde des Menschen, und das bedeutet für die Praxis staatlichen Handelns - von der großen Regierungspolitik bis zum letzten Verwaltungsakt -, daß der Mensch der Zweck des Staates ist und nicht umgekehrt!

"Deutschland muß leben, auch wenn wir sterben müssen..." lautet der Refrain eines Soldatenliedes aus dem Ersten Weltkrieg. Der Staat an sich, die Nation an sich, das Vaterland an sich, die abstinente Gesellschaft an sich: alles abstrakte Prinzipien, für die Menschen in den Tod geschickt wurden und werden; eine deutsche Leidenschaft, die das private Glück des einzelnen dem kategorischen Imperativ der Pflichterfüllung für ein abstraktes und ideologisches Ganzes zu opfern bereit ist, immer "im Namen von...".

Die Jugendlichen und Erwachsenen beiderlei Geschlechts, die verbotene Drogen nehmen, werden verfolgt und unterdrückt "im Namen der Volksgesundheit" - einem Begriff aus dem "Wörterbuch des Unmenschen". Angesichts von Millionen RaucherInnen, die selbstbestimmt ihre Gesundheit ruinieren dürfen, angesichts von Millionen FresserInnen, die mit ihrem Übergewicht und einem ständig zu hohen Cholesterinspiegel ihr Herz- und Kreislaufsystem zugrunde richten dürfen, angesichts der alltäglichen Zerstörung unserer natürlichen Lebensgrundlagen durch Profit- und andere Interessen, ist die Legitimation staatlicher Drogenpolitik mit dem Rekurs auf die "Volksgesundheit" zynisch. Dies um so mehr, weil diese Politik die Gesundheit und das Leben der KonsumentInnen von illegalisierten Drogen bedroht und oft genug zerstört. Hier wird, wie schon so oft, das Wohlergehen einzelner einem abstrakten und ideologischen Prinzip geopfert. Damit stellt der Staat dieses verdächtige Ideologem der Volksgesundheit über die Menschenwürde und verletzt jeden Tag den obersten Grundsatz unserer Verfassung. "Im Namen des Volkes..." werden an den Gerichten die Urteile gegen Heroin-, Kokain- und Cannabis-KonsumentInnen verkündet, im Namen des Volkes, das sich in Artikel 1 GG zu "unverletzlichen und unveräußerlichen Menschenrechten" bekennt "als Grundlage jeder menschlichen Gemeinschaft, des Friedens und der Gerechtigkeit in der Welt".

Was für ein engstirniges und jämmerliches Machwerk ist das Betäubungsmittelgesetz, wenn wir es messen mit den Maßstäben des Artikel 1 GG: Statt menschlicher Gemeinschaft Diskriminierung, Ausgrenzung und Entzug der Freiheit durch Gefängnis und Zwangstherapie, statt Frieden permanente Verfolgung, Beunruhigung und psychische Belastung, statt Gerechtigkeit, die sich in der Gleichheit von Lebenschancen und der Gleichheit vor dem Gesetz realisieren muß, Zerstörung von Lebenschancen und willkürliche Verbote von psychoaktiven Substanzen und selbstbestimmtem Umgang mit ihnen, statt Solidarität mit den in Not Geratenen paternalistische Fürsorge und Gängelung.
Die durch dieses Gesetz und die ihm zugrundeliegende Politik erzwungene Praxis schafft für mehr als hunderttausende Menschen mitten in unserer demokratischen Gesellschaft eine menschenunwürdige Alltagssituation, in der sich ihr Leben verbraucht, und für Millionen von Jugendlichen, die in ihrem Hunger nach sinnlichen, grenzüberschreitenden Erfahrungen mit verbotenen Drogen experimentieren, wird damit eine Gefährdungssituation hergestellt, die für jene, die sich nicht anpassen wollen oder können, die Weichen ins gesellschaftliche "Aus" stellt.

Diese Kritik an der staatlichen Drogenpolitik war ein entscheidender Anlaß für die Gründung von "akzept". Es geht uns um die Verwirklichung einer humanen Drogenpolitik auf allen Ebenen des Drogenkonsums, die die Menschenwürde der DrogenkonsumentInnen achtet, ob es sich nun um experimentierende und probierende Jugendliche, um kontrollierten Dauergebrauch oder um Drogenabhängige handelt. Dem selbstbestimmten Gebrauch von Drogen soll, auch dann ‚wenn es sich um risikoreiche und problematische Formen des Konsums handelt, die Freiwilligkeit jeder angebotenen Unterstützung und Hilfe entsprechen. Der Umgang mit Drogen soll in die Verantwortung der Menschen zurückgegeben werden. Die Heranwachsenden sollen die Chance haben, einen kultivierten Umgang mit psychoaktiven Substanzen durch eine offene, nicht tabuisierende Drogenerziehung zu lernen, statt mit einer verbietenden und auf Abstinenz festgelegten sogenannten Prävention in die Situation von Außenseitern und Minderheiten gedrängt zu werden. Die abhängig Gewordenen sollen die Chance haben, sich auf selbstgewählten Wegen, durch Selbsthilfe und professionelle Unterstützung aus der Abhängigkeit zu befreien, wenn sie es wollen, und mit ihrer Abhängigkeit ein menschenwürdiges Leben zu führen, wenn sie es nicht wollen oder können.

An diesem Punkt nun scheiden sich die Geister. Die ApologetInnen und NutznießerInnen der heute (noch) dominierenden Drogenpolitik wehren sich gegen den Vorwurf der Verletzung der Menschenwürde mit der Behauptung, daß, wer sich mit Hilfe von Drogen berauscht, im Rausch sein rationales Bewußtsein, seinen Verstand, seine Vernunft aufgibt, sich selbst die Menschenwürde nimmt, sich menschenunwürdig benimmt, eine Beleidigung für die Menschheit ist. Durch die Preisgabe seines Willens an die Wirkung der Drogen in Abhängigkeit geraten, süchtig geworden, verliere er seine Persönlichkeit, die Trägerin der Menschenwürde. An diesem Nullpunkt menschlicher Existenz müsse die Gesellschaft mit *helfendem Zwang* und mit den besten Absichten die Voraussetzungen für das in die Un-Würde gesunkene und verstrickte Individuum schaffen, den Weg zur eigenen Würde zurückzufinden.

Diese Argumentation ist der Kern aller aus der repressiven Drogenpolitik resultierenden Strategien der Kriminalisierung, der Pathologisierung und der Hilfe, die als "fürsorgliche Belagerung" (Heinrich Böll) immer im Verein und mit je spezifischen Gewichtungen auftreten. Alles wissenschaftliche, professionelle, moralische Brimborium, das mit viel Fleiß, Erfindungsreichtum und Ausdauer um diesen Kern gelegt wird und mal sachlich, mal pathetisch, mal zynisch und nur selten hilflos daherkommt, soll uns Professionelle in Praxis und Wissenschaft nicht länger täuschen und moralisch erpressen und immer wieder verstricken in diese *Befriedigungsverbrechen* (wie Basaglia und Foucault dieses Handeln nennen). Es soll die Junkies und User nicht länger kirre machen an sich selbst und zur Anpassung, zur Unterwerfung führen oder zwingen. Und sie sollen sich nicht länger ihre Würde abhandeln und ausreden lassen durch die Übernahme der Stigmata, die ihnen im ideologischen Sammelbegriff der "Fixer-Identität" von Fachleuten und Politikern angeboten werden, die sich selbst und gegenseitig zu Experten ernannt haben.

Wir halten dagegen, daß die Menschenwürde weder im Rausch noch in der Sucht preisgegeben wird oder preisgegeben werden kann. Die Verletzung der Würde des Menschen - nur so ist der Sinn des Artikels 1 GG zu verstehen - ist immer ein Angriff von außen, der mich in der Konsequenz erniedrigt, und erfolgt immer durch Menschen und durch von Menschen geschaffene Verhältnisse und nicht durch einen Stoff, durch eine psychoaktive Substanz. Alle Beurteilungen individuellen Handelns mit problematischen Folgen für die Handelnden, die Beurteilung dieser Folgen selbst, sind Interpretationen, Auffassungen, Sichtweisen von Privaten gegenüber Privaten, auch von Professionellen gegenüber "KlientInnen", über die man sich streiten kann. Das ist so lange in Ordnung, wie sie keine Definitionsgewalt beanspruchen, keine Entscheidungsgewalt bekommen, nicht zu öffentlicher Gewalt werden in der Form und mit der Kraft von Gesetzen, nicht zu staatlichem Handeln werden, das für sich das Recht beansprucht, meine Würde gegen mich selbst zu verteidigen. Das wäre die absolute Entmündigung!

Schützen soll mich staatliches Handeln vor allen Angriffen auf meine Menschenwürde, die von außen kommen, sofern ich mich nicht selbst gegen sie schützen kann. Und vor allem muß staatliches Handeln selbst meine Würde achten, die sich in meiner Freiheitssphäre realisiert, in Akten der Selbstbestimmung also, auch in der Selbstbestimmung zum Rausch. Die Selbstbestimmung als Möglichkeit geht in keinem Stadium der Sucht verloren. In Artikel 4 der Menschen- und Bürgerrechtserklärung der Französischen Revolution vom August 1789 heißt es: "Die Freiheit besteht darin, alles tun zu können, was anderen nicht schadet." Der Konsum von verbotenen Drogen schadet niemand anderem, wenn die KonsumentInnen nicht gezwungen werden, sich den Stoff ihrer Wahl durch Beschaffungskriminalität zu besorgen.

Eine freiheitliche, die Würde des anderen achtende Beratung und Therapie appeliert an die Kräfte der Selbstbestimmung. Die Ethik einer so verstandenen Drogenarbeit ist getragen von dem Glauben an diese Möglichkeit. Diese Ethik hat sich gerade dann zu bewähren, wenn jeder Augenschein dagegen spricht, wenn ich das Handeln des anderen/Fremden nicht mehr verstehend nachvollziehen kann, weder emotional noch intellektuell, wenn ich meine Grenze gegenüber dem Fremden erreicht habe. Gerade hier, an diesem äußersten Punkt wird der Umgang mit dem Fremden zu einem Indikator für meine Achtung vor der Würde des Menschen. Gesellschaften und einzelne, die keinen Code für das sittliche Verhalten in solchen Grenzsituationen entwickelt haben, neigen dazu, sich durch inhumane Handlungen zu entlasten, mit dem Ziel, das, was Angst macht und bedrohlich erscheint, zu neutralisieren und zu eliminieren: Rassenhaß, Ausländerfeindlichkeit, alle Formen der Diskriminierung von Minderheiten, die immer die Würde der Angegriffenen verletzen.

Die KonsumentInnen von verbotenen Drogen sind durch dieses Verbot und seine vielfältigen Konsequenzen in den Status einer gesellschaftlichen Minderheit gebracht worden. Sie sind eine der Gruppen, denen gegenüber diese Gesellschaft keinen Code für einen sittlichen Umgang entwickelt hat. In Zeiten wie diesen, in denen die Frustrierten und Chauvinisten aller Schichten nach neuen praktikablen Feindbildern suchen, bedeutet dieser Status eine akute Gefährdung.

Die Drogenpolitik des Staates trägt massiv dazu bei, daß sich der notwendige Code sittlichen Handelns gegenüber Minderheiten auch fürderhin nicht entwickeln kann, ja, sie ist selbst der zugespitzte Ausdruck der Inhumanität gegenüber denen, die vom verbotenen Rausch nicht lassen wollen und die die in der Konsum- und Profitgesellschaft erlaubten, legal angepriesenen, erwünschten und genormten Räusche einer gelenkten hedonistischen Gesellschaft für sich ablehnen.
Wie können wir uns diese Härte, diese blinde Verstocktheit und Unbeweglichkeit in den politischen, kulturellen und ökonomischen Schaltstellen dieser Gesellschaft erklären? Wie verstehen, warum sie mit Macht versuchen, jede längst fällige Bewegung und Veränderung zu verhindern?
Ich meine, daß die historischen Wurzeln in der übersteigerten, ja absoluten Wertschätzung des rationalen, auf ökonomische Zweckmäßigkeit gerichteten Denkens liegt. Dieses eindimensionale Denken war und ist die Leitlinie der patriarchalen abendländischen Kulturgeschichte, die in eben jener Aufklärung,

die die Menschenrechte als heilige und unveräußerliche Rechte der Person auf das politische Programm setzte, ihren bis heute wirkenden Höhepunkt fand. Diderot schrieb 1759 in der "Enzyklopädie", dem Hauptwerk der französischen Aufklärung: "Wer nicht vernünftig denken will, verzichtet darauf, menschlich zu sein." Wer aber auf die Eigenschaft des Menschen verzichte, müsse von den übrigen Mitgliedern der Gattung als "entartetes Wesen" und als "wildes Tier" behandelt werden, denn er sei "moralisch böse".

In Deutschland trieb Kant in seiner Philosophie und Pädagogik diese Tendenz auf die Spitze. "Weise Mäßigung", schrieb er, sei das Wesen der Sittlichkeit, die ein Mensch nur erreichen könne, wenn er seine "Leidenschaften aus seinem Leben weggeräumt" habe. Nur in Mäßigung und Enthaltsamkeit könne der Mensch seine Würde erlangen, "die ihn vor allen Geschöpfen adelt, und seine Pflicht ist es, diese Würde der Menschheit in seiner eigenen Person nicht zu verleugnen".[3] Im Rausch, schrieb Kant, erniedrige sich der Mensch unter das Tier, verleugne und verletze seine Menschenwürde. Das Idealbild der bürgerlichen Aufklärung, in dem sich bis heute zentrale Werte dieser Gesellschaft verkörpern, ist der seine Pflichten erfüllende Mensch, der keinen Wert legt auf den "Genuß der Ergötzlichkeit des Lebens" (Kant). Die vollkommene Tugend hat nach Kant der erreicht, der von sich sagen kann: Eine Handlung muß mir wert sein, nicht, weil sie mit meinen Neigungen stimmt, sondern weil ich dadurch meine Pflicht erfülle.

Das Gegenbild für die Philosophen und Pädagogen der Aufklärung und für ihre Epigonen waren und sind die "Wilden", die, so Kant, "ihre gesetzlose Freiheit lieben", ihre "tolle Freiheit der vernünftigen vorziehen" und damit eine "viehische Abwürdigung der Menschheit" betreiben. Wer verbotene Drogen nimmt, sich berauscht, gar süchtiges Verlangen nach den Wirkungen psychoaktiver Substanzen hat, macht sich nach dieser Auffassung selbst zum "Wilden", verweigert das rationale Denken, die intellektuelle und psychische Disposition für die ihm von der Gesellschaft abverlangten Bereitschaften und Handlungen. Er hat sich selbst aus der Vertragsgemeinschaft der Zivilisierten ausgeschlossen, ist unberechenbar und gefährlich. Er muß zwangsintegriert oder auf sichere Weise ausgegrenzt werden. Auf keinen Fall darf man ihn gewähren lassen. Er könnte mit seinem Lebensstil ein Beispiel geben für andere "Gefährdete" und "Labile". An ihm muß ein Exempel statuiert werden, das öffentlich unter Beweis stellt, daß so ein Lebensstil bei uns keinen Platz hat, daß er nur mit ungeheuren Risiken und persönlichen Kosten gewagt werden kann, daß er ins Elend führt und die "gerechte Strafe" provoziert. Das ist **symbolische Politik**, die nicht den Menschen um seiner selbst willen zum Zweck hat, sondern ihn benutzt für die eigenen verborgenen Zwecke.

Menschen, die sogenannte kulturfremde, "exotische" Drogen nehmen - und nur solche sind hierzulande verboten -, nehmen die Drogen der "Wilden" und Kolonisierten. Das wird von den Spießern als Mißachtung der bürgerlichen Ordnung interpretiert. Die KonsumentInnen illegalisierter Drogen werden selbst zu "Exoten" gemacht, die behandelt werden dürfen wie diese, die der rassistische Haß des Bürger gegen alles "Wilde", gegen das "Chaos" und den "Urwald" trifft. Die staatliche Drogenpolitik ist Ausdruck solcher Sichtweisen und verstärkt sie. Die Angriffe von Rechtsradikalen auf Junkies, die verbreiteten Kontroll- und Strafbedürfnisse gegen illegalisierte Drogenkon-sumentInnen in der Masse der Bevölkerung sind eine Variante des Rassismus und schaffen für diese Gruppe eine prekäre Menschenrechtssituation in Deutschland, wie sie für Flüchtlinge schon lange besteht.

Hinter all dem steht das Bild vom gespaltenen Menschen, der mit den Kräften seines vernünftigen Denkens seine Sinnlichkeit, sein Streben nach Lust und Transzendenz, das als "Triebhaftigkeit" denunziert wird, bekämpfen muß und seine Niederlagen umsetzt in den Haß oder die "Fürsorge" gegen jene, die sich durch ihr Handeln deutlich diesem Anspruch entziehen. Dieses gespaltene Doppelwesen: göttliche und tierische Natur, Leib und Seele, Geist und Materie, Stoff und Form, ‚sterblich und unsterblich, triebgesteuert und vernunftbegabt, soll die gedachten und empfundenen Gegensätze zur Einheit bringen, aber es gelingt ihm nicht. Vor allem aber deswegen nicht, weil in dieser vorgestellten "Einheit" kein wirklicher Ausgleich angestrebt wird, sondern eine Hierarchie, an deren Spitze sich das rationale Zweckdenken unter allen Umständen behaupten soll.

Statt nach allen historischen und individuellen Erfahrungen mit den negativen Konsequenzen dieses Menchenbildes das polarisierende und hierarchisierende Denken aufzugeben, den unfruchtbaren Kampf zu beenden, endlich die patriarchalen Paradigmen fahren zu lassen, die schon längst gegen das Leben selbst gerichtet sind, wird verbissen weitergemacht, und dafür sind die Minderheiten unerläßlich. Der "Krieg gegen die Drogen" ist ein Krieg gegen die KonsumentInnen dieser Drogen und eine Variante des verbissenen Weitermachens. Gegen alle Erfahrungen und gegen alle Vernunft wird von den Aposteln des rationalen Denkens und Handelns an einer schon längst gescheiterten Strategie irrational festgehalten. Daran zeigt sich, daß es sich nicht um eine Rationalität im Dienste des Lebens handelt, sondern um die Logik der Macht, die von denen festgehalten wird, die ihre Macht nicht hergeben wollen.

Wenn *wir* das nicht ändern, die wir uns in diesem Feld gesellschaftlicher Auseinandersetzung bewegen, wer soll es dann tun?
Solange sich das dominierende patriarchale Bild von Selbstverwirklichung gegen und auf Kosten der Sinnlichkeit (nach der Maxime: den Zwang zum Selbstzwang machen) immer wieder durchsetzt, werden die Rausch- und Liebesbedürfnisse der Menschen keinen freien und kultivierten Ausdruck gewinnen können. Solange werden alle, die die vorgeschriebenen Bahnen der "Selbstverwirklichung", die zugestandenen Spiel-Räume, die Grenzen der Reservate und Ghettos nicht akzeptieren, weiter der Verachtung und Verfolgung ausgesetzt sein, wenn ihnen schuldhaftes Versagen, ein Mangel an gutem Willen angelastet wird, oder sie werden der paternalistischen Fürsorge ausgesetzt sein, wenn ihnen durch Experten ein Mangel an Fähigkeit als Folge von Krankheit und diversen Sozialisationsdefiziten diagnostiziert wird.
Die Menchenrechtssituation von illegalisierten DrogenkonsumentInnen ist durch beides bestimmt: Kriminalisierung und Pathologisierung, es sei denn, sie können sich dieser perfekten Umzingelung durch privilegierte Lebensbedingungen, die einen privilegierten Drogenkonsum gestatten, entziehen. Für die vielen, die solche Bedingungen nicht haben, bleibt nur ein Weg: Zusammenschluß und Bündnis und das Prinzip der gegenseitigen Hilfe. Dazu müssen wir uns wechselseitig unterstützen: DrongenkonsumentInnen und Professionelle, gemeinsam im beharrlichen Widerstand. Freilich, die Belastungen und Möglichkeiten sind ungleich verteilt, und die auf den Straßen und Plätzen haben weniger Chancen zur Geduld als die in den sicheren Räumen.

Es hat schon begonnen: "akzept" und "J.E.S." sind Zeichen für diesen Anfang, aber es wird lange dauern, und es gibt keine Sicherheit für ein gutes Ende.
Selbstkritisch müssen wir überprüfen, wo wir in Gefahr sind, einzuschwenken auf die vorgeschriebenen Straßen, oder schon auf ihnen gehen, wo wir erpreßbar sind oder bestochen werden sollen. Wir müssen uns kritisieren lassen, und es gibt Streit und wird Streit geben unter uns über die Mittel und Wege und das Tempo der Bewegungen und die Radikalität der Auseinandersetzungen, weil die Standorte der einzelnen und Gruppen - bei allen Übereinstimmungen in den Zielen - so unterschiedlich sind: Von illegalisierten DrogenkonsumentInnen

und Professionellen, von WissenschaftlerInnen und PraktikerInnen, von Männern und Frauen, Jungen und Alten.

Die Chance dieses Kongresses von "akzept" ist, daß hier eine weitgehende Einigkeit über das selbstgesteckte Ziel besteht: die Formulierung und Durchsetzung einer an der Würde des Menschen orientierten Drogenpolitik!
Das ist der Sinn unseres Leitspruchs für diesen Kongreß: Ohne Legalisierung geht es nicht!

Anmerkungen

1 Vgl. Konrad Löw, Die Grundrechte, München 1977, S. 22
2. Zitiert nach R.P. Horstmann, Stichwort: "Menschenwürde" in: Historisches Wörterbuch der Philosophie, hrsg. von Joachim Ritter und Karlfried Gründer, Basel 1980
3 Vgl. Manfred Kappeler, Drogen und Kolonialismus, Frankfurt 1991, S. 155 ff.

18. Jugendarbeit in einer Gesellschaft mit jugendfeindlichen Tendenzen*

Fünf Jahre nach der Wende, eine Woche vor der Bundestagswahl schaue ich mir die Gesichter und Sprüche auf den Plakaten der Parteien genauer an. Es geht ein Ermüdungs- und Langeweileeffekt von ihnen aus, der durch das gleichgeschaltete Bestreben von Regierung und Opposition entsteht, den Wählerinnen und Wählern für die Zukunft die heile bürgerliche Welt zu versprechen: Arbeit, Wohnung, Aufstieg durch Leistung, Eigentum und Sicherheit, Kultur und das alles umweltgerecht und sozial verträglich gestaltet.

Schöne Gesichter optimistischer Menschen strahlen uns ganz alltagsunabhängig jugendlich an. Viel Jugendlichkeit und demonstrierte Frische in diesem Wahlkampf - aber keine Jugendlichen, es sei denn, wir nehmen unseren jung-dynamischen Jugendsenator dafür, der uns von seinen Wahlplakaten im Bezirk Friedrichshain (sein Bezirk beginnt dort, wo die Karl-Marx-Straße aufhört) mit dem Zeigefinger am Kopf gutgelaunt zuruft: "Auf den Inhalt kommt es an!" Und was ist der Inhalt? "Thomas Krüger und sonst nichts!" So steht es da - und sonst nichts. Im Zeitalter der "Persönlichkeitswahlen" braucht ein Senator über Inhalte, für die er verantwortlich ist, kein Wort zu verlieren.

Jugendliche kommen in der politischen Propaganda dieser Tage nur indirekt vor: In den plakatierten Leitbildern vom jungen, älteren und alten Erwachsenen verraten die Parteien, wie die Jugendlichen von heute sein und aussehen sollen, wenn sie morgen die Erwachsenen sein werden. Im Herbst 1994 sind die real existierenden Jugendlichen, vor allem die unter 18, die keine JungwählerInnen sind, um deren Stimme sich niemand bemühen muß, den Politikmanagern so unangenehm und schwierig - und zwar bis weit in die eigenen Nachwuchsorganisationen hinein - daß niemand weiß, wie sie anzusprechen oder ins Bild zu setzen wären.

---

*Vortrag auf der Fachtagung des "Berliuner Arbeitskreises für Jugendarbeit - Jugendforschung - Jugendpolitik" am 6.10.1994 in Berlin

Sobald sich diese Jungen und Mädchen öffentlich und in Gruppen bewegen, bereiten sie dem Gemeinwesen der Erwachsenen offensichtlich nichts als Ärger und Probleme. Wo vernimmt man einen Ausspruch spontaner Freude, wo sieht man offene und interessierte Gesichter von Erwachsenen beim Anblick von Jugendlichen? In einem auf Optimismus, Wachstum, Zukunft getrimmten Wahlkampf, verspricht die Thematisierung der Lebensbedingungen von Jugendlichen keine Stimmen. Nicht einmal als Gewalttätige, Kriminelle, Drogensüchtige - vor denen man im Wahlkampf vor 4 Jahren hemmungslos die ängstlichen BürgerInnen zu schützen versprach - finden Jugendliche diesmal Verwendung: Sie werden schlicht totgeschwiegen bzw. in den Bildern von jungen Erwachsenen als Zukünftige unter der Hand vereinnahmt (z.B. das schöne Hetero-Liebespaar der SPD, das sich zum Zwecke der Familiengründung auf die von Scharping versprochene bezahlbare Wohnung freut).

Jugendliche sind für die sich zur Schau stellenden PolitikerInnen kein relevanter Teil der deutschen Wahl-Bevölkerung - und nur Deutsche dürfen in unserer "multikulturellen Gesellschaft" deutsche PolitikerInnen wählen. Und ausländische Jugendliche, Jugendliche ausländischer Herkunft, schon immer in Deutschland lebend? Sie tauchen nicht einmal in den Projektionen von jungen Erwachsenen auf, als wären sie nicht vorhanden.
"Denkste, ick bin een Loch in der Natur?" fragten Jugendliche in Neukölln in Auseinandersetzungen mit Bezirkspolitikern, wenn diese üblicherweise an ihnen vorbei oder über sie hinweg redeten und sich dann darüber aufregten, daß die Jugendlichen dafür sorgten, daß ihre physische und psychische Existenz von den PolitikerInnen sinnlich wahrgenommen werden mußte: In der Bezirksverordnetenversammlung, im Jugendwohlfahrtsausschuß, in den geheiligten Amtsstuben des Rathauses.

Die Negierung von heranwachsenden Mädchen und Jungen im Wahlspektakel 1994 bedeutet nicht, daß die Gesellschaft der Erwachsenen kein Bild von Jugendlichen bzw. von *der Jugend* hätte. Im Gegenteil: Das dominierende Bild von *der* Jugend 94 ist so häßlich und peinlich, daß es zwanghaft herausgehalten werden muß. Diese Gesellschaft schämt sich ihrer Jugendlichen, mit denen kein "Staat zu machen ist" (im doppelten Sinne) und ignoriert gleichzeitig ihre Bedürfnisse und Ansprüche auf allen Gebieten jugendlichen Lebens.

Unterdes wird das Stereotyp vom "häßlichen Jugendlichen" schon seit langem und tagtäglich in allen denkbaren Medien präsentiert: In welcher Gestalt auch immer, dieses Bild ist durch und durch negativ, auch wenn es mal gerade nicht um gewalttätige Rechtsextremisten geht oder um Autonome, die die Siegesfeiern am Tag der Deutschen Einheit stören. Die Urteile über die Durchschnitts-Mädchen und -Jungen?: Sozial desinteressiert, denken nur an sich, haben als Konsumverdorbene keine Initiative und keine Kreativität im Leibe, die jungen Männer drücken sich vorm patriotischen Dienst beim Militär, nicht etwa aus Friedensliebe, sondern aus Bequemlichkcit, die Mädchen wollen keine Mütter mehr werden und ihre Jugend genießen, die junge Generation gefährdet den Generationenvertrag, auf dem die materielle Sicherheit der Alten beruht, als Computerkids entwickeln sich Jugendliche zu Analphabeten, die keine Bücher mehr lesen, sie haben Probleme mit der doch selbstverständlichen Übernahme der gott- und naturgewollten auf Heterosexualität beruhenden Geschlechterrollen, auf deren Eindeutigkeit und Akzeptanz doch unsere bewährte Ordnung basiert und - sie hören Ansprachen der Erwachsenen nicht mehr zu, auch nicht uns 68ern, die wir heute weithin und oft in der Attitüde zerknirschter Selbstdistanzierung von den radikalen Forderungen unserer "wilden Jugendzeit" den pädagogischen Diskurs bestimmen und uns von Jugendlichen "nicht verstanden" fühlen.

Auf welchen Wegen und mit welchen pädagogischen Methoden soll man sich diesen "unmöglichen Mädchen und Jungen" noch annähern? - da sie die bekannten organisierten Formen des Protestes ablehnen und die von der Großen Koalition der Erwachsenen von Links bis Rechts eingeforderten (aber selbst nicht gelebten) *Werte* scheinbar einfach ignorieren. Nicht einmal Argumente bringen sie für ihre indifferente Haltung: "Eh, Alter, quatsch mich nicht voll..." Überhaupt: Wie sie reden. Sprachlich verkümmert und unfähig zum Dialog!
Genug der Litanei. Gründlich enttäuscht sind die meisten Erwachsenen von den meisten Jugendlichen, genauer: wir täuschen uns selbst mit den Abziehbildern, die wir Erwachsenen uns von *der Jugend* herstellen.

Schon oft in der Geschichte war das moralisch-pädagogische Gejammere über den angeblich grassierenden Werteverlust der nachwachsenden Generationen verbunden mit dem Ruf nach "Erziehung" und zwar durch Führung, Vorbild und klare Orientierungen. Das ist m.E. ein sicheres Indiz dafür, daß die lebendigen Jugendlichen in ihrer Vielfalt und Widersprüchlichkeit aus dem Blick der Erwachsenen geraten sind, daß dieser Blick verstellt und verengt ist durch reduzierende Sichtweisen, die sich festmachen an Handlungen und Haltungen, an Erscheinungsformen von Gruppen- und Einzelextremen.

An dieser Stelle muß ich mich vorbeugend gegen den oft gehörten Vorwurf wehren, die entsetzlichen Handlungen von Jugendlichen zu verharmlosen, zu entschuldigen, eine generalamnestierende Haltung zu vertreten. Es geht mir hier um den differenzierenden und differenzierten Blick, um die Kritik am gängigen Psychogramm von *der Jugend* mit all seinen stigmatisierenden und formenden Wirkungen auf Jugendliche und nicht um die Entlastung einzelner Jugendlicher und Gruppen von der Verantwortung für die von ihnen begangenen Taten. Daß hier nicht korrekt unterschieden wird, ist eine der Ursachen für den verstellten Blick. Dieser Blick auf Jugendliche hat sich im Verlauf von 10 Jahren, verstärkt noch einmal durch die Dynamik der Deutsch-Deutschen-Vereinigung, zu einem im Schnitt jugendfeindlichen Psychogramm der Jugend der 90er Jahre verdichtet.

Ich erlaube mir hier einen kurzen historischen Vergleich mit einer sehr ähnlichen Situation in den 50er Jahren, als eine ganze Jugendgeneration in der Bundesrepublik von den Erwachsenen als "halbstark" diffamiert wurde. Damals gaben Parlament und Regierung einer hochkarätigen Kommission von Jugendforschern - es waren nur Männer - den Auftrag, die ängstigenden Erscheinungsformen, die "Halbstarkenkrawalle", zu untersuchen und Vorschläge zur Abhilfe zu unterbreiten. Das Ergebnis dieser Untersuchung wurde unter dem Titel "Jugendliche stören die Ordnung" 1956 veröffentlicht. Leiter dieser Kommission war Curt Bondy, einer der Reformer der 20er Jahre und Nestor der Sozialpädagogik. Ich zitiere die Zusammenfassung der Ergebnisse der Studie:*

---

*Die Wiederholung dieser Textpassage aus dem Artikel: "Jugend und Gewalt - ein altes und immer neues Thema" ließ sich aus inhaltlichen Gründen hier leider nicht vermeiden.

"Die Jugendlichen kennen keine Unterordnung unter die Autorität des Staates oder der Erwachsenen. Das gilt besonders für die Autorität der Polizei, der Eltern und der Lehrer, denn gerade gegen diese Erwachsenen sind sie herausfordernd frech und gerissen, ohne Achtung und trotzig. Dagegen neigen sie dazu, die Autorität der Kameraden und Freunde anzuerkennen (schon damals also die Herrschaft der peergroup! M.K.).
Phantasie und Leitbilder sind wenig entwickelt. Die Jugendlichen können sich nicht im phantasievollen Spiel beschäftigen, sondern sie langweilen sich oder erstreben nur gefühlsstarke Augenblickserlebnisse. (Und dies obwohl es zu jener Zeit in den Familien kaum Fernsehapparate, Video- und Cassettenrecorder gab. Es war die Zeit der ersten Kofferradios. M.K.) Sie leben dahin, ohne erkennbaren Idealen zu folgen oder diese auch nur zu suchen. (...) Die Ungerechtigkeit dieser Welt wird gewissermaßen zu einem willkommenen Alibi des eigenen Chaos und der Jugendliche versucht niemals eine Ungerechtigkeit zu beseitigen und die Welt wieder in Ordnung zu versetzen. (...) Wenngleich die Jugendlichen nicht einzeln auftreten, sondern in Gruppen oder in der Masse, so zeigen sie doch keine Fähigkeit, mit anderen engeren Kontakt aufzunehmen. Im Gegenteil: Sie sind kontaktarm oder scheuen sich zumindest engere Bindungen einzugestehen. Sie können weder flirten noch Freundschaften schließen, sondern es bleibt im Umgang mit Mädchen beim oberflächlichen Wortgeplänkel, oder es kommt ohne weiteres zu geschlechtlicher Beziehung, während es unter Jungen bei `Kumpelverhältnissen` bleibt. Gelegentlich findet sich unstetes Verhalten: Die Jugendlichen schwanken zwischen distanzloser Frechheit und scheuer Verschlossenheit oder zwischen mangelnder Hingebung und schamloser Preisgabe.
Mit diesem Merkmal der Kontaktarmut steht ein weiterer Wesenszug in unserem Zusammenhang. Das ist ihre Gefühlsarmut. Die Jugendlichen sind wenigstens nach außen durch nichts zu erschüttern, so kennen sie z.B. kein gefühlsstarkes Nacherleben der Gefühle anderer, sondern bleiben verständnislos, wenn die Gefühle der anderen nicht gerade aus kürzlicher eigener Erfahrung im Gedächtnis sind. Aber selbst eigene Gefühle lassen die Jugendlichen nicht aufkommen, sondern unterdrücken sie (schon damals also die Coolen! M.K.)

Wenn die Jugendlichen auch kontaktarm und gefühlsschwach sind, so sind sie dennoch nicht etwa in sich gekehrt, sondern im Gegenteil überheblich. Sie finden Gefallen an großen Worten, wie Freiheit und

Demokratie und meinen damit zügelloses Benehmen und Auflehnung gegen die Ordnung. Überdies zeigen sie in eigenartigem ich-bezogenem Heldentum und plumpem Stolz betontes Geltungsstreben vor den Kameraden. Dagegen ist ihnen das Urteil der Erwachsenen verhältnismäßig gleichgültig. Nur gelegentlich kommen ihnen anscheinend Zweifel an der Echtheit ihres Auftretens und dann schwanken sie je nach Gelegenheit zwischen Überheblichkeit und Unsicherheit. Die Jugendlichen zeigen - nach Ansicht vieler Autoren - einen Stand der Gewissensbildung, der ihrem Alter eigentlich nicht entspricht, denn sie fühlen sich über die Begriffe Sünde und Schuld erhaben und damit scheinen sie auch ohne Gewissenskonflikte und -angst zu leben. Ihr tägliches Verhalten wird von anderen Impulsen bestimmt. Sie folgen einer Versuchung, die Lustgewinn verspricht, ohne Widerstandskraft und Selbstbeschränkung".

Bondy faßt dieses Bild "von der seelischen Situation der gesamten Jugend" in einigen Sätzen zusammen. Danach waren die hervorstechensten Merkmale der Jugendgeneration von 1955:

"Rücksichtslosigkeit und Mißachtung persönlicher und staatlicher Autorität.
Augenblicksgebundenheit und Mangel an Phantasie.
Einengung und Unbeständigkeit der Erlebnisfähigkeit; undifferenzierte und flache Gefühlserlebnisse.
Fehlen einer selbstverständlichen dauerhaften Verpflichtung gegenüber Werten; mangelhafte Gemüts- und Gewissensbildung.
Unbeständigkeit in der Stellung zu den Mitmenschen und des damit verbundenen Wertgefühls."

Es ist empörend, wie hier eine Generation von Erwachsenen, die verantwortlich war für Faschismus und Krieg, für eine nie dagewesene Menschenverachtung und einen absoluten moralischen Tiefstand, als wäre das alles nicht gestern erst gewesen, einer Generation von Jugendlichen, die unter diesen Bedingungen aufwachsen mußten (es handelte sich bei den sogenannten Halbstarken um die Geburtsjahrgänge von 1930-1940), den Verlust von humanistischen Traditionen verpflichteten Werten vorwarf.

Welche Bedeutung hat dieses Beispiel für unsere Situation heute? Die Generation der Erwachsenen nach 1945 war im Ganzen nicht bereit sich der Verantwortung für Faschismus und Krieg, für die weltweiten Verwüstungen des Menschlichen, die keine Geschichte je tilgen wird, zu stellen. Mit ihrem Geschrei über den "Werteverlust" der Jugend wurde abgelenkt von diesem Versagen, mit dem die wirklich historischen Aufgaben der sogenannten Nachkriegszeit auf lange Zeit versäumt und verweigert wurden, bis sie, wieder von einer rebellierenden Jugend und wieder gegen den Widerstand der Alten auf die politische Tagesordnung gesetzt wurden.

Damals wie heute, wenn auch unter veränderten geschichtlichen Vorzeichen, waren die Hände, die Köpfe und Herzen der meisten Erwachsenen mit Aufräumungs- und Aufbauarbeiten beschäftigt: rastlos, hektisch, ohne Zeit zum Nach-Denken und Nach-Fühlen. "Die Unfähigkeit zu trauern" nannten die Mitscherlichs diese Geisteshaltung, aus der die Verurteilung der Jugendlichen entsprang.
So gesehen zeigt der Titel der Studie seinen heimlichen Sinn: "Jugendliche stören die Ordnung". Was für eine Ordnung das war, die sich da gestört fühlte, was für eine Ordnung es heute ist, die ihr negatives Jugendbild braucht und die Verhältnisse schafft, unter denen Mädchen und Jungen heute heranwachsen müssen, darüber sollte und soll weder damals noch heute nachgedacht und öffentlich geredet werden.
Die Funktion der mit Fleiß hergestellten Bilder von *der Jugend* ist die Verdrängung des Versagens der Gesellschaft der Erwachsenen vor den Aufgaben der so oft beschworenen historischen Situationen, vor den sozialen, kulturellen und politischen Aufgaben der Zeit. Aus der kollektiven Verdrängung des Versagens, aus dem nicht eingestandenen Scheitern, resultiert ein permanent schlechtes Gewissen gegenüber den nachwachsenden Kindern und Jugendlichen, was mit Arroganz, Ignoranz und dem aggressiven generalisierenden Verdacht überspielt wird, die Heranwachsenden wüßten nicht zu schätzen, lehnten sogar ab, was die Elterngenerationen in rastloser Arbeit, Mühe und Selbstlosigkeit für ihre Zukunft gerade schaffe. Immer sind sie so undankbar, diese pubertierenden Adoleszenten!

Die starken Gefühle von Einheit und Nation, die großen Reden vom deutsch-deutschen solidarischen Gemeinschaftwerk aus dem Winter 1989/90 haben sich als schillernde Seifenblasen erwiesen und sind geplatzt. Statt die Einheit in einem offenen und kommunikativen Prozeß der

Annäherung zu entwickeln, in den die Geschichte von BRD und DDR hätte kritisch aufgenommen werden müssen, sind nach dem Prinzip "jeder für sich und alle gegen alle" die "neuen Verhältnisse" meistens zum Nachteil der Menschen im "Beitrittsgebiet" profitbringend und besitzergreifend angeeignet und ausgebeutet worden, jede gewinnversprechende Gelegenheit des Augenblickes nutzend. "Abzockmentalität" ist schon das richtige Wort dafür, weil die für das Glücks- und Falschspiel notwendigen psychischen Dispositionen in ihm angedeutet sind.

Diese mit der Wende in West und Ost geradezu explodierende Mentalität, wird genährt und favorisiert von gesellschaftlich integrierten Erwachsenen, stammt also aus der "Mitte der Gesellschaft", konnte sich zum dominanten Charakterzug des öffentlichen Lebens entwickeln und - wird den Jugendlichen als Charakterschwäche und umfassende Fehleinstellung vorgeworfen. Die Jugendlichen, die sich diese Angebote und Maximen zueigen gemacht haben und versuchen danach zu leben - und es gibt sie natürlich überall - leben also nicht im Widerspruch zu zentralen gesellschaftlichen Werten, sondern in Übereinstimmung mit ihnen.
Es fällt auf, beim genaueren Hinsehen, daß die Minderheit der "häßlichen Jugendlichen" eben nicht "ohne Orientierung" ihr menschenverachtendes Fühlen, Denken und Handeln entwickeln, sondern ihre Orientierungen aus Angeboten beziehen, die ihnen die Gesellschaft der Erwachsenen, jedenfalls relevante Teile dieser Gesellschaft, machen. Die 15 bis heute schweigenden S-Bahn-Fahrgäste, die vor 3 Wochen tatenlos zusahen, als Skinheads einen Flüchtling aus Ghana auf die Gleise warfen und lebensgefährlich verletzten, sind, auch wenn Angst im Spiel ist, der jüngste schreckliche Beweis für diesen Zusammenhang. Wahrscheinlich kann man Fahrgäste, die in öffentlichen Verkehrsmitteln die Diskriminierungen und Angriffe auf Menschen anderer Hautfarbe durch Jugendliche zulassen, als eine den Schnitt dieser Gesellschaft repräsentierende Gruppe ansehen.

Kinder und Jugendliche vor allem sind neben anderen Gruppen der Gesellschaft - solche, die "nur kosten und nichts bringen" - Seismographen für gesamtgesellschaftliche Entwicklungen. Sie führen uns täglich vor Augen was wir diese Gesellschaft Tragenden, falsch gemacht haben oder einfach nicht bringen können. Dieses Scheitern und Versagen an Gegenwart und Zukunft, an der menschlichen Gestaltung der Verhältnisse, wird in Zeiten besonderer sozialer, kultureller und politischer Herausforderungen stark geleugnet und verdrängt. Da Jugendliche durch ihre Reaktionen auf solche Erfahrungen, durch provozierendes Handeln, an das Abgespaltene, Verdrängte rühren - "keine Ruhe geben" - werden sie in solchen Zeiten besonders negativ gesehen und von der ganzen Breite abwehrender Haltungen von resignierter Abwendung über aggressive Stigmatisierung bis hin zur Ignoranz betroffen.

Mit welchem, von Erwachsenen angebotenen Jugendbildern sollen sich die Mädchen und Jungen gegenwärtig eigentlich identifizieren? Wenn die Jugendlichen gut sind und sich nicht kirre machen lassen, lehnen sie dieses ganze Negativ-Puzzle ab und setzen was Eigenes dagegen - aber woher nehmen, in einer Gesellschaft, die kulturelle Schöpfungen von Jugendlichen, kaum daß sie weitere Wirkungen entfalten können, vampirhaft in die konformistische Generationen übergreifende "Jugendlichkeit" aufzusaugen und wirtschaftlich auszubeuten versucht?

Zu einem von Jugendlichen selbst bestimmten Jugendbild gehört unverzichtbar die kulturelle Differenz zur dominanten Kultur der Erwachsenen, die in sich noch so differenziert sein mag. Diese Differenz wird aber nicht zugelassen, bzw. auf ihr Erscheinen wird mit Ablehnung und Mißtrauen reagiert. Die Versuche Jugendlicher, den Unterschied deutlich sichtbar zu behaupten, gehören zu den Aufhängern von negativen Jugendbildern der Erwachsenen. Die Selbstbehauptungsversuche von Jugendlichen in der Form absonderlich bis exotisch anmutender Lebensstile wird als Kritik und Ablehnung der verordneten Lebensstile der Erwachsenen aufgefaßt - und tatsächlich steckt die Kritik ja auch drin - und tangiert auf diese Weise das schlechte Gewissen. "Warum müssen sie denn auch so unmöglich aussehen, sich bewegen und daherreden...".

Jugendpolitik, die Erwachsene angeblich für Jugendliche machen, will in der Regel Jugendliche funktionalisieren für ihr Bild von der Zukunft. Sie öffnet nicht Horizonte, für die Menschen, die morgen, wenn wir schon abgetreten sind, hier leben wollen und müssen und ihr Leben verantwortlich gestalten möchten. Sie schließt Horizonte, weil sie Zukunft nach den selbstgelebten Mustern festlegen will. Sie vereinnahmt Zukunft, benutzt sie zu Propagandazwecken für sehr gegenwärtige Interessen, verunglimpft ein bedeutsames Wort durch die Indienstnahme für sehr profane und kurzfristige Legitimationsbedürfnisse und wundert sich, wenn Jugendliche diesen verbauten Horizont für sich nicht als Zukunft anerkennen wollen und wegen des ganzen scheinheiligen und inflationären Umgangs damit von *Zukunft* scheinbar überhaupt nichts mehr wissen wollen. Zu diesem fahrlässigen und populistischen Umgang gehört auch das zusammengestoppelte und gerade jede wirkliche Dimension von Zukunft vermissen lassende Programm mit dem anspruchsvollen Namen: "Jugend mit Zukunft" - dessen Wege nicht einmal bis morgen reichen.

Jugendpolitik legt es in der Regel darauf an, Jugendliche zu funktionalisieren für verdeckte Interessen, sie ist ein Teil des gesellschaftlichen Managements des sogenannten Jugendproblems, im direkten Widerspruch meistens zu den hehren Absichtserklärungen im Kinder- und Jugendhilfegesetz und in Länderausführungsgesetzen. Ich habe zur Vorbereitung auf diese Tagung den jugendpolitischen Nachrichtenteil der Zeitschrift "deutsche jugend" von Oktober 1993 bis September 1994 nachgelesen: Das Resultat ist bestürzend, obwohl ich nicht mit hochgestimmten Erwartungen an diese Lektüre gegangen bin. Ich erspare Ihnen die Fülle der Einzelheiten, wer möchte kann es im Original nachlesen. Im Ganzen vermittelt diese Zusammenschau des letzten Jahres einen jugendpolitischen Bankrott, jedenfalls, wenn man von den Bedürfnissen und Lebenslagen der Heranwachsenden ausgeht und sie als Maßstab für das konkrete jugendpolitische Handeln nimmt: Egal, ob es sich nun um Bildung, Ausbildung, Arbeit, Kultur und Freizeit, Wohnen, Jugendarbeit, politische Partizipation, internationale Begegnung handelt oder um speziellere Bereiche wie Drogenkonsum, Wehrdienstverweigerung, Jugendsozialarbeit, politische Bildung.

Die Jugendarbeit, die neben der Familie oder anderen Formen von Leben und Erziehung neben Schule, Berufsbildung, Erwerbsarbeit unterstützend und ermöglichend für Jugendliche wirken sollte, befindet sich mit einer so negativ besetzen Bezugsgruppe in einer schwierigen, defensiven Lage: Von Staat und Gesellschaft mit dem Auftrag versehen, die Probleme, die Jugendliche machen (und das sind meistens nicht die, die sie wirklich haben), wenn nicht zu lösen, so doch deutlich einzugrenzen, abzuschwächen, den Beweis zu erbringen, daß für Jugendliche etwas getan wird - und von Jugendlichen danach beurteilt, was die Jugendarbeit, die in ihr tätigen Frauen und Männer, für ihr alltägliches Leben anzubieten hat.

Hinzu kommt auf seiten der Jugendlichen noch der generelle Vorbehalt gegen "erziehende" oder schlimmer noch "pädagogisierende" Erwachsene und Mißtrauen gegen jeden Anschein von Funktionalisierung. Die Jugendarbeit als schwankendes Rohr zwischen *Funktionalisierungs- und Disziplinierungsauftrag auf der einen Seite und Gefälligkeitspädagogik auf der anderen Seite* also? Ewig unglücklich zwischen allen Stühlen? Dieses Bild, geeignet selbstmitleidig und entlastend unsere unzureichenden Handlungsmöglichkeiten zu beklagen, täuscht.

Jugendarbeit und Jugendforschung, die sich professionell mit Jugendlichen befassen, sind von den jugendfeindlichen Tendenzen der Gesellschaft nicht nur betroffen, nicht nur Opfer, sondern aktiver Teil dieser Tendenzen, insofern sie die virulenten negativen Bilder über Jugendliche mitproduzieren, ihnen ständig Nahrung geben, an ihrer Ausbreitung und Festschreibung durch unzählige kleinere und größere Handlungen mitwirken, die gesellschaftlichen Aufträge unkritisch und widerstandslos und oft genug verstärkend übernehmen. Zum Beispiel, wenn wir Abhilfe von den Problemen mit der Jugend versprechen, sofern man uns nur entsprechend ausstatten würde mit Personal, Sachmitteln, Räumen, Entscheidungskompetenzen und gesellschaftlichem Ansehen. Indem wir versprechen präventiv zu arbeiten und zwar auf allen Ebenen: primär, sekundär und tertiär - indem wir mit dem Präventionsversprechen die Diagnosen bestätigen und Schutz vor Gefahren ankündigen, Schutz der Gesellschaft vor den Jugendlichen, Schutz der Jugendlichen vor sich selbst und vor bestimmten Verführern, machen wir uns - immer mit den besten Absichten natürlich - zu Erfüllungsgehilfen von jugendfeindlichen Praktiken. Hinzu kommt der die Jugendarbeit geradezu kennzeichnende Widerspruch von "Hilfe" und "Prävention" einerseits und systematischer Ausgrenzung der "Schmuddelkinder" andererseits.

Von der wissenschaftlichen Diagnose des "Risikoverhaltens Jugendlicher" zu ihrer Stigmatisierung als "Risikogruppe" in der Gesellschaft und zu dem Versprechen, die "Risiken" zu minimieren, sie gesellschaftlich, politisch zu entschärfen, sind es nur kleine Schritte in einem schnell geschlossen Kreis der Verständigung von Jugendforschung, Jugendarbeit und Jugendpolitik, in dem sich Erwachsene verständigen über Jugendliche: Wie sie sind, wie sie sein sollen, was getan werden muß, wie mit ihnen gearbeitet werden soll etc. Aus diesem Teufelskreis müssen Jugendarbeit und

Jugendforschung heraus, wenn sie zu einer selbstbestimmten nicht von funktionalisierenden politischen Interessen gegängelten Instanz für Jugendliche werden wollen, wenn sie die Ansprüche des Neuen Lebens gegen die Alte Welt in kritischer Solidarität mit den Heranwachsenden dolmetschen und unterstützen wollen, so gut Erwachsene das nur immer können. Wir sind entweder der ausgestreckte Arm der Gesellschaft der Erwachsenen in einem radikal offenen und grundsätzlich auf *Sympathie* gegründeten Versuch der Annäherung - die Alternative zur Jugendfeindlichkeit also - oder wir sind Erfüllungsgehilfen.

Die eigene Position die wir brauchen, setzt voraus, daß wir Jugend als unverwechselbare, nicht zu wiederholende, bei negativem Verlauf also auch zu versäumende Zeit des Lebens verstehen, eine mit spezifischen Bedürfnissen, Ansprüchen, Möglichkeiten, Aufgaben, Erwartungen ausgestattete Lebenszeit, deren Berechtigung von keiner anderen Warte aus einer Legitimation bedarf.

Jugend ist nicht in erster Linie Vorbereitung auf das Leben als Erwachsener, nicht Durchgangsphase zum Eigentlichen, sondern Leben für sich und aus erster Hand.

In Umsetzung dieser Sichtweise muß sich Jugendarbeit selbst als eigenständige Sozialisationsinstanz neben Familie, Schule, Beruf und für die männliche Jugend vielleicht auch Bundeswehr? verstehen, die einen eigenen, von den anderen Sozialisationsinstanzen klar zu unterscheidenden Raum als Teil des möglichen Lebensraumes von Jugendlichen anbietet und garantiert. Einen Raum, der nicht vom Kommando der Erwachsenen bestimmt ist, in dem Jugendliche sich nach ihren eigenen Rhythmen bewegen können, den sie sich auch als Bühne für die Inszenierung ihres Jugendlebens aneignen können, sofern diese nicht selbst einen menschenfeindlichen, menschenverachtenden Charakter annimmt. Was im Raum der Jugendarbeit geschieht, muß dort geklärt und entschieden werden, nirgends sonst.

Jugendforschung muß Jugendarbeit in der Entfaltung, öffentlichen Durchsetzung und Verteidigung dieses Ansatzes unterstützen, wenn sie für Jugendliche und die praktische Arbeit mit ihnen Bedeutung haben will.

Beide - Jugendforschung und Jugendarbeit - sind verantwortlich für die von ihnen produzierten Jugendbilder und es ist ihre Sache, den negativen Stereotypen über Jugendliche öffentliche zu widersprechen, für differen-

zierte Sichtweisen und einen offenen Diskurs einzutreten. Die Opposition gegen jugendfeindliche Tendenzen in unserer Gesellschaft wird nicht von den Parteien kommen. Sie muß von den Jugendlichen, von Jugendarbeit und Jugendforschung kommen, mit dem Ziel, eine Jugendpolitik von unten durchzusetzen. Diese Tagung soll dazu Anstöße geben.
Ich schließe mit dem Gedicht eines "Halbstarken" aus den 50er Jahren:

"Ich frage Euch Erwachsene,
was wollt ihr eigentlich von uns?
Warum nennt ihr uns die Halbstarken,
ereifert Euch, wenn ihr von uns hört,
rümpft die Nase, wenn ihr uns seht?
Warum droht ihr immer gleich mit Polizei und Gefängnis?
Warum denkt ihr immer nur an Euch?
Ihr seid nicht nur schwach und feige, sondern bequem und satt.
Ihr könt unser Vorbild nicht sein und Eure Welt gefällt uns nicht.
So wie ihr seid wollen wir nicht werden.
Weil ihr selber den Weg nicht kennt
und versäumt habt, ihn zu suchen,
weil ihr schwach seid
....
schwach in der Liebe
schwach in der Geduld
schwach in der Hoffnung
und schwach im Glauben.
...
Wir machen Radau, weil wir nicht weinen wollen,
nach all den Dingen, die ihr uns nicht gelehrt habt".
"An die Schwachen!
Weil ihr schwach seid, habt ihr uns Halbstarke genannt.
Und damit verdammt ihr eine Generation,
an der ihr gesündigt habt, weil ihr schwach seid.
Wir gaben Euch zwei Jahrzehnte Zeit, uns stark zu machen,
stark in der Liebe und stark im guten Willen,
aber ihr habt uns halbstark gemacht, weil ihr schwach seid!
Ihr habt uns keinen Weg gewiesen, der Sinn hat...."
(Ein Halbstarker)

Verlag für Interkulturelle Kommunikation

Postfach 900421, D-60444 Frankfurt, Telefon (069) 784808, Fax (069) 7896575

Aus dem Verlagsprogramm

Manfred Kappeler
Drogen und Kolonialismus
Zur Ideologiegeschichte des Drogenkonsums
Kritische und selbstkritische Forschungsberichte zur „Dritten Welt", Band 3
1991, 375 S., DM 44.80, ISBN 3-88939-102-8

Manfred Kappeler
Rassismus
Über die Genese einer europäischen Bewußtseinsform
1994, 220 S., DM 39.80, ISBN 3-88939-118-4

Irmgard Sollinger
„Da laß' dich nicht ruhig nieder!"
Rassismus und Eurozentrismus in Musikbüchern der Sekundarstufe I
1994, 140 S., DM 26.80, ISBN 3-88939-284-9

Dagmar Beinzger/Heide Kallert/Christine Kolmer
„Ich meine, man muß kämpfen können. Gerade als Ausländerin."
Ausländische Mädchen und junge Frauen in Heimen und Wohngruppen
Edition Hipparchia
1995, 190 S., DM 34.80, ISBN 3-88939-603-8

Hans-Heiner Rudolph
„Jetzt reden wir!"
Jugend, lebensweltbezogene Bildung und Gemeindeentwicklung in Argentinien
ca. 350 S., ca. DM 49.80, ISBN 3-88939-077-3
Auslieferung: September 1995

Waltraud Kämper
Lebens-Räume
Interkulturelle Pädagogik und (offene) Jugendarbeit
1992, 125 S., DM 26.80, ISBN 3-88939-177-X

Dolly Conto de Knoll
Die Straßenkinder von Bogotá
Ihre Lebenswelt und ihre Überlebensstrategien
Kritische und selbstkritische Forschungsberichte zur „Dritten Welt", Band 5
1991, 225 S., DM 46.00, ISBN 3-88939-106-0

Giangi Schibotto
Unsichtbare Kindheit
Kinder in der informellen Ökonomie
Kritische und selbstkritische Forschungsberichte zur „Dritten Welt", Band 6
1993, 215 S., DM 32.00, ISBN 3-88939-107-9

Manfred Liebel
Wir sind die Gegenwart
Kinderarbeit und Kinderbewegungen in Lateinamerika
Kritische und selbstkritische Forschungsberichte zur „Dritten Welt", Band 10
1995, 194 S., DM 29.80, ISBN 3-88939-109-5

**Bestellen Sie bitte über den Buchhandel oder direkt beim Verlag.
Gern senden wir Ihnen unseren Verlagsprospekt zu.**